U0143013

# 教育實習

賴　清　標 主編

| | | |
|---|---|---|
| 江志正 | 呂錘卿 | 洪榮照 |
| 徐照麗 | 郭玉霞 | 陳啟明 |
| 陳淑絹 | 陳慧芬 | 楊銀興 |
| 黃聲儀 | 歐滄和 | 鄭峯明 |
| 賴清標 | 謝寶梅 | 魏麗敏 |
| 蘇伊文 | | |

著者

五南圖書出版公司 印行

# ・修訂版序・

　　人類跨進了二十一世紀，對於未來，有人悲觀，有人樂觀。悲觀的人看到溫室效應導致的氣溫上升、大氣臭氧層的破洞、環境的污染和破壞，及人口持續增加可能帶來的資源耗竭，因此認為人類可能熬不到西元三千年；樂觀的人看到人類科技的進步，尤其是資訊科技使得訊息處理迅速而精確，生物科技使得人類可能扮演上帝創造萬物的角色，交通和通訊科技使得天涯若比鄰，國際社會變成地球村的緊密關聯，而政治的民主化也使人類社會越來越文明。因此，樂觀的人認為所有的難題人類智慧總能克服，一個富裕進步的太平盛世很快就會實現。

　　對於未來的看法不管是樂觀或悲觀，許多國家在二十世紀末都在思考如何進行教育改革，以培養國民面對二十一世紀科技化、國際化、民主化的社會。我國也在西元一九九四年成立教育改革審議委員會，診斷過去教育的缺失，研議未來努力的方向，並於西元一九九六年十二月公布「教育改革總諮議報告書」，提出了教育鬆綁、帶好每位學生、暢通升學管道、提升教育品質和建立終身學習社會五大方向。

　　國民中小學課程改革包含在教改報告書的建議中。因此，雖然小學課程才在民國八十二年完成修訂，自民國八十五年開始實施；新的課程修訂在民國八十六年再度展開，而於民國八十九年九月公布「國民中小學九年一貫課程暫行綱要」，並自民國九十年也就是二十一世紀的元年，由一年級開始實施。此一新課程變革幅度太大，引起不少在職教師的恐慌。

　　國民中小學課程既經改變，師資培育機構的教育實習課程內容自需相隨調整，俾讓準教師對新課程能有了解準備，不致像在職教師一樣對九年一貫課程不知所措，驚慌恐懼。

　　為了充實教育實習課程的教學，個人曾邀集本校十七位教師在民國八

十六年出版《教育實習》一書。該書出版後，獲得不少師資培育機構的採用，再版數次，可見其對於教育實習的教學頗有助益，是一本具有實用價值的教科書。如今國民中小學課程既已改變，本書自然必須抽換相關內容，方能繼續適用。而既然要抽換有關課程部分，其他各章如能一併修訂，更新內容，可使此書更有新意，對讀者幫助更大，因此一併檢討修訂。最後完成的此一新版本，與先前版本比較，有兩章完全改寫，包括第三章介紹新課程，第十三章分析教師的壓力、耗竭與心理需求；其他第一、二、五、六、七、九章和第十章也做了一些修訂；只有第四、八、十一、十二、十四章，修訂幅度不大。希望此一修訂本能更有益於教育實習課程的教學，繼續為大家所愛用。

師資培育的變革這幾年持續在進行，包括：師資培育法已在七月二十四日完成修訂，教育實習減為一學期，納入職前教育階段；為了適應九年一貫新課程，中學教師教育學程和小學教師教育學程相隨調整；師範校院公費生名額大幅減少，只剩下象徵性的存在；各大學由原來只設置中學教師教育學程轉而兼設小學教師教育學程，無論中小學師資都已嚴重供過於求。如今，教師就業市場的激烈競爭已經出現，希望脫穎而出獲得教職的同學唯有更加努力、培養實力，尤其是好好把握教學實習課程，整合相關領域的學習，成為勝任教學各個層面的出色教師，畢業後方能獲得中小學的青睞，有機會為人師表。

新修訂的小學教師教育學程將教育實習一科改為教學實習。本書雖名為「教育實習」，其內容於教學實習仍極適用，有意使用者仔細翻閱便能了解。相信此書對於您的教學實習課程會有實質的幫助。

賴 清 標

民國九十一年八月一日

## ・原版序・

　　教育實習是引導師範校院學生成為中小學教師的重要課程，一般區分為兩個階段，第一個階段是在學時修習的課程，第二個階段是畢業後進入中小學擔任實習教師的學習過程。這兩個階段的教育實習都必須落實，才能培養勝任教職的健全教師。

　　在過去，「師範教育法」規定中小學師資全由師範校院培育。師範生在學時享有公費，畢業後統一分發學校服務，第一年雖名為實習教師，其實已領全薪，擔負全職教師的工作，第二階段的教育實習可說名存實亡。而由於畢業後一定能分發學校任教，第一階段在學時的教育實習有時也未盡落實。難怪有些教師的教學表現受到批評。

　　民國八十三年，「師資培育法」公布，取代「師範教育法」。依據師資培育法的規定，師資培育以自費為原則，所有大學均可申請設立教育學程，和師範校院一同培育中小學教師。而在教師資格的取得方面，規定須經初檢和複檢兩個階段，修畢師資培育課程者通過初檢，取得實習教師資格，實習一年及格者可申請複檢，取得教師資格。

　　由於有複檢把關，畢業後的教育實習應能有效實施。而為了在畢業後的教育實習能有良好表現以取得教師資格，在學時的教育實習也可望充實內容，真正落實。

　　教育實習的指導，培養中學教師和培養小學教師有很大的不同。中學實施分科教學，教師只須專精一科即可，教育實習自然以本科的參觀、見習和試教為主。小學實施級任制，除少數科任教師外，多數是級任教師，須任教許多科目，須輔導學生行為，須處理班級事務，有時還須兼辦行政工作。因此，教育實習課程的安排必須多方兼顧，頗費周章。然而，擔任教育實習課程的教師雖然學有專精，畢竟難以樣樣皆通，若無適當的資料

供學生參考，作為引導，老師很容易偏重各自的專長領域，忽略全面的觀照。因此，一本適當的教育實習教科書，對於教育實習課程的落實，有相當的助益。

筆者多年來擔任教育實習課程，對於教育實習相關資料的蒐集不遺餘力。但發現現有教育實習方面的教科書都是過去師專時期編著完成。自民國七十六年師專改制師院，迄今十年，未有新的教科書出現。此固因教育實習本為動態課程，應以實地的參觀、見習和試教活動為主，不宜採用靜態的教科書講述方式，也可能因教育實習內容牽涉甚廣，個人力量撰述不易。或許由於這兩種原因，多年來未再有人編著教育實習課本。

然而，近年來隨著政治情勢的改變，師資培育有很大的變革，國民小學教育也有巨幅的革新。師資培育方面首先是師專改制師院，由招收國中畢業生改為招收高中畢業生，國小師資素質提升到大學程度；其次是師資培育法取代師範教育法，師資培育由封閉制改為開放制，由公費分發改為自費不分發，教師任用也隨之由派任制改為聘任制，由學校組織教評會負責教師聘任工作。在國小教育方面，新課程自八十五學年度實施，科目和時數都有調整，同時配合開放教科書；此外，小班制的推動和教法的革新也都在進行中。「時移則勢易，勢易則備變。」面對師資培育和國小教育的新情勢，一本切合時代需求的新教育實習教科書實在有其必要。

不過，教育實習教科書應涵蓋哪些內容，以及應如何呈現，可能人言人殊，各有不同見解。如果從國小級任教師的職責來看，教育實習應兼顧教學、學生行為輔導、級務處理和兼辦行政等方面；此外，對於教育實習的基本認識和對於教師角色的體認自亦不可或缺。本書的編輯，即根據此一想法，經過多位同仁的反覆討論，定案的架構計分十四章；第一章為教育實習的基本認識，第二章、第三章和第十四章是有關教師職責的體認和自我安頓，第四章到第七章乃有關教學部分，從課程標準的認識，到教學設計、教學技巧，而以教學評量作結，第八章到第十章是有關級務處理，第十一章和第十二章則為兒童行為輔導，第十三章談學校行政實務。綜觀上述，本書結構尚稱完備。

　　至於內容呈現方面，為避免冗贅及方便使用，放棄章下分節的傳統形式，改以專題格式呈現。即每章選出三至五個主題，主題排列雖有邏輯順序，但每一主題都是一個自足的單元，有配合的作業活動，希望能供一次一小時或二小時的教育實習課使用。

　　基本上，教育實習課程的實施仍以實地到國民小學參觀、見習和試教為主。但除此之外，還有許多時間是在師院課堂上進行。本書的編撰即希望提供教育實習課堂教學的參考資料，方便師生安排學習活動，使得教育實習的課堂教學充實而有意義。

　　教育實習課程內容廣泛，而每個人的專長有限，因此教科書的編撰很難由一個人獨立完成。本書邀集了謝寶梅等十七位教師共同合作，這些作者中半數以上曾有任教國小的經驗，其餘也都擔任過教育實習課程，對於各自撰寫的部分都有充分的了解和經驗，因此全書具有一定的水準和很大的實用性，值得教育實習課程參考採用。不過，任何著作總有疏漏不周之處，本書自亦難免，尚請方家指正。

賴清標

民國八十一年八月一日

# 目 次

# 教育實習的基本認識

謝寶梅

　　教育實習在引導準教師專業化的歷程中是不可缺少的要素，因為教師的工作是一種專業，如同醫生、律師、建築師等職業，其入門的實習十分重要，有必要在準備教育的後半段安排教育實習，培養教師必備的知能。我國師資培育的教育實習，長久以來是區分為兩個階段，第一階段是在師資培育校院的準備教育期間，以學生身分參與實習；第二階段是完成職前準備教育離開大學，進入學校以實習教師的身分進行一年的實習。實習成績及格是教師資格檢覈的必備條件。今後，第二階段的教育實習將納入職前教育課程之專業課程中。因此，本章的內容乃針對職前準備教育之教育實習介紹，全章分別就教育實習的功能與養成知能、教育實習活動、教育實習輔導單位與人員、教育實習的評量等四個部分說明。

## 壹 教育實習的功能與養成知能

### 一、教育實習的功能

　　教育實習的主要功能是為協助準教師認識教育工作，以體會教師的角色；並經由臨床實習的經驗，將所學理論與實務加以連結，從中累積教學的實務知識，逐漸能靈活運用教學方法和技術，及勝任輔導兒童的工作。此外，希望準教師從實習中體認優良教育工作人員的專業素養，而樂意奉獻教育工作，進而啟發研究教育問題的興趣，願意不斷追求專業成長。優秀教師不是天生的，他必須具備豐富的知識，並進而在教室中經過歷鍊，以建立教師的基本知能。所以，教育實習的歷程對於專業養成有重要的意義。以下分別就六項教育實習的功能加以說明。

## ✎ 認識教育工作

準教師既然決定要成為教師，在實習的階段，就要充分的接觸認識教育工作的性質，以及體會教師的角色，這是教育實習活動最基本的功能之一。每位實習教師都有多年的學生經驗，已經略微認識教育工作，但是，因為這種學習並不是主動積極的去體認和經驗，故而所得的認識很有限，曾以社會學的研究方法，深入研究教師這個行業的有名學者 Lortie（1975）就曾提出這樣的看法。所以，藉著實習的經驗，準教師才能較深入的體會教育工作是怎麼一回事，以及了解教師角色的多樣性，並認真思考自己的志趣與能力是否合適擔任教師，或是調整面對未來從事教育工作的心態。

## ✎ 連結理論與實務

職前階段在師資培育校院修習的課程，可以充實準教師的理論基礎，但對於成為一位教師，還需要許多臨床實習的經驗，以驗證理論及學習如何變通運用理論。依據理論而來的教學和輔導的技巧，必須在教學實務中試驗後修正，並經過反省思考，才能成為教師個人的理論。

## ✎ 運用和發展教學方法和技術

教學的情境是不斷變化的，影響教學情境的因素又很多，師範生學習了教材與教法、兒童心理、學習心理學、教學原理等專業課程，雖然有滿腹理論知識，面對複雜的教學情境，就未必能夠適切做判斷和採取適當的行動。因此，準教師必須在教室中試驗，並重複練習使用各項教學方法和技術，才能靈活運用課本所習得的教學法則。

## ✎ 累積教學的實務知識

教室、學校和社區的許多事物，是課本上無法學到的，必須要置身其中，才能有所接觸或有所見聞。譬如學校行政與人事的運作、家長帶給教

師的壓力以及該如何與家長溝通、教學資源如何獲得、學生的問題背景的認識等，實習教師必須在學校中，才有機會慢慢累積這些實務知識，學習如何融合教育理論，而發展出有效教學與輔導兒童的方法或策略。

### ✎ 激發教育研究的興趣

教育工作必須因應時代的變遷而有所變革，二十一世紀的社會更需要優秀的教育人員教育下一代。所以，教育實習的功能不只是讓學生接觸和學習教學事務而已，本著培育優秀教師的理念，希望準教師具有靈活思考的能力，積極主動的發現教育的問題，了解問題的現象，才會進一步的思考如何解決問題。準教師具備這樣的精神，教育的革新才有希望。

### ✎ 體認教育人員的專業素養

教育是項專業，教師對於促進文化發展，培養下一代的健全人格，和維持國家社會的穩定和進步，有其不變的責任，又因為時代的變遷，教師的責任會隨之變更擴張（林清江，民72）。因此，教師必需具備宏大的志願，有服務的精神，願意不斷追求新知，培養樂意犧牲奉獻的信念。這種專業素養無法光是閱讀書本上冠冕堂皇的主張，或是聽教育人員的大道理就可以體認的。理想的教育實習的措施，可以讓準教師親自接觸優秀的教育人員，產生認同學習的意義。

綜合以上的敘述，教育實習是提供準教師統整建立教育知能的機會，從中體認教育工作的性質，以及思考自己擔任教職的志趣和能力。實習活動能夠驗證理論和發展教學技能，培養熱愛教育工作的信念。所以，教育實習是師資培育過程中最重要的環節，希望結合師資培育校院、實習學校，以及相關單位的力量，建立良好的實習制度，俾能發揮教育實習最大的功能。

## 二、教育實習之養成知能目標

一位國小教師應具備的基本知能，就是教育實習的學習目標。臺灣省國民學校教師研習會曾研究列舉了四百多條的基本能力，分屬四大類：基本學科能力、教學能力、輔導能力、兼辦學校行政業務能力。然而這些能力並非短期可以建立，有賴長期養成。在有限的實習時間內，活動的安排只能在上述幾個大類項下，在實際情境中讓實習教師嘗試練習。整體而言，教育實習希望準教師能夠在下列三個層面的知能有所進展：

### ✎ 教學環境與對象的接觸學習

1. 認識教學環境。
2. 認識與了解教學對象。
3. 體認教師的工作角色與職責。

### ✎ 教學與相關工作方面的學習

1. 計畫教學。
2. 運用教學方法與技術。
3. 認識兒童的問題以及輔導兒童。
4. 處理級務與學校行政業務。

### ✎ 專業態度與思考研究能力方面的學習

1. 發展教育理念。
2. 建立反省批判思考的能力。
3. 建立良好的人際關係以及合作的態度。
4. 注意教育問題及建立問題解決的能力。
5. 發展研究教育問題的興趣和能力。

# 貳
## 教育實習活動

　　有志成為教師的大學生，在師資培育校院接受準備教育階段，具備了一定程度的學科知識及教育專業知識之後，即應參與教育實習。為了符合學習原理，實習過程是採漸進的方式進行。根據接觸及參與教學實務程度的深淺，分參觀、觀察、見習及試教四個層次的學習活動。參觀和觀察活動在師資培育校院的第一、二年級即可安排，並繼續在第三、四年級依據實習課程計畫在學校或其他教育機構安排此項學習活動。參觀是指較為基本的、廣泛的學習活動，像認識學校的校園環境、行政措施、教師教學的大致情形、學生的作息等。觀察是較深入的、有主題的學習活動，例如教師的教學方法或技術、師生互動或同儕互動，以及教師管理技巧的運用等。

　　繼參觀和觀察活動之後，實習活動應以見習和試教為主，在大三、大四期間進行。見習活動是實習生在學校花較長的時間觀察和參與實作，從認識學校系統的運作、班級日常作息、教師級務處理工作、熟習學童等，進而擔任教師助理，嘗試協助教師指定的工作。最後安排試教活動，即所謂的教學實習。在這個階段，亦應逐步地讓實習生試教一些科目單元的部分教學，接著才讓他們較獨立的負擔完整的單元或一課的教學，並負責處理級務。參觀、觀察、見習與試教等活動，均須在實習學校進行，實習生應在指導教師和輔導教師的指導之下，充分的準備，並在活動結束後確實檢討實習過程中的問題，及撰寫報告或日誌，從反省思考中獲得專業成長。

　　並不是所有的教育實習活動都在實習學校或其他教育場所實施，有部分實習活動是在大學內由指導教師帶領之下進行，其教學目標與在學校現場實習相同，以下先分別就參觀、觀察、見習、與試教的實習活動的意義、實施方式、準備事項，及作業要求等加以說明，再針對微型教學、模擬情境的討論教學、利用錄影帶觀察教學、行動研究等在大學內教室的活

動予以介紹。

## 一、在實習學校或其他教育場所的活動

### ✎ 參　觀

1. **參觀的意義**：參觀是教育實習最基本的活動，目的是認識學校現場和教師的工作性質。在正式實習之前的大一及大二階段，應讓有志從事教育工作的年青人接觸學校的工作，以及對未來的教學對象有所了解，有研究指出在實習之前具備有一些經驗者，會比沒有經驗者有較好的實習表現（Scruggs & Mastropieri, 1993），師資培育校院應該重視提供接受教育學程的學生這種經驗。基本上，這是在正式實習之前，安排機會讓準教師接觸學校事務和了解兒童，希望及早啟發有志從事教育工作者的興趣，可以增進後階段的職前準備教育的學習效果。這項學習，只安排一般性質和較廣泛的參觀認識活動。

參觀的安排，可由整體到局部。參觀事項大抵以學校整體的認識為主，尤其是學校之行政措施；在學校參觀之外，亦可視需要安排教育行政機構及社教機構，以了解整體教育措施。各師範校院的學生在大四階段，有為期十天左右的外埠教育參觀，目的是參觀更多具發展特色之學校和其他社教單位，以補平日在受教大學附近學校或單位參觀之不足。近年來，外埠教育參觀的實施，各校已有不同的做法，傾向減少參觀時間天數，甚至取消這項傳統。由於時代的進步，時空距離縮短，未來可考慮安排學生參觀先進國家之教育措施，增廣見聞。

2. **參觀活動的計畫與準備**：所有的參觀活動都要事先詳細規劃，其主要的理由有二，首先是因為教學的工作牽涉複雜的事項，有計畫的活動安排，可以讓學生系統而有效的學習到各事項。其二，這項學習活動是在國小或社教單位實地學習，必須有行政協調和處理的準備工作。所以，各實習指導教師在實習輔導處召集和協調之下，經過多次的會議決定參觀事

宜，將之列入實習計畫中按進度實施。

另外，最能提升實習生學習效果的一項參觀前準備工作，是指導教師要和實習生事先列舉和討論參觀事項，也就是提供實習生注意力的焦點，避免實習生個別依據自己的興趣意向參觀，如同「盲人摸象」，各有不同的體會和想像。大學的指導教師要事先備妥待了解學習的問題，俾便學生掌握觀察的焦點。

3. 參觀的注意事項：為了尊重接受參觀的學校，應儘量減少對學校的干擾。實習生要遵守規定，例如適當的衣著、準時到達、表現適切的禮貌、集合和隊伍行進的方式等。在參觀的場所內，則要注意如何不干擾到工作人員的工作或學生的學習，如何對引導參觀或解說的人員表示尊敬和謝意，以及如何提問題的態度與技巧等。

4. 參觀前後的座談會或檢討會：正式安排的參觀活動，參觀之前最好有一個簡單的引導說明，但是，偶爾會因時間不足而省略。參觀後的座談會是必須舉行的，討論參觀的事項和交換意見心得，其目的是讓參觀者有更深入的學習。座談會中，接受參觀的學校將說明學校的措施和教育理念，被參觀活動或場所的負責人也會針對業務或教學說明，參觀者也藉這個機會提出問題。為了能充分且深入的探討參觀所得，回到大學的教室會再進行討論活動，以激發學生思考，並讓實習生互相交換意見和分享心得。

5. 參觀記錄：參觀活動之後需要寫記錄，這是實習生被規定的作業之一。透過記錄的寫作，能夠對教育問題產生省思，擴充教育理念。這項文字資料便是實習生專業成長的一份實際記錄。如何記錄乃視各實習指導教師的指導情形而定，可以採用固定型式的表格或用活頁紙張撰寫各項實習活動的作業，方便裝釘成冊。記錄表格由實習輔導單位設計印製，針對不同的參觀內容，經過分析之後，列舉參觀事項製成表格。實習生在參觀之前，指導教授予以說明，具有引導參觀的作用。附錄表一是學校行政參觀記錄表，附錄表二是整體性的教學參觀記錄表。指導教師亦可自行視實際參觀活動的實施情形設計活動單，引導實習生在參與活動之後思考及寫作。

### ✎— 觀　察

1. **觀察的意義**：觀察是較深入的、有主題的學習活動，除了在大三和大四教育實習課程中安排這項活動之外，亦可在正式實習展開之前，結合各教育專業課程的教學實施，如初等教育、兒童發展、教學原理、輔導理論與技術、班級經營等學科。在實習課程中進行的觀察學習，因時間有限，應以學習教學為主要目的，其他的課題如觀察個別兒童輔導或是學校文化等，應該結合其他課程配合實施。

2. **觀察活動的實施**：因為觀察活動的目的是對教學因素深入了解和驗證理論，需要較長的時間進行，一般的參觀活動並不能夠達成此項學習目標。此外，因為觀察教學會帶給受觀察的教師很大的壓力，並不容易獲得學校同意，所以很難有機會針對某一教學因素深入觀察。較實際的做法是配合見習活動，實習生根據指導教師的要求，依照計畫進行觀察活動，如此安排便能夠在自然的情境中得到觀察學習的機會。

3. **觀察的準備**：觀察學習雖然與以研究為目的所進行的觀察不一樣，不需要具備嚴謹的觀察程序和技巧，但是實習生仍應預先了解觀察的方法和要領，並對觀察事項有較廣泛而深入的認識，才能了解觀察事件的意義。因為主要的觀察事項是教學因素，觀察者必須知道什麼是有效教學，才能體會教師運用教學技巧的用意，也才有學習意義。實習生的觀察準備工作包括：

- 確定觀察目的和觀察事項：教學觀察的學習活動，目的是要深入的了解教學因素對教學效果的影響。為了提升觀察學習的效果，在時間充裕的條件之下，讓學生的觀察焦點定在某個層面，例如：教室環境層面，可以觀察學生座位的安排、室溫及燈光、班級布置、學生流動空間及路線、教室內外美化綠化等問題。又如教師的教學方法和技巧層面，例如教師對待學生的態度取向、教師解說教材的技巧、發問的技巧、學生之間的互動和合作、教師引起動機的內容與新教材的關聯性等。總之，有關教學過程的因素，教室的物理環

境、教師的教學方法和技巧、教室常規等，均可分別根據其效標列舉為觀察細目。附錄表三所列舉之教師教學技巧，即為實習生觀摩教學時可學習的事項，實習生在觀察教學的時候，用以提醒自己要注意觀察什麼。

- 蒐集和閱讀相關資料並深入研討：前面所舉觀察事項之例子，如教師發問技巧及其影響；學生不專注行為的定義，以及常發生的不專注行為有哪些；又什麼是合作態度和行為，教師主導的合作和學生自發的合作之辨識等。實習生需要在觀察前閱讀相關的文獻資料，或是事先經過實習指導教師選定主題的講授和研討之後，最有助於觀察學習。

- 選擇觀察對象、場地及時間：經由大學指導教師的安排，以及實習生自行依據專業發展需要規劃，可以擇定觀察事項和對象，並配合著學習機會進行觀察。例如，在試教之前的見習，為了了解可能影響試教順暢進行的障礙，可以先鎖定上課不專心兒童為觀察對象進行觀察。此外，在試教期間，則可擇定教師的教學方法和技巧觀察。

- 確定要如何進行觀察：學習性質的觀察，一般採取不受時間限制的自然觀察為主，並且可視觀察者的能力同時觀察一個以上事項，亦即不必排除目標行為以外的有意義的學習事件。

4.觀察記錄與資料分析：寫觀察記錄是一個繁重的工作，原則上儘量不遺漏地做觀察筆記，再於事後整理資料，並標記觀察事件，然後做登錄和分析的工作。例如將教師所有的發問問題以及學生的反應予以翔實記錄，事後分析其問題類型，並比較不同類型的問題和學生的反應情形。又如將學生不專注上課的時間、地點、行為型態、發生當時的刺激源，以及如何發生的事件內容加以記錄，亦即要掌握何時、何地、什麼、為什麼及如何等五個W，於觀察結束後分析其意義。為了方便記錄，亦可將計畫觀察的事項做成結構性的觀察記錄表，在觀察的時候登記觀察發現，然而，這種記錄對學習教學者而言，較無法深入的分析其實質意義。因此，建議實習生將自然發生的事件做原始而完整的記錄，再於事後分析，並於研討

會時和指導教師及同學共同研討。

### ✎ 見 習

1. **見習的意義**：見習的意義含有部分參與的性質，參與的程度端看指導教師的要求而定。參觀和觀察的活動是以旁觀的立場，學習教學工作的事務，見習則是半參與的一種學習活動，在班級輔導教師督導之下，協助處理教學工作的事務。以擔任教師助理的型態，協助準備教學資料、布置教學情境、共同帶領教室外的教學活動、負責小組學習或討論活動、批改考卷和作業及其他級務處理。除了教學見習之外，亦可商請學校行政人員提供行政見習的機會。見習的意義，是實際接觸教學和級務處理的工作，能夠獲得真實的經驗，展現自己的能力。這項學習活動自然比參觀和觀察層次的學習更具效果，開始從經驗中建立教學技巧和處理級務的能力。

2. **見習的實施**：見習的實施有兩種型態，一種是列入實習計畫正式安排的活動項目、實習生在既定的時間內進行。這種見習活動主要是排定在正式試教之前的學習活動，讓實習生熟悉即將試教班級的狀況，與班級的輔導教師請教試教的各事項，熟悉其教學例行工作方式，評量學生作業的一貫做法與標準，以避免在往後的試教與處理級務的方式與該班教師有太大的差距。另一種見習是長期的，用部分時間的方式跟隨優秀的級任教師學習。這種見習活動是由指導教師各自規定，自大三開始，實習生自行接洽見習學校班級和時間，利用平常沒有課的時間，或是寒暑假未結束，而學校已開學之際的第一、二週到學校見習，擔任教師的助理，處理級務和協助教學事務。

由於見習的活動是讓實習生嘗試參與工作，所以不宜讓數位實習生集中到某個班級中，原則上一個班級一人，最多不得超過兩個人，才有充分的學習機會。為了加強這種實習生自行接洽的見習活動之效果，大學的指導教師應該有整體而詳細的規劃，並由實習輔導單位統一編印見習手冊，其中列有各項需要完成的見習事項、時數、目標、需知、實習生的角色和

職責等。如此就可以明確的讓實習生有所遵循，國小的指導教師也可據以安排工作給予實習，並方便檢核見習成果。實習活動進行完畢，由班級的指導教師在實習手冊上認簽。

3. 研討會：由於見習的班級是分散的，所以輔導教師與見習生的檢討活動是個別的、機動的隨時進行，這種指導是針對發現的問題而研討，有最直接的學習效果。完成一個階段的見習，回到大學的班上，實習生彼此分享經驗，共同和指導教授研討見習所發現的問題，這種研討，是實習生分析問題及反省思考的機會，能夠擴充教育理念，並面對自己準備從事教育工作的抉擇，進而調整本身專業發展的方向。

4. 見習日誌撰寫：見習日誌是專業成長的記錄，實習生將每日見習參與工作的情形、發現問題的現象和思考做記錄，大學指導教師能夠據以評量實習生見習時候投入學習的程度。由於是每日記載的工作，所以可以用固定的簿本記錄。

## ✎ 教學實習

教學實習就是試教，是指經過事先安排，實習生的教學計畫須經過審閱和指導，在有人監督的情況之下進行教學。在這個時段，實習生可以被稱呼為實習教師了。實習教師如何得到完整的教學實習經驗，以下分項說明其實施過程。

1. 試教的安排：在班級中跟隨輔導教師學習，並接受觀察與指導之下進行試教，這是實習教師獲得最直接經驗的方式。試教的目的是讓實習教師有機會將所學運用到實際的工作上面。嘗試將個人理念在教室中試驗，學習組織教材、採用教學方法和技術，體會互動情境中教學的複雜性，學習變通運用之道，並認識學生差異性與個別需求，同時也鼓勵實習教師不斷的反省與調整自己的教學。

以往的教學實習，大多由實習教師負責實習班級的所有教學和級務工作，原班的輔導教師及科任教師擔任觀察指導的角色，這種學習方式，實

習教師沒有充分的時間準備教學，更無法深入地檢討教學得失而從中吸取經驗。為了顧及實習教師的負擔和充分學習的意義，不宜完全包下班級的教學活動，理想的安排是讓他們在第一週擔任兩個科目完整單元的試教，第二週再嘗試另兩個科目，依此安排，並可隔單元巡迴擔任各科的教學。沒有擔任教學的時間，便由原班的輔導教師或科任教師示範教學，或協商到別班觀察優秀教師的教學，實習者成為觀察學習的角色，如此可以得到較多的學習。

2. **教學計畫**：試教過程中，首要之務是做教學計畫。擬定的計畫在教學前應該經過指導教師審閱，提供可行的建議：如計畫會不會太過理想抑或沒有把握教學目標？教學資源的取得有無問題？如何擬定教學計畫和使用教學方法，請參考本書的相關章節。在教學實習最初階段，每次教學前二、三日應將教學計畫和輔導教師詳細討論和請教，以確定進行教學的細節，教學準備經過討論，教學後的檢討就更能得到教學方法或技術的專業成長。

3. **試教的準備**：教學實習對大多數的實習教師而言，是一個重要的磨鍊，因為這個階段的實習，開始面對學生，個人表現的好壞，直接影響到試教對象。實習教師應具有責任感，充分做好準備工作，從教學實習中了解自己的教育準備以及從事教育工作的潛能如何。以下列舉的事項，提供實習教師準備試教之參考。

- 填妥自己的基本資料，包括姓名、性別、大學年級別、主修、副修、專長、聯絡電話和地址等。在初次接觸實習班級的時候交給輔導教師。
- 準備一份自我介紹的講詞，以應輔導教師的要求對班上學生自我介紹。
- 保持虛心的學習態度，敏銳體察指導教師和輔導教師的期望和要求。
- 與所有接觸的人保持良好的禮貌及友善的關係。
- 儘速認識試教的學生。
- 如須使用教學媒體，要事先確定是否借得到，可能的話先辦理預借

手續，並在教學之前先檢查是否可以正常使用。

- 準時參加實習活動和各項會議，以及按時完成交辦事項。
- 保持良好的體力精神以應付緊張的教學實習，有充滿的活力和熱誠的態度面對學生和工作。
- 穿著打扮適當，表現有精神；外表顯現愉悅和堅定的態度。
- 因特殊的意外情況未克到實習班級，應及早通知輔導教師和指導教師。

4. 接受觀察：進行試教時，需要接受觀察，以獲得改進的意見。觀察的型式有二，一為正式的團隊觀察，一為非正式的觀察。理想的正式觀察是由大學的指導教師、班級的輔導教師、另一位資深教師，以及在同班級的實習教師共同觀察。但是後面兩個成員可以視情況而定，一般學校未必能支援其他教師共同觀察；又如果班級只有一位實習教師，就不會有同儕參與觀察。讓同儕觀察的用意是同學之間可以彼此學習，即使觀察到的是缺失，也可從檢討會中，得到較佳做法的指導。正式的觀察次數，要視大學教師所指導學生的人數而定，在實習期間每位學生至少要安排一次的正式觀察，主要的目的是評量和指導。正式的觀察活動，要有觀察前的討論活動，實習教師應備妥教學計畫，向觀察人員說明教學流程、活動內容，以及要表現的重點技巧；指導者應視情況提供意見，使教學計畫更有學習意義。至於非正式的觀察，是由班級輔導教師在實習期間隨時進行觀察。觀察實習教師教學，需要觀察表作為評析的工具，才能系統的提供教學者回饋，觀察表舉例如附錄表四及表五。另外，在教學實習的時候，實習教師也需要學習級務工作，其表現如何，輔導教師要關心和評量，級務實習評量表如附錄表六。

5. 檢討會：教學觀察之後有檢討會，由實習教師提出他在整個教學進行中的發展、思考與行動，以及自己分析成功和失敗之處。再由指導教師和班級的輔導教師分別提出意見或思考方向。檢討會是針對教學中各事件做具體的討論，應兼顧理論與實際才能給實習教師較大的幫助。至於非正式的觀察，則由班級的輔導教師隨時觀察實習教師的教學，並於當日之內

提供回饋。

6. 研討會：研討會是由大學的指導教師負責規劃和主持的討論活動，研討的目的是促進實習生思考教育問題。在集中實習期間，指導教師召集其負責指導的全體學生，每週應聚會至少一次。研討的場所可在實習的學校或是大學的教室，研討時間應選在不影響學校教學實習的時段為佳。

教學檢討會是針對教學觀察的結果做較具體的討論，研討會則是對實習期間遭遇到的各項問題，從教育哲學、歷史、社會學、文化等角度做較廣泛的探討，促使實習教師思考影響教學的因素，體認學校行政體系的問題，亦可激發他們檢視自己的教育理念和學養，面對自己從事教育工作的意願和態度。此外，研討會還有一項重要的功能，就是讓實習教師抒解實習期間的壓力，理解到絕大多數實習教師會經歷到困難，避免因挫折感而自我懷疑從事教職的能力。

7. 教學（實習）日誌撰寫：在實習期間寫實習日誌是必要的。日誌的敘寫，主要是鼓勵準教師自我思考在實習過程中接觸到的問題，如教學方法、教材選擇和呈現、學生反應、班級管理、與學生互動、學校行政、人際相處、家長的問題等事宜。實習教師在每次進行觀察（或參觀）、見習和試教的活動之後，都應該撰寫實習日誌。雖然集中試教期間，準備教材較為忙錄，每天要撰寫實習日誌，對實習教師而言，是一項負擔，但是這項寫作有其重要意義，透過日誌寫作，養成自我分析的習慣，如同教學檢討會的功能，可以促進批判和反省思考的能力。為了落實這項自我反省與記錄的工作，安排教學和級務實習的負擔就要適當，寧可減少實習事項的份量，而要求每一樣實習工作都要經過充分的檢討，提供回饋以及自我反省的機會，才能真正帶給實習教師專業成長。

由於不是每位實習教師都有敏銳的觀察和思考的能力，指導教師在要求實習教師進行寫作活動之際，不妨列舉一些思考事項，甚至應該提供寫作的範例作為參考，日誌的記載才不致流於形式化。

### ✎ 級務和行政實習

教師的工作是複雜多樣的性質，除了教學之外，還要負擔教室內所有的事務之經營工作，並隨時要配合教室外的各單位行政層級所推動之活動事項。一位級任教師所處理的級務工作與學生的學習及輔導活動密切相關，是他人無法代勞的事項。因此，實習教師應該在大四集中實習的階段，先以見習的方式半參與級務工作，而後在輔導教師監督之下學習負擔所有的級務工作，才能在正式成為教師之前熟悉這些事務和處理原則及技巧。

至於行政實習，在過去，由於學校教職員編制小，幾乎所有的級任教師都要兼任行政工作，分發到國小的新手教師也大多要兼任行政工作，甚至兼任主管之職。因此，許多大學指導教育實習的教授主張要讓學生在實習期間經歷行政實習。行政實習的方式，有所謂的「包校實習」的作法，即由全體實習教師包下全校的各項工作及活動，從上下學路隊的導護、升降旗的進行、整潔及秩序的檢查和評鑑，以及學校運動會的策劃及實施等，悉數由實習教師負責。模擬學校行政體系，從實習教師中推派擔任實習校長及各處室的實習主管，並分派各項工作給各實習教師，學習日常的行政運作。

近年來，由於各師資培育校院擴充學生數，再加上各類師資班的人數眾多，鄰近的實習學校經常有實習生實習，包校實習的做法會干擾到學校的正常運作，而大學的指導教師經常要帶一個以上的班級教育實習，也難負荷長期集中實習的密集指導工作。所以，在實習期間，行政實習很難發揮實質的學習功能，因而採用變通的做法，以行政業務報告的方式，讓實習教師短短的半天時間認識各單位行政職責與業務，選派的實習校長或主管，其主要的工作只是擔任轉達訊息和分配臨時任務的角色。事實上，由於實習時間有限，目前教育部訂定的教育學程中的實習是「教學實習」，因此教育實習應以學習教學和以教學相關的級務處理為主，行政事務的學

習可留待初任教師之引導階段實施。本書另有章節介紹小學班級級務及行政工作，請讀者參閱，本章不贅述。

## 二、在大學內教室的活動

上述的五項實習活動，以在實習學校進行為主，另有實習前後的準備和檢討或研討活動，必須在師資培育校院的課堂上進行。此外，為了加強及補足實習學校進行教育實習的功能，在大學的教室可進行許多學習活動，以下僅就微型教學、模擬情境的討論教學、利用教學錄影帶觀察教學、行動研究等學習活動。以下分別加以說明：

### ✎ 微型教學（或譯為微縮；micro-teaching）的實施

微型教學是由 Allen 及其同仁在史丹福大學所發展的（Allen & Kevin, 1969; Perrott, 1977）。這種教學設計的主要目的是在進入學校實習之前，提供師範生一種教學練習的機會，系統的訓練準教師運用特定的教學活動與技巧，經過這種練習活動，才能允許在真實的教室實習教學。可以說是正式實習教學之前的必備條件或要求。在歐洲國家也有實施成效的報告（Klinzing, Hanz-Gerherd & Floden, 1991）。微型教學的意義是將正式班級的教學縮小成部分的教學，在實驗的情境中，以四到七個成員為小組，教學的時間是一小段的，大約五到二十分鐘，演練者需要表現出預定的教學技能。過去有不少研究（如李園會，民76；Good, Biddle & Brophy, 1975; Laut, Keller & Rauschenbach, 1992; Porter & Brophy, 1988; Stallings, 1976）列出能提高學習成就的重要教學技巧，微型教學即可將這些技巧作為實習生演練的項目。這些技巧如：集中學生的注意力、引起學習動機、提供前導組織、陳述教學目標、講述技巧、身體語言、運用不同層次的發問技巧、舉例講解、安排多樣的刺激、重複重要學習內容、適當的結束、回饋……等。

參與的實習生需要預先準備，並將教學計畫與指導教師討論過。演練者的表現有標準可以評量，這些標準是有效教學的指標，譬如演練者的語

言是否清晰、舉例恰當與否、教材的選擇與呈現、了解適用學生對象以調整教學……等等。指導教師在運用這樣的教學練習時，須列舉和介紹各項教學技能及其預期表現之標準，讓演練者有努力的目標。若將實習生演練的過程攝錄下來，教學之後，小組成員與指導教師共同觀看與分析錄影帶，提供教學者回饋，學習的效果會更好。

### ✎ 模擬情境（simulation）的討論教學

前述微型教學是將實際的教學情境，縮小規模在實驗情境中進行。而模擬情境的使用，是讓準教師能設身處地的思慮未來可能遭遇到的問題，就問題情境和相關因素共同討論，並提出解決問題的對策，例如負責的班級有一位回歸主流的學生該如何安排教學、學生偷竊事件如何處理、家長抗議不公平要如何溝通等問題。大學的指導教師可以從學校蒐集這些真實的問題案例，亦可以蒐集初任教師親身遭遇到的事件，作為討論的主題。教學實施的方式，就像法律系的學生討論實際案例和扮演法庭上的角色一樣。因為這些問題是真實發生過的，很能吸引學生的探討興趣。透過討論或模擬，能夠培養準教師面對問題的態度以及解決問題的策略。

### ✎ 利用教學錄影帶觀察教學

觀察優秀教師的教學是實習階段重要的一項學習，但是前往學校觀察教學，不僅勞師動眾，帶給學校接待的負擔；又因觀察教學時間限於一或兩節，並且多數人集中在一個教室觀看，而觀看後的討論時間十分有限，因此效果不大。所以，除了這種教學參觀或觀察之外，應該在大學教室裡，充分的利用教學錄影帶進行討論教學。目前已有許多教學錄影帶，可供這種學習使用。然而，因為不再出版，不易獲得。建議各師資培育校院的視聽中心和學校合作，攝錄各科教學的活動過程，提供實習生觀看學習。在討論教學中，可以隨時停頓，和重複播放某個片段，做刺激回憶的思考活動，深入的探討不同的處理方法，培養學生批判和反省思考的能力。

### ✎ 行動研究（action research）的進行

為了培養學生對教學相關的問題有更深入的思考與分析的能力，有一些學者（Bercik, 1991; Wedman et al, 1985; Wright & Kasten, 1992; Zelazek & Lamson, 1992）建議要求實習生進行行動研究。行動研究能夠讓實習生獲得更多有關於課程、教學行為、教室管理，以及學生方面的理論和法則，在實務運用和解決問題的知識。行動研究的進行，實習生必須自己設計研究計畫，針對某項特定的策略，從執行到結果進行分析。此一研究過程，能幫助實習生將此經驗運用到其他的教育歷程上，願意主動的去嘗試新的技巧或策略。

因為行動研究需要執行者具備有基本的知識，並且要投入較多的時間，如果班級的輔導教師具備這種研究能力，就可以合作研究的方式進行，兩者均可從中得到專業成長。目前的實習課程通常只安排二至四週的集中實習時間，行動研究的要求未必合理，指導教師可視學生和輔導教師的能力而決定是否採行。至於未來踏出師資培育校院，進入學校教學的初任教階段，即可將行動研究列為規定的專業學習活動。

以上的所有實習活動的安排，應考慮一個重要的原則，就是逐步安排學習活動以增進其能力，並逐漸增加實習教師的實習負擔。表 1-1 將教育實習活動、實施階段、場所、負責指導人員及養成知能並列一起。表 1-2 則是逐漸增加實習生責任的實習進程，供指導教師規劃實習活動參考。

✧ 表 1-1　教育實習實施階段、活動方式、指導人員、場所及養成知能表

| 實習階段 | 活動方式 | 指導人員 | 場所 | 養成知能 | 備註 |
|---|---|---|---|---|---|
| 大一及大二 | 參觀觀察 | 大學教師 | 實習學校 | 認識教學環境、對象、工作事項與職責 | 結合專業課程實施 |
| | 日誌撰寫 | 大學教師 | | 發展教育理念 | |
| | 討論會 | 大學教師及實習學校人員 | 大學或實習學校 | 發展教育理念及知識 | |
| 大三 | 微型教學 | 大學教師 | 大學教室 | 教學技巧 | |
| | 模擬情境討論 | 大學教師 | 大學教室 | 體認教育問題、建立批判思考及問題解決能力 | |
| | 參觀學校教學及行政措施，臨場／錄影帶觀察教學 | 班級輔導教師大學教師 | 大學教室 | 教學方法及技術 | |
| | 見習 | 班級輔導教師 | 實習學校 | 行政／級務／教學工作的認識及參與實作 | 見習中可以擔任教師助理，並嘗試一或兩節課之教學 |
| | 日誌撰寫 | 大學教師 | | 建立反省思考能力及教育理念 | |
| | 檢討會 | 班級輔導教師 | 實習學校 | 教學方法及技術、兒童輔導、級務處理等能力 | |
| | 研討會 | 大學教師 | 實習學校大學教室 | 發展教育理念及批判反省思考能力 | |

| | 觀察 | 班級輔導教師 | 實習學校 | 教學方法和技術及輔導兒童 | 除實習計畫排定之觀察外，可以結合見習活動主題取向的深入觀察 |
|---|---|---|---|---|---|
| 大四 | 見習 | 班級輔導教師及行政人員 | 實習學校 | 認識試教對象、工作性質；建立教學知能及合作態度和方法 | 從部分參與的級務處理到負擔大部分級務 |
| | 臨場試教及每日檢討會 | 班級輔導教師 | 實習學校大學教室 | 教學計畫與教學能力 | 分階段進行 |
| | 行政工作實習 | 行政人員 | 實習學校 | 級務處理能力及學校行政事務認識 | 實習時間不充裕，應以級務相關之行政事務為主，其他之學校行政事務實作可免 |
| | 行動研究 | 大學教師 | 實習學校 | 發展問題解決能力 | 須考慮可行性，可與班級輔導教師合作進行 |
| | 研討會 | 大學教師 | 實習學校大學教室 | 發展教育理念 | |

註：本表之能力目標乃為例舉，指導教師應自行參酌增減調整。

✧ 表1-2　逐漸增加責任的實習進程（在國小的實習）

| 實習活動型態 | 參觀 | 觀察 | 觀察與見習 | 教學實習 |
|---|---|---|---|---|
| 實習時機 | 大一、大二 | 大二、大三 | 大三下、大四上（除已排定之實習時間外，可利用大學沒課時間跟隨班級輔導教師進行半參與的學習） | 大四上、大四下 |
| 實習活動內容 | 學校各項教育活動及行政事務 | 單一兒童／小組兒童之活動、教師教學、環境空間設備等 | 較長時間的觀察（如完整單元的教學），以及以助理教師的型態協助處理級務及擔任教學活動（如協助帶小組活動） | 從一或二節的教學、到增加為半天上課或全單元的教學 |

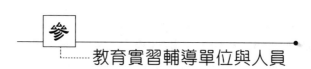

參

## 教育實習輔導單位與人員

在實習期間，與實習生或實習教師密切相關的單位是實習輔導處，參與指導的人員主要有師資培育校院的指導教師和學校實習班級的輔導教師，實習人員應對輔導單位及職責和角色有所認識，以獲得適切的支援。

### 一、實習輔導單位的職責

根據師資培育法的規定，師範校院及設有教育學程的大學校院都應設實習輔導單位。教育實習指導單位的職責主要有：與地區的學校、行政機關，以及相關教育人員發展和建立良好的關係，擬定教育實習政策及實

施，蒐集和保存實習資料，和教育實習評鑑的實施等。至於直接與實習教師實習活動相關的工作，大致有以下七項：

### ✎ 訂定教育實習實施計畫

訂定教育實習計畫是實習輔導處每個學期開學之前的例行事務，在學期之前即召集實習指導教師及相關人員，經過多次會議決定實習計畫。計畫中列有實習目的、實習班級、指導教師、實習活動時間表、評量等事項。

### ✎ 安排實習指導教師

師資培育校院實習指導教師的安排，應安排教育專業課程的教師擔任，尤以具有中小學教學經驗、致力於教學研究、熟悉各科教學的教師為適當之人選，每位指導實習教師以不超過二十名為理想的原則。

### ✎ 實習學校的接洽與建立合約

1. 實習學校選擇條件：
   - 有優秀的行政人員和教師。
   - 有強烈的合作意願。
   - 學校人事和諧。
   - 各項制度推行容易。
   - 交通近便。

2. 建立合約：除了大學附設實驗學校有義務提供實習之外，其他的學校與師資培育校院之間只是合作的關係。因此，最好有合約的訂定，以維持基本的互惠條件。實習學校應盡力配合師資培育校院的實習計畫，列入學校行事曆實施。學校接受實習教師最大的收穫是刺激學校不斷追求進步，輔導教師會得到很大的精神回饋，激發教學研究的動機。有實習教師的學校，就如教學醫院一樣，應有一定的地位水準，也得到社會及行政主管機關的肯定。而師資培育校院則應盡力爭取經費的補助之外，還有義務

提供學術服務，如實習學校的教師進修機會、大學圖書和電腦網路使用、學校教學輔導行政之資源等。有這樣的互惠關係和合作模式，學校的教師才能將實習指導的工作視為職責，盡心指導。

### ✎ 遴選優秀教師擔任輔導實習教師的職責

因為學校的實習輔導教師，是實習教師很好的示範和認同的角色對象，所以輔導教師的地位應受到肯定與尊敬，教育行政主管機關及師資培育校院應給予「臨床輔導教師」的榮譽職稱。師資培育校院的指導教師應和國小有好的溝通管道，建議學校在指派輔導教師的時候應考慮如下專業素養和能力：

1. 在學校中有受肯定的表現。
2. 有積極熱愛工作的專業態度。
3. 有良好的溝通能力。
4. 有良好的教室管理與有效教學的技巧。
5. 知道如何靈活運用教學方法教課程內容。
6. 與同事有良好的關係。
7. 能敏銳察覺問題並有問題解決的技巧。
8. 能妥善規劃及善用時間。
9. 能了解實習教師的工作困難。
10. 有熱誠願意助人的態度。
11. 有繼續追求新知的意願。
12. 能適度的表現權威。
13. 對學校行政體系與運作有清楚的認識。

### ✎ 安排指導教師的講習會

為讓參與指導實習教師的人員對指導工作有充分的認識，實習輔導處應該辦理講習會，增進輔導教師的指導能力。講習會的辦理，可以利用週

三教師進修時間系統的安排研習，亦可利用假期密集的安排研習課程。講習的內容可以包括：實習教師的工作困擾、教師專業成長之介紹、實習教師的指導原則與技術、教學視導理論與實務、觀察技術、有效教學的理念、成人發展與學習特質、溝通技巧、重要的教學新知等。

### ✎ 安置實習教師

實習生見習以及試教的班級，要選擇什麼年級的班級？一個班級安置幾位實習生？是由實習輔導單位以及負規劃實習課程之責的指導教師共同決定。一個班級最多不宜超過兩位學生，一個班級一位是很理想的安排，但是必須要考慮到實習學校有沒有這麼多理想的或有意願的指導教師，能不能接納這麼多的實習生。至於實習生是不是在實習期間固定在一個班級實習，有不同的看法。有許多指導教師認為讓實習生接觸不同年段的學生，試教不同年級的教材，並接受不同教師的指導，學生有較多的體驗，卻也要顧慮到學習負擔是否會過重，以避免無法消化學習內容的情況發生。

### ✎ 提供教學實習的資源

在實習期間，實習生需要用到許多教學資源，例如教學準備所要參考的書籍資料，以及在製作教具所需要用到的材料等。其中，教科書和教師手冊或指引是實習輔導單位應該統籌蒐集或購置的，若能設立教學資源中心將更符合理想，能提供職前準備教育更有效的教學資源。

## 二、教育實習指導人員的職責

負責教育實習指導的人員主要有兩位，一位是師資培育校院所安排的指導教授，另一位則是實習學校班級的輔導教師。班級的輔導教師可以提供實務方面的直接指導，實習生可以即學即用。事實上，學生的實習經驗和學校指派的輔導教師是影響職前教師社會化的最大來源（Su, 1992），所以，實習生在實習學校實習之指導責任，應以輔導教師為主。因此，加強

班級的輔導教師的指導功能是最能提高實習效果的做法。至於大學的指導教師仍有其指導功能,他們除了規劃良好的實習課程以引導實習生專業化之外,在國小實習期間,應該扮演著連結理論與實務的角色,並擔任與輔導教師及其他行政人員溝通實習事務之責。由於大學的指導教師仍有其他職務和課程負擔,不見得能夠經常到實習學校深入具體的指導每一位實習教師,因此,除了儘量在班級督導實習教師之外,今後應再增加間接指導的任務,與輔導教師保持密切的聯繫,溝通指導事項與方向,畢竟教育實習仍是大學應該主導的學習活動。

實習生應該了解不同的指導人員有不同的角色與職責,才能對指導人員有合理的期望,大學校院的指導教師和學校班級的輔導教師在指導實習教師所應負擔的主要職責分別如下:

### 師資培育校院的指導教師

1. 規劃教育實習課程。
2. 指導在大學校內進行的實習活動。
3. 聯絡實習學校,分配實習學生到各班級。
4. 與學校建立和維持良好的關係,帶動合作的熱誠,讓學校能夠多提供實習生學習機會。
5. 與班級的輔導教師充分溝通實習事項、實習生特質、指導原則。
6. 設計和提供評量工具,並與校長、行政人員、班級輔導教師溝通評量事項與標準。
7. 解決實習期間發生的各項問題。
8. 主動關心實習生並擔任諮詢的角色。
9. 主持研討會。
10. 觀察實習生試教並參加檢討會。
11. 負責最後的總結評量。
12. 提供輔導教師專業成長的回饋,尤其是改進教學的新資訊。

13.負責輔導教師的講習和研討會。

### ✎ 實習學校的輔導教師

1. 準備接受實習教師來臨的各項工作，包括告知學生有實習教師將來班級一段時間的事實，以及實習教師需知事項如：教師義務、班級兒童資料、特殊的兒童、例行工作、實習期間的座椅和個人物品放置處……等等。
2. 對實習教師表現熱誠的歡迎，建立良好的關係。
3. 介紹學校教學資源如何取得、圖書館和各專科教室位置，以及認識相關人員等。
4. 介紹學校作息和午餐使用情形。
5. 安排實習教師見習的各項事務。
6. 安排實習教師試教的時間和課表，及行政和級務工作負擔事項。
7. 指導實習教師完成教學計畫的各事項。
8. 指導實習教師班級經營的原則和策略。
9. 示範教學。
10. 觀察教學。
11. 主持試教前後的討論與指導。
12. 協助評量實習教師的表現。
13. 實習教師心理困擾的諮商。

除了輔導教師之外，學校的校長和其他行政人員也都負有指導實習教師之責。校長主要是督導整個教育實習的實施，是個仲裁及解決問題的重要角色；而其他行政人員，如各處主任及組長亦有指導和督導之責，設定實習教師基本表現的準則、安排班際的實習活動，提供實習資源和指導行政實習事項等。實習教師的指導需要結合相關人員的努力，依據完善的指導計畫執行，相信能提升教育實習的品質和功能。

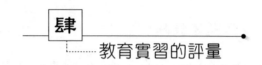

# 肆
## 教育實習的評量

## 一、教育實習評量的意義

　　既然教育實習是師資養成的重要歷程，那麼在這個歷程中，實習教師各項能力獲得的專業成長，就應該有完整的記錄。每位實習教師都必須接受持續且完整的評量，才能從中得到回饋以改善學習狀況。因此，實習期間的評量記錄，就是實習教師專業發展的一份紀錄。此外，教育實習的評量尚具備有一項重要的功能，那就是作為改善師資培育課程與教學的一個參考。譬如，如果評量結果顯示大部分大四學生的教學計畫能力不足，或在試教中暴露所教學科知識貧乏，就應檢討師資培育課程的缺失。再者，藉教育實習的評量，儘早發現實習教師的需求及困難，例如性向及適應方面的問題，以便協助克服困難，或是輔導其轉入其他行業的準備教育。所以，教育實習的評量有重要的功能，參與實習指導的人員都應具有良好的共識，結合力量，才能建立完善的教育實習評量制度。

## 二、教育實習評量的事項

　　實習生必須知道他在實習歷程中，是如何被評量的，以及了解是如何被期望表現，才有努力的方向和目標。教育實習評量的事項就是教育實習活動的內涵，換句話說，我們安排學生的學習活動的內容就是評量的重點。本章前面所述之各項實習活動的性質，就是評量工具擬定的依據。例如參觀或觀察學習，主要是觀摩優秀教師教學，那麼在觀察的時候，就希望學生描述觀察所得，並反應其觀察心得，實習生記錄這樣的觀察報告，就要寫得很深入，並且顯示出分析批判的能力。又如，試教期間的日誌，

就要針對個人的教學充分的檢討和反省，以顯示出在教室學習所獲得的專業成長。由於教育實習不只是認知與技巧能力的學習而已，同時也要體認教師的專業風範素養，和激發從事教育工作的興趣，因此，實習生在專業學習的態度和性向也是評量的重點之一。

## 三、教育實習評量的指標

實習生在實習活動的表現指標，乃依據師資培育人員期望學生在實習歷程中習獲的能力之標準而定。指導教師依據本章前面所列舉的教育實習的目標擬定具體目標，就成為教育實習評量的指標。以試教表現之評量而言，有效教學就是評量的指標。雖然教學是一個複雜的活動歷程，何謂有效教學很難有定論，然而，累積過去數十年教學研究的成果，仍然可以找出許多用來評量教師能力的參考標準。例如教師的特質，像熱誠、有信心、聲音質地、幽默感等；又如掌握學生的認知和心理活動，像清楚的呈現有組織的教學內容、學習的工作行為、回饋的運用、學習氣氛、對學生表示高期望等。這些教師效能的參考標準有很多，必須加以分析統整，並衡量實際需要，選擇作為評量參考的標準。

## 四、兼採量與質的評量

教育實習的評量，是持續的將教師發展的過程予以記錄的一份資料，可以分析實習生成功和失敗的原因，評量的工作不僅是給分數而已，也要說明何以如此的原因。因此，除了需要設計量化評量工具之外，也需要質的評述，才能提供實習生較完整的學習情況和改善方向。檢討會是提供說明的最好方式，因為它可以雙向或多向溝通，可以解釋和說明。另外，信件式的書面報告也是一個好方式。但是，理想的書面評量報告需要花很多時間寫作，因為實習工作包含太多層面，要一一提供實習生質的評述並不容易。變通的做法，是在評定量表或檢核表上加一評語欄，讓實習指導人員用文字敘述意見，如此便能保有一份系統的、兼具質與量的評量紀錄資

料。此外，實習期間的日誌、指導教師觀察的軼事記錄，以及與學生的談話等資料，均可作為質的評述的參考。

## 五、以開放的心態處理評量的問題

實習生應該了解評量的重要意義，以開放的態度接受評量，正確的看待評量的實質意義，而不只是看評量分數結果而已。從他們的立場而言，會希望指導人員告知評量方式和標準，了解指導人員對他們的期望為何，如何評量他們的表現。而指導教師的立場，則能公平和客觀的評量實習教師，向他們分析和溝通評量準據，就是告知努力的方向。

## 六、評量方法

### ✎ 觀察評量（觀察表如附錄表四、表五、表六）

教育實習評量的方法，是依據實習生表現的事項而定。觀察是最常採用的方式，能提供學生立即回饋，但是能否有效的幫助學生專業成長，端視評量結果是不是具體和是否系統化。觀察記錄有較客觀的評量表，是針對實習演練事項而編定，如教學計畫的評量表、試教的評量表、級務實習評量表、行政實習檢核表，可以採評定量表或檢核表的型式。評量表和檢核表都是將教育實習的行為表現用文字敘述，由觀察者就實習教師在特定行為表現的情形予以評定。這些觀察表常以評定量表的形式編製，將行為表現良好與否的程度，分幾等予以評定，有三到七等不同的區分方式，通常以四或五等為多。每一個數字代表表現程度的意義。而檢核表則以是與否評定各項表現是否通過。

### ✐ 實習教師互評表和自評表（如附錄表七、表八）

試教期間，通常會有兩個或數個學生為一組，分配在一個教室實習，要求實習教師互評教學，能夠讓實習教師彼此評述表現狀況，如同看一面鏡子，察覺自己的表現，學習或避免同伴的優點或缺失。至於自評的方式，是要求實習教師自我設定表現目標，並且在工作完畢之後進行自我評量。自我評量的目的是給實習教師自我省思的機會，評量表的編定就如同觀察評量表一樣，將實習的內容分析成細目，學生據以自我檢定表現的程度。除了檢定項目之外，也提供一些開放性的題目，要求學生以陳述的方式說明教學的狀況、準備教材的情形、設計教學活動的理念等。自評的資料可以提供指導教師了解學生的思考理念、態度、解決問題的方法，作為未來指導的參考。但是，這種評量資料不宜作為評定分數的依據，並且將這個決定在事前告知實習教師。

### ✐ 檢討會

檢討會是重要的一種評量方式，能夠提供很好的口頭雙向或多向的溝通機會。藉著檢討會，可以討論關於試教的教學計畫、教材教法的運用、教室管理、教學資源的使用、級務處理、學校人事關係等問題。檢討會是在實習活動之後進行，從中得知實習教師的思考問題和處理事務的情形。尤其是教學實習之後，更應立即趁記憶猶新之際舉行檢討會，實習教師才能從檢討當中得到回饋。檢討會應該在輕鬆氣氛之下進行，實習教師需要培養正確的學習態度，虛心接受批評。指導教師口頭評述的時候，對表現理想的部分要多予鼓勵，缺失部分則應從正面的說明如何做會更好，可以減少實習教師的挫折和焦慮的情緒。

### ✎ 歷程檔案的評量

所謂歷程檔案（portfolio），就是系統的將個人的作品建立成一份資料，可以清晰的看出個人專業進展的情形。所以，希望準教師將自己的專業能力用筆記本、幻燈片、錄音、錄影帶記錄，做成一份檔案資料，在求職面談中可以清楚的展現自己的能力。近年來，已漸漸有師範教育人員重視和採用歷程檔案的方式加強師資培育的效果，並可用於評量準教師。因為個人專業發展紀錄資料的建立，能夠促進反省、自我評量和專業成長，用歷程檔案評量已成為一般評量方式之外的另一種選擇。綜合一些學者（Hastings et al, 1994; Shannon, 1994）的做法及筆者的構想，檔案的內容可包括：個人資歷、教學計畫（最成功與最不好的計畫）、可以代表實習教師個人知識和技能的資料、自我評量、自製的教具、教學活動單設計成品、教學評量的工具（試卷）、行動研究、實習日誌等。在各資料中，實習教師隨時可以用卡片書寫自己對該項資料內容的省思結果，插入資料中。指導的教師應該定期評閱這份資料，以了解實習教師的進展情形，以及哪些方面需要輔導或協助改進。

# 參考書目

李園會（民76）。微縮教學。國立臺中師範學院。

林清江（民72）。文化發展與教育改革。臺北：五南圖書出版公司。

Allen, D. & Ryan, K. (1969). *Microteaching*. Reading, MA: Addison-Wesley.

Bercik, J. T.(1991). School based/university collaborative effort: A preservice model. Paper presented at the annual conference of the National Council of States on Inservice Education, Houston, TX. November, 21-26.

Good, T., Biddle, B. & Brophy, J. (1975). *Teachers make a difference*. New York: Holt, Rinehart & Winston.

Hastings, et al. (1994). Learning through assessment: A project approach. Paper presented at the annual meeting of the American Association of Colleges for Teacher Education, Chicago, IL.

Klinzing, Hanz-Gerherd & Floden, R. R. (1991). The development of the microteaching movement in Europe. Paper presented at the annual meeting of the American Educational Research Association, Chicago, April 3-7. (ERIC Document Reproduction Service No. ED 352 341)

Laut, J., Keller, D. & Rauschenbach, J. (1992). Critical teaching skills. Paper presented at the annual meeting of the Association of Teacher Educators, Orlando, FL. February.

Lortie, D. (1975) *School teacher*. Chicago: The University of Chicago Press.

Perrott, E. (1977)*Microteacing in higher education: Research, development and practice*. Society for research into Higher Education Ltd., at the University of Surrey, England.

Porter, A. & Brophy, J. (1988). Synthesis of research on good teaching:Insights from research on teaching. *Educational Leadership*.45(8), 74-85.

Scruggs, T. E. & Mastropieri, M. A. (1993). The effcts of prior field experience on student teacher competence. *Teacher Education and Special Education*, 16(4), 303-308.

Shannon, D. M. (1994). An evaluation for the development of preservice teachers. Paper presented at the annual meeting of Center for Research on Educational Accountability and Teacher Evaluation Institute, Catlinburg, TN.

Stallings, J. (1976). How instructional processes relate to child outcomes in a national study and follow through. *Journal of Teacher Education*, 27, 43-47.

Su, J. (1992). Sources of influence in preservice teacher socialization. *Journal of education for teaching*, 18(3), 239-258.

Wedman, J. et al (1985). Reconceptualizing student teaching program: A synthesis. Paper presented at the annual meeting of Association of Teacher Educators, Las Vegas, NV, February.

Wright, J.L. & Kasten, B.J. (1992).New lenses for self discovery. Paper presented at the annual meeting of the Association of Teacher Educators, Orlando, Fl. February, 15-19.

Zelazek, J. R., Lamson, S. (1992). Action research and the student teacher: A framework for problem-solving and reflective thinking. Paper presented at the annual meeting of the Association of Teacher Educators, Orlando, FL. February, 15-19.

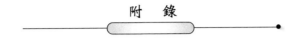

附　錄

表一：行政參觀記錄表

表二：一般教學參觀記錄表

表三：教師有效教學技巧（例舉）：實習生觀摩教學之學習事項

表四：教學觀察評量表（例一）

表五：教學觀察評量表（例二）

表六：級務實習評量表

表七：實習教師互評表

表八：實習教師自評表

◈ 表一　行政參觀記錄表

| 參觀者 | 班級：<br>組別： | 學號： | | 姓名： | | 參觀<br>日期 | 年　月　日 |
|---|---|---|---|---|---|---|---|
| 參觀學校 | | 校　　　址 | | | | | |
| 校長姓名 | | 班　級　數 | | 學生<br>人數 | | 男 | |
| | | | | | | 女 | |

學校簡史（學校特色）：

環境與設備：

參觀心得：

✧ 表二 一般教學參觀記錄表

| 教學年級 | | 教學者 | |
|---|---|---|---|
| 教學科目 | | 教學單元 | |

| 課前準備 | 1. 教學設計：<br>2. 教具準備：<br>3. 教室布置： |
|---|---|
| 教學過程 | 1. 引起動機：<br>2. 教學方法：<br>3. 態度儀容：<br>4. 講述發問：<br>5. 常規訓練：<br>6. 板書板畫：<br>7. 學生反應： |
| 綜合整理 | 1. 歸納整理：<br>2. 作業指導：<br>3. 練習應用： |
| 參觀心得 | |
| 教師評閱 | |

◇ 表三　教師有效教學技巧（例舉）：實習生觀摩教學之學習事項

- 引用學生先備知識，並連結新教材
- 告知教學目標
- 掌握清楚講解教材的原則
- 引發學生知覺的策略
- 集中學生注意力的技巧
- 激發學生思考的技巧
- 教學媒體的運用
- 互動教學的運用
- 教學活動轉換的技巧
- 發問技巧
- 複習或練習的進行
- 團體動力的運用
- 教學時間運用
- 回饋提供
- 肢體語言運用
- 鼓勵學生的技巧
- 其他

說明：
- 在觀摩教師教學過程中，注意觀察教師上列技巧之運用情形，並用文字在記錄簿上加以描述分析。
- 上列有效教學的技巧僅為例舉，未包含所有教師效能之表現，應注意教師所表現之其他技巧。

✧ 表四 教學觀察評量表（例一）

観察對象：＿＿＿＿＿＿＿＿＿ 観察者：＿＿＿＿＿＿＿＿＿

観察時間：＿＿＿年＿＿＿月＿＿＿日

　　以下是實習教師教學表現的觀察事項，請指導教師仔細觀察或和實習教師談話中，了解其專業能力的進展狀況。請每個星期記錄一次，並利用本表及白紙做文字描述，請儘量舉述事實，如實習教師教學之技巧運用、與學生之互動方面的文字描述，俾便進行專業成長之分析。

表現標準：＊與有經驗的教師示範教學一樣表現出色──表現傑出

　　　　　＊與有經驗的教師一樣表現的水準──表現很好

　　　　　＊能平穩的應付問題，符合正常的表現──表現不錯

　　　　　＊尚可接受的表現水準──表現普通

　　　　　＊表現有待改善──表現不佳

| | 表現傑出 | 表現很好 | 表現不錯 | 表現普通 | 表現不佳 |
|---|---|---|---|---|---|
| · 具備教學學科的知識 | ☐ | ☐ | ☐ | ☐ | ☐ |
| · 運用不同的教學技術和方法 | ☐ | ☐ | ☐ | ☐ | ☐ |
| · 用方法吸引學生的注意力 | ☐ | ☐ | ☐ | ☐ | ☐ |
| · 鐘響之後能迅速的讓學生開始或恢復學習活動 | ☐ | ☐ | ☐ | ☐ | ☐ |
| · 在教學之前能清楚的陳述教學目標 | ☐ | ☐ | ☐ | ☐ | ☐ |
| · 選用適當的教學輔助資料 | ☐ | ☐ | ☐ | ☐ | ☐ |
| · 善於組織教材的能力 | ☐ | ☐ | ☐ | ☐ | ☐ |
| · 有步驟的呈現教材 | ☐ | ☐ | ☐ | ☐ | ☐ |
| · 清楚的對學生指示工作 | ☐ | ☐ | ☐ | ☐ | ☐ |
| · 具備標準的國語說寫能力 | ☐ | ☐ | ☐ | ☐ | ☐ |
| · 適當的引發兒童已有的認知概念以認識新的知識 | ☐ | ☐ | ☐ | ☐ | ☐ |
| · 發問問題清楚並符合教學的主要概念並且能顧及讓學生思考及探究的層次 | ☐ | ☐ | ☐ | ☐ | ☐ |
| · 善用評量以了解學生的學習結果 | ☐ | ☐ | ☐ | ☐ | ☐ |
| · 藉由與學生的互動提供學生回饋 | ☐ | ☐ | ☐ | ☐ | ☐ |
| · 用技巧激勵學生的學習動機 | ☐ | ☐ | ☐ | ☐ | ☐ |
| · 平穩而自然的轉換學習活動 | ☐ | ☐ | ☐ | ☐ | ☐ |
| · 有效且不混亂的發簿本或其他學習材料 | ☐ | ☐ | ☐ | ☐ | ☐ |
| · 經常的檢查學生是否了解進行中的學習 | ☐ | ☐ | ☐ | ☐ | ☐ |
| · 指導學生建立好的學習習慣與態度 | ☐ | ☐ | ☐ | ☐ | ☐ |
| · 使用的語言適合兒童的程度 | ☐ | ☐ | ☐ | ☐ | ☐ |
| · 經常與兒童談話以了解學習狀況 | ☐ | ☐ | ☐ | ☐ | ☐ |
| · 整體而言，教學生動活潑維持學生的注意力 | ☐ | ☐ | ☐ | ☐ | ☐ |

請就該位實習教師表現之優點與缺失做具體之描述如下：

## ◇ 表五　教學觀察評量表（例二）

| 姓名 | | 教學班級 | 年　　班 | 日期 | |
|---|---|---|---|---|---|
| 科目 | | 單元名稱 | | | |

填表說明：

1. 實習同學進行每單元教學時，請該班的原任課老師給予評量。
2. 本評量表的每一項目都區分為「完全做到」、「大多做到」、「尚可」、「很少做到」、「沒有做到」五個等級，請針對實習同學的實際教學行為，逐項在適當的□內打「√」。
3. 每單元評量完畢，請逕將本表送教務處。彙齊後，再轉給師院實習課的指導老師。

| 評量項目 | | 評量等級 | | | | | 評語 |
|---|---|---|---|---|---|---|---|
| | | 完全做到 | 大多做到 | 尚可 | 很少做到 | 沒有做到 | |
| 教學態度 | ・教學態度認真負責 | □ | □ | □ | □ | □ | |
| | ・完全投入教學中（具有高度熱誠） | □ | □ | □ | □ | □ | |
| | ・能隨時請教，具有強烈學習意願 | □ | □ | □ | □ | □ | |
| | ・事先做好一切教學準備（含教案） | □ | □ | □ | □ | □ | |
| 教學活動設計 | ・能擬定具體明確的教學目標 | □ | □ | □ | □ | □ | |
| | ・依據目標，適切地設計教學活動 | □ | □ | □ | □ | □ | |
| | ・能合理、有效地分配教學時間 | □ | □ | □ | □ | □ | |
| | ・教學活動設計合理而且流暢 | □ | □ | □ | □ | □ | |
| | ・教學設計適合學生的能力與需要 | □ | □ | □ | □ | □ | |
| | ・能有效地運用教學資源 | □ | □ | □ | □ | □ | |
| 教學方法與技能 | ・能引導學生做好課前的準備 | □ | □ | □ | □ | □ | |
| | ・能引起孩子們的學習動機 | □ | □ | □ | □ | □ | |
| | ・能活用各種教法協助學生學習 | □ | □ | □ | □ | □ | |
| | ・能適應學生的個別差異 | □ | □ | □ | □ | □ | |
| | ・能使學生們積極參與學習 | □ | □ | □ | □ | □ | |
| | ・善用發問技巧，並給予適切回饋 | □ | □ | □ | □ | □ | |
| | ・能建立有助於學習的教室常規 | □ | □ | □ | □ | □ | |
| | ・隨時對學生的良好表現加以讚美 | □ | □ | □ | □ | □ | |
| | ・板書字體端正，書寫簡潔有條理 | □ | □ | □ | □ | □ | |
| | ・清楚有效的溝通與表達 | □ | □ | □ | □ | □ | |
| | ・每節課最後都會歸納學習的重點 | □ | □ | □ | □ | □ | |
| 作業評量 | ・能妥善安排與指導各類型的作業 | □ | □ | □ | □ | □ | |
| | ・能認真批改作業並提出改進意見 | □ | □ | □ | □ | □ | |
| | ・善用適切的評量方法與技術 | □ | □ | □ | □ | □ | |
| | ・運用評量，檢討是否已達成目標 | □ | □ | □ | □ | □ | |

班級輔導教師（或科任教師）簽名：＿＿＿＿＿＿＿＿

## 表六 級務實習評量表

| 姓名 | | 實習班級 | 年　班 | 日期 | | 月　日至　月　日 |
|---|---|---|---|---|---|---|

填表說明：

1. 實習同學進行每單元教學時，請該班的輔導老師給予評量。
2. 本評量表的每一項目都區分為「完全做到」、「大多做到」、「尚可」、「很少做到」、「沒有做到」五個等級，請針對實習同學的實際表現，逐項在適當的□內打「√」。
3. 每單元評量完畢，請逕將本表送教務處。彙齊後，再轉給師院實習課的老師。

| 評量項目 | | 評量等級 | | | | | 評語 |
|---|---|---|---|---|---|---|---|
| | | 完全做到 | 大多做到 | 尚可 | 很少做到 | 沒有做到 | |
| 師生關係 | ・能叫出班上每個學生的名字 | □ | □ | □ | □ | □ | |
| | ・充分了解每個孩子的個性與特長 | □ | □ | □ | □ | □ | |
| | ・跟學生共同營造和諧的班級氣氛 | □ | □ | □ | □ | □ | |
| | ・耐心且公平地對待每一個學生 | □ | □ | □ | □ | □ | |
| 班級經營的能力 | ・每天精神飽滿，活力充沛 | □ | □ | □ | □ | □ | |
| | ・對每日級務工作都預先妥善規劃 | □ | □ | □ | □ | □ | |
| | ・隨時掌握學生（出缺席）的狀況 | □ | □ | □ | □ | □ | |
| | ・能建立良好的班級常規 | □ | □ | □ | □ | □ | |
| | ・能指導學生做好整潔工作 | □ | □ | □ | □ | □ | |
| | ・能養成學生良好的生活習慣 | □ | □ | □ | □ | □ | |
| | ・能夠充分為孩子們設想事情 | □ | □ | □ | □ | □ | |
| | ・能隨時發現並解決孩子們的問題 | □ | □ | □ | □ | □ | |
| | ・能指導班級幹部，做好學生自治 | □ | □ | □ | □ | □ | |
| | ・重視生活禮節（如用餐）的教導 | □ | □ | □ | □ | □ | |
| | ・晨間、課間與午休，都用心指導 | □ | □ | □ | □ | □ | |
| | ・充分配合學校的行政措施 | □ | □ | □ | □ | □ | |
| | ・按時完成學校交辦的工作 | □ | □ | □ | □ | □ | |
| | ・獎勵好表現，多於處罰壞行為 | □ | □ | □ | □ | □ | |
| | ・能妥善處理班上的偶發事件 | □ | □ | □ | □ | □ | |
| | ・處理級務工作果斷明快、有條理 | □ | □ | □ | □ | □ | |
| | ・善用家庭聯絡簿與家長溝通 | □ | □ | □ | □ | □ | |
| 實習態度 | ・能準時到校，積極參與班級活動 | □ | □ | □ | □ | □ | |
| | ・言行舉止端莊，能夠作為學生表率 | □ | □ | □ | □ | □ | |
| | ・今日事今日畢，做事絕不拖延 | □ | □ | □ | □ | □ | |
| | ・能主動學習，並樂於接納建議 | □ | □ | □ | □ | □ | |

班級輔導教師簽名：＿＿＿＿＿＿

✦ 表七　實習教師互評表

評量說明：實習教師在觀察同學試教活動的時候，請參考以下之事項密切觀察，在表下之空
　　　　　白處描述較優異及需要改善的事項，並提出你的看法或建議。

・引起學生動機
・教學目標清晰
・教學活動邏輯次序
・發問技巧激發學生思考
・使用教材的適當性
・運用教材的技巧
・教材豐富且有想像力
・教具及材料的使用技巧
・教學當中適當的綜合、提示及澄清概念

・注意到個別學生的需求
・大多數學生的注意力及參與情形
・彈性的反應各種狀況
・音量適當
・使用恰當的語言
・教學態度認真
・儀容整潔、態度和藹
・在教室中走動及站立之位置的適當性
・其他

觀察事項描述及建議：
1.



2.



3.

## ✧ 表八 實習教師自評表

實習學生姓名＿＿＿＿＿＿＿＿＿＿＿＿＿＿ 日期＿＿＿＿年＿＿＿＿月＿＿＿＿日
實 習 學 校＿＿＿＿＿＿＿＿＿＿＿＿＿＿ 班別＿＿＿＿＿＿系＿＿＿＿＿班
教 學 科 目＿＿＿＿＿＿＿＿＿＿＿＿＿＿ 教材＿＿＿＿＿＿＿＿＿＿＿＿＿＿＿
指 導 老 師＿＿＿＿＿＿＿＿＿＿＿＿＿＿ ＿＿＿＿＿＿＿＿＿＿＿＿＿＿＿＿＿
說明：請在右欄內勾選

|  | 良好 | 普通 | 須改善 |
|---|---|---|---|
| 準備：1.適當的研究了學生年級能力 |  |  |  |
| 2.預先充分的計畫 |  |  |  |
| 3.教學前已準備妥當 |  |  |  |
| 4.熟悉教學中使用的各項教具及材料 |  |  |  |
| 教材：1.教學目標與學生能力符合 |  |  |  |
| 2.教材多樣性 |  |  |  |
| 3.仔細準備了教材 |  |  |  |
| 過程：1.學生動機引起 |  |  |  |
| 2.教學方法多樣化 |  |  |  |
| 3.注意到個別差異 |  |  |  |
| 4.注意到教學進行中的各項因素（如時間、學生注意力、興趣等） |  |  |  |
| 5.技巧的運用教材 |  |  |  |
| 6.發問技巧 |  |  |  |
| 7.教學段落結論或綜合說明 |  |  |  |
| 活動：1.清楚的指導 |  |  |  |
| 2.符合教材及兒童能力 |  |  |  |
| 3.活動多樣性 |  |  |  |
| 4.積極的帶動所有學生 |  |  |  |
| 5.適應個別差異 |  |  |  |

自我評述：
・我對這次試教的教學研究及準備工作的心得及感想。
・我是不是完成了教學目標。
・我本次試教的優點及缺點。
・本次試教在我實習經驗中的意義。

# 國小教師的角色、
工作與生涯規劃

江志正

# 壹
## 國小教師資格及身分的取得

如果說三人行必有我師焉，則人人各有所長，皆可為師；但如要正式在學校課堂上擔任教職工作，那就不一樣了，按理是必須經過一番程序的。教師所擔任的是教學工作，現已漸漸被認可為是一項專業，為了保障被服務對象（受教者）的權益，也實有必要建立一套證照制度來加以檢證。

基本上，教師資格的取得和教師身分的取得是不一樣的，前者所指的是教師合格證書的取得，擁有擔任教師的資格，但不一定現即任教職；後者則是指擁有資格後並接受聘用成為教職行業中正式的一員。在民國八十三年以前，由於採閉鎖式的師資培育制度，故兩者幾乎是合而為一的，也就是有意為師者，先經師範院校的職前教育，而後分發任教，然後再備妥證件向主管教育行政機關辦理合格教師證書。換句話說，即先有任教的事實，然後以此申請登記而獲得教師證書。民國八十三年頒布「師資培育法」及八十四年頒布「教師法」後，不但師資培育多元化，教師資格採檢定制，連教師的任用也改為聘任制，至此可以確立師資的培育與任用乃分屬兩個不同的階段。為說明這些過程，以下擬先論述新制師資培育的特色，再分述此二階段的過程及相關做法，以供有志為師者參考。

## 一、新制師資培育制度的特色

在以往，我國雖甚重視教化工作，然對於教者的身分及知能的取得並未有一定制度的規定，也並無專責機構來進行有計畫的培育。此種情形直至西風東漸，才在光緒二十三年於上海成立南洋公學，並設師範院，正式開始了培育師資制度。是時即採公辦、公費等原則辦理，其後除了民初曾一度採公、自費等方式進行外，公辦、公費，及計畫培育可說是我國師範教育的主要特徵。這種閉鎖式的師資培育方式有其獨特的考量及運作方

式，在經濟尚未起飛之際，的確能吸引一些優秀人才的投入，且也能維持一定的水準，並培育了無數人才投入作育英才的行列，而造就了今日臺灣的經濟奇蹟。但這種方式也讓人有著「公賣壟斷」及「無競爭性」的批評。在那時，只要是考入師範院校，即等同於取得了教師資格及身分。民國六十八年修訂的「師範教育法」雖多加了一年的實習規定，但差別只是晚一年拿到畢業證書，其他則並無大差異。近來由於社會逐漸走向多元開放、世界各國做法的影響、國內提升師資素質的呼聲、教師供需及特殊類科師資缺乏等現實問題……等等的影響下（許泰益，民 83；黃光雄，民 84；劉炳華，民 84；翁福元，民 85），我國乃開始重新思考師資培育的問題，而於民國八十三年通過「師資培育法」，開啟了我國師資培育多元化的新頁。綜觀此次「師資培育法」計有以下的特色：

1. 名稱改變：原來的師範教育走入歷史，所取而代之的是師資培育，此一中性的名詞不但是配合師資培育多元化而來，也象徵著不再凸顯師範教育的意識型態。

2. 師資培育多元化：從以往由師範院校培育的師資，改為只要設有教育學程的一般大學也可培育，此種改變讓教師資格的取得與來源更加多元開放。

3. 師資培育公自費並行：在以往師資培育以公費為主，而目前則改以自費為主，兼採公費與助學金方式實施，而公費則為培育偏遠地區師資及師資缺乏類科教師為原則。

4. 教師由登記改為檢定制度：以往採培育、分發、任教、登記的一貫作業方式，故教師培育與任用是相結合的，今則改為檢定制，要取得教師資格得通過初、複檢的檢定制度。

5. 重視教育實習制度及在職進修：完整的師資培育必須包括職前培育、實習、在職進修等過程，現制則在法令上強調實習及在職進修，明示此一完整培育過程的重要性。

師資培育法自民國八十三年頒布實行以來，有許多條文在實際運作上產生困擾或窒礙難行，故曾於民國八十五年及八十六年進行兩次小幅度的

少數條文修正；最後並於民國九十一年七月二十四日修正分布實施。其主要修正重點如下：

1. 刪除其他教育專業人員之培育：有關各教育專業人員之培育與在職進修應回歸各該法令，故在第一條條文中刪除對其他教育人員之培育的規定，以使內涵與本法案名稱相符。

2. 師資培育由師範校院、設有師資培育相關學系及師資培育中心之大學為之：即規範擬培育師資之學校，除師範校院及經中央主管機關認定之師資培育相關學系外，均應設立師資培育中心統籌師資培育事宜，故增定此條規定，而其設立條件與程序等之辦法，由中央主管機關定之。

3. 教育實習納入師資職前教育課程中，並加強初任教職教師之導入輔導工作：即取消大學畢業經教師資格初檢合格，須經教育實習一年之規定，而將教育實習納入師資職前教育課程中，由各師資培育之大學依據中央主管機關訂定之教育實習準則及其培育理想師資特色，規劃實習課程內涵；並在取得教師證書經學校初聘後，由師資培育之大學結合教育進修機構及其初任教職之學校或幼稚園加強辦理其導入輔導工作。

4. 建立持國外學歷所修師資培育課程認定標準及認定方式：持國外學歷者，其所修師資培育課程，由中央主管機關訂定之標準認定之；其認定標準，由中央主管機關設置之師資培育審議委員會研議。經此程序後，得向師資培育之大學申請參加半年教育實習，成績及格者，由師資培育之大學發給修畢師資職前教育證明書。

5. 建立教師資格檢定制度：為確保師資素質，明定國內外大學畢業並取得師資職前教育證明書者，經參加中央主管機關辦理之教師資格檢定通過後，由中央主管機關發給之教師證書。前項教師資格檢定之資格、報名程序、應檢附之文件資料、應繳納之費用、檢定方式、時間、錄取標準及其他應遵行事項之辦法，由中央主管機關定之。

6. 刪除公費生以就讀師資類科不足之學系或畢業後自願至偏遠或特殊地區學校服務學生為原則：明定師資培育以自費為主，兼採公費及助學金方式實施，公費生畢業後，應至偏遠或特殊地區學校服務。公費與助學金

之數額、公費生之公費受領年限、應訂定契約之內容、應履行之義務、違反義務之處理及分發服務事宜，由中央主管機關訂定辦法實施之。

7. 落實教師終身進修學習的理念：明定主管機關得為實際需要依下列方式，提供高級中等以下學校及幼稚園教師進修：①單獨或聯合設立教師進修機構；②協調或委託師資培育之大學開設各類型教師進修課程；③經中央主管機關認可之社會教育機構或法人開辦各種教師進修課程。

## 二、新制度中教師資格的取得

在民國八十三年的制度中，師資已改為多元培育，且教師資格的取得也由登記改為檢定制，故除了師範校院外，即便是一般的大學，只要設有教育學程，也可藉此來培育師資。然在取得合格教師資格的過程中，主要的規定有初、複檢兩個階段。依頒布的「教師法」第五條規定：「高級中等以下學校教師資格之檢定分初檢及複檢兩階段行之。初檢合格者發給實習教師證書；複檢合格者發給教師證書。」因此，取得合格教師證書謂之取得教師資格，其中要經初、複檢兩個階段。綜要其程序如下：

1. 進入師範校院或設有教育學程之大學就讀。
2. 修習學校所開設的教育學分或教育學程。
3. 修畢後由所屬大學（師資培育機構）造冊送其所在地省（市）政府教育廳（局）申請初檢。
4. 初檢合格者由省（市）政府教育廳（局）頒實習教師證書。
5. 取得實習教師證書者由所屬大學（師資培育機構）輔導至訂約學校參加教育實習一年。
6. 教育實習成績及格者由所屬大學（師資培育機構）彙整報教育實習機構（實習學校）所在地省（市）政府教育廳（局）複檢。
7. 複檢通過後轉請教育部頒合格教師證書。

上述為一般通案狀況，然仍有部分特殊情形，諸如在國外拿學位者、因故無法全程參加教育實習者……等等，這些狀況則宜進一步參閱相關法

令。

　　有關初、複檢過程及程序在「高級中等以下學校及幼稚園教師資格檢定及教育實習辦法」中有詳細的規定，可加參閱。雖在參考時也須明白，有些事務法固有規範，然實際運作時，也可能會有規定不到之處或因地制宜的狀況，然只要不違反法令規定及立法精神，各種做法應也算是可被接受的。況且法令也常配合實際運行窒礙難行之處加以修改，此都是值得加以注意之處。

　　如以民國九十一年新修正公布的師資培育法來看，未來教師資格的取得則依循以下程序：

　　1.進入師範校院、設有師資培育相關學系或師資培育中心之大學修習師資職前教育課程（含半年之教育實習課程）。

　　2.修畢規定之師資職前教育課程，成績及格者，由師資培育之大學發給修畢師資職前教育證明書（持國外大學以上學歷者，經中央機關認定其已修畢師資職前課程之普通課程、專門課程及教育專業課程者，得向師資培育之大學申請參加半年教育實習，成績及格者，由師資培育之大學發給修畢師資職前教育證明書）。

　　3.取得修畢師資職前教育證明書者，參加教師資格檢定通過後，由中央主管機關發給教師證書。

## 三、新制度中教師身分的取得

　　在新的師資培育制度中，合格證書的頒授代表資格的取得，而身分的取得則係任用問題。民國九十一年修正通過之師資培育法第十四條明定：取得教師證書欲從事教職者，除公費生應依前條規定分發外，應參加與其所取得資格相符之學校或幼稚園辦理之教師公開甄選。且民國八十四年頒布教師法，教師一律改為聘任制，故單是完成初、複檢而取得教師證書者，僅能謂之取得教師資格，並不必然具備教師身分。擁有教師證書者，願不願擔任教師係屬個人自由意願，能不能被學校聘用則屬各校權限。因

此，唯有取得教師資格且又接受聘約而完成應聘手續於學校任教者，才算取得並具備教師身分。

依「教師法」第十一條的規定：「高級中等以下學校教師之聘任，分初聘、續聘及長期聘任，經教師評審委員會審查通過後由校長聘任之。」因此，以後取得教師資格者得先通過教師評審委員會這一關，而此也可謂教師聘任的實質審查及決定。至於形式上，聘任制因屬雙方契約關係，故必須有雙方的認定程序才算完成。因此除了學校的發聘外，尚必須得到當事人正式的應允回聘才算手續完備。而在這個過程中，值得注意的是，當事人要了解相關的聘約規定，才能客觀且理性地做下回聘與否的決定。部分地方聘約的要點中對聘任列有如下規定：「聘約應由學校繕具一式兩份，註明學校全銜並加蓋學校印信及校長簽名章，於受聘教師簽名或蓋章並將其中一份送還學校後即為應聘，學校及受聘教師均同受規範；各校得視需要訂定應聘期限，逾期未應聘並經學校再通知一次仍不應聘者，視為不願接聘約。」此部分或許各地區學校未必完全一致，然此可視為教師身分取得手續完備與否之參考。

一旦取得教師身分，有關教師的相關權利、義務即開始生效。換句話說，一旦受聘任教，不但可享到教師此一職務的權益，且也要受到此一角色職務的相關法令規範與約束。至於教師身分的結束則是聘約到期不再應聘，或因違反相關規定被解聘、不續聘處分。不再接受聘約是於聘約結束後教師可自己做主的事，但如屬於解聘、不續聘或停聘等則仍舊是由教師評審委員會來做決定。有關具教師身分者之相關權益及規範係由教師法而來，擬於下節中加以論述。

### 作業活動

1. 課後請詳閱師資培育法、教師法及其相關之法令。
2. 請於課後每人蒐集一份學校的教師聘約內容進行了解，並提課堂上討論。

## 貳
### 國小教師角色的扮演與實踐

「角色」此一詞句最早之拉丁字根係指劇場中為保護提詞之羊皮不至破損的捲軸，現則通用為戲劇中所扮演的人物，而借用在現實生活中則多指人們在組織中擔任工作及職務的通稱。一般而言，一個角色的扮演與實踐會受到來自兩方面的影響，一為來自於職務的規範，一為來自於他人的期望，前者是一種正式法令的規範；後者則是由他人對此一角色實踐應有的行為之期待而來。故本節在此擬先論述教師身分的定位與規範，而後再就國小教師角色及其工作性質做一探究，最後則提列優良教師應具之特質供參考。

### 一、教師身分定位與規範

長久以來，教師身分定位不明，致使教師許多權利義務上大多比照公務員。此種狀況雖使教師有了最起碼的保障，但也造成了教師受限於特別權力關係而斲傷了教師專業自主的展現。民國八十四年頒布教師法，至此，不但對教師身分加以定位，也使教師終於有「法」有「天」，有了自我規範。

#### ✎ 教師身分的定位

教師是一專業的觀念已普獲認同，但至於教師是否為公務員則較受爭議，有人認為此定位問題涉及權利、義務，對於教師專業自主等的發展會有所影響，因此要適切加以探究了解。但要答覆這個問題，宜先考量幾個概念，即何謂「公務員」？何謂「公教分途」？唯有釐清這兩個概念，才能精確將意見表達出來。

首先就何謂「公務員」來看，一般而言，隨著不同法令的規定有多種不同的看法。如憲法、刑法、國家賠償法、公務人員任用法實施細則、公務人員服務法……等等，其中有持「依法令從事於公務之人員」即屬之的廣義看法；但也有認為須經某種程序任用者始算的嚴謹說詞。如以目前正在草擬的公務人員基準法草案來看，其主要意圖即是要將目前並無統一界定之公務人員做一明確規範，並建立一套大家遵循的人事制度基本法。此法在界定公務人員上，將之定義為：「於各級政府機關、公立學校、公營事業機構擔任組織法規所定編制內職務支領俸（薪）給之人員，但不包括單職人員及公立學校教師。」這種做法清楚、明確，不失為解決公務員體系龐雜，定義紛歧的良方。而這樣的規範雖未定案，然也可視為是政府的意圖及未來努力的方向，值得參考。

其次談到「公教分途」，這是表示公務員和教師間關係的一種指稱。若就國外的規範及運作上來看，教師與公務員間的關係約有如下三種不同狀況（謝瑞智，民82）：

1. 教師為國家公務員。

2. 教師非國家公務員。

3. 教師為國家公務員，但受特殊保障，是所謂的特別公務員。

若以較嚴謹的角度來看，第二種才算是公教分途；但若以較寬鬆的角度來看，第二、三種都可算是公教分途。就我國目前的狀況來看，自教師法公布之後，教師由派任改聘任已有漸走向公教分途之實，尤其，目前經銓敘部部務會議（91年7月24日）通過的公務人員基準法草案中，更是將公立學校教師摒除在外，因此，即便是目前教師仍有許多事項是比照並依循公務人員相關法令而行，未來應會傾向訂立一些因應個別專業特性的規範及辦法，走向真正的公教分途。

由上我們可以對教師的身分定位有下列幾點簡單認識：

• 就目前的狀況及趨勢而言，雖然教師改為聘任，然由於其受領國家俸給，執行國家賦予之任務，故雖公教分途，然因屬過渡階段，故暫可將教師視為廣義的公務員，且是屬於特殊保障的公務員。

- 源起於歐洲封建制度的特別權力關係，目前由於社會情勢的轉變，在公務員上的色彩已漸漸淡化。教師既屬特別公務員且又繼續走向分教公途，自然更不受其所限，故在自我的專業性及自主性具有許多可發展的空間。

- 教師任用改聘任後，教師、學校和政府間的關係將漸轉變為契約關係，而一切權利及義務的規範除了相關法令的規定外，將由聘約來規範細部內涵，值得擔任教職者關切探究。

### ✎ 教師的規範──教師法的了解與實踐

　　教育活動的重要性不在話下，惟要能實踐，教師是個重要的核心因素。長久以來，教師是沈默的一群，教師的地位不明確，專業體系難建立，此種狀況在社會開放多元及傳統權威式微後更顯重要，因此，促成主政單位對於訂定教師法的重視，因而於民國七十六年著手，並在民國八十四年頒布實施。由於此一法令事關教師權益重大，故在此略述其特色及規範中幾個重要的組織（會）之重要精神及意旨，以供教育同仁參考。

　　1. 教師法的幾點特色：民國八十四年公布之教師法共計十章三十九條，此十章分別為：總則、資格檢定與審定、聘任、權利義務、待遇、進修與研究、「退休、撫卹、離職、資遣及保險」、教師組織、申訴及訴訟、附則。而法中所涉及的相關法令也有十餘種之多，此都為對教師的規範依據。從整個條文中，可以發現，教師法具備以下幾點特色（江志正，民85）：

- 落實憲法保障教育工作人員之精神意旨：教師法的訂定讓教師有「法」有「天」，其在第一條即開宗明義指出：為明定教師權利義務，保障教師工作與生活，以提升教師專業地位，特制定本法。這樣的宣示不但引導著整個法案的訂定，也可謂具體落實憲法中保障教育工作人員的意旨。

- 公教分途已然形成：在以往，教師的諸多事項大多比照公務員相關法令，惟教師法對教師的資格、聘任、權利與義務……等等，都有

自我專屬的規範，因此，公教分途已然形成。

- 明定教師權利、義務，確立教師權責：我國向來尊師重道，故讓教師享有崇高的地位，但相對的也給予無限責任，這種權利義務模糊不清的狀況在現代法治社會是極不適切的，除常有扞格情事外，也會鬆動道德責任，因此，此法的訂定，有助於釐清此方面議題。

- 公私立學校教師地位平等：本法將公私立學校教師均含括於規範的範疇中，對公私校教師一視同仁，有助教師地位平等的建立及整體教師形象的統整與提升。

- 教師聘任制確立，教育中立精神浮現：教師之聘任由具專業背景之教師評審會委員決定，不但讓教育中立精神浮現，且也促教師專業自主向前邁進一大步。

- 允設教師組織，促教師意識及保障教師專業自主：允籌設教師會，讓原本零散沈默的教師們可以集會大家的力量，為自己爭取福利，彼此交換心得相互成長，並訂定自律公約自律自清，可促教師意識並積極有效的保障教師的尊嚴與自主。

- 明定申訴管道，落實教師權益保障：長久以來，教師被視為公務員，在特別權力關係下，許多權益被漠視或剝奪，甚至連平反的機會都沒有。教師改聘任後，釐清關係定位，並有一些申訴及救濟管道可茲請求，對教師權益的保障更加具體且落實。

- 重視教師進修，強調教師教學責任：法中對教師進修及教學的重視處處可見，可以感受到對教師進修的重視及教學責任的強調，這對教學專業的提升有著積極且正面的影響，也會反映到學生受教權益的保障上。

2. 教師法中教師審議委員會與教師會的設計與功能：

　教師法的第一條即明示：「為明定教師權利義務，保障教師工作與生活，以提升教師專業地位，特制定本法。」從此一條文中即可看出制定此法的目的何在。此外，這個目的條文也可做為檢證此一法令相關條文訂定適切與否的準據，更可當成未來此法在實施運作上如有疑義時應如

何裁量及解釋的遵循精神。在整個法令中，教師評審委員會及教師會的設置與達成此一目的有密切關係，以下茲略加敘述其精神與要義。

・教師評審委員會（以下簡稱教評會）的精神與要義：如要了解教評會的精神與要義，仔細思考下列一些問題應可稍獲解答，即為什麼要有教評會？教評會能發揮什麼功能？要怎麼做才能發揮教評會的功能？⋯⋯等。

如仔細看看近來這波配合時代潮流而來的教育改革，即可明顯發現，那是一種以「鬆綁」為主軸的改革活動，因此，反應到教育體制上即為學校本位管理的狀況。換句話說，就是有關學校的人事、課程、財務等權力都能下放至學校層次，而由學校去做主，以期能做出最符合學校自身需求的決定，裨益學校發展。而在學校中，也期望能由以往行政過度束縛控制而傷害教育專業的狀況加以鬆綁，故擬轉由具專業知能之教師共同參與來進行專業控制，此種狀況反應在教師的聘任（不管是新聘或續聘等）上，就希望由教師們以合議客觀的方式，並基於對學校的了解及運用專業智慧，來促新陳代謝，及促成良性的競爭，以展現學校的活力與專業效能。

當然，上述的設立意旨頗佳，但有關教育專業、合議客觀、良性競爭能刺激⋯⋯等等的前提假設能否成立，很難確認，且制度實施之初，難免仍有誤差存在。諸如教師法公布及教評會實施運作至今，時聞某校教評會私心自用，已內定人選；某校教評會仍由校長掌控；某校教評會成員私心太重，無法以專業角度判斷做決定；各校都須自聘教師勞民傷財⋯⋯等等，這些傳聞不斷，造成大眾對教評會的信心受動搖。值得大家關切。

事實上，學校教評會在其設計上有其長處，然為避免相關弊端產生，學校應依循下列原則來處理會比較好。首先應讓全體教師都能明白教評會設置的精神與要旨；其次，應依法依規成立教評會（包括產生程序及一定代表人數，以維持一個客觀公平和值得信賴的組織）；再次，應凝聚教評委員的相關共識及看法，期能明確評估學校之主客觀狀況，以促成大家秉持專業，公正客觀的方式來進行會議及相關決定；最後，學校也應配合推動一些有關教師檔案資料的建立，或強化同仁間彼此同儕視導等活動，以期透過長久觀察，建立資料，來提供教評會在做相關決定時的參考。

• 教師會的精神與要義：同樣的，試圖思考：為什麼要有教師會？它和以前的教育會有何不同？教師會能發揮什麼功能？要怎麼做才能真正發揮教師會的功能？……等等問題，也許嘗試解答及找資料的過程中，即能了解教師會的精神與要義。

長久以來，教師們各自在自我的小天地中，又寂寞，又疏離，讓教師們的力量分散，像一盤散沙，不但有關個人的權益等都極易在勢單力薄的狀況下被漠視了，且也使得彼此互動促專業成長的機會受限，非常的可惜。在以往，工會法中又明定教育為不得組工會的行業，使得教師們無法如同一般工廠受雇者之擁有合法的團結權、協商權等，為自己爭取福利，規範自我團體，並相互成長以提升自我團體地位。因此，此次教師法中配合教師任用制度的改變，突破困境允教師可籌組教師會，是希望透過此能集合教師的力量，完成下列之基本任務：①維護教師專業尊嚴與專業自主權；②與各級機關協議教師聘約及聘約準則；③研究並協助解決各項教育問題；④監督離職給付儲金機構之管理、營運、給付等事宜；⑤派出代表參與教師聘任、申訴及其他與教師有關之法定組織；⑥制定教師自律公約。

在本質上，教師會係屬職業團體，須依人民團體法申辦。此外，它也是一種自願結合的組織，是屬學校正式體制外的組織，要自給自足，自行運作。這種組織如果運作良好，的確可以結合教師力量，展現教師團結的一面，來增加教師對自身工作及教育議題的關心，諸如可協商聘約準則、可運作教評會及校務會議、可參與監督校務、可自清自律提升整體形象、可研究進修以促成長、可提供建言參與決策……等等。上述是在一種理想情況下可能達成的功能，唯在實際運作上，它與學校正式行政體制間仍有著多種可能的關係，諸如也許彼此對立競爭；也許認同目標一致，互相合作，相輔相成；也許各自為政，互不干涉等，此值得各教師團體加以注意並加調適。

近來偶而論者，認為教師會已成為少數不良教師的避風港，有企圖心或失意教師進行抗爭的有力支點，因而影響學校行政運作，是學校的亂源所在。有這些狀況，可能都是因為彼此誤解，或教師會運作初期只重自身

權益爭取而輕忽教師自律功能的偏誤所造成，亟需加以調整改善。

面對此種狀況，應可從下列幾個方向來加以著力：①透過適當管道將教師會的設立意旨功能廣為宣導，讓教師明白了解；②鼓勵教師參與教師會，並能在相關單位輔導及相互協助下成立健全的教師會組織；③教師會應具包容性並以合乎民主程序運作，訂定自律公約，凝聚大家共識及提升自我團體形象；④教師會應以確實做好基本任務為首要，尤其應以學生受教權益為最主要考量，與教育相關單位共促共榮，相輔相成，辦好教育活動。

3.教師面對權利與義務時應有的心態：權利與義務係依法令而來，法令的規定相當繁瑣，且實際運作時又有許多難以預料的情況，因此，雖然我們可以從教師法及相關法令中去了解教師自身相關的權利及義務，然在關切的過程中，仍宜有相當的體認與抱持適切的心態，如此始能圓滿不致失衡。基本上，教師在看待自我權利與義務時，宜從下列角度思考。

- 時代變遷，現代社會已由「禮治」走向「法治」，是一個注重人權保障的時代，凡事講究權利、義務對等的原則，因此，教師要調適心態，不能再以「尊師重道」的大帽子來當為保護傘。
- 教師改聘任後，聘約內容是規範權利、義務的一份約定，也是日後行事作為依循的準據，故教師在受聘時，宜詳閱聘約內容，審酌思考後才應聘，免得日後有所爭執、衝突，甚至於吃虧。
- 近來是師資培育及教師相關事務變化較大的時刻，有關法令隨時在變動中，而這些都攸關教師的權利與義務，需要教師們時時注意，處處關心，以掌握最新資訊，享受應得之權利及了解應盡之義務。
- 權利與義務是相對的，故在享權利的同時，也要克盡自己的義務，不能光想享受權利而逃避或不盡義務。因此，我們鼓勵教師們爭取自己合法的權利，但也很嚴肅的要求所有老師們自律，盡他們應盡的義務。
- 現今是一個法治社會，一切以法為規範，而權利、義務也完全是以法令為準則，但法令不同於道德規範，它只是個最低標準，因此，

對於一位從事化人易俗的教師而言，最低標準固然應加遵循，但更重要的是在這個最低標準下，應基於專業的服務性，追求更高的表現。

- 權利被剝奪或喪失，當然有權可以爭取，也理應據理力爭，但基於守法及教師有身教影響的因素下，故仍應把握合情、合理、合法的原則，透過正當的管道及適切的方式爭取。

## 二、教師角色與工作性質的認識

由於教師角色的重要與複雜，因此，有許多中外學者都曾對國小教師角色進行深入探究，做實證性的研究，以期對此一角色的相關狀況有更精確的掌握。郭丁熒（民 84）從國內外相關的實證研究中分析國小教師角色，結果歸納出國內外國小教師扮演的角色具有下列共通性的看法：

1. 具有相當的重要性。
2. 被視為專業的角色、惟專業知能未完全受到肯定。
3. 服務精神不錯，具責任感。
4. 處於中上的社會地位。
5. 較保守、較多同意「傳統角色」、不喜歡做大改變。
6. 是道德的表徵或行為的楷模、教師會以道德和智性的措詞來看其角色，不喜歡某種程度的自我放鬆。
7. 不喜歡參加決定，也不希望參與社區活動，且少與家長聯繫。
8. 受僱取向較國中教師高、較多採順從策略來解決角色衝突。
9. 較少從事教學研究、專業知能未完全受肯定。
10. 以人際的措詞來看其工作、關心公眾形象、重視家長的支持與尊重。
11. 小學教師對自己工作之看法尚屬積極、樂觀。

除此而外，該研究也指出：這樣的研究發現有助於了解小學教師的角色內涵，那就是：

- 教師個人特質層面。

・教育專業層面。

・教學層面。

・教師人際關係層面。

・學生的管理與輔導層面。

・教師的權利與義務。

而這些內涵事實上就是國小教師此一行業的職責、工作與角色的綜合，其中除了教師的權利與義務因涉及法令，上節已稍加論述外，餘則結合前述實際狀況，從幾個角度來進一步對教師此一角色、職責及工作做綜合性的說明。

### ✐ 就傳統觀點來看教師

打從二千多年前，孔子主張並實踐「有教無類，因材施教。」而創下千古不朽的偉大功業開始，我國對教師這個角色就極為重視與崇敬。尤其當孔子死時，其弟子因古禮法中並無記載對師應服之喪禮，但又感念師恩浩蕩，故比照父喪守喪三年，自此以後，就有所謂「一日為師，終身為父。」的說法，而將教師比擬為父母。這種膨脹教師身分、地位、尊嚴與責任的做法，讓我國享有「尊師重道」的美譽，但也由於這種以孔子為教師典範的看法，讓我國在良師的挑選與培育上幾乎陷入一個無法達成的烏托邦。因此我們可以知道，由傳統文化所塑成的教師特質，總認為其應具有崇高的品德、豐富的學識、敬業的精神、愛心、耐心……等等。但平心而論，這些條件是道出人們對教師一職的崇高敬意與深切期許，惟因所列項目繁多且標準甚高，實有如完人一般，頗難達成。面對此，有意為師者應可將之視為追求的理想，以促師道的展現。

### ✐ 就專業觀點來看教師

由於教師這種行業對他人的道德、健康及生活影響甚大，故不但有其重要性，且更需要接受特別的訓練或受有證照，因此，教師必須被視為一

專業應無疑問。但若將教師比之醫師、律師等專業，我們似乎可以發現，教師的專業性似稍弱了些。的確，醫師、律師培育的過程中，專業及專門科目是合而為一的，且這些知能很少能藉由日常經驗學習而得；而教師培育過程中，專業和專門科目是分離的，兩者不同。換句話說，一位健全的教師不但要具備專門知識（即學科知識），也要懂得專業知能（即教材教法及教育心理等），缺一不可，故困難度頗高。此外，教師專業知能的部分，可能因人人從小到大都有許多受教經驗，可來自經驗，因而似乎更削弱了教育實業在教師此一行業中的比重。不過，此也正是真正受過教育專業者與未受過者最大的差異所在，值得深思。另就專業的起源來看，提供專業服務、自主自決、走向專業的教師，也應好好省思自我在教學過程中，自主做決定與負起所有決定影響後果的關聯性。

### ✎ 就工作內涵來看教師

教師所從事的是教育工作，而就實質內涵來看，所負責的工作實際上就是教學。所謂教學是包括「教」與「學」，亦即是施教者與受教者間，透過適切之方法互動，而能促使受教者增進知識及能力的有價值活動謂之。當然在此過程中，由於施教者是較成熟或較有能力的一方，故應扮演引導者的角色。因此，基本上，教師的工作就是一種人際互動的歷程，而這種互動是隨著時、空、對象而會有所改變的，進行時，不但需要相當的學理基礎和技巧，其藝術成分也頗重。一般而言，在教學互動過程中，教學對象善變難掌握，教學目標模糊難具體，教學過程千變萬化，教學自主性受侷限……等等，都使得年復一年，日復一日看似單純固定的教學工作，在平凡中充滿著驚奇與挑戰，而如何去做最完美的詮釋，實有賴教師們經由了解、模仿、創造的學習歷程，運用智慧，在親自參與中時時省思、調適，以加以克服。

## ✎ 就學校生活來看教師

學校是教師的工作場所，而這個場所因其工作性質及組織設計有著獨特的生活方式。基本上，在這些以節、日、週、學期的安排過程中，教師須處理許多看似相同且又不同的事務。如以每日和每年來看，有點像是循環往復，周而復始的歷程，會造成許多教師工作久了之後可能會成為慣例性，教師的生活可能是一成不變的（高強華，民78）。如以教師待最久的班級來看，其也是充滿了人多事雜、多事同時發生、事件急速難料且公開無私等屬性（單文經等，民85）。因之，對較敏感的教師而言，學校及班級可說是個充滿變數和挑戰的地方。此外，學校生活似有組織，但其結構也屬鬆散；行事也要重效率，但又怕形式傷了實質；人數眾多，但每位教師在班上可能是寂寞的。這種複雜又多變的生活方式讓身處其中的教師或充滿成就感，或感困擾與倦怠，頗值得關注。

## ✎ 就影響作用來看教師

教師不但是班級中的靈魂人物，也是班級中最具權威的人物。他擁有來自法規的資格、權利、義務等權威；也擁有來自文化傳統及社會習俗的傳統權威；更擁有來自專業知能、專業智慧、專業精神的專業權威（熊智銳，民83）。因此教師在學校中可以明顯且有效的影響學生們的言行舉止。他不斷散發出訊息，並傳達給學生而產生影響作用，這種由訊息影響觀念、思想；由觀念、思想而變成行為；由行為而形成習慣；由習慣而塑成性格的連鎖反應，更是會影響到學生們一生的命運，影響力可謂不小。在學校情境中，教師可能透過正式課程教導，也可能是從所推展或實施的某種制度中傳達；教師可能是有意的口頭告知，也可能是無意肢體表現的潛移默化；此外，教師們有可能是有意的善用而導向正途，但也可能不慎而造成負面的效果……等等，點點滴滴的影響不斷散布其中，這種狀況造成教師的偉大，但也提醒著為師者不可輕忽大意，實值得為師者深切體會。

　　從上的分析中可以知悉，教師的工作是相當複雜的，要扮演多重角色與擔負複雜任務。而如何善體並加發揮，則有賴為師者實際去體悟踐履。

## 三、優良教師應具之特質

　　教師為施教的主體，唯有本身具備完備的條件，才能順利執行教學活動。而所謂「良師」應該是指能適切扮演教師這個角色者，具體而言，也就是指能和學生們做適切互動而達成教育成效者。在這個過程中涉及到人的因素，且也會因時、空及心理等因素而有差異，故很難用同一或固定的標準來衡量認定。因此，不論是嚴如程灝的「程門立雪」或寬如程頤的「如沐春風」，雖然做法風格迥異，但皆能列為良師之列而受人推崇。此外，如有教無類、因材施教的孔子，發揮教育大愛的培斯塔洛齊，中外有異，然皆為千秋良師典範。上述種種仍嫌抽象，若以實際的眼光來看，從每年所辦的師鐸獎特殊優良教師選拔的標準中可以看出，今日良師應符合消極及積極兩方面條件，即不但不能做出有辱師道的作為，更要能在教學與服務上有所表現發揚教育光輝才行。但事實上，在每年師鐸獎甄選過程中也常充滿雜聲，究其原因乃是有些標準及項目，的確難以實際觀察及客觀評出。因此如要訂出具體明確之標準似乎仍很難做到，但若揭示良師特質以為努力方向應是可行之道。茲論述如下供參考：

### ✎ 理念部分

　　學校中由於活動緊湊，工作忙碌，因此很多事務的決定可能是由於某一群鬆散結合的「決定參與者」，在某一偶然的「決定機會」中，發現某一「行動方案」恰巧適合於某一「問題」的解決。這種決定行為就像在一個裝有各種垃圾的垃圾桶中隨便抽取完成一樣，故又稱「垃圾桶模式」（謝文全、林新發、張德銳、張明輝，民84）。例如，有一位學生犯錯，教師在面對此情境時，他可能想到別的老師體罰似乎能夠遏止其再犯，故做了體罰此一決定。這種處理模式並不是最恰當的，但倒是相當能解釋學

校中目標模糊和生活緊湊的特質；而這樣的處理模式深受著個人既有的理念所左右，因此，教師的理念部分至為重要。基於此，在此擬提出幾點扮演良師應具備的理念供參考：

1. 應具備有正確的教育理念：何謂「教育」？這是個很重要的問題。因為教師作為如悖離教育理念有可能比不教育還更糟糕，因此教育工作者一定得具備正確的教育理念。何謂「教育」很難回答，且很模糊而難掌握，但英國分析學派大師彼特斯為教育所下的定義及規準很值得參考，且可由此來檢證所作所為是否真的合乎教育理念。皮特斯認為：教育是一「工作——成效」的概念，且是一多樣態的歷程。此即表示教育活動應有作為且要有成效。因此，如果一位老師在上課，而學生們都已呼呼大睡或吵成一團，一點成效都沒有，那即非從事教育工作。除此之外，教育尚需符合認知性、價值性、自願性等三個規準。而所謂的認知性即施教要能合乎真理，是是非非，不傳達沒有根據及不合真理的訊息；價值性即施教要能合乎正面、真、善、美的價值；自願性即施教不能強迫，要能引發學習者自動自發的學習狀態。上述觀點可為教師檢證自我教育理念的準則。

2. 應具備有正確的輔導觀念：教育若深究其字源，含有引而導之的意思，因此輔導的相關知能及技巧是教育工作上相當需要的，若不懂此可能無法達到教育的真諦。輔導是一門助人的學問與技術，是希望透過合作的過程使受助者能自我了解，並進而自我抉擇及實現。在現實狀況下，我們常可發現到，由於小朋友身心未臻成熟，對許多事情的處理方式在大人眼中看來或許是幼稚、愚笨的，因此心急的成人總是幫助他解決，此種做法看似協助，實則愛之適足以害之，因為此種做法已剝奪孩童學習的機會和樂趣，也就是揠苗助長，宜加小心。為師者面對一大群不懂事的小孩，更容易陷入這種困境，因此，如何了解並發揮這方面的理念至為重要。

3. 應具備有適切的人性觀點：教育工作基本上是一種人際的互動，因此所牽涉到的都是人，唯有對人性具備適切觀點，才能順利處理人際間的一切事務。人性是善是惡，這是中外哲學家們探究已久且難獲一致結論的議題，但對人性的觀點會影響到教育活動的進行這則是各派普遍認同的看

法。在此，我們不去對這個議題做深入探究，而擬就人性的一些共通面建立起一些適切的看法。諸如人是有情感尊嚴的，不能以物的方式待之；人是活的且可變的，故教育才具有可能性；人是有需求的，且滿足它是成長的動力，這些需求包括生理、安全、情感隸屬、尊榮、自我實現等，如能善加掌握，順勢而行，才能將教育工作做好。例如，上課時有學生不專心，如具此觀點則會從學生是否在生理、安全、心理……等等需求沒滿足著手，親加關懷並逐一加以過濾解決，以順利化解問題於無形，並激發學生追求自我實現的需求，而圓滿達成教育任務。

4. **應具備有無私的教育大愛**：愛是人與人間的潤滑劑，是促使人們成長的動力，更是幸福人生的催化劑，有了它，人間將變得更美好。國民教育之父——培斯泰洛齊，他的一生行誼即建立在其無私的教育大愛上。而幼稚園之父福祿貝爾也說過：「教育無他，唯愛與榜樣而已。」因此，有著奉獻精神及具備無私無差等的教育大愛，的確是成為一位良師所不可或缺的特質。而所謂的教育愛與其他愛的不同點乃在於它是無條件、無差異等，也不看關係的，它甚至於是會將愛心指向智能、身心、社經背景……等等較為低下的兒童，而這種做法也才能真正落實教育本質與理想。

5. **應具備有適切的民主素養**：現代是一個民主時代，到處充斥著民主思潮，而要教導兒童來適應這個民主社會的教師當然更不能缺少此一特質。民主並不只是一種口號，也不僅只是一種制度，它是一種生活方式，更是一種人生態度。教師本身是個具影響力的行業，其所抱持的人生態度和生活方式，不但會在教法、措施上顯現，更會是一種潛在課程而默默影響學生，因此不可不慎。而所謂的民主態度及生活方式，說得清楚一點就是相互尊重、相互包容和相互關懷。在社會走向多元開放民主之際，最需要的就是這些東西。身為教師者更應深體此意，而將這種生活方式與態度實踐力行並散播，造福社會、造福人群。

6. **應具備有高度的敬業熱忱**：敬業是任何行業中出色人員所必備的基本條件，教師也不例外。但何謂敬業呢？傳統觀念中總認為久任其職才叫敬業，其實那是有很大的出入。孔子曰：「知之者不如好之者；好之者不

如樂之者。」為學求知如此，而做事何獨不然。故所謂的敬業應該是一種經由自我認識而樂在工作中的感覺。而即使不能做到樂而行之，最起碼也應該做到看重自己的工作，以「敬慎其事，謹慎行之。」的心情來面對，那才算敬業。因此不管一位教師在職多久，只要他能重視本身的教學工作，抱持一份虔誠的心，慎重的將份內的工作處理好，我們都可以稱之為敬業。

### ✐ 作為部分

1.了解並遵循教育專業信條、自律公約及聘約規定：教育是一項專業已普獲認同，而專業人員最大的不同處即在於擁有專業自主權，但這又得要在專業信條的規範下才能彰顯意義及不致逾越，因此專業信條對教師而言是很重要的。民國六十六年十二月二十五日於教育學術團體聯合年會中曾通過之教育人員信條，其中闡述對專業、學生、學校、學生家庭與社會、國家民族與世界人類等的責任。這份信條的訂定日期距今已二十餘年了，然其中的一些服務做法及提示仍值得遵循。惟社會變遷頗速，教師法的制定實施，允籌組教師會並自訂自律公約，因此更實際的做法是，教師們加入教師會，教師會則在大家參與努力下，擬出切合實際，更符合教師觀點的自律公約，以供大家參酌及遵行。另外，教師會也要與相關單位協商，審訂聘約準則、要點及聘約內容規定，供聘用教師之用，教師受聘時應了解並加實踐。

2.時時追求並充實專業知能：教師是負責傳道、授業、解惑的專業工作，基於專業特質及任何知識都有其折舊率的情形，教師要時時進修以充實自我，實為必然的事。而就實際教學層面來看，教師進修是師資培育的一環，也是維持優良教學品質於不墜的最大保證。因此，若要能跟上潮流，永保教學勝任愉快，也唯有藉不斷的進修充實才能達成。故而，真正的良師應摒棄以往靜態特質的觀點，而代之以動態的角度來衡量。以此角度觀之，一個能時時追求並充實專業知能的老師，才能與時俱進，也才能將這一份具有前瞻性及引導性的人性教化工作做好，符合一位良師的條

件。教師法中對教師進修至為重視，不但專章說明規定，且將這項活動列為教師的權利，也是義務。因此，教師們應重視這項權利及義務，更應關心相關法令內容，以利時時進修與研究。

3. 常常省思及調適教學狀況：教育是晚近才從哲學分化出來的一門科學，由於分化得較晚，且因事涉「人」的因素，故論性質上是與輔導等學科列為行動科學，亦即表示這些科學的理論要在實際情境中去行動調適，才能實踐出真理來。因此，所有的教育理論難保在各種時空情境中一定有效，唯有時時省思、調適，才能算是對教育科學的實踐。總之，身為教育工作者，在執行教育、教學工作時，當然是須有專業知能做後盾，但並不能就此保證教學工作的順利進行與目標的順利達成。換句話說，教育專業理論可說是必要條件，而非充要條件，在適用和應用時尤須特別小心謹慎。因此，一位良師必定是能先對專業理論熟悉，並透過行動的實踐，看看理論應用的結果如何？是否解決了問題？有否產生新問題？有無其他後遺症？該如何做會更完美？……等等不斷思索、探究、檢討、調適，而找出理論與實際最近的一點，進而達成教育的目標。換句話說，一位優良教師會在教學中常加省思，也會多做行動研究，此值得深思力行。

綜上來看，當今良師的界定應漸走出靜態的觀點而轉向動態衡量，也就是說良師除了應具的知能及理念外，更應是一位能時時進修及省思調適的力行實踐者，如此才能適切地扮演教師此一角色，當個名副其實的良師。尤其，身處於一個變革時代，改變才可能有進步，因此，教師們應不斷學習，時常在自我的教學中省思，並不斷介入活化自我教學過程中惡性循環的機制，那才是成為成功適任教師的保證。

### 作業活動

1. 請分組（四或六人一組）討論，是否仍有其他良師應具備的重要之特質，請列出。且要培養這些優良教師應具備的特質，應該如何來做，請舉出具體的方向及實施策略。
2. 請自擇古今中外的良師一位，閱其事蹟行誼傳略，撰寫六百至一千字之介紹短文，並在課堂上做口頭報告與同學分享。

## 教師的生涯發展與規劃

　　生涯規劃是代表一個人的自我生涯安排，且透過這種安排，個人潛能得以充分發揮，循序漸進的達成人生目標。這種追求人類潛能充分實現的目標，可說與廣義的教育目的不謀而合。教師本身在進行作育英才的教育工作，到底自我的生涯如何？如何去經營規劃？這些不但關乎教師個人的工作與生活，更會透過潛移默化而成為教育的一部分，因此有關教師的生涯問題的確值得為師者多加關切。

　　教師這個角色在中國是極受尊崇，而在國外，由於起源的不同，教師並未如我國一樣享有崇高的地位，但此角色亦深受人重視。如 Schlansker（1987）指出：教師和外科醫師及飛行員等被並列為壓力最大的行業。此外，Rortie 曾認為：教師是一種無階段（unstaged）的職業。且更悲觀的指出：教學生涯可說是毫無生涯（careerless）的職業，而其主因可能是這種工作很難讓個人由自我的努力而在薪資結構、職位階層與專業成長方面藉由序列的升遷（seires of promotion）得到更高的地位、酬賞及自我成長（蔡培村、孫國華，民83）。且在國內，由於教師教學生涯非常安定，故教師的生涯發展和規劃受到忽視（陳淑菁，民83），這種情況對教師本身及受教學生而言，都是不利的。因此，本節擬提生涯相關概念及教師生涯規劃相關資訊供參考。

## 一、生涯相關概念的認識

### ✎ 生涯的意義

　　吳靜吉（民81）曾以「危機」和「承諾」兩個面向為指標，將人們的

自我認同分成為認同有成者、認同尋求者、認同早熟者、認同混淆者等四種，而這種自我認同的追尋即為生涯的重點。大家如果留意周遭的人們，一定可以發現：有的人經歷千辛萬苦，終於找到自己的最愛，過著滿意的生活；有的人則抱著宿命的觀點，過著不滿意但勉強接受的日子；有的人更是跟著別人的步伐前進，從未思索並追求自己喜歡過的生活方式。世上每個人都是不同的個體，有著不同的特質，故本就應該過自我的生活方式。基本上，不用費心人生一樣會過，但選擇過怎麼樣的生活方式應該是自我的權利，且唯有走對路人生才快活。而這種探討如何生活的問題即是生涯的主要議題。

　　生涯的英文是 Career，其意乃指兩個輪子走過的路徑，而根據牛津辭典的解釋係為「道路」之意，進而引申為個人一生的道路或進展途徑（陳淑菁，民83）。而由於其有引申之意，故眾多學者對其所下之定義並不完全一致（羅文基、朱湘吉、陳如山，民83），其中以 Super 的說法較為易解且周延。他認為：生涯是全人生的歷程，是生活裡各種事件的演進方向與經歷；它統合了個人一生中的所有職業和生活角色，不管是有給職或無給職；正業或副業等，由此表現個人獨特且綜合的自我發展型態（羅文基、朱湘吉、陳如山，民83；張添洲，民82）。由此我們可知，生涯的觀念是比職業和工作的概念要廣得許多，它可以說是涵蓋了人一生的長度，內涵則含括了人生各個層面的活動和經驗，是個連續不斷且獨特的歷程。為能更精確掌握，析而言之，其具有獨特、終生、發展、企求、綜合等特性（羅文基、朱湘吉、陳如山，民83；黃天中，民80）。從這些特性中應更能掌握生涯的真義。

　　由上來看，有一則廣告頗能傳達生涯的真諦，那就是亞瑟士球鞋：「亞瑟士，走自己的路。」人生也是如此，走自己的路，到底走什麼路？怎麼走？那就是生涯相關議題探討的重點。因此，一些與生涯有關的名詞都具有「觀照現在、規劃未來」的涵義，所強調的重點，也都是環繞著「生涯」概念及其重要特質（黃天中，民80）。或許誰也無法保證人生路上都能做出完美無缺、永不後悔的決定，有人說，故生涯也是一種應變之

學，此一學科在此一速變的社會中更屬重要與可貴。

### 生涯發展與生涯規劃

從上可知，生涯是具有發展性的，其長度是縱及人的一生。發展一詞用在心理學上所指的是個體從生命開始到終了的一生期間，其行為上產生連續性與擴展性改變的歷程（張春興，民73）。而生涯發展所指的係有關個人生活上的連續性與擴張性的改變歷程，也就是說人們隨著年齡階段身心發展狀況的不同，各有其獨特的需要、任務或活動目標，而在這個進程中，個人不斷自我認識、自我肯定、自我成長，以促自我實現的過程即謂之生涯發展（黃天中，民80）。

由於生涯較強調的是對人生的觀前顧後及整體的生活型態的關注，故其發展重點不同於心理學上所強調個體身心特質方面。一般而言，生涯發展所強調的是對生活有所影響之特質的成長與改變，例如：自我認知能力的養成、工作世界的了解、生涯試探、規劃和準備的完成、生涯能力的增進、完善的人際關係、自我實現動機的確立等，這些與整體生活型態有重大相關的議題等，都是生涯發展的重點，亦是生涯發展應有的目標（張添洲，民82）。

生涯發展是必然的，至於能否如願達成，端看其配合及運作的過程。在凡事「豫則立，不豫則廢。」的情形下，個人對自我的生活實難任其自由發展，而必須有所規劃，也就是讓生涯課題的重點及步驟等化為具體化的過程。這種強調明確目標、執行方法及步驟、成效評估等的過程，我們就稱為「生涯規劃」。生涯規劃是一個重視實際現實面，運用系統方法將理念化為具體行動的過程活動。它旨在探究一個人生涯的妥善安排，期使個人能在此安排中突破障礙、發掘潛能並充分發揮自我潛能，而達成生涯目標（黃天中，民80；羅文基、朱湘吉、陳如山，民83）。或許我們以順其自然的方式來過也是屬一種便捷規劃法，但總不如有科學精神及嚴謹的系統規劃法來得對人生有所助益，故好好了解生涯規劃並踐行對人生至為

重要。

由於生涯是一個知己、知彼及抉擇行動的過程，因此，生涯規劃所強調的內涵及步驟約為下列幾點（羅文基、朱湘吉、陳如山，民 83；黃天中，民 80）：覺知與允諾、擬訂目標、計畫及執行（定出方向、自我了解、了解外在世界、修正目標、付諸實行）、評估與回饋、重新回到覺知與允諾再次出發。因此，在人生的過程中，如掌握上述幾點並能力行實踐與堅持，定能創造出亮麗的人生。

## 二、教職工作的特性、生涯階段、進路與規劃

生涯層面雖廣，然由於職業往往是影響個人各層面生活的主要因素，故與生涯關係密切，相當值得探究。有關教職工作的相關生涯特質茲略述如下。

### ✎ 教職工作的特性

在一般人眼中，教師工作環境單純，工作穩定有保障，待遇福利不算差，且一年更有著近三個月的寒、暑假，真是個好行業。然之所以會令人覺得那麼美化，大半是局外人因為距離而產生的美感所致。就實際擔任教職的人看來，教職工作雖是個單純、穩定且輕鬆的工作，但也是有著複雜、挑戰和困難性。例如教師須處理學生的瑣事、負責教學活動、兼辦行政工作……等等，可說相當忙碌。這樣的狀況雖有個別差異，但不管如何，都會或多或少影響到個人的生活方式。因此，教師這個工作到底有哪些與生涯相關的特性呢？頗值得列出，以為參考。侯建威（民84）即曾指出：教師生涯發展的特徵如下：

1. 工作安定，安全保障性高，流動率較低。
2. 職位級別不明顯，除了少數行政兼職人員外，教師的身分都一樣，無論是資深或資淺，學校教師的聲望並沒有明顯差異。
3. 教學工作是良心的工作，沒有明確的績效考核標準。

4. 升遷問題單純，大多是經考試；升遷的機會有限，管道狹窄。

5. 調動方便自由有制度，只要是同性質的學校就可以申請調動，而且有完善的制度。

6. 教師的角色主要是跟學生互動，亦即在教學活動中，教師常以個人的認知和觀點去面對學生、家長。

7. 教師必須隨時充實自己的知識和技能，更新教學方法和觀念，以應付愈來愈自主的學生們。

8. 重視學歷和資格的獲得，有不錯的進修機會。

上列各點中，除第五點調動問題因「教師法」的公布由派任改為聘任，已有明顯改變外，餘特徵變化不大，值得即將從事教職者先加了解和省思。

由於教師的主要職責為教學，且此次的「教師法」中也都是用教學一詞來陳述教師的相關權利、義務問題，故未來在教師自主、專業性提高的狀況之下，教學更是教師工作的主要重心所在。高強華（民78）曾綜合理論、個人經驗及觀察晤談等歸結出教學工作的特性如下：

· 教學的方式或風格類型是完全取決於教師個人的。

· 教學的獎勵或回饋，主要是來自於學生的反應或表現。

· 教導和學習之間的關聯性，並不是具體確定的。

· 教學工作的知識基礎是相當薄弱的。

· 教學的目標模糊不確，甚至存在著矛盾的情形。

· 教學的工作裡控制管理甚或操縱等都是必要的手段。

· 教學工作所能得到的專業支持，是十分貧乏的。

· 歸根結底，教學的性質是偏向藝術性的。

綜歸而言，教師工作表面上看來是單純、安定有保障，享有自主性及隱私性，受到大眾的尊崇，有著一定的社會地位和聲望，且有著不少令人稱羨的福利，更可以從學生那裡獲得無價的「精神富貴」，的確是個不錯的工作。但若深加探究，有關教學專業的掌握與實踐、人際關係的處理與因應、情意感受的體會與適調……等等，這些若非置身其中是很難真實領

悟的。因此，若要更深入了解這個行業，最好的方法就是親臨現場感受一下或親訪實際工作人員，那才能獲得較為真實的訊息。

### 教師的生涯階段

雖然有學者指出教師是一個無生涯的行業，但如細思，並非沒有，應該說是特徵沒有那麼明顯罷了。故也有許多學者致力教師生涯發展的研究，提出了週期論、階段論和循環論等不同角度的看法（蔡培村、孫國華，民83）。其中以階段論者提出的看法較多，也較能對教師的生涯進程及發展有個完整的說明。而一些主要的主張如下：

曾國鴻（民84）認為：就專職教學的教師而言，其生涯發展歷程中，至少涵蓋以下六個階段。

1. 準教師的養成期（18至22歲）。
2. 初任教師的試探期（22至28歲）。
3. 基層教師的投入期（28至33歲）。
4. 中堅教師的札根期（33至40歲）。
5. 指導教師的資深期（40至55歲）。
6. 管理教師的準備退休期（55至60歲）。

而高強華則認為可分下列八個階段（侯建威，民84）：

1. 職前教育階段：即是在師範校院就讀或接受教育學程的階段。
2. 實習導引階段：即實習和初任教前幾年的適應階段。
3. 能力建立階段：乃數年後，力求改善教學技巧、提升效率階段。
4. 熱切成長階段：持續追求成長與實現，主動積極且熱愛工作。
5. 挫折調適階段：即教學工作遇挫，理想幻滅，重新思索階段。
6. 穩定遲滯階段：熱情減退，克盡本分，失旺盛企圖心及參與感。
7. 生涯低盪階段：此為準備離開教育工作的低潮時期。
8. 退休落幕階段：離開教育工作。

上述八個階段並非絕對一成不變或循序漸進的，而是具有動態的與彈

性改變的可能。且隨個別差異與身處情況的不同而有所不同。

Newman（1980）將教師的專業生涯以十年為週期劃分如下（引自陳淑菁，民83）：

- 任教前十年（教學年資1至10年）：熱忱、尋求、關鍵。
- 任教第二個十年（教學年資10至20年）：穩定。
- 任教第三個十年（教學年資20至30年）：非正式、彈性。

Fessler 的教師生涯發展觀，則分為職前、新進、增進知能、投入與成長、挫折、穩定但遲滯、轉移、引退（引自王麗雅，民79）。

上述各種論點，不論是細分或大分，總表明了一個事實，那就是一個教學工作者的心路歷程及生活，會隨著接觸面的擴大與深入及時間的流逝而有轉變。從中可以發現：教師在三、四十年的教學過程中，其專業能力、觀念、價值、態度、需求等都會有顯著的改變，並呈現出階段性，雖然起伏的時程及狀況或許會有個別差異，但其狀況大致相同。從中可以了解教師和其他行業類似，有著「適應—發展—挫折—再成長—再發展—引退」的動態歷程，明乎此，對於有志為師者可預先就如何掌握這些脈動及因應調適的方法加以了解，並有所體會、省思與規劃。除此而外，學校及主政單位更應明乎此並強化自我責任，做好設計和安排，讓老師們在這些生涯階段中能平穩、愉快且順利的度過，此才能彰顯教師生涯階段探究的意義。

### ✎ 教師的生涯進路與規劃

生涯是獨特、可變與可追求的。在國內，由於教師教學生涯非常安定，因此很多人獻身教育後就未有重大改變，也較少探究，實在很可惜。平心而論，就生涯的角度來看，教師這個行業就和其他行業一樣，只要是基於對自己的了解認識，及對外在環境的清楚掌握，都可以有各式各樣的發展，以實現自我。吳新華（民83）曾為教師生涯上的進程規劃如圖2-1：

另曾國鴻（民84）則認為可分為：選擇從事專任教學工作的教師、選

擇從事教育行政工作的教師、選擇進修深造的教師、選擇轉而從事他業的
教師等四種。

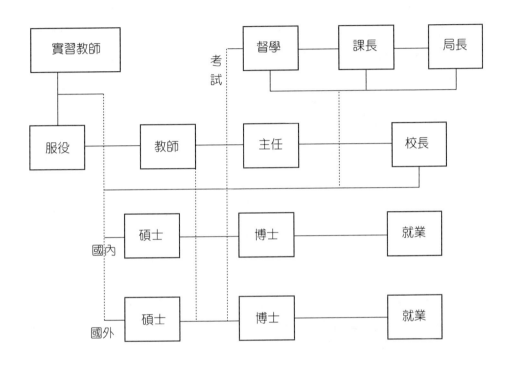

✧ 圖 2-1　教師生涯上的進程規劃

　　上列所舉乃是四種教師比較有可能的選擇進程，亦僅用大分方式，或
許未能涵蓋全部，且彼此間也未必完全互斥，諸如從事教職者，也可從事
行政，也可繼續進修研究等，但此應可提供教師們參考省思。至於綜合實
際狀況，教師可能的幾種進路及其做法可大分如下：

1. 選擇在教育界繼續服務：
・選擇專任教師為職並從中獲得樂趣：做此選擇者應不斷在教學上精
　研、調適，以獲取學生、家長、社會大眾認可的好老師為目標。
・選擇轉任教育行政工作或兼任學校行政工作發揮所長：做此選擇者

應主動參與學校公共事務，爭取服務機會，並充實行政相關知能、參與相關考試甄選，逐步調遷來做更大的貢獻。

- 選擇專任教師並利用公暇發揮所長：做此選擇者應做好教師工作，並利用公暇鑽研個人志趣及從事學習活動，豐富人生並裨益教學。

2. 轉往他業服務：此應精準澄清自我追求方向，了解欲發展方向必備之知能，並趁早行動，積極進取以實現自我。值得注意的是在進行過程中應以不影響教學工作為原則。

而至於在整個規劃過程中的策略、技巧及步驟等則可以歸納如下（陳淑菁，民83；侯建威，民84；蔡培村、孫國華，民83；羅文基、朱湘吉、陳如山，民83）：

1. 感覺到強烈的需求及下定決心改變：思索教學生涯是否遇到瓶頸？是否有障礙產生？是否有志難伸？是否過得不如意？……等等。如有則應深切覺察到改變的重要性，並下定決心，進行生涯規劃活動，以期能突破此一低潮，開發潛能，達到自我實現。

2. 認清自我並精確評估時空環境：一個成功的生涯規劃應從認識自我及評估外在時空環境做起。想想看我是誰？我會做什麼？我應該做什麼？我願意做什麼？我的人生目的及價值何在？……等等問題。這些可以藉由參與各種社團、活動及人際交往互動中來加以探觸，也可借助心理測驗及生涯諮商等來加強對自我志向、興趣、潛能等的了解，並藉此明白自我的工作價值觀念、抱負水準、成就動機與生活工作目標……等等，以為進一步規劃發展的基礎。然因生涯規劃宜具體可行，故除了認清自我外，亦應對所處的大環境等的客觀條件有精確的了解。而這一部分應包括政治、經濟、文化、社會等因素的了解，和對各種可能發展機會及所需配合的條件等做分析評估，以為參考。

3. 蒐集生涯相關資料和檢視生涯機會：生涯本就是一連串決定的過程，如能基於前述自我了解和對外在環境精確的認識與評估下，應能幫助生涯做出正確抉擇及促成自我有利的發展。一般而言，教師應蒐集的生涯資料及其相關生涯機會的訊息可分校內外兩部分：

- 學校內的機會：此可分教學及行政兩方面。前者包括教學方法的改良、教材的補充編製、教學相關問題的研究、課程發展的進行、教學效果的提升……等等。後者則指兼任組長、主任，或進而擔任校長等。

- 學校外的機會：此可分教育體制內及體制外兩方面。前者包括轉往教師研習會協助課程研發；借調教育局擔任啟智、視障等巡迴輔導員；透過考試而轉往教育部、廳、局及相關文教單位等任職；後者則為轉往其他公、民營的單位或其他行業服務。

　　而這些資料的蒐集與檢視旨在詳細探究各種職務及生涯進路發展機會的可能性，以為設定生涯目標的參據。例如：要擔任校長宜具備何種資格？宜有哪些能力？會過著什麼樣的生活方式？……等等。以為自己參照前述狀況，決定是否繼續追求的參考。

　　4.確立生涯目標並擬定具體行動策略：在做生涯規劃時，基於前述的了解及蒐集資料評估後，應設立並確立自我的人生目標，以發揮指引的功用。籠統的目標太過高遠空泛，很難精確掌握和依循，因此，尚須針將目標分化並做細部目標的陳述。一般而言，人生目標不外下列幾項（王淑俐，民83）：事業、學習、家庭、休閒、身體健康、健全的性格、人際關係、個人形象等。雖然這些項目可能因為個性及不同年齡階段而各有所偏，然往這些方向做考慮應頗能顧慮到整體人生的發展。此外，尚須根據這些目標陳述擬出一些具體的行動策略，劃定短、中、長的執行方式，並將之書面化及寫成生涯報告書，促目標的達成。例如一位初任教師，他可能經由前述而草擬出如下更有利於生涯的一份生涯目標。至於細部的行動策略則可就各目標再做更詳細具體的規劃與安排，以逐步邁進並從而實現自我。

✧ 表 2-1　人生目標

| 項目 | 十年目標 | 二十年目標 | 三十年目標 | 終生目標 |
|---|---|---|---|---|
| 事　　業 | 任組長、主任 | 甄試並派任校長 | 辦學績優校長 | 資深優良校長 |
| 學　　習 | 涉獵行政知能 | 實務中省思調適 | 精進理論與實務 | 行政實務能人 |
| 家　　庭 | 成家生長子女 | 購屋生次子女 | 娶媳嫁女 | 幸福美滿 |
| 休　　閒 | 多方嘗試 | 國內旅行遊學 | 國外旅行遊學 | 知德兼修 |
| 身體健康 | 尋找運動興趣 | 參加運動團隊 | 樂在運動控飲食 | 健康長壽 |
| 健全人格 | 情緒穩定 | 和藹可親 | 平易近人 | 心安理得 |
| 人際關係 | 認真工作 | 為大眾服務 | 廣結善緣 | 孚眾望受歡迎 |
| 個人形象 | 認真 | 服務，謙虛，好學 | 長者風範 | 完美 |

　　5. 逐步向前邁進並隨時評鑑生涯計畫：在這個階段中最重要的是將生涯目標及行動策略詳加分析，找出其關鍵點及著手處，然後轉化成具體行動循序漸進，以逐步達成目標。此外，由於外在客觀環境隨時改變，故在執行此行動策略時宜時時審視評鑑，看看是否周延？是否合於理想？是否適切可行？……等等，以便有問題能及早改善補救，而真正享受生涯成功的喜悅。如以擔任校長為生涯目標為例，經由分析知道須經甄試儲訓始能接受遴聘，而要參甄試則要有一定的教學行政經驗與積分，並要通過甄試，始能如願，而積分項目中，如包括學歷、年資、考績、服務表現（自己表現及指導兒童的表現）、研習進修……等等。有意者據此就能從指導學生、參與活動求取表現、參與研習累積積分……等等著手做起，漸漸往目標邁進。但以近來教師法的通過及教育人員任用條例的修改為例，對校長的任用方式已有了重大變革，並不斷在調整中，此都宜深入評估並進而修正目前的目標及行動策略，以免白費功夫。這就是宜時時審視評估的重要性，實不可忽視。前述僅列大要，唯相信如能依此步驟穩健踏實而行，並不斷循環精進，必能開創出充實亮麗的一生。

作業活動

1. 請分組（六人乙組）各自去訪問初任教職、任教十年、二十年、三十年的教師各一位，了解他們的工作狀況及對自己任教的看法，看看是否有所差異，有否呈現出階段性的現象。

2. 課後請參閱吳靜吉所著《人生的自我追尋》一書，就其所列「危機」與「承諾」兩個面向指標所分的四類人，省思一下自我目前的認同狀況，並思考如何進一步發展。省思活動後，請用筆記錄下來。

3. 請試擬一份自我未來十年的生涯報告書。

# 參考書目

教育部（民 83，民 91）：師資培育法。

教育部：師資培育法施行細則。

教育部（民 84，民 89）：教師法。

教育部：教師法施行細則。

教育部：高級中等以下學校及幼稚園教師資格檢定及教育實習辦法。

黃光雄（民 84）。我國師資培育的動向。臺灣教育，553 期。

劉炳華（民 84）。師資培育制度之研究——以我國師範教育制度為中心（上）。立法院院聞，23⑵。

許泰益（民 83）。從師資培育法修正談師範教育發展。國教之友，532 期。

翁福元（民 85）。九〇年代初期臺灣師資培育制度改革的反省：結構與政策的對話。載於中國教育學會等主編：師資培育制度的新課題。臺北：師大書苑。

教育部中等教育司（民 85）。師資培育宣導資料。臺北：教育部。

洪榮照（民 83）。教師的權利與義務。載於臺中師範學院實習輔導室印「教育實習循環教學講義」。

謝文全、林新發、張德銳、張明輝編著（民 84）。教育行政學。臺北：國立空中大學。

郭丁熒（民 84）。小學教師角色相關實證研究之回顧與分析。國立臺南師範學院學報，28，197-224 頁。

高強華（民 78）。論教學特質與教師生活。載於國立臺灣師範大學學術研究學會主編當前師範教育問題研究。臺北：五南圖書出版公司。

熊智銳（民 83）。開放型的班級經營。臺北：五南圖書出版公司。

陳奎憙、王淑俐、黃德祥、單文經（民 85）。師生關係與班級經營。臺北：三民圖書出版公司。

江志正（民85）。淺談「教師法」的特色與影響。臺中：國教輔導，35(3)，33-40頁。

謝瑞智（民82）。公立學校教師之屬性。師友，315，14-15頁。

吳靜吉（民81）。人生的自我追尋。臺北：遠流圖書出版公司。

羅文基、朱湘吉、陳如山（民83）。生涯規劃與發展。臺北：國立空中大學。

黃天中（民80）。生涯與生活。臺北：桂冠圖書出版公司。

高強華（民78）。論教學特質與教師生活。載於國立師範大學學術研究委員會主編當前師範教育問題研究。臺北：五南圖書出版公司。

侯建威（民84）。教師生涯發展──成功的喜悅。師說，82，22-27頁。

吳新華（民83）。活出絢麗與尊嚴──談教師生涯規劃。國教之友，46(3)，5-8頁。

王淑俐（民83）。生涯計畫與時間管理──理論篇。臺北：南宏圖書出版公司。

蔡培村、孫國華（民83）。教師的生涯發展與規劃。高雄：鐸聲，4(2)，38-47頁。

陳淑菁（民83）。教師專業與生涯規劃。臺北：諮商與輔導，107，16-20頁。

張添洲（民82）。生涯發展與規劃。臺北：五南圖書出版公司。

曾國鴻（民84）。教師生涯進程的抉擇。彰化：教育實習輔導，1(3)，5-8頁。

Schlansker, B(1987). A Principal's Guide to Teacher Stress. Principal, Vol. 66, No.5.

## 附　錄
### 教育人員信條

　　教育乃百年樹人之大計，凡從事教育工作者，對於學生、學校、家庭、社會、國家、民族以及世界人類，均有神聖莊嚴之責任；且對於自身之專業修養，應與時俱進，不斷充實，以提高工作效率。我教育界同仁為期堅定信念，自立自強，善盡職責，達成使命，爰於六十五年教育學術團體聯合年會通過「教育人員信條」，共同信守：

　1. 對專業：

・確認教育是一種高尚榮譽的事業，在任何場所必須保持教育工作者的尊嚴。

・教育者應抱有高度工作熱忱，學不厭，教不倦，終身盡忠於教育事業。

・不斷的進修與研究，促進專業成長，以提高教學效果。

・參加各種有關自身的專業學術團體，相互策勵，以促進教育事業之進步，並改善教育人員之地位與權益。

　2. 對學生：

・認識了解學生，重視個別差異，因材施教。

・發揮教育愛心，和藹親切，潛移默化，陶冶人格。

・發掘學生疑難，耐心指導，啟發思想及潛在智能。

・鼓勵學生研究，循循善誘，期能自發自動，日新又新。

・關注學生行為，探究其成因與背景，予以適當的輔導。

・切實指導學生，明善惡、辨是非，並以身作則，為國家培養堂堂正正的國民。

　3. 對學校：

・發揮親愛精誠的精神，愛護學校，維護校譽。

- 善盡職責,切實履行職務上有關的各項任務。
- 團結互助,接受主管之職務領導,與同仁密切配合,推展校務。
- 增進人際關係,對新進同事予以善意指導,對遭遇不幸的同事,應予以同情,並加協助。

4. **對學生家庭與社會:**

- 加強學校與家庭之聯繫,隨時訪問學生家庭,相互交換有關學生在校及在家的各種狀況,協調配合,以謀兒童的健全發展。
- 提供家長有關親職教育方面的知識,以協助家長適當教導其子女。
- 協助家長處理有關學生各種困難問題。
- 鼓勵家長參加親師活動,並啟示其善盡對社會所應負之責任。
- 率先參加社會服務,推廣社會教育,發揮教育領導功能,轉移社會風氣。

5. **對國家、民族與世界人類:**

- 實踐中華民國教育宗旨,培育健全國民,建設富強康樂國家,並促進世界大同。
- 復興中華文化,發揚民族精神,實踐民主法治,推展科學教育,配合國家建設,以完成復國建國的使命。
- 堅持嚴以律己,寬以待人,則毅奮發,有為有守,以為學生楷模,社會導師。
- 闡揚我國仁恕博愛道統,有教無類,造福人群。

第3章

國民中小學九年一貫
課程之認識與落實

賴清標

壹、九年一貫課程的源起與內涵
　　一、源　起
　　二、內　涵
貳、學習領域
　　一、語文學習領域
　　二、健康與體育學習領域
　　三、數學學習領域
　　四、社會學習領域
　　五、藝術與人文學習領域
　　六、自然與生活科技學習領域
　　七、綜合活動學習領域
　　八、生活課程
　　九、重大議題

參、教學創新
　　一、發展學校課程計畫
　　二、進行課程統整
　　三、實施協同教學
　　四、採用多元評量
　　五、其他做法
參考書目

國民中小學九年一貫課程暫行綱要於民國八十九年九月三十日公布。九十年自一年級開始實施，九十一年，一、二、四、七年級實施，九十二年，再加上五年級和八年級，至九十三年，國小和國中一到九年級全面實施。民國九十年為西元 2001 年，是二十一世紀的開始。在二十一世紀的開始，我們揚棄了過去全國劃一的課程標準，改為課程綱要，要求各個學校發展自己的課程計畫；要求教師創新教學，讓學生快樂學習，希望「變背不動的書包，為帶得走的能力。」這是很大的變革，全體國民中小學教師都需要深入了解，努力予以落實。以下針對此一課程的源起與內涵、學習領域及期望達到的教學創新分別加以說明。

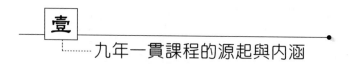

## 壹 九年一貫課程的源起與內涵

任何一個課程都不是終極課程，隨著時代社會的轉變和新知識的增加，每隔數年，學校課程就必須相隨調整。我國自民國十八年訂頒小學課程暫行標準開始，至此次九年一貫課程暫行綱要公布，中間經過九次的課程修訂，分別為二十一年、二十五年、三十一年、三十七年、四十一年、五十一年、五十七年、六十四年、八十二年。唯過去歷次課程均稱為課程標準，此次稱為課程綱要，與先前的課程標準比較有很大的不同，以下說明此一課程的源起，其次分析此一課程的內涵。

### 一、源 起

我國於民國五十七年開始實施九年國民教育，分為國民小學六年和國民中學三年。當時在訂定課程時已經提到力求國民小學和國民中學課程的連貫性，但國小課程和國中課程仍然分開訂定。國小課程其後在六十四年和八十二年做過兩次修訂。八十二年修訂的課程自八十五年開始實施，同

時開放民間編印教科書。八十二年課程修訂的背景起自七十六年解除戒嚴後，國內政治的快速民主化和本土意識的逐漸興起。

　　然而，民間要求教育改革的聲音越來越強烈，八十三年發起規模龐大的「410 教改運動」。同年九月行政院成立「教育改革審議委員會」，經過兩年多的研議，於八十五年十二月公布「教育改革總諮議報告書」，其中一項建議是改革中小學課程。

　　教改會提出改革中小學課程的理由主要是過去的課程有以下缺失：

1. 過度重視智育，無法落實全人教育。
2. 過度強調學科本位，橫向聯繫不夠，各科間缺乏統整。
3. 學生上課節數太多，課程內容又多又深。
4. 國小、國中縱向聯繫不足。
5. 課程標準採取高度統籌規定方式，教師無法發揮所長，而學校可自行運用節數太少，無法顧及地方特色與學生需要。

建議改革要點包括：

1. 國民中、小學課程應以生活為中心，整體規劃。
2. 建立課程綱要的最低規範，以取代現行課程標準，使地方、學校及老師能有彈性的空間，因材施教或發展特色。
3. 積極統整課程，減少學科之開設，並避免過分強調系統嚴謹之知識架構。
4. 減少上課時數，減輕學生課業負擔。
5. 教學評量應重視其作為教學診斷的功能，積極導正分數與排序觀念，研訂多元評量方式。
6. 規劃國小學生必修適量英語課程。

　　教改報告書公布後，針對改革課程之建議，教育部於八十六年四月成立專案小組進行課程規劃。八十七年九月公布國民中小學九年一貫課程總綱綱要。八十八年九月指定國民中小學試辦。八十九年九月公布九年一貫課程暫行綱要。在暫行綱要中首揭「修訂緣起」為：迎接二十一世紀的來臨與世界各國之教改脈動，致力教育改革，期以提升國民之素質及國家競

爭力。具體言之，改革之主要背景為面對二十一世紀國際社會下國家發展的需求及對社會各界期待學校教育改革的回應。

## 二、內　涵

國民中小學九年一貫課程暫行綱要，A4 規格版面，厚達五百二十三頁。若要確實了解，得好好花時間仔細閱讀。不過，即使花掉許多時間全部讀完，恐怕也不容易掌握內涵要點。個人翻閱多次，逐漸整理出主要內涵，可以從一到十，簡要說明如下：

1. 一個中心：以學生生活為中心，或說以學生為主體，及生活經驗為重心。課程規劃重視生活所需，教學活動應設法與學生生活經驗產生聯繫。

2. 二種節數：領域學習節數和彈性學習節數（參見表3-1）。領域節數約占80%，可選擇適當教科書使用，彈性節數約占20%，各校自行思考規劃。

3. 三個面向：人與自己、人與社會、人與自然，亦即課程教學應考量個體發展、社會文化和自然環境三個層面。

✧ 表 3-1　九年一貫課程學習節數

| 年級＼節數 | 學習總節數 | 領域學習節數 | 彈性學習節數 |
|---|---|---|---|
| 一 | 22-24 | 20 | 2-4 |
| 二 | 22-24 | 20 | 2-4 |
| 三 | 28-31 | 25 | 3-6 |
| 四 | 28-31 | 25 | 3-6 |
| 五 | 30-33 | 27 | 3-6 |
| 六 | 30-33 | 27 | 3-6 |
| 七 | 32-34 | 28 | 4-6 |
| 八 | 32-34 | 28 | 4-6 |
| 九 | 33-35 | 30 | 3-5 |

4. **四個因素**：學校課程計畫應依據學校條件、社區特性、家長期望和學生需要四個因素進行設計。

5. **五大目標**：九年一貫課程在培養具備人本情懷、統整能力、民主素養、鄉土與國際意識以及能進行終身學習之健全國民。

6. **六大議題**：資訊、環境、兩性、人權、生涯發展和家政等列為重要議題，須設法融入領域教學。

7. **七大領域**：將國小原有十一個科目，國中原有二十一個科目，整合成七大領域（參見表 3-2）：語文（含本國語文和英語，本國語文包括：國語文、閩南語文、客家語文和原住民語文）、健康與體育、數學、社會、藝術與人文、自然與生活科技、綜合活動。而一、二年級，又將社會、自然與生活科技、藝術與人文三個領域整合成生活課程。

✧ 表 3-2　九年一貫課程學習領域及其階段劃分

| 年級／學習領域 | 一 | 二 | 三 | 四 | 五 | 六 | 七 | 八 | 九 |
|---|---|---|---|---|---|---|---|---|---|
| 語文 | 本國語文 | | | 本國語文 | | | 本國語文 | | |
| | | | | | 英語 | | 英語 | | |
| 健康與體育 | 健康與體育 | | | 健康與體育 | | | 健康與體育 | | |
| 數學 | 數學 | | | 數學 | | 數學 | | 數學 | |
| 社會 | 生活 | | 社會 | | 社會 | | 社會 | | |
| 藝術與人文 | | | 藝術與人文 | | 藝術與人文 | | 藝術與人文 | | |
| 自然與生活科技 | | | 自然與生活科技 | | 自然與生活科技 | | 自然與生活科技 | | |
| 綜合活動 | 綜合活動 | | 綜合活動 | | 綜合活動 | | 綜合活動 | | |

8. **八項工作**：實施九年一貫課程，學校要做的工作有主要八項：成立課程發展委員會、分設領域課程小組、思考學校願景、完成學校課程規劃、注意課程統整、做到協同教學、進行親師合作、實施多元評量。

9. 九年一貫：國民小學和國民中學九年一貫進行規劃。

10. 十大能力：九年一貫課程在培養十大基本能力。

- 了解自我與發展潛能。
- 欣賞、表現與創新。
- 生涯規劃與終身學習。
- 表達、溝通與分享。
- 尊重、關懷與團隊合作。
- 文化學習與國際了解。
- 規劃、組織與實踐。
- 運用科技與資訊。
- 主動探索與探究。
- 獨立思考與解決問題。

### 作業活動

1. 請分析自民國十八年以來，歷次課程標準分設科目的演變情形（可參考民國八十二年教育部頒布的「國民小學課程標準」後面之附錄）。
2. 國民教育法規定「國民教育以養成德、智、體、群、美五育均衡發展的健全國民為宗旨」，九年一貫課程則明確列舉培育學生十大基本能力，請討論兩者的關聯和得失。

**貳**
........ 學習領域

　　九年一貫課程將內容劃分為七大學習領域，包括：語文、健康與體育、社會、藝術與人文、數學、自然與生活科技，及綜合活動等。各領域所占領域學習節數比率除語文領域為 20% 至 30% 外，其餘領域各占 10% 至

15%。惟在一、二年級，將社會、藝術與人文，及自然與生活科技等三個領域統合為生活課程。此外，又列舉六個重要議題，要求融入領域學習之中。以下簡要介紹各個學習領域及重要議題。

## 一、語文學習領域

語文學習領域包括本國語文和英語，本國語文又分為國語文、閩南語文、客家語文和原住民語文，後三者通稱為母語。學生須修習國語文和一種母語，五年級以後加修英語（惟各縣市紛紛提早安排英語課程）。

### ✎ 本國語文

本國語文旨在培養學生正確理解和靈活應用本國語言文字的能力，期使學生具備良好的聽、說、讀、寫、作等基本能力，並激發學生廣泛閱讀的興趣，同時引導學習利用工具書及結合資訊網絡，以增進語文學習的廣度與深度，培養學生自學能力。

分段能力指標包括：注音符號（音標系統）應用能力、聆聽能力、說話能力、識字與寫字能力、閱讀能力和寫作能力。各能力指標內又列有數項學習重點。

注音符號採綜合教學法教學。先認識用注音符號編成的完整語句，進而由語句分析出語詞，由語詞分析出單字，由單字分析出符號。認讀符號後，再練習拼音。練習拼讀時採「直接拼讀法」，看到注音符號後，直接讀出字音，再用反拼法複習。

聆聽能力宜採隨機教學，指導學生養成良好的聆聽態度與禮貌。聽與說相結合，聆聽後能複述重點，並能有條理的回答問題。

說話教學宜培養學生發表的興趣與信心，應讓兒童有普遍練習表達的機會。說話教學可與聆聽能力、閱讀能力、寫作能力結合，透過各種媒材如圖畫、布偶等培養說話能力，以期口頭語言、書面文字學習同步發展。

識字教學，應配合部首、簡易六書原則，理解各個生字的形、音、義

等。

閱讀理解為語文教學的核心，可連結聆聽、說話、作文、寫字等各項教學活動。對於課文的教學，要先概覽全文，然後逐段分析，先深究內容，再探求文章形式，進而欣賞修辭技巧、篇章結構，乃至其內涵特色、作品風格等。生字語詞的認識應由完整句子的脈絡中去掌握，以理解語詞在不同脈絡中的意義。

作文教學宜重視學生自身經驗與感受的陳述。第一階段由口述作文開始引導，第二階段由口述作文轉換成筆述作文，第三階段熟練筆述作文。

至於學習評量，範圍應包括：注音符號應用、聆聽、說話、識字與寫字、閱讀、作文等六大項目。評量時應參照各階段基本能力指標，評量基本能力。評量方式除紙筆測驗外，可配合教學採用包括問答、真實評量、檔案評量等多元評量方式，並兼顧認知、情意與技能三個面向。

## ✎ 英 語

英語課程旨在奠定國人英語溝通基礎，涵泳國際觀，以增進國人對國際事務之處理能力，增強國家競爭力。課程強調營造自然、愉快的語言學習環境，以培養學生之學習興趣和基本溝通能力。上課宜採輕鬆、活潑之互動教學模式。教材內容及活動設計宜生活化、實用化及趣味化；體裁多樣化。

分段能力指標，國小階段以聽、說為主，讀、寫為輔；國中階段則聽、說、讀、寫並重。教學評量宜採用多元化的評量模式。國小階段可採取形成性評量，了解學生之起點行為，評量其個別進步情形，亦可採檔案評量方式，將學生各項學習表現詳加記錄，並將相關作業整理成個人檔案，儘量少做紙筆測驗。國中階段之評量除了筆試外，可兼採聽力與口說測驗等方式，此外，亦可配合檔案評量。

## 二、健康與體育學習領域

健康與體育學習領域可說是統合過去健康教育與體育兩個學科而成。

健康教育的最終目的在於健康行為的實踐，體育教學則以培養每位學生具備良好的身體適應能力為首要，兩者有著共同的目標，即一個健康且擁有良好體能的人。但兩者手段不同，健康教學藉著健康行為的養成，體育教學則藉著運動行為的培養，分別達到個體健康的目的。健康與體育領域分段能力指標包括：生長、發展，人與食物，運動技能，運動參與，安全生活，健康心理，和群體健康等七項。

健康與體育領域第一階段（一到三年級）以合科教學為原則，以後各階段以協同教學為原則。健康教學以培養學生具備良好的健康行為為首要目標，教學方法及過程可彈性運用價值澄清、腦力激盪、角色扮演、小組討論、示範、問答、講述等。體育教學以培養學生具備良好的身體適應能力為首要目標，注重適性發展，讓學生在獲得成就感中享受運動的樂趣。教學評量以達成分段能力指標為原則。健康評量應包括健康行為與習慣、健康態度、健康知識、健康技能；體育評量應包括運動技能、運動精神與學習態度、體育知識等。評量方法可採紙筆測驗、觀察、紀錄表、自我評量等方式進行；但一到三年級不宜做紙筆測驗。

## 三、數學學習領域

數學和語文是基礎教育最重要的兩個學科。早期歐洲基礎教育以三R為主，三R指的是讀、寫、算，即為語文和數學。語文和數學也被稱為工具學科，因為是進一步學習最重要的能力。

現今是訊息豐富的社會，透過數與形的訊息，才能認識環境。現代國民需要有分析資料、形成臆測、驗證與判斷的能力，數學探究是培養這些能力的有效學習活動。數學學習領域內容分為數與量、圖形與空間、統計與機率、代數、連結等五大主題。數與量又分為數與計算、量與實測、關

係三個子題。

　　數學教材選取應依照教學目標，配合地方環境和兒童生活，選擇適當有趣的教材，並布置相應的學習環境，以利於教學。教學活動可依單元教材性質，採用具體操作、實測、作圖、觀察、討論、發表、問答等方式進行，不應僅用講述法。教學過程宜透過引導與啟發，以現實生活問題或開放性問題，激發學生不同的想法，避免機械性的解題訓練。此外，數學教學最好以學生的直觀經驗為基礎，提供學生充足的時間，相互合作與討論，並鼓勵學生發表個人想法。教學評量方式宜多樣化，配合教學目標採用紙筆測驗、實測、討論、問答、分組報告等方法，評量學生的知識、技能、態度等各方面。評分除客觀測驗題型外，宜訂定分段給分標準，依作答過程的適切性，給予部分分數。

## 四、社會學習領域

　　如果說語文和數學是工具學科，主要在培養讀、寫、算的基本能力，作為學習其他領域或未來學習的基礎；則社會與自然是知識學科，社會領域在使學習者了解所處的社會環境，及不同時、空的人類文化變遷。因此，社會學習領域的性質涵蓋自然的物理環境、人造的物質環境、人造的社會環境，和超自然的精神環境。第一種環境屬於生存層面，與地理學有關；第二種環境屬於生計層面，與歷史學和經濟學有關；第三種環境屬於生活層面，與政治學、法律學及社會學有關；第四種環境屬於生命層面，與哲學、道德、宗教等學科有關。人的生存、生計、生活、與生命四大層面彼此互有關聯，而社會學習領域正是整合這幾個層面的一個統整性領域。

　　社會領域分段能力指標包括九個主軸：人與空間，人與時間，演化與不變，意義與價值，自我、人際與群己，權力、規則與人權，生產、分配與消費，科學、技術和社會，及全球關聯。

　　教學方面應善用多元的教學策略，除了一般的講述、問答、討論外，尚可運用社會議題的辯論、角色的扮演、合作學習、主題探索、戶外教學

等,使學生的認知學習更深刻,並因感動而達成情意學習。至於評量方面,為引導教學趨向活潑與多元化,切勿囿於紙筆測驗,宜適度採納教師觀察、自我評量、同儕互評、實作評量、檔案評量、情境測驗等各種方式,兼顧認知、情意和技能目標的達成。

## 五、藝術與人文學習領域

在過去的課程標準,原有音樂和美術兩科,此次九年一貫課程將兩者整合成藝術與人文學習領域,是一個相當大的改變。

藝術與人文意為藝術學習與人文素養,是以人文素養為核心內涵的藝術學習。此一領域包含視覺藝術、音樂、表演藝術等方面的學習,以培養學生藝術知能,鼓勵其參與藝文活動,提升藝術鑑賞能力,陶冶生活情趣,並以啟發藝術潛能與人格健全發展為目的。

藝術與人文領域分段能力指標包含三個主題軸:探索與創作,審美與思辨,文化與理解。每一主題軸再劃分三個層面:視覺藝術、音樂、表演藝術。

課程設計原則以「主題」統整視覺藝術、音樂、表演藝術等方面的學習;統整之原則可運用如下方式:相同的美學概念、共同的主題、相同的運作歷程、共同的目的、互補的關係等。教學目標適切兼顧知識、技能、情意等範疇。教學方法上,首在塑造有意義的學習情境,引發學習動機,鼓勵學生主動學習;其次,提供良好的示範供學生觀摩,給予充裕的時間和機會在各種情境實作;再者,尊重每一位學生的獨特表現,認同學生的努力。在教學評量上,宜併用量與質的評量,採取教師評量、同儕互評及學生自評等方式,並應用:觀察、問答、晤談、討論、測驗、評定量表、檢核表、軼事記錄等方式,且可酌採相對解釋法與自我比較法等彈性評量措施。

## 六、自然與生活科技學習領域

對所生存的自然環境的了解是人類進步發展的關鍵，因此自然科素來即為基礎教育的一個重要科目。此次九年一貫課程將傳統自然科調整為自然與生活科技學習領域，在科學知識外增加實用技術，與生活更加貼近。

自然現象的變化有其因果法則，例如水的三態變化。人類觀察自然，並且研究各種現象變化的道理，於是產生科學；同時對其巧妙的運用，以適應環境、改善生活，於是乃有技術。自然的學習在了解這些自然現象和自然的演變規則，並學會如何去進行探究活動，如觀察、實驗、歸納等方法，也培養出批判、創造等能力。此外，應了解科學與技術的關聯及其發展對人類生活的影響，並能善用科技，便利現在和未來的生活。

自然科學的學習在於提升國民的科學素養，分段能力指標包括八大項目：過程技能、科學與技術認知、科學本質、科技的發展、科學態度、思考智能、科學應用及設計與製作。在教學實施上，則有如下要點：

1. 自然與生活科技的學習應以學習者的活動為主體，以探究及實作的方式來進行，強調手腦並用、活動導向、設計與製作兼顧、知能與態度並重。

2. 教學實施要多運用學校、社區或校外自然環境提供學生各種學習的資源。包括：學校設置教材園、參觀博物館、農場、做野外考察等，讓學生有直接體驗機會，達成深入有效的學習。

3. 教學時應提供合適的機會，讓學生說明其想法，以了解學生先前的概念和經驗；多運用問題來導引學生思考，營造熱絡的求知氣氛；鼓勵學生參與討論、投入實驗、進行實作；避免由教師直接講述，要求學生記誦的做法。

4. 教學評量除由教師考評外，可輔以學生自評及互評來完成。其形式可運用如觀察、口頭詢問、實驗報告、成品展示、實際操作、紙筆測驗及學習歷程檔案等多種方式，以了解學生的學習情況並調適教

學為目的。

## 七、綜合活動學習領域

綜合活動是九年一貫課程新設的領域，過去的課程在小學有輔導活動和團體活動，在國中還另有童軍活動，此次課程將此三者整合成綜合活動領域。但其內涵和意義超過此三種活動的總和。

綜合活動學習領域的基本理念如下：

1. 提供反思訊息，擴展學習經驗：透過綜合活動讓學生獲得直接經驗的機會，將所了解的、所感受的、所熟練的知能實踐於生活中，以檢證知識與體會意義。

2. 推動整體關聯，鼓勵多元自主：以綜合活動統整其他六大領域之認知、情意、技能等學習內容；各校可依學校願景，自行發展具有特色的綜合活動課程，提供學生發展個人興趣、專長、需求的學習機會，藉由活動的多樣性，促成學生多元自主的學習。

簡言之，其課程目標在於生活實踐、體驗意義、個別發展和學習統整。分段能力指標包括四大主題軸：認識自我、生活經營、社會參與、保護自我與環境。

綜合活動學習領域雖然鼓勵各校多元自主，發展學校特色，但亦定有最低要球的指定內涵，且指定內涵所占時間不得少於本學習領域總時數的10%。指定內涵包括十個活動：學生自治、生命教育、社會服務、危機辨識與處理、野外休閒與探索、自我探索與了解、人際關係與溝通、環境教育、兩性的關係與互動、家庭生活。

綜合活動的評量，過程導向重於結果導向，應以紀錄、作品等多元的方式來取代固定的測驗，尤應多加鼓勵，避免壓力，使學生樂於學習。

## 八、生活課程

九年一貫課程區分為七大學習領域，但在低年級，統整社會、自然與

生活科技、藝術與人文為生活課程。其基本概念為國小低年級乃國民教育之開端，應以生活為中心，統整上述三個領域，發展生活中的各種互動與反省能力，奠定從生活中學習的基礎。

生活課程的分段能力指標皆取自原三大領域的第一學習階段之能力指標。惟實施時不宜分成三個領域。生活課程之教學時間最低應占領域學習節數的30%。

## 九、重大議題

九年一貫課程除了七大學習領域外，為了兼顧新興重要題材的學習，又提出六個重大議題，要求必須融入各領域的學習中，尤其是融入綜合活動學習領域。六大議題包括：

### ✎ 資訊教育

資訊教育旨在培養學生資訊擷取、應用與分析的能力，更要養成學生創造思考、問題解決、溝通合作與終身學習的能力。

資訊教育能力指標包括：了解電腦在人類生活各領域的應用，電腦操作，文書編輯，網路使用，和利用光碟、DVD等搜尋資料。

資訊教育之實施主要原則如下：

1. 電腦課程安排在三至七年級，三到六年級每年級二十節，安排在上學期教授資訊基本學習內涵，下學期則設計資訊與各學習領域整合之學習活動，讓學生真正獲得應有之資訊能力，成為學習的得力工具。第七學年則有四十節的學習時間。

2. 各領域教師可依據學生已具備之資訊能力，規劃整合課程，鼓勵學生多利用開放式應用軟體、網際網路等自行建構知識技能，成為主動、自主的學習者。

3. 教學評量兼重形成性評量和總結性評量，形成性評量於課堂上以觀察進行，總結性評量以完成實作活動為主。

### ✎ 環境教育

進入二十一世紀，環境教育已成為世界公民必備的通識。環境教育旨在保護環境，永續發展，使我們的下一代保有良好的生活環境。因此對於科技及經濟發展，已由絕對的信賴改變為有條件的接受；對自然的價值觀則由人類中心的利我想法，轉化為欣賞自然，接受萬物存在本身的價值。

環境教育是概念認知和價值澄清的過程，藉以發展了解和讚賞介於人類、文化，和其生物、物理環境相互關係所必需的技能和態度。環境教育也關心環境品質問題的決策及自我定位的行為規範。

環境教育的能力指標包括：環境覺知與環境敏感度、環境概念知識、環境價值觀與態度、環境行動技能、環境行動經驗。

### ✎ 兩性教育

兩性教育即為性別平等教育，希望透過教育的歷程和方法，使兩性都能站在公平的立足點上發展潛能，不因生理、心理、社會及文化的性別因素而受到限制，更期望經由教育上的兩性平等，促進男、女在社會上的機會均等，而在兩性平等互助的原則下，共同建立和諧的多元社會。

兩性教育的能力指標包括：兩性的自我了解、兩性的人我關係、兩性的自我突破。兼重認知、情意和行動三個層面，在認知面，藉由了解性別意義、兩性角色的成長與發展，來探究兩性的關係；在情意面，發展正確的兩性觀念與價值評斷；在行動面，培養批判、省思、與具體實踐的行動力。

### ✎ 人權教育

人權教育是關乎人類尊嚴的教育，在幫助學習者了解人之所以為人所應享有的基本生活條件，包括生理、心理及精神方面的發展，也讓學習者檢視社會上有哪些問題是違反人類尊嚴，以及涉及公平、平等的問題，如

種族主義、性別歧視等議題，從而採取行動，解決問題，去除阻礙人權發展的因素，建構一個美好的社會。因此，人權教育即是尊重、合作、公正、公義等觀念的教導，進而促進個人權利與責任、社會責任、全球責任的理解與實踐。

人權教育能力指標包括：人權的價值與實踐、人權的內容。透過人權教育環境的營造與經驗式、活動式、參與式的教學方法與過程，協助學生澄清價值與觀念，尊重人性尊嚴的價值體系，並於生活中實踐維護與保障人權。

### 生涯發展教育

生涯教育旨在將生涯發展的概念融入教導及學習活動中，讓學生的視野從學術世界延伸到工作世界。因此，應將生涯有關的活動融入七大學習領域中，亦即生涯發展課程需活動化、豐富化，使學生了解自己、工作世界、和兩者之間的關聯，做好生涯規劃。分段能力指標包括自我覺察、生涯覺察和生涯規劃。

### 家政教育

家政關心日常生活問題的解決，兼具理性和感性，是一整合而實用的課程，讓學生從家政教學活動中，學習基本生活知能，體驗實際生活，增進生活情趣。透過家政教育，可以整合各學習領域知能，及生活藝術等活生生的生活教育。例如，飲食涉及食物種類、來源、採買、烹調、口味、營養、餐飲禮儀等，可說融合了七大學習領域在內。

家政透過飲食、衣著、生活管理、與家庭等的學習，培養健康的個人，建立健康的家庭。此外，培養明智的消費行為，合理的資源利用，保護人類所賴以生存的環境，以維護良好的生態平衡；甚至關注兩性平等與適性發展，並思考判斷與自我抉擇，建立和夥伴相互合作與和諧共事的知能，進而養成宏遠的世界觀。

家政教育學習內涵包括兩部分：一為融入七大學習領域，另一為家政教育實習。家政教育實習安排在二至九年級，其中二到四年級每學年四節，五到九年級每學年二十四節，於綜合活動領域中執行。

**作業活動**

1. 請討論：國小學生同時學習國語文、母語和英語，可能的得失如何？又三種語文的音標系統能否整合？
2. 請討論臺灣環境問題的嚴重性及如何將環境教育融入領域學習，以達成保護環境，永續發展的目標。
3. 請參觀一節藝術與人文的教學，分析其是否以及如何統整視覺藝術、音樂和表演藝術等方面的學習。

**參**

**教學創新**

## 一、發展學校課程計畫

九年一貫課程之實施規定：「各校應成立課程發展委員會。下設各學習領域課程小組，於學期上課前完成學校總體課程之規劃、決定各年級各學習領域節數、審查自編教科用書，及設計教學主題與教學活動，並負責課程與教學評鑑。」因此，成立課程發展委員會是學校推動九年一貫課程的第一步工作。而課發會的成員包括：學校行政人員代表、年級及領域教師代表、家長及社區代表等，必要時得聘請學者專家列席諮詢，實際組成方式則由學校校務會議決定。至於領域課程小組則由學校教師各就所學專長或個人興趣選擇領域參與，必要時由行政裁量安排；小型學校因教師人數少，得合併數個領域小組為一個跨領域課程小組。

　　學校課程計畫由課發會考量學校條件、社區特性、家長期望、學生需要等相關因素，結合全體教師和社區資源，發展學校本位課程，並審慎規劃全校課程計畫。許多學校的實際做法是先進行SWOT分析（參見表3-3）：S（Strength）指的是學校的優勢條件，W（Weak）是學校的劣勢因素，O（Opportunity）指的是可能有的機會，T（Threat）是可能存在的威脅。在進行SWOT分析，了解學校的優勢、劣勢、機會和威脅後，可召開一系列的座談會，參加對象除學校教職員外，也可邀請家長和社區代表共同討論，經由不斷的座談討論形成學校的共同願景。根據學校的願景，發展達成願景所需要的學校本位課程，再配合規劃學校課程計畫。

✧ 表 3-3　臺北縣菁桐國民小學學校發展情境的 SWOT 分析

| 因素 | S（優勢） | W（劣勢） | O（機會點） | T（威脅點） |
|---|---|---|---|---|
| 學校規模 | ・目前含幼稚園九十人七班，學生數穩定<br>・小班小校適合各項教育變革 | ・學生人數少缺乏互動機會<br>・編制人數少，工作繁重 | ・親師生有共同願景，容易營造學校氣氛<br>・前景璀璨願景 | ・學校變革中，必須敏感各項因素<br>・預防人口流失 |
| 地理環境 | ・遠離主要道路的噪音干擾<br>・視野開闊，空氣新鮮<br>・村落分明，草根性強 | ・進入校區均為狹窄巷弄<br>・學區中大都為文化較低村落 | ・大自然資源教學素材豐富可融入學生課程<br>・學區居民純樸適合觀念溝通 | ・位於都市邊陲地帶<br>・文化刺激少 |
| 硬體設備 | ・建築依學習需求設計，可發揮境教功能<br>・校園規劃完善，成為快樂學習園地 | ・氣候潮溼各項教學設備保養不易<br>・部分教學設備老舊更新不易 | ・教室採開放式設計，功能多且具實用性<br>・教室內教學設備齊全<br>・有創意的溫馨樂園 | ・安全顧慮<br>・氣候潮溼，設備損壞率高 |
| 教師資源 | ・年輕活力有創意<br>・對發展學校本位具認同<br>・敬業態度極佳 | ・教學經驗仍待琢磨<br>・群策群力、甘苦與共的觀念有賴引導 | ・教師學習意願強<br>・推動方案接受力高<br>・教育愛心及熱誠十足 | ・兼辦行政工作且配課多，影響課程發展<br>・教材教法仍待加強 |

| | | | |
|---|---|---|---|
| 行政人員 | ・年輕有幹勁，肯負責，任勞任怨<br>・有愛校、護校熱忱<br>・協調溝通互動極佳 | ・行政工作太過繁瑣<br>・業務推動採中學方式，較缺整體性規劃 | ・教授駐校指導，可發揮專職運作態勢<br>・行政服務教學 | ・行政經驗和理論的傳授仍待加強<br>・老師擔任行政服務工作的意願不高 |
| 學生 | ・資質純樸和品行良好<br>・鄉村樸質氣息濃厚<br>・學生認真學習 | ・學習方式和生活習慣必須循循善誘之<br>・鄉城流通，不良習性漸受感染 | ・有如璞玉可塑性高<br>・提供優質校園環境，可培養身心健全好學生 | ・學習認同意識須增強<br>・定力不足易受誘惑 |
| 家長 | ・願意服務學校<br>・注重子女教育，關懷投注意願高 | ・忙於營生，對教育改革認知不足<br>・與老師溝通較被動<br>・山中聚落，經濟困難 | ・提供親職教育、親子共學的研修機會<br>・開放所有設備，暢通家長到校互動管道 | ・隔代教養情形嚴重<br>・單親家庭必須進行追蹤輔導 |
| 社區參與 | ・尊重學校經營理念<br>・對學校經營期待性高，視為地方盛事 | ・參與校務意願不高<br>・支援學校的管道和方法缺乏明確指引 | ・善用社區人才與鄉紳，締造契機<br>・因應「社區總體營造」，配合發展 | ・人力整合尚待費心<br>・社區如何與學校結合須妥善籌劃 |
| 地方資源 | ・村落型社區風貌完整，鄉土教學資源豐富<br>・地方發展日新月異，新觀念快速傳達 | ・社區民生物質缺乏<br>・各種作物照料不易 | ・自然資源豐沛，可逐步建立<br>・重視鄉土教學，發揮愛鄉情懷，塑造另一學習風格 | ・物力、人力、財力缺乏，須再整合共同投入<br>・地方服務學校的觀念有待強化 |

引自：教育部（民90）：國小組學校經營研發輔導手冊(2)，111頁。

　　學校課程計畫與學校本位課程可以是等同一體，也可以是在學校課程計畫內含有學校本位課程。如果是前者，意指根據學校願景，自編教科書，及設計教學主題與教學活動；如果是後者，則在各學習領域選擇適用

之教科書,當然可做必要之增刪,而學校本位課程則使用彈性學習節數實施,必要時併同綜合活動學習領域一起設計,合計可使用的時間占全部節數的30%,且最好是由一年級開始直到六年級做全面整體的規劃,使自本校畢業的學生有與他校不同的特質。

## 二、進行課程統整

課程統整是此次九年一貫課程的一個種要精神,以學習領域取代傳統的學科分立本身就是一種統整,例如:社會領域是整合歷史、地理和公民等學科而成,自然與生活科技則整合了理化、生物和地球科學等,藝術與人文整合了音樂、視覺藝術和表演藝術,健康與體育整合健康教育和體育,而一、二年級的生活課程更整合了社會、自然與生活科技和藝術與人文等三個領域。除了學習領域本身已是統整的結果外,課程綱要的基本理念也提到統整能力的培養,包括理性與感性之調和,知與行之合一,人文與科技之整合等。此外,亦提到「學習領域之實施應以統整,協同教學為原則」,「學校得打破學習領域界限,彈性調整學科及教學節數,實施大單元或統整主題式的教學。」

至於統整的功能,則在社會學習領域的基本理念提到:每一學科雖有其獨特的研究範疇、組織體系以及探究方法,但這些獨特性是來自研究角度的取捨。若就現象本身而言,人、時、空與事件卻是不可分割的。過去的分科設計可能利於教,卻不利於學。此次課程設計之主要考量乃在協助學生之學習,而不在便利教師之教學。統整之功能主要有四項:

1. 意義化:學習者若只針對部分去學習時,不易看出其意義,只有把部分放在全體之中去觀察和思考,才能看出部分與部分之間,以及部分與全體的關係,從而了解意義之所在。

2. 內化:學習的內容若具有意義,則容易被學習者記住、消化,並儲存到原有的心智或概念架構之中,而成為個人整體知識系統的一部分。

3. 類化:知識若經過內化,則個體在日後遇到類似情況時,便易於觸

類旁通，廣加應用。

4. 簡化：統整可以消除無謂的重複，節省學習的時間與精力。

由上述統整的功能可知，統整的目的在達成理解的、有意義的學習，使學習的事物或概念能整合到學習者的認知架構中，有助於後續學習或學以致用，並避免重複，節省時間與精力。所以統整是學習者的統整，不是教師自以為是的形式統整，如果學習者真正理解，統整就會自然發生；反之，教師主觀的設定主題，引進各個學習領域的活動，如果是牽強附會的關聯，而不是有機的整合或概念的貫通，即使形式上看似統整，卻無助於學生的理解，依然談不上統整，甚至使學習更加支離破碎。

歐用生（民89）引述Beane（1997）的觀點，認為課程統整是一種課程設計的方式，不考慮學科的界限，教師與學生共同界定重要的問題與爭論，進行課程組織。課程組織中心是人的實際生活和經驗，經由這種學習，批判性地探討真正的爭議問題，並在需要時，採取社會行動。所以課程統整是由真實世界中具有個人和社會意義的問題作為組織中心，透過相關知識的應用，使學生將課程經驗統整到他的意義架構中。簡言之，課程統整強調將知識應用到具有個人意義和社會意義的問題上，重視參與的計畫、脈絡化的知識、真實的爭論以及統整的知識。

歐用生進一步指出許多教師誤以為把教材結合起來就是統整，幾乎都採用以主題為組織中心的多學科課程統整模式，流於技術的操作，未能掌握課程統整最重要的精神，如師生一起設計，知識的生產和使用，師生角色的改變，和民主、開放、對話、討論的形成等真義。其實，統整課程的組織中心，除了事實外，尚可利用概念、原理、原則、能力、爭議問題或價值等，但這些很少被教師採用。而且學習內容仍停留於事實，很少發展到概念或原理、原則，更缺少社會議題的關注，把真正的社會問題和實際生活丟在一旁，結果，形式僵化呆板，品質尚待改進。應再發展其他統整模式，使學習更為多元。

### 三、實施協同教學

　　協同教學是在課程統整之外，九年一貫課程的另一重要精神。課程綱要指出「學習領域之實施應以統整、協同教學為原則」，也可以說在課程統整後，協同教學成為必要的配套措施。因為在傳統分科的教學下，教師可選擇擔任自己專長科目的教學，不大需要與他人協同配合；但在課程統整後，一個大的學習領域，例如社會、自然與生活科技、藝術與人文等，其內涵都容納了兩個以上的學科知識，可能不是具有單一專長的教師所能勝任教學；尤其是如果採取主題式的大單元教學活動設計，單元中可能包含了各個學習領域的內容，自更不是單一教師所能勝任，協同教學因此有其必要。

　　協同教學（Team Teaching）的正式含意是一種打破以教師個人為主體的教學法，由兩位或兩位以上的教師，以專業的關係，共同組成一個教學團，教學團的組成通常包括學年主任、資深教師、普通教師、實習教師、視聽媒體專長人員、圖書館人員以及助理等。教學團每一成員發揮個人的專長，共同計畫與合作，在一個或數個學科上，經由各種不同的方式，去指導學生的學習並評鑑其學習結果。

　　一般所謂的協同教學僅只強調由兩位或兩位以上的教師組成教學群，共同發展課程、設計教學及準備教學器材，共同完成教學工作的一種教學方式。其重要精神為：①團隊合作與分工協調；②教學內容與方式的彈性化和多元化；③教學時間與空間的變化調整。

　　至於協同教學的型態，主要有：①聯絡教學，同一學科教師對於某一單元共同設計及進行教學；②互助或交換教學，對某一單元或某一學科，由具有專長者擔任教學或協助原班教師進行教學；③循環教學，針對某一學習領域，將全校或全年級及學生分組或分班，每位教師依自己專長安排數個單元，輪流到各組或各班進行教學，如此循環完成，例如曾實施過的體育科循環教學；④跨科協同，由兩個以上學科或領域的教師共同設計及

進行教學，此常見於主題統整教學；⑤跨校協同，兩所以上學校教師共同討論及進行教學，以截長補短，相互支援。

## 四、採用多元評量

考試領導教學是存在的事實，傳統考試採用紙筆測驗，教學乃成為教師單向的灌輸和學生反覆的記誦。九年一貫課程期望經由課程統整和創新教學，達成培養學生十大基本能力的目標，教學評量自須有所改變。對此，課程綱要提到「有關學生之學習評量，應參照學生成績評量準則之相關規定處理，其辦法由教育部定之。」此外，課程綱要的各個學習領域多數曾提出各自學習領域的多元評量方式，此可參見第二部分有關七大學習領域的說明。

而教育部訂定，自民國九十年八月施行的「國民中小學學生成績評量準則」，計有條文十四條，明顯展現多元評量的精神。包括：

1. 目的多元：成績評量旨在了解學生學習情形，激發學生多元潛能，促進學生適性發展，肯定個別學習成就並作為教師教學改進及學生學習輔導之依據。

2. 內涵多元：成績評量應依學習領域及日常生活表現，分別評量；學習領域評量依能力指標、學生努力程度、進步情形，兼顧認知、技能、情意等層面，並重視各領域學習結果之分析；日常生活表現評量包括學生出席情形、獎懲、日常行為表現、公共服務及校外特殊表現等。

3. 過程多元：成績評量應本適性化、多元化之原則，兼顧形成性評量、總結性評量，必要時應實施診斷性評量及安置性評量。

4. 方式多元：成績評量應視學生身心發展及個別差異，依各學習領域的內容及活動性質，採取筆試、口試、表演、實作、作業、報告、資料蒐集整理、鑑賞、晤談、實踐等適當之多元評量方式，並得視實際需要，參酌學生自評、同儕互評辦理之。

5. 結果多元：成績評量記錄應兼顧文字描述及量化記錄。文字描述應

依具評量內涵與結果詳加說明，並提供具體建議：量化記錄得以分數計之，至學期末應轉換為甲、乙、丙、丁、戊五等第方式記錄。

　　教師根據教育部訂定的評量準則和各縣市研擬的評量辦法，及各學習領域提出的評量方式，進行教學評量，可望引導教學朝向多元化、個別化、適性化發展，達成九年一貫課程的目標。

✧ 表 3-4　成績評量文字描述注意要點及實例

| 要　點 | 不好的例子 | 好的例子 |
|---|---|---|
| 避免主觀意見 | 教了好幾次還不會通分 | 不太會通分，因此要好好的教 |
| 要寫得很具體 | 數學很優秀，都沒問題 | 分數的計算又快又正確 |
| 勿寫缺失 | 耍脾氣，常常打架 | 因跟同學吵架而生氣難過 |
| 要寫親自觀察到的實情 | 筆記裡的字不像自己寫的 | 筆記裡的字不太一致 |
| 學習活動的內容要寫得清楚 | 藝術科表現很好，很會畫畫 | 知道如何混合顏料，畫畫色彩鮮明 |
| 要寫出學生日常生活的情況 | 擔任營養午餐值日生，很會分配菜 | 擔任營養午餐值日生，先算好人數再分配菜 |
| 勿將責任推給家長 | 常常忘記做作業，家長要注意 | 老師減少作業後，作業做得比以前好 |

引自：何翠華譯（民 91）：親師溝通心橋——日本「新時代成績單例句集」簡介，惟例子語句略作修正。

## 五、其他做法

　　1. 掌握領域（學科）性質：語文和數學為工具學科，讀、寫、算的基

本知能必須把握；社會和自然為知識學科，必須從體驗和探究著手；藝術與人文、健康與體育和綜合活動則以培養興趣、陶冶情意為主。

2. 嘗試自編教材：多閱讀報章、雜誌或網路資料，對於自己感到興趣又覺得有意義的資料，可試著選取，然後分析其可能達到的能力指標，據以安排教學活動。

3. 引導學生主動學習：避免老師完全指導的教學，可從建置學習角、拋出待解問題，或指定閱讀資料等方式，引導學生個別或合作進行學習。

4. 達成理解的教學：老師課前應詳細研讀教材和相關內容，仔細構思教學活動；教學時要確保學生注意力集中，以學生先備知識或經驗為基礎進行教學，多討論，少講述，對於有關的知識概念，隨時進行引申連結。

5. 利用寒、暑假進行課程設計和教學準備：寒、暑假不是休息時間，應用來仔細思考即將到來學期的課程計畫，並進行各項教學準備工作。

### 作業活動

1. 請訪問一所學校，了解其課程發展委員會的組成和運作。
2. 請從既有的統整課程設計實例中，選擇一個您認為最符合統整精神的教學設計加以評述。
3. 請訪問一所學校，了解其協同教學的安排、遭遇的困難，及此一做法的得失。
4. 請向小學索取一班學生成績評量紀錄，分析其文字描述是否適當。

# 參考書目

臺北縣政府（民90）。九年一貫課程教學創新 *Easy Go*。

行政院教育改革審議委員會（民85）。教育改革總諮議報告書。

何翠華譯（民91）。親師溝通心橋——日本「新時代成績單例句集」簡介，翰林文
　　教雜誌，第22期，6-11頁。

游家政（民88）。九年一貫課程學校課程銜接與統整的推動與落實。臺灣教育，
　　581期，37-42頁。

國立臺中師院（民91）。九年一貫課程理念與實例。

教育部（民82）。國民小學課程標準。

教育部（民88）。教育改革的理想與實踐。

教育部（民89）。國民中小學九年一貫課程暫行綱要。

教育部（民90）。國小組學校經營研發輔導手冊（共8冊）。

教育部（民90）。教學創新九年一貫課程問題與解答。

教育部（民91）。國民中小學校長與視導人員理論篇研習手冊。

教育部（民91）。國民中小學校長與視導人員國小實務篇研習手冊。

歐用生（民89）。課程統整實施的檢討。國民教育，40卷，5期，2-10頁。

# 教學設計

徐照麗

　　教材、教法與教學情境是影響學習成果的幾個關鍵因素，只有選擇適合學生程度的教材，靈活運用各種教學法，同時藉助各種有效呈現教材的媒體，營造適當的學習情境，才能使教學達到預期的效果。教學設計的重點，即在分析與規劃教材、教法與教學情境的各項細節，以順利達成學習目標。本章將就教學設計的基本概念、在臺灣發展的過程、理論基礎與設計方法分別說明，以提供教師做教學準備的參考。

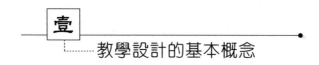

## 壹 教學設計的基本概念

### 一、教學設計的意義

　　何謂教學設計？每一個老師在教學之前都要思索一些問題：學習之後，學生可獲得哪些知能？學生目前已具備哪些與學習主題相關的舊經驗？單元的學習該如何與舊經驗，或者與更深、更廣的知識內容連結？該如何進行教與學？如何評量學習的結果？又有哪些資源可以運用？如果沒有現成的資源，有沒有足夠的時間與經費預算購買或自行製作？上述這些問題都有賴教師在教學設計歷程中逐一分析解答。因此，教學設計是教師為教學做決定的歷程，也是透過決定的歷程發展出來的教學方案。歷程中，教師反覆地規劃、思考，並且決定教學活動的相關細節；而教學方案是教學的指南或大綱、是教學的藍圖、是一系列透過教師和學生的互動所進行的活動的描述、是設計教學工具的依據。整體而言，是教學理念的集合。

### 二、教學設計的目的

　　教學設計的主要目的包括教學準備的溝通。教學準備又包括教師本身知能的充實，以及教學工具（如媒體或評量工具）製作與運用的準備兩方

面；溝通則指教師與學生，或教師和其他與學生學習有關人員（如教育行政人員、家長、其他教師……等等）交換教學的理念，以下分別加以說明。

### ✐ 就教師而言，教學設計的主要目的是為教學做準備

教學設計，無論視其為一個歷程，或是透過歷程所產生的結果，它的主要目的都是為了做教學準備。而教學準備又包括教師在教學之前充實本身的知能，以及準備評量工具或媒體等兩方面。就充實知能而言，在教學設計的歷程中，教師由於不斷的思考，有助於將教材、教法「內化」，逐漸建立學生特質、教材內容與教學方法整合之後的認知結構，以便在教學過程中見機行事、靈活運用。另一方面，設計的結果可以記錄，作為備忘錄。當然，教室的情境無法盡如預期，教學時難免出現一些出奇不意的狀況，因此，事先設計的教學藍圖，還得配合教師臨機應變的能力，這種能力受制於既有的「教學認知基模」與突發狀況的問題性質的交互影響，認知結構越扎實，縱使遇到複雜的情境，往往較能泰然處之，應付自如。

有經驗的教師，年復一年準備課程，累積許多教學或級務的處理經驗之後，對學生、教材與教學法之間的交互關係，已經建立有意義的連結，也可能已經蒐集或熟習了教學資源的操作與運用，教學準備對有經驗教師而言，可能只是配合學生學習特性增刪或調整教材內容結構，溫習教材內容，做教學情境的布置，或準備教學的資源而已。相形之下，修習教育課程的準老師、全無經驗的新任教師或有經驗教師準備新的教學單元時，缺乏上述專業教師對學生、教材與教學法每一個因素的深入認知，尤其是上述三者交互影響的整體認知更可能付之闕如，因此，準備教學時最好循序漸進，注意每一個細部環節，從學生的角度，設計目標、內容、活動、媒體與評量。事實上，無論新舊教師，投注在教學設計上的心力或有不同，然而不可諱言的，教師在教學之前準備充分與否，往往是教學成敗的關鍵。

### ✎ 就評量工具編製者或媒體製作者而言，教學設計是製作的依據

教學上使用的評量工具或教學媒體，種類很多，不論它們是由教師自編，或由相關專業人員製作，其目標與內容是否適合學生的需要，往往是提升評量工具與教學媒體內容效度的關鍵，因此，教學設計也就成了評量工具與教學媒體製作的必要歷程。

### ✎ 就所有與教學有關的人員，教學設計是溝通的依據

教學設計另有一個重要的目的是作為與媒體製作人員、校內其他教師、教育行政人員、學生家長或其他與教學有關人員之間溝通教學理念的依據。為了達到溝通的目的，教學設計的記錄應考慮溝通對象的興趣與需要，將教學歷程的相關細節做成容易閱讀與理解的紀錄，以便有效傳遞訊息。

## 三、教學設計的方式

教學設計依內容的仔細程度區分，大致有繁式、簡式及思考式等三種。選用哪一種方式，應視設計者個人的專業程度與用途而定。就專業程度而言，繁式設計較適用於專業能力尚未成熟的職前教育或經驗不足時使用；相對地，有經驗或專業能力時，則採用簡式或思考式設計即可。再就用途而言，為許多人設計（如教師手冊裡的單元設計）、自編單元的教學設計、用來與他人溝通，以及為製作媒體或評量工具所做的設計，最好能做詳細的敘述。至於教學前若已有現成教學方案可供參考，或教師做教學前準備時，簡案倒是較為實用。以下再就繁式、簡式與思考式的設計項目與原則加以說明。

## ✎ 繁式設計（詳案）

教學設計無論目的為何，所需要思考的因素其實大同小異，包括學習目標、學生經驗、教材分析、教學重點、教學流程、教學方法、教學資源、評量，以及補充教材……等等。繁式設計就是仔細地寫出上述每一個與教學有關環節的細部內容，但為因應不同的設計目的，不同的項目詳實程度可以略有差異。例如，為製作媒體而做的設計，有教學目標，節目製作才有方針；做了觀眾分析，節目才能確定內容範疇與風格；有了符合邏輯的教材分析，節目內容才能有正確而客觀的依據；有具體的教學流程，媒體的角色及運用的方式才能確定。若為編製評量工具為目的的設計，目標領域與層次的敘述要十分明確，編製試題才有預期的指標。教師為教學準備所做的設計，則以教材分析、教學流程與加深加廣的補充教材為設計的重點，教材分析從教材內容大綱分析到每一個大綱的細部內容；教學流程包括準備活動時教學情境的布置、如何引起動機；發展活動時，老師與學生或學生與學生之間預設討論的問題、教師的活動、學生的活動、流程的細部、活動進行的方法……等等；以及綜合活動所做的評量、學習轉移或其他整理活動；至於補充教材則有備無患，是面對機動的學習生態必要的附帶設計。

繁式設計可以以其實用性為評鑑的指標。例如，師範院校的職前教育課程，教學設計的評鑑可以著重在學生「決定教學目標、分析學生特質、組織教材內容、使用教學方法、了解上述因素的交互作用在教學上所扮演的角色，以及設計教學活動。」的能力；第一次接觸到該教學單元的教師，做完教學設計後，能「完成教材內容、教學流程、評量與媒體……等等」教學準備；為媒體或評量工具所做的設計能「據以製作出優良的教學資源」；或者，為他人所做的教學設計能「提供教學者必要的訊息」，例如：代課教師在瀏覽單元活動設計之後，能掌握該單元教學活動的要點……等等。

撰寫詳案，是徹底準備教學的方法之一，理由有下列幾點：

1. 設計時做的記錄，除了將思考的內容視覺化，設計者還可就設計內容做自我審查，透過這些歷程，職前教師可以建立靜態的教學認知結構，教師做教學準備，可以幫助記憶，媒體或評量工具編制人員，有明確的發展依據。

2. 設計的結果做詳細明確的記錄，便於與他人溝通或分享，資源便於共享。

3. 有了詳案之後，由於教學設計有具體詳細資料，方便日後使用，再度使用時所需要的準備，往往只是針對不同學生的需要就原有設計做取捨、局部的修正或補充而已。

國小課程中，不管採用任何版本、集合許多專家學者集思廣益所編製的教師手冊，為教師提供詳細的教學相關資料，是現成的繁式設計實例，也是教學之前不可或缺的參考資料。本章稍後的內容中，將再就繁式設計的每一個步驟做系統的說明。

### ✎ 簡式設計（簡案）

由於簡式設計的主要目的通常是提供有經驗的教師做課前準備之用，不是用來強化教師個人的教學認知結構，提供他人參考，或作為製作媒體或評量工具的依據，因此，簡式設計與繁式設計最大的不同在教材內容與教學流程記錄的詳細程度。至於學習目標、學生經驗、教學資源與評量方式等，是任何教學都不能忽視的準備重點，縱使是簡式設計，也應具體敘述。教材分析與教學流程則視教學者的實際需要彈性調整，假若教師對教學單元已經胸有成竹，或許重點寫下教材大綱與簡要的教學流程即可。這種方式，純就教學準備而言，既能行設計之實，又具有備忘的功能，也能節省時間，較繁式設計實用。

教學準備時做簡式設計的理由有二，一為教學活動進行中，教師認知負荷量有所限制的考慮，二為教室生態極具機動性的考量。就認知負荷量

而言，經營一個班級，教師必須在瞬間處理教材、教法以及學生反應……等等許多訊息，限於工作記憶（working memory）或所謂短期記憶（short term memory）的容量，教師只能用少量注意力在教學設計上，而流暢的教學，其內容絕大多數仍仰賴長期記憶裡的資料庫，因此，只有將教案內容控制在對教師真正有意義的訊息上，教案才具有實質意義。

再就教室生態而言，面對機動的教室情境，教師在教學時要能流暢地運用立即訊息，教案一類的有形備忘只能做提示之用，主要還仰賴認知系統中抽象複雜的心理活動。這些先前已經解讀、編碼，並且存在長期記憶的訊息，是教學的認知基模，遇不同的情境，運用不同的基模。只要稍有經驗的教師，不同的基模儲存著不同的教學模式或內容，並編以個人熟悉的代碼，教學時面對不同情境需要，先抓以代碼，一觸及代碼，相關訊息就在認知體系中自動連結，教學時只有這種組織連結的網狀訊息，才能使教師在機動的教室生態中，收放自加。而簡式設計記載的，也就是看似簡單，其實隱含成串訊息的代碼。

### ✎ 思考設計

教學設計是不是一定得訴諸文字呢？也不盡然！所謂思考式就是一種進行心理活動，但卻不以文字記錄的方式。當然，這種方式僅止於強化教師個人對教學單元內容的認知或活動程序的教學準備，並不具備與人溝通或設計製作教學資源功能。

### ✎ 設計方式的選擇

教學設計雖然沒有固定的格式，但格式的運用時機卻有原則可循，以下試從資源製作與教學經驗兩個角度進行說明。

在資源製作方面，有些媒體（例如：大部分錄影帶或多媒體），製作過程冗長，牽涉的人力、物力、財力十分可觀，製作的每一個步驟都不應掉以輕心，因此，對於功能有如舵手的教學設計應力求詳盡，以繁式設計

為宜；對評量工具的編製而言，有鑑於評量引導學習的事實，設計也應力求明確。

在教學經驗方面，有教學經驗的教師未必教過每一個單元，因此，原則上只要是第一次接觸的單元，都應用詳案；至於已經熟悉的單元，要採用繁式、簡式或思考式設計，端視個人對特定課程的經驗、習慣、情境與使用需要而定，並無定論。

對缺乏教學經驗者，若能採取由繁入簡的漸進方式，以試教與是否為第一次接觸該教學單元為劃分依據，兩項指標之前都用繁式設計。實習教師（從開始試教到正式取得合格教師為止）則在進入有機會與學生互動的實際教學情境之後，持續做過幾次繁式設計，在確定能掌握教學每一個環節的意義、內涵與設計的要領，尤其是第一次接觸教學單元的教材內容、學生特質與教學方法的互動關係之後，逐步簡化為單節教學的簡式設計、整個單元教學的簡式設計，再逐步簡化為週設計、月設計，甚至學期設計。

實習教師從繁式到簡式教學設計方式之間轉換的時機，以國內的師資教育課程而言，大約是在大五的教育實習階段，但鑑於個人教學認知發展與每一個教學單元試教機會的差異，設計各式進程的拿捏，仍有賴相關課程教師，例如師院各科教材、教法與教育實習教師、實習國小行政人員與指導教師，以及實習教師之間個別做協商決定（Hsu, 1995）。

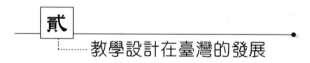

## 貳 教學設計在臺灣的發展

臺灣的教學設計從民國四十年代開始，歷經教案、單元教學活動設計、行為目標教學活動設計、目標導向的系統化教學設計，以及目標導向與建構主張並行不悖的系統設計等五個階段的演變，其中，「教案」的名稱沿用至今，其意義與教學設計並無二致。其實，不同階段的教學設計，其最終目標仍然相同，不外乎協助學生達成學習目標，理論基礎也有所重

疊，只是，由於時代背景、社會環境以及教育思潮的變遷，每一個階段教學設計的理論基礎各有所偏，衍生的教學設計理念、格式及方法，也就略有差異。以下先簡要說明各階段教學活動設計的時代背景及其設計特色或理論基礎。其中，目標導向或建構式的教學設計，都足以因應知識體系迅速發展的資訊時代，是當今教學設計理念的主流，其設計模式與方法將在本章第三節進一步說明。

## 一、教　案

民國四十年之前，也就是最初的教學設計，習慣稱為「教案」。教案是按照各科特定的教學流程編寫的。因此，當時的教學設計只是教學活動的敘述，教師主導，學生被動學，對於教學目標、學生特質或媒體的運用則未做明確的交代（陳梅生，民81）。

## 二、單元教學活動設計

單元教學活動設計的起源主要是受美國學校推廣視聽教育的影響。第二次世界大戰期間，視聽媒體在美國的軍事訓練中發揮極大的成效，戰後，視聽教育於是被擴大運用到學校教育，並隨即於民國四十年初自美國引進臺灣。影響所及，當時的教學設計因此特別重視教材與視聽教學方法的結合，強調一節或一個單元的教學過程是由若干活動組合而成，「單元教學活動設計」的名稱因而取代了之前的「教案」（陳梅生，民81）。

教學設計的視聽教育化本意甚佳，只可惜從民國四十年到民國五十七年實施九年國民教育之前，國民小學教育在升學主義掛帥的生態中，以考試領導教學，單元教學活動設計游離在測驗卷、參考書的邊緣，並未受到教育界同仁的青睞。

### 三、行為目標教學活動設計

　　國內教學設計的理念與方式，從開始使用單元教學活動設計至今，一直受美國的影響，尤以行為目標教學活動設計移植最為直接，影響最為深遠。美國影響行為目標教學設計發展的理論基礎，就心理學領域而言，是行為主義；就教育領域而言，則包括教育目標之父泰勒（Tyler, 1949）的教育目標主張，布魯姆等人將泰勒主張的教育目標加以延伸所做的目標分類（Bloom et al, 1956, 1984；Krathwohl, Bloom & Masia, 1964）以及梅格的行為目標教學設計法（Mager, 1962, 1984）。上述兩大領域、四種理論的結合，不但為行為目標教學設計建構了完整而扎實的理論基礎，提示了設計的方法與步驟，也直接影響下一階段目標導向系統化教學設計的理念。限於篇幅，行為主義在教學設計上的運用請參考教育心理學相關文獻，以下僅就泰勒、布魯姆以及梅格的理論摘要說明。

### ✎ 泰勒的教育目標

　　西元一九三二年，「教育目標之父」泰勒（Tyler）在任教於美國俄亥俄州立大學（Ohio Stale University）期間，從編製試題的經驗，發現目標對試題發展的重要性，以及藉由分析課程內容決定教育目標的方法。一九四九年，他在芝加哥大學開設「課程與教學」（Curriculum and Instruction）課程，正式提出「明確訂定教育目標以作為學校教育或課程教學導向」的主張。泰勒因此被認為是首先提出「教育目標」概念的先驅。

　　泰勒同時認為，無論學校教育或課程教學，目標都不是絕對的，因此在訂定目標時，要在許多可能中做明智的選擇。選擇時依據的理論也不是絕對的，無論理論依據是實證主義（positivism）的眼見為憑或進步主義（progressivism）的循序漸進，是學科專家或兒童心理學家，是一個教育學派或另一個教育學派，任何一種理論都有它的意義與價值。因此，泰勒主張選擇目標時可參考下列六個因素，從不同角度做綜合明智的判斷，不宜

偏執：

- 學習本身的需要與興趣。
- 知識內容的界定得兼顧時代發展的變化與需要。
- 學科專家對課程內容的界定。
- 尊重學校或教師個人主張的教育哲學。
- 以學習心理學對學習現象的發現為決定目標的依據。
- 撰寫目標的方式應兼顧其實用性（Tyler, 1949, pp.4-28）。

　　上述六項因素中的前三項主要用來發掘可能的目標內容或範疇，第四與第五的教育哲學與學習心理學則主要用來篩選、過濾目標的範圍，這些目標可能是從不同角度所產生的構想，因此第六點強調敘述目標的方式不但應加以統整，而且所敘述的目標要能明確的指出學習的方向。

　　泰勒的目標導向與分析的主張，除了直接影響其後布魯姆等人（Bloom, 1956）的教育目標分類，間接影響行為目標教學設計的發展之外，其目標導向的設計理念，更是六〇年代開始發展的系統教學設計的核心主張之一。

### ✐ 布魯姆等人的教育目標分類（Taxonomy of Educational Objectives）

　　西元一九四八年，布魯姆等人在美國心理學年會（APA）上首先提出將泰勒的教育目標加以分類的構想，這個構想經過一九四九年心理學年會的繼續討論，並獲得泰勒本人的支持，隨即於一九五一年由布魯姆與克萊斯威爾（Krathwahl）分別在 APA 年會上發表論文，明確界定教育目標的「認知」與「情意」領域，其相關內容，則分別在隨後出版的「認知」與「情意」教育目標手冊中有詳細的論述（Bloom, 1956; Krathwahl, Bloom & Masia, 1964）。以下分別說明教學設計中廣泛運用的認知、技能、情意三個領域的意義，各領域所包含的若干層次，及其在教學上的意義。

　　1. 認知領域：認知領域的教育目標是透過人類思想運作的「內在歷程」，所獲得的個人操作符號的「心理」能力。本質上，心理能力潛藏於無形，因此認知學習的結果必須透過學習者的外在行為表現，才能被他人

觀察得到，這些認知能力在行為目標教學設計時，以可觀察的外在表現（即行為目標）敘述，因而常造成目標分類上的混淆，錯將認知領域誤為動作技能領域。事實上，認知領域的學習目標著重在表現的「內容」，也就是強調做「什麼」，「做」的部分為了便於觀察評量，則配合教學或評量的情境需要，選擇適當的動作即可，例如：教學活動時進行形成性評量，由學生口頭回答，行為目標可寫成「學生能說出顏面五官的名稱」，紙筆測驗時，行為目標則寫成「學生能寫出顏面五官的名稱」，以上兩個行為目標，動作不同，所用的動詞不同，一為「說」，一為「寫」，但學習目標相同，都是要「知道顏面五官的名稱」；而動作技能領域的學習目標則著重在「特定的操作方式與程序」，強調「如何」做，有關兩者之差異，隨後將以設計的實例再做說明。

認知領域又分為六個層次，各層次心理活動的複雜程度依知識（記憶）、理解、應用、分析、綜合、評鑑的次序遞增，至於這六個層次的名稱、意義、內在的心理活動及行為目標的撰寫方式可參考表4-1。

✧ 表4-1　認知領域的六個層次（以李白的登鸛鵲樓為例）

| 層次 | 意　義 | 內在的心理活動 | 可觀察的行為目標 |
|---|---|---|---|
| 知識 | 對接收訊息的記憶 | 記得「白日依山盡，黃河入海流；欲窮千里目，更上一層樓。」 | 背誦「白日依山盡，黃河入海流；欲窮千里目，更上一層樓。」 |
| 理解 | 能用自己的方式解釋接收的訊息 | 了解這首詩的意思 | 用自己的話解釋上面這首詩 |
| 應用 | 能將記憶或理解的知識用在新情境 | 知道這首詩的使用時機 | 在適當的情境吟誦這首詩 |
| 分析 | 能將本來的知識解體，再依其屬性分門別類 | 分析這首詩的修辭技巧 | 說出這首詩字詞的平仄、對仗與其他屬性，或屬性之間的交互關係 |
| 綜合 | 能將本來獨立的幾種知識組織起來，再衍生出新的知識體系 | 綜合這首詩本身，甚至其他形式詩的技巧，再創造自成一格的詩 | 用平仄與對仗的概念，甚至融合其他技巧，寫出另一種形式的詩 |
| 評鑑 | 評估知識既有的標準 | 能欣賞這首詩的啟示與詩中的意境 | 說出這首詩給你的感受與啟示，創見 |

　　六個層次中，記憶、理解、應用等三個層次的學習並不改變原來知識的屬性或結構，雖然學習者可以將學習的結果累積類化，形成更高層次的學習，但本質上，這種學習只是「複製」知識，可以直接增加知識的量，不能直接改變知識的質。相對的，分析、綜合、評鑑等三個層次的認知學習，知識的結構與形式都可能因為構成知識的因素之間交互作用的結果而改變，結果不但知識的量改變，質也改變。因此，後三種層次的學習，Carnine（1992）認為它們是「從概念、原則、策略、基模、系統、創造到整體」等一系列循序漸進的漸高層次思考的學習（p.7），就其認知的性質，可概括稱之為創造思考能力，或解決問題的能力。

　　認知領域六個層次之間的關係，及其在個人知識體系與學校課程中存在的比例，層次越高，份量越少，有如一個金字塔造型。金字塔結構說明了較低層次認知是較高層次認知的基礎，而金字塔結構的下寬上窄，說明一般人的知識體系在各層次之間所占份量的大致趨勢。理論上，國小課程目標在認知層次上的分配也應該如金字塔結構，記憶層次的比例較高，了解層次次之，依此類推，層次越高，比例遞減。

　　Gagné（1985）曾就美國國小課程內容做過分析研究，結果發現記憶層次的內容約占所有認知領域的80%。目前為止，國內雖然沒有類似研究，但國小教育乃為奠定讀、寫、算能力的基礎教育，認知學習仍以記憶、理解、應用等層次為主，並以適度刺激、鼓勵創造思考能力的發展為輔。當然，理想的教育最好能兼顧各層次的認知學習，不應偏廢。假如太偏重記憶，可能淪為填鴨式教育，扼殺潛在的創造思考能力，尤其對學習能力較強的學生而言，無疑造成時間的浪費與才情的壓抑，甚至因學習內容的機械化或過於容易而失去學習的動機；但若太偏重高層次學習，也可能使學習緩慢或基礎不扎實的學生造成學習障礙，甚至產生挫折感，同樣缺乏學習動機。權衡之道，則有賴教師對影響學習的所有因素做綜合評估，針對學生學習能力設計適當的目標層次，才能在教育的理想與現實的狀況之間取得平衡。

　　2. 動作技能領域：動作技能是指運用肢體動作（骨骼、肌肉、手眼協

調）的能力，雖然大部分肢體動作都需要認知領域的內在心理能力作基礎，但在目標分類上，只要學習的最終目標牽涉到肢體動作，都可歸類為動作技能領域。動作技能是外顯能力，不像認知能力，須藉外在行為表現才能觀察得到。

動作技能領域也分為六個層次：知覺、準備狀態、模仿、機械、複雜反應、創造等，說明了動作學習的心理歷程，層次從簡單到複雜，從複製到創造，從開始的喚醒注意（知覺）到學習者獨立完成動作到推層出新（創造），為動作技能的教學設計提示了明確的發展方向。

3. 情意領域：情意領域是指個人對事物的態度或價值觀，是左右決定、影響選擇行為的心理狀態，表現在外時，是指選擇的傾向，例如：學生在上過網際網路課程之後，常使用網路尋找資料，獲得新知。學生對網路的認知與技能影響他們蒐集資料的方式，他們選擇使用電腦網路，代替其他方式蒐集資料。

心理狀態既無法直接觀察，只好間接用「學生做某種選擇的傾向」。因此，它不像認知和技能表現的傾向，長期觀察，延宕評量。因此，情意通常列為教學的長期目標。

值得注意的是，分類雖然有解釋和應用的方便，但行為表現常是情意、認知與動作技能三者交互作用的結果，三者並非獨立存在，因此，教學目標應儘可能兼顧三個領域。

4. 目標分類在國小教學上的意義：其實，教育目標無論如何分類（其他分類法可參考 Gagné, 1985; Heinich, Molenda & Russell, 1993），都只是基於分類者本身對人類學習的主張與教育的理念，他們未必反應教育的真正本質，更不是真理。但很顯然地，以布魯姆為首所主張的認知、技能、情意三大領域，及其各領域附屬層次的分類法，數十年來，一直為中外的學校教育領域廣泛採用，它對學校教育的方法、內涵與精神的影響遍及世界各地。布魯姆教育目標分類法發展至今半個世紀以來，他與 Krathwahl 等學者對教育，尤其是對課程設計與教學設計的貢獻，在下列幾方面備受肯定：

．以系統分明的分類方法協助教師將教學目標依邏輯結構做系統的組

織。

- 將本來籠統的教育目標做更清楚的界定，以便於教學相關人員彼此溝通。
- 提供教師一種教學設計的理念。
- 作為發展教學活動的依據。
- 作為設計評量方式、發展評量工具與設計媒體的依據。
- 發掘個別化課程中應該包含的教學目標（Anderson & Sosniak, 1994; Bloom, 1956; Tuckman, 1991）。

### ✎ 梅格的行為目標教學設計

梅格將教學目標定義為「教學之後預期學生表現的行為」，目標在教學中扮演類似燈塔的角色，這種設計理念雖然也重視學習的過程，但卻較強調結果。目標以明確的方式敘述，所謂明確是指學生表現的行為要能觀察得到，而且可以切實評量目標是否已經達成。這種具體明確的目標除了指引學習的方向，也有助於與學生學習的相關人員溝通，例如：學生可以朝預期的目標建構知能，家長可以知道子女在單元或學期結束時可以預期學到的能力。若目標敘述含糊，導致目標無法發揮應有的燈塔功能，就失去撰寫目標的意義。

### 四、系統化教學設計

系統化教學設計發展的初期強調目標導向的學習，但目標導向的教學理念是否太過僵化，限制學習發展的空間，始終存在著爭議。適逢八○年代建構主義思潮廣受世界性的矚目，影響所及，遂形成目標導向與建構式學習並存的局面，系統化教學設計的內涵與格式也因而產生變革。以下先介紹系統化教學設計發展的時代背景、優點及其理論基礎，至於其設計步驟與方法留待本章第參節再做說明。

### ✎ 系統化教學設計發展的時代背景

系統理念的萌芽可以追溯至二十世紀初的科學研究，而系統化教學設計的發展，遠因可追溯自泰勒有關教育目標的主張，近因則是第二次世界大戰以後，工商社會急速發展，各種人才需求甚殷，系統化教學設計因此被廣泛運用於工商業的人才培訓課程，並逐漸推廣運用到學校教育。系統化教學設計在美國行之有年之後，終於在民國七十六年，由中國視聽教育學會邀請當時任教於加州聖荷西大學的堪伯（Kemp, 1985）在學術會議上介紹其設計模式，而將系統化教學設計正式引進國內（Hsu, 1995）。

### ✎ 系統化教學設計的理論基礎

系統化教學設計除了沿用本章第貳節所介紹行為目標教學設計的理論基礎，並融合系統理論、訊息理論以及相關教學原理，發展出若干明確步驟，以進行目標導向的教學設計之外，建構主義既已成為八十五學年度自然與數學新課程教育思潮的主流，自然也成為系統化教學設計的另一個重要理論基礎。本節僅就系統理論、訊息理論、認知心理以及對教學設計影響較直接的部分教學原理加以說明。

1. 系統理論：所謂系統，是指一個組織是由無數息息相關的元素共同組成，各元素之間相互依存，互為消長，元素的組合方式不同，組織架構的風貌也就不同，所有元素的運作都是以組織的目標為共同的目標，任何一個元素的變化，都會影響整個系統的進步與發展。整個系統的運作情形還藉由回饋系統隨時偵測，必要時，得調整整體或局部的運作方式，以確保系統能達成共同的目標。

我們生活的周遭，存在著許多運用上述方式運作的系統，小至人體的循環，再至整個社會文明的發展，甚至宇宙生態的變化，都由許多元素構成，包括每個人，也都是系統當中的一份子。

以地球生態為例，人類在世界上任何一個角落濫砍森林，都會使整個

地球的生態環境受到破壞,使每一個人生存空間的品質惡化,因為整個宇宙是一個系統,是一個整體。假如我們察覺人類的共同目標——擁有一個「健康的地球」——的生存目標已經受到威脅,世界上任何一個國家都可以提出維護自然生態的呼籲,也就是給整個世界提出「回饋」,要求相關國家改善濫墾,以維護世界人類「綠色和平」的共同目標,當這個目標達成,系統則繼續維持正常的運作。

上述系統的概念和教學有什麼關係?事實上,教學也可視為一個系統,因為教學過程牽涉的許多因素,包括:教師、學生、教材、環境……等等,都有一個共同的目標要達成,就是有效的學習。教學系統裡,學生的學習成效受上述因素影響,學生是整體,各種影響學生學習的因素是局部,整體與局部之間相互依存,環境相扣,共同影響學習,整個系統以促進學生有效學習為最終目標。學習系統中,藉由各種方式的評量提供回饋,作為教師改進教學,學生加強學習的參考。這種注意影響學習結果的每一個環節,尤其特別著重每一個因素之間依存關係的教學準備方式,就是系統化教學設計。

2. 訊息傳播理論(Information-Communication Theory):訊息傳播理論是以溝通的數學理論為研究方向,以數學方法分析訊息傳輸量,以位元的量化觀念代替以往的分子觀念,並用來測試電話系統傳輸的理論架構(Cover, 1996; Shannon & Weaver, 1949)。訊息傳播理論不但對第二次世界大戰之後通訊科技的急速發展有深遠的影響,例如:電腦、衛星傳播、數據連線以及其他各種高承載的傳播系統等,就是對教學、統計、實驗心理學、認知心理學、教育工學、人工智慧、機器語音或筆跡辨識系統……等等許多學術領域的研究與發展,也有顯著的貢獻(Cherry, 1996)。

最早的訊息傳播模式是由 Shannon 於西元一九四八年為美國貝爾電話公司(Bell Telephone Company)設計完成,這個本來只為研究電話電報傳輸效果設計的模式,後來經過 Shannon 和 Weaver 的合作修改(1949, 1963),使它的應用範圍超越了電信工程,逐步發展到教學的領域。雖然 Shannon 和 Weaver 的模式本身是為工程需要而設計,若將其單向傳播的設計運用在

教學上，並未能解釋教學歷程中藉由不斷回饋做訊息迴圈傳播的特性，但修改之後的模式分若干階段來解析訊息傳輸的過程，仍非常適合用來解釋在教學情境中，訊息從教師傳到學生的「單向」溝通歷程，以及溝通歷程中以媒體作為中介傳輸工具的訊息傳播方式。

讓我們以 Shannon 和 Weave 的模式作基礎，從技術角度來看溝通的要素與歷程。從訊息傳播的物理現象來看，所謂溝通，是指訊息接收者（receiver）對預期傳遞的訊息（message）的感應程度。整個溝通系統通常包含六個要素：來源（source）、傳達器（transmitter）、訊號（signal）、雜訊（noise）、接收器（receiver）和終點（destination）。以通電話為例，發話的人是訊息來源，訊息是指發話的人所說的話，訊息經過傳達器變成一種訊號，傳達器就是負載電子訊號，並介於發話者與聽話者之間所使用的電話線路，而訊息接收者就是在另一端的聽話者，經過他的詮釋，形成接收者版本的訊息，然後結束整個溝通的過程。其中在來源和傳達器之間，可能還設有一個編碼器（encoder），將訊息轉換成傳達器可以負載的訊息型態；相對的，在接收訊號之後的另一端，就得設有一個譯碼器（decoder），將訊息轉換成未編碼之前的型態。整個傳輸過程中有許多因素在運作，當然也包話雜訊的干擾，造成訊息來源與接收結果的誤差，而誤差又受訊息量與訊息的正確性影響。

為什麼溝通的結果，訊息接收者通常只能收到「部分」訊息，也就是在量上面發生誤差？這牽涉到溝通的難度，溝通的雜度除了直接受來源、雜訊、編譯、接收者狀態等表面因素影響之外，關鍵因素是受訊息量和傳輸訊息管道的包容力影響（eapaeity）。影響溝通的表面因素最常見的是用來輸送訊息的管道受到雜訊（noise）的干擾；又如溝通歷程的開始，訊息接收者通常處於混沌狀態，這種混沌狀態甚至一直持續到收到傳送的訊息為止。至於關鍵的訊息量和包容力，當訊息量很小時，或者是在傳送管道的包容範圍之內，溝通難度較低，訊息可以以任何速率有效地傳送，溝通結果誤差較少；反之，訊息量很大，或者是在傳送管道的包容範圍之外，難度較高，訊息往往被扭曲或遺漏，溝通結果誤差較大，無法傳遞正確的

原版訊息。這些溝通管道的功能其實就跟水管類似，輸送水量的多寡定於水管的口徑與負荷量，水量若超過水管的最大負荷量，勢必會水滿為患，因而有部分水源無法在單位時間內輸送到預定的目的地。

　　正確性是除了訊息量之外，另一個影響溝通品質重要指標。試試耳語相傳的結果！當消息一傳十，十傳百，一和百的版本往往有極大差異。溝通時所有訊息受來源、雜訊、編譯、接收者狀態等所有與訊息難度有關的表面因素影響，以各種可能方式被重新排列組合，不同的排列組合衍生不同的含意，就像做實驗一樣，控制不同的變因，產生不同的實驗結果，因而影響溝通的正確性。

　　若用Shannon-Weaver原來的訊息溝通模式來說明教學的訊息傳遞歷程，則訊息來源是教師、教科書、演說、音樂或圖形影像……等等各類型的資料，每一資料都可以提供各種領域的訊息，但不同形式的資料來源卻左右傳達工具，也就是教學媒體的選擇。假設訊息內容的主題是文房四寶，傳達器就是老師用來傳達訊息的教學媒體，例如板書或錄影帶，板書或錄影帶的內容就是傳送出去給學生預備接收的訊號，在學生接收訊號時，板書、錄影帶本身、學生個人因素或教室裡其他環境因素……等等雜訊，都可能干擾學生接收訊息的程度，扣除這些因雜訊干擾而失真的部分，理論上，學生用他的眼睛所看到的訊息就是他所接收到的訊息。

　　若把 Shannon-Weaver 的模式直接用來詮釋教學的溝通歷程，究竟有什麼缺點？Shannon-Weaver 的溝通模式只談訊息呈現的形態，純粹論接收者的感應程度，假如以數位（digital）觀念將訊息的最小基本量視為位元，溝通的量即決定於訊息的總位元量能否為溝通的管道負載，以及能否為訊息接收者吸收，而與訊息的意義無關，因為訊息的含意決定於訊息的語意和背景。由此可見，訊息的意義並不是 Shannon 和 Weaver 的溝通模式要詮釋的問題（Cover, 1996）。但是，光從量的角度說明教學的訊息傳遞歷程的物理現象，並無法從溝通所使用的符號系統或訊息的內涵，亦即文化或社會的現象探討溝通的奧祕。事實上，人際溝通除了具有物理現象之外，無論從其拉丁文（communico）的原意，或從實質上來看，都還含有語言

和社會習俗的「分享」（sharing）的意思，溝通並不純然是為傳遞訊息，有時溝通的目的只是個人情感的宣洩，這似乎是一個無法光從量的角度完整分析的抽象課題，畢竟具體與抽象兩個層面都是教學歷程中不宜偏廢的溝通主題。

因此，在教育上，無論理論研究或實際運用，溝通都不應只侷限於語言或符號等表面形式的訊息傳遞，而應包含文化層面的訊息含意、機器處理訊息的介面、人類的感覺（perception）、認知心理中訊息處理的歷程以及學習意義與溝通方式如何交互影響……等等許多議題的省思。

3. 蓋聶的教學設計原理：西元一九八五年，蓋聶（Gagné）以認知心理、訊息溝通理論以及行為主義為理論基礎，發展出對美國教育工學領域影響廣泛而深遠的教學原理，他的理論大致強調下列幾個要點：

- 每一個新學習都需以舊經驗為基礎。
- 本質上，知識的內容與學習的歷程都有其層次與結構（hierarchical in nature）。
- 學習要循序漸進，一個步驟一個步驟進行。
- 學習的結果會使學習者的行為表現產生可觀察的變化。

將上述的原理運用在教學上，蓋聶設計出教學的幾個步驟，以有效影響學習結果（如表4-2）。

雖然，蓋聶九個教學步驟的建議，在各種教學情境中廣泛被採用。但教學是一種藝術，任何一種藝術都沒有絕對的表現形式，教學也不應只有一套特定的步驟。因此，蓋聶的九個教學步驟之說，可視為任何教學情境中值得參考的策略，而不應視為教學的公式。當教師在機動的教學情境中，在知識內容、預定進度與教室常規交互運作中做決定時，這些明確的教學步驟與原理，可用來檢視教學活動是否悖離目標、內容是否具有意義以及學生學習是否有所進展的依據。

4. 精熟學習（Mastery Learning）：精熟學習與其說是一種理論，不如說它是一種教學的理念與策略更為貼切。它源於 Carroll（1963）的學校學習模式（Model of School Learning），透過學校學習模式，Carroll 主張學習結果

✧ 表 4-2　蓋聶的九個教學步驟

| 步　　驟 | 教學策略舉例 |
|---|---|
| 1.引起注意<br>（Gain attention） | ・問問題<br>・設計新的學習情境<br>・播放錄影帶或使用其他媒體 |
| 2.陳述學習目標<br>（Describe goal） | ・說明學習之後預期得到哪些知識或技能<br>・說明學以致用的時機與情境 |
| 3.複習舊知識<br>（Stimulate recall of prior knowledge） | ・提醒學生以前學過哪些與本單元有關的知識<br>・說明以往所學與本單元內容如何連結<br>・有系統地整理以往所學以幫助學生學習和記憶<br>・進行學前評量 |
| 4.呈現訊息<br>（Present the material to be learmed） | ・利用各種媒體呈現方式<br>・採取前後一貫的呈現方式<br>・每次呈現適當的訊息量以避免學生認知上的過度負荷 |
| 5.輔導學習<br>（Provide guidance for learning） | ・當學生有學習困難時換一種方式說明課程內容<br>・當學生有學習困難時換一種溝通的媒介 |
| 6.引導做練習<br>（Elicit performance 「practice」） | ・多給學生練習的機會<br>・練習時要多設計各種不同的情境 |
| 7.提供回饋<br>（Provide informative feedback） | ・讓學生知道練習的結果正確或錯誤<br>・分析學生的表現或由學生自我評鑑學習成果<br>・提供解決問題或提升學習效果的方案 |
| 8.評量<br>（Assess performance test） | ・實施各種方式的測驗<br>・比較學習前後的進步情形 |
| 9.強化記憶和學習遷移<br>（Enhance retention and transfer） | ・設計類似情境以做額外練習<br>・複習本單元 |

主要受性向（aptitude）、能力（ability to understand instruction）、毅力（perseverance）、機會（opportunity）及教學品質（quality ofinstructin）等五個因素影響。性向是指在教學達理想水準的前提之下，學生對課程內容所需的學習時間，能力是指對課程的了解，毅力是指願意主動參與學習時間的長短，以上三者屬個人內在因素；機會則是指准許學習的時間，教學品質是指真正教授的課程，後面兩者屬外在因素。透過這五個因素的交互作用，當一群學生在某些領域（如數學、語文或自然科學……等等）的性向呈常態分配時，若接受質、量相同的教學，並准予等量學習時間，則其學習結果反應在一個具信度與效度的測驗量表上應該也呈常態分配，而且性向與測驗分數之間應有極高的相關；相對地，若性向同樣呈常態分配，但教學的質、量以及學習時間都依學生的個別差異做彈性調整，則絕大多數學生都可達到精熟學習的結果。Carroll的基本假設是性向決定學習的效率，而時間則是能否達到精熟學習的關鍵。

　　上述 Carroll 的主張，不但支持了在他之前的許多研究或理論（如：Goodlad & Anderson, 1959; Morrison, 1926; Skinner, 1953; etc.），三十餘年來，也持續得到理論及許多實證研究的印證，發現精熟學習可以提升學生在認知、情意的學習，甚至提升其自我概念（如：Bruner, 1966; Anderson & Burns, 1987; Block & Burns, 1977; Guskey & Pigott, 1988; Kulik Kulik & Cohen, 1979; Kulik, Kulik & Bangert-Downs, 1990; Bloom, 1984; etc.），提高學生學習的動機以持續學習的意願等等。但類似的研究結果，自也有人從不同的角度做不同的詮釋，認為提升學習成效的關鍵不在精熟學習本身，而是精熟學習提供的額外教學時間與補救學習措施，然而，個人時間有限，學習領域卻無窮，精熟學習因所需的額外時間造成各領域比重的蹺蹺板效應，其結果只是各種學習時間的重新分配，未必提升知識整體的成長（Arlin, 1984; Slavin, 1987, 1990）。

　　將精熟學習運用在學校教學，其意義應不在領域時間分配之爭，而在預防或彌補「智能與性向是常態分配，學業成就也應呈常態分配。」的期望心態對學習潛能造成的破壞與浪費。假如教師誤將「學業成就呈常態分配」做個別差異的解釋重點，而忽略「智能與性向是常態分配」是教學設

計的重點考量；假如我們不能認同「幾乎90%以上的學生都能精熟學習」的理念，則師生、社會都採「常模參照」成績排序制約的結果，自然會有一大群飽受挫折、失去學習動機、自尊蕩然無存的學生，過著被學校、老師放棄甚至自我摒棄的歲月，其下場甚至是要社會付出可觀的成本，埋沒許多本來可造就的英才。

### ✎ 系統化教學設計的五個主要階段

教學設計模式雖因設計者理念或目的的不同而略有差異，但一般的設計歷程大致分為分析、設計、發展、教學與評量等五個主要階段。以下分別概括說明每一個階段的意義與任務，至於每一階段的設計細節將在第三節進一步討論。

「分析」是探討學習者的興趣、需要、知能、經驗與文化背景，以及蒐集教材，組織內容，藉以決定一般性目標，並據以設計教學活動；第二階段的「設計」，主要任務是發展教學策略。依第一階段分析的結果，決定較具體目標、教學流程、評量方式、評量內容以及適用媒體；第三階段「發展」的主要任務是完成教學計畫，準備教具媒體或輔助的書面資料，編製評量工具或製作媒體；上述三個階段的完成，就是「教學」的開始，教學階段強調的是效果和效率，以增進學生對教材內容的了解，對預期目標的達成，以及學習成果的有效轉換與運用為目標；最後的「評量」包括總結性評量（summative evaluation）與形成性評量（formative evaluation），總結性評量在課程結束之後進行，用來評估教學的整體成效，其結果可做下一次教學設計或進一步實施教學的參考。整個設計過程之中，也不斷進行形成性評量，以便課程實施之前仍有改善的機會，因此整個系統的設計是一個連續的迴圈（如圖4-1）。

✧ 圖 4-1　系統化教學設計的五個階段

### ✍ 系統化教學設計的優點

1. 建構一個開放的學習系統：系統化教學設計建構的是一個開放的系統（open systems），以人性與彈性的設計理念改進傳統的威權和一元化的教育。所謂人性與彈性，是指在學習的系統中，課程的規劃充分正視學生學習的需要與權利，而不是僅從教師的觀點，或將教科書或教師手冊的內容照單全收；理論的運用也具包容性，發展至今，既採用以建構主義為主軸的鏈結設計模式（Spiro, Feltovich, Jacobson & Coulson, 1991），也不摒棄以行為主義為主軸的設計方式（Dick & Carey, 1990），甚至將行為主義與建構主義理論予以整合運用，發展出各種學習理論並行不悖的課程設計方式（Dick & Carey, 1996）。同時，系統設計的過程強調持續的形成性評量，藉由與學習有關人員之間意見的溝通做教學構想的評鑑，必要時進行修改。秉持上述的設計原則，真正的系統化教學設計是一個開放的系統，設計結果必須符合大部分學生的需要，學生得以在富有彈性的學習情境建立自己的知識體系。

2. 適應知識快速發展的資訊社會：系統化教學設計另一個特色是可以適應知識快速發展的需要。二十世紀末開始，毫無限制的訊息成長極可能帶來學習的夢魘，因為人們被接踵而至的訊息淹沒，反而對訊息無所適從。在這種資訊的洪流中，訊息的消費者如何「役物」，而不「役於物」？教師如何在教科書的知識之外，選擇適當的補充教材？在教材的選擇上，如何在享受資訊科技帶來無窮可能的同時，又能兼顧學生與學習環境（物理、生理及心理）之間恰如其分的配合？

針對上述問題，系統設計因為注意各種影響學習因素的環境相扣，並以系統的最終目標為依歸的設計過程中，在做學生需求的評估分析時，就從個體（個人）和群體（班級）的人的角度，形成了以學生為本位的核心思維；並在訂定目標的階段，用由少發展到多訊息處理法則，從條理分明的目標（少）擴大到與各目標有關的細節（多）。這些原則可以用來協助

教師從教學準備到真正教學時，做認知的整理、整合與轉移。這種六○年代發展出來的設計理念，它所強調的對學習者及教學者的深度關懷，甚至早已悄然照顧到了「後資訊時代」的「個人化需求」，運用在當前面對光速傳輸訊息的網路時代，更可以有效而理智地掌握訊息！

3. 運用的範圍十分廣泛：由於系統教學設計具開放性，又可以適應知識的快速變化，其理念運用的範圍十分廣泛，大至整體國家發展的規劃，如：韓國、菲律賓、印尼、馬來西亞、牙買加、利比亞、巴基斯坦及辛巴威……等等開發中國家的教育方案（Morgan, 1989），小至教室裡每一節課教學用的教案，都可以加以利用。純就教育領域而言，系統教學設計既可以用在國家、地方、年段或年級的整體課程規劃，也適用於學期、單元或每一節課的個別班級需要的教學設計。

## 系統化教學設計的模式

系統化教學設計模式是以學習理論為基礎所建立的教材設計或教學計畫的原則、策略與步驟（Tuckman, 1991）。圖4-2是一個包含十個步驟的模式，每一步驟方格左上方的數字表示「建議」順序，但因理論或目的不同，步驟的意義、順序內容也略有不同（Andrews & Goodson, 1980; Gustafson, 1991）。例如：設計建構式教學時，行為目標可作為設計活動的依據，不像目標導向教學作為學習的具體目標；此外，建構或目標導向教學，其評量與活動流程，自然也影響媒體的運用。只是，無論步驟如何，其目的都不外乎協助清楚的溝通，或作為決策以及設計教學活動的規則指引（Gusatfson, 1991, p.1）。以下僅就每一個步驟，依訂定單元目標、分析學生特質、撰寫行為目標、繪製邏輯結構圖（分析教材內容）、設計教學流程以及選擇教學媒體的順序，就其意義、原則、撰寫的方法以實例說明，其中，教學流程部分將建構式與目標導向教學分別介紹，評量部分則請參考本書有關

評量之章節，本章略而不談。

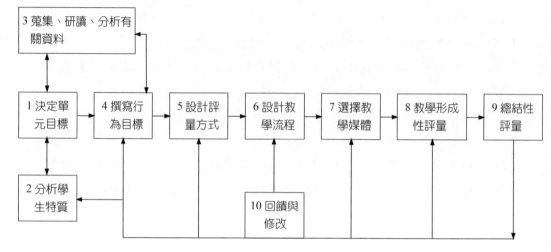

◇ 圖 4-2　系統化教學設計流程圖

## 一、決定單元目標

### ✐ 單元目標的功能在指引教師教學及學生學習的方向

　　單元目標的作用就如同我們旅行時，總會有個目的地。有了目的地，才能確定起點到目的地的行程，才能選擇到目的地的交通工具。同樣的原理也適用於教學設計，因為教學若能有個明確的目標，才能規劃課程的內容與其邏輯結構，設計學習的方法，規劃學習的活動，並且設計評量學習效果的方法。

　　一個教學單元可分為好幾個單元目標，每個單元目標常用一句簡單的敘述，說明學生在學習之後預期的行為表現。例如：國小六年級美勞課的「蠟染」自編單元中，下列四個單元目標指出了明確的學習方向：

　　1. 表達個人對若干蠟染作品的看法（情意領域）。

　　2. 操作蠟染的製作過程（動作技能領域）。

3. 完成一件蠟染作品（動作技能領域、情意領域）。

4. 寫出製作蠟染的感想（認知領域、情意領域）（藍同利，民85）。

上述四個目標中的第一個單元目標，也就是單元學習的開始，學習首先要建立一種鑑賞蠟染作品的態度；以這種審美態度作蠟染學習的心理基礎進行目標之二，也就是每一個蠟染步驟的操作；而目標之三，作品的完成則融合了表現與審美；最後，目標之四進行對蠟染知識的統整與建構，抒發個人對蠟染藝術或經驗的心得。再以國小六年級數學科第十一冊第七單元「怎樣解題」㈡為例，首先從學生理解題目意思開始，到簡化問題，進而從簡化問題所得的經驗做學習遷移，進行解題，最後並就算出來的答案進行驗證，這四個目標為進一步的教學設計提供了方向：

- 理解給定的應用問題的意思（認知領域）。
- 簡化給定的應用問題（認知領域）。
- 找出解題的方法（認知領域）。
- 驗證給定的應用問題的答數（認知領域）（朱安邦，民85）。

### ✎ 單元目標的決定原則

系統設計的主要精神在強調所有影響學習目標的因素必須環環相扣，包括各單元之間與單元之內的所有因素之間，這可從下列幾個原則著手：

1. 它應該反映教學哲學觀。

2. 它應該承先啟後，使整體課程前後單元的目標具連貫性。

3. 它應該兼顧認知、技能與情意等三個領域。

4. 它應該符合學生的經驗背景與未來需要。

5. 範圍應適度延伸，或考慮高低層次不同的目標。

教學哲學觀思考的是課程內容本質與學習發展的互動方向，是設計整個教學活動的核心，已在前一小節述及。至於單元目標如何承先啟後，可依據國民小學課程標準的教學目標、地方教育行政機關或學校協助教師設計符合地方需要的系統化單元目標以及教師本身的努力幾方面著手。

　　就課程標準所能提供的功能而言，國民小學課程標準除了「輔導活動」以外，其他各科都已列出低、中、高等三個年段的分段目標。其中，國語科的分段目標又分為說、讀、作、寫等四個項目；數學科除了總目標和分段目標之外，還詳列知識、技能領域及態度領域的目標，知識及技能領域又依數與計算、量與實測、圖形與空間、統計圖表、數量關係及術語與符號等六個數學領域，分別列出其具體目標；此外，自然科的分段目標更設計了一到六年級的年級目標。

　　課程標準中的目標由總目標開始，經系統分析，形成包括領域、分段（如：低、中、高三個年級）、年級或分類等各種組合的目標。此外，各學科還依年級或學期詳列教材綱要，例如：道德與健康就每學期依若干不同主題詳列了內容架構；國語科依注音符號、說話、讀書、課外閱讀、作文、寫作等六個領域列出各年級的教材內容；數學科則分別列出各年級在數與計算、量與實測、圖形與空間、統計圖表、數量關係，以及術語與符號等領域的教材綱要；自然科在物質與能、生命現象以及地球環境等三個領域，也詳列了各年級教材綱要；社會科則由個人領域開始，逐漸向外擴大到家庭、學校、地方、國家以及世界領域的相關主題；而音樂科在音感、認譜、演唱、演奏、創作、欣賞及民俗音樂方面，依年級循序漸進的內容綱要；體育科在徒手遊戲、器械遊戲、球類遊戲、舞蹈遊戲、體操、田徑、國術以及民俗體育羅列的細目；美術在表現、審美以及生活實踐等三個領域，每一個領域再分別就若干細分的範疇敘述教材綱要；其他如團體活動和輔導活動，在實施的項目上也都有十分具體的資料。

　　上述的目標與教材綱要，不但反映了整體國家的國民教育方針以及課程的時代需求，在分類領域的目標上，架構也已經十分詳實具體，是教師在進行任何形式的教學設計之前，決定教學目標的主要參考依據。

　　雖然國小課程標準是教科書編輯的主要依據，但在教科書的編撰仍保有相當彈性，以及課程地方化，教科書採用權歸學校及教師所有，教科書不再只有單一版本的情況下，國小課程標準是訂定單元目標的重要指標，但卻不是唯一的指標。面對各校選用教科書版本穩定性以及教科書內容連

貫性可能潛在的問題，為了確保學生學習目標不至於因版本更換發生銜接的困難，地方教育行政機構、學校及教師對教學目標組織連貫的責任與權利也因而相對地增加。

　　地方教育行政機關或學校若能以國家政策及時代需要為前提，綜合斟酌地方文化的特殊需求，制訂以全國性教育目標為依歸的地方性目標，建立六年連貫、分年或分學期陳述的學習目標完整資料，提供教師參考，對教學的品質與學生受完整教育的權利將會是另一種保障。至於單元教學活動的設計，或如何劃分學期、年級、年段實施的目標，則學校和教師仍保有彈性自主的空間，這應該是課程地方化的現階段，國小教育同仁值得努力的方向。

　　然而，任何一種課程的實施，無論政府如何推行特定的政策，課程標準如何約束教育的內涵，專家如何強勢的提倡某一種觀點，地方政府或學校如何制訂系統化的教學目標，其最後決定課程內容與實施成敗的關鍵，仍然是負責執行的教師。只有教師才能深入學生的文化與知識背景，決定最適合學生的學習目標。因此，教師若能持續蒐集資料，加以研讀，並建立豐富的教學資源檔案，是教師面對教材地方化與自由化的當務之急。

### ✎ 單元目標的撰寫方式：完整與部分

　　單元目標應敘述清楚，才能作為設計教學活動及評量結果的有效依據。一個完整的單元目標，通常包括五個要素，在下面的實例中，分別以①至⑤數字表示：

> ・「學生」「在看完錄影帶之後」，「可以切實依養蠶的注意事項」
> 　　①　　　　　　④　　　　　　　　　　⑤
> 　「飼養」「蠶寶寶」（動作技能）
> 　　②　　　③

1. 以學生為核心：單元目標要素之一是預定達成目標的學習者。學習

者可以是學生個人，或者是一個團體，例如：學生、班級、小組或任何可能組成學習團體的單位（如參觀者）。特別指出「學習者」是因為教學目標以學生為主體，關心教學的結果「學生學到什麼？」而不是「老師使學生學到什麼？」學生學到什麼可以藉由行為表現做客觀的判斷，老師使學生學到什麼只能主觀的判斷。

2. 預期表現的行為：即目標的動作，例如：寫、說、唱、描繪……等。這些行為都是具體可評量的，假如代之以學生「了解」葉子的構造，了解是學習結果在心裡頭的認知狀態，除非學生能具體「描述」或「畫出」葉子的構造，否則我們無從判斷學生是否已達到學習目標。有人認為認知領域的單元目標不必寫出具體可觀察的行為表現，而以知道、了解等心理狀態動詞取代即可；也有人認為單元目標可從教師立場撰寫，如「使學生能……等等」。事實上，單就教學設計的目的來看，設計的結果只要能達成教學準備與溝通的目的，做法保有適度彈性未嘗不可。

3. 學習成果或作品：針對目標執行完成的成果，例如：一個問題的答案、一個計畫、一份作品或一篇報告……等等。如上例中的「葉子的構造」。

4. 情境：預期的行為表現和實施評量時的情境，例如：使用地球儀、使用計算機、在幾張圖片之中、閱讀一篇文章之後……等等。

5. 標準：行為表現的水準，例如：90%正確性、二十分鐘之內、最少舉出十個例子……等等。

撰寫單元目標除了上述五個因素的考量之外，系統設計時，在每個單元目標註明編號、領域及層次等三個因素，可以使系統的脈絡更清楚，試看以下兩個實例目標中編號⑥至⑧的部分：

---

- 1-1「學生」「在看完錄影帶之後」，「可以切實依養蠶的注意事項」
  ⑥
    「飼養」「蠶寶寶」（動作技能）。
    　　　　　　　　⑦

　　　　　　　　　　　　　　　　　　　　　　（李旭蘭，民85）

---

- 1-1 能說出天氣的種類（認知領域——記憶、理解）
- 1-2 能說出天氣的變化情形（認知領域——理解）
- 1-3 能說出氣團和天氣變化的關係（認知領域——理解、分析）
- 1-4 能說出天氣圖的功用（認知領域——應用、分析）

　　⑥　　　　　　　　　　⑦　　　　　　　　⑧

（李旭蘭，民85）

6. 編號：就個別單元目標而言，編號不具備具體功能，但就整個課程系統目標的聯繫而言，編號使得系統內部所有元素之間的網狀結構具體明確，不必透過內容就能清楚顯示彼此的關係。

7. 目標領域：每一個單元目標若能註明所屬的領域，無形中已經為後續的教學設計埋了伏筆。一般而言，認知領域的設計著重內容結構的完整與邏輯組織的合理；基本的動作技能領域則著重操作步驟的銜接，流程的順暢；而情意領域雖非絕對，但通常以認知領域與動作技能領域為基礎，以進一步建立對所學知能積極喜好的態度。至於領域的區分，得視教學的階段目標而定，以「蠶」的目標而言，雖然設計者設定為動作技能領域，但將目標定位在認知領域，也未嘗不可。

8. 層次：在目標的三大領域裡，無論認知、技能或情意都可以再區分為若干層次，其中以認知領域的記憶、理解、應用、分析、綜合、評鑑等六層次的區分法在教育上的運用最為廣泛。「天氣」的實例中，作者清楚地標示每一個認知領域目標所要達到的層次，它和單元目標一樣，可以明確指引單元教學的階段性目標。

純粹為了教學或媒體製作所做的教學設計，為了考慮教師的負擔以及溝通的實用與方便起見，簡明扼要的單元目標撰寫方式有其必要。假如我們把上面的實例「學生在看完錄影帶之後，可以切實依養蠶的注意事項飼養蠶寶寶」省略為「能養蠶」，的確簡潔得多，以單元目標指引教學方向的功能而言，更是一目瞭然。經簡化的單元目標保留五個要素中的預期表

現的行為以及學習成果或作品，省略的則有三個部分：學生、情境與標準。其中，單元目標的設計應以學生為核心，是單元教學活動設計基本的認知，假如具備了這樣的認知，寫出「學生」兩個字與否，顯然對單元目標含意沒有影響，因此可以省略。至於情境與標準之所以省略，可以從兩方面說明。其一，情境與標準有時只是針對標準化測驗或較正式評量的需要設計，就平時教學而言，除非以「精熟學習」為目標，否則，情境與標準在設計之餘仍可以保持適度的彈性，視學生上課時的反應機動調整，因此，撰寫單元目標時也可略而不提；其二，情境與標準常須配合教學活動的其他因素決定，因此，有其必要時，可留待設計教學流程時才做決定。

### ✎ 單元目標的實例

再以「蠶」的單元為例，設計者決定了下列五個簡式的單元目標：

- 1-1 能養蠶（動作技能領域）。
- 1-2 能做完整的觀察記錄（認知領域——理解）。
- 1-3 能描述蠶的外形特徵及構造（認知領域——理解）。
- 1-4 能描述出蠶的生長情形（認知領域——理解）。
- 1-5 能描述出蠶一生中各階段的變化（認知領域——綜合）。

上述目標，從第一個單元目標的動作技能養蠶開始，配合第二個單元目標奠定觀察記錄的能力之後，再進行蠶的生長部分的學習。從操作之中發展認知，整個單元目標的邏輯結構十分嚴謹，而且完整。

再以「我們生活的地方」為例，作者設計了下列三個簡式的單元目標：

- 1-1 能畫出學校及住家四周景物平面圖（認知領域——理解）。
- 1-2 能評鑑學校及住家四周的生活環境（認知領域——評鑑，情意領域）。
- 1-3 能從事改善生活環境的工作（動作技能領域）。

這個單元的目標，從學生畫出學校及住家附近觀察到的景觀開始，進

行對環境現況好惡的評鑑之後，再付諸實際行動改善生活環境。第一個單元目標預期的行為表現是「畫出」，看似動作技能領域，其實真正的目標是著重在對生活環境現況的認知，「畫出」只是透過動作表現認知的理解狀態而已。第二個單元目標層次雖高，卻充分反應所採用的建構主義由學生建構知識的精神，並且兼顧情意領域方面學生對環境現況所持的態度。環保教育能從學生的親身體驗及看法著眼，並且透過建構式教學，藉由團體討論產生改善環境的共識，或許更容易落實。

## 二、分析學生特質

教學設計時常有的困難是對學習者沒有深入或正確的認識，以致發展出未能符合需要的教學方案。因此，蒐集資料、訪問，或深入觀察分析，是教學設計的必要歷程。

### ✎ 學生特質包括學生課程經驗與文化背景

課程舊經驗，是指與單元（主題）內容有密切關係的既有知能與態度，或稱為起點行為，最方便的方法是從教科書、教學指引或習作等過去的課程資料中分析，當然，課程舊經驗未必反應學生真正的起點行為，因此得輔以對學生表現的觀察，例如：學生在本單元學習之前，程度如何？舊經驗中，是否有些錯誤的觀念？對學習主題感興趣的程度？既有的看法？

文化背景包括年齡、年級、性別、智商、家庭社經背景及族群……等等。這些因素左右教學目標的領域與層次、教材內容取材的深度與廣度、教學活動的方式與進度，以及媒體的種類與呈現的風格等。

### ✎ 學生特質的分析原則

普遍性與個別雖差異是分析學生特質應注意的要點。所謂普遍性，是指分析的結果能真正反應班級中大多數人的起點行為與文化背景。但為照顧個別差異，可補充說明值得考慮的個別狀況。

### ✎ 學生特質的撰寫方式

學生的課程舊經驗可依邏輯順序的先後，依認知、技能或情意等領域條列敘述，正式課程部分，並註明單元名稱與課程年級。例如在設計自然科「天氣的變化」的單元時，與本單元有密切關係的課程舊經驗包括（認知領域）以下：

---

- 1-1 學生已學會如何辨識天氣（自然科第二冊第三單元——今天天氣好嗎？）。
- 1-2 學生已學會雲和雨會影響天氣的變化（自然科第六冊——雲和雨）。
- 1-3 學生已學會如何測量氣溫及氣溫對天氣的影響（自然科第七冊第二單元——測量氣溫）。
- 1-4 學生已學會空氣流動造成氣團，及氣團的變化是影響天氣變化的主要原因之一（自然科第八冊第七單元——空氣的流動）。

---

上面的實例中，屬認知領域的舊經驗只寫出學生認知的心理狀態，並未敘述明確、具體、可觀察的行為表現，因為學生特質分析的是學生學習一個單元之前的內在心理準備狀態，作為教師設計本單元的參考，未必作為具體評量的工具。此外，在每一條列敘述之後的括號內，也註明每一種認知能力的課程相關單元的冊碼和單元名稱，有助於釐清學生舊經驗與當前單元內容的知識結構與邏輯關係。

動作技能領域強調的是具體操作能力，寫法上並無爭議。和認知領域一樣，必要時，寫出舊經驗在正式課程中的冊碼和單元名稱，假如過去的課程中，沒有具體的相關單元，則可省略。情意領域只要條列說明學生當前已經具備，而且與本單元學習有關的學習態度或興趣即可，撰寫的方式與原則和認知及動作技能領域的寫法一致。此外，學生經驗的分析最好兼顧認知、技能、情意三個領域，但並非絕對，端看舊經驗對新學習的重要性而定。

　　至於文化因素雖然涵蓋範圍很廣，但許多影響學習的大環境因素在編輯課程時已列入考慮。因此，單設計時教師需要斟酌的多半是「地區性」的文化因素，或可稱為次級文化，假如稱臺灣國小高年級學童呈現的共同特質為國小高年級學生的文化，相對於這種文化的中部地區國小六年級學生的文化就是一種次級文化，商業區、文教區或農業區等社經背景與城鄉差距所引起的生活型態的不同，造成學生生活經驗的差異，影響某些知識領域認知結構與學習的起點行為，即商業區、文教區或農業區的次級文化可能有差異；鄉土教學時，考慮原住民與臺中市區國小學生的次級文化應該不同。這些資料來源，仍不外乎透過學生基本資料、相關文獻以及平時觀察的結果，教師平日日積月累的觀察形成的印象，或訪談的紀錄，都極具參考價值。

　　文化因素的撰寫應就上述資料分析的結果，就直接影響單元學習的部分做簡明扼要的敘述。例如在設計自然科「植物的身體」的單元時，與本單元有密切關係的文化因素即由平日觀察而來，舉例如下：

> ・本校位於都市邊緣，植物種類數量繁多，抬眼可見，垂手可得。學生
>   對於多數植物有親身接觸的經驗。　　　　　　　　（黃孟元，民85）

### ✎ 分析學生特質的實例

　　在「蠶」的教學設計中，作者對學生特質依上述方法做了分析。課程經驗方面，從生物與非生物的辨認，一直到哺乳動物及各種魚類的定義概念，由普遍到特殊，依序列出；在文化因素方面，則對學生生活環境背景中與養蠶有關的部分做了具體的描述：

> ・課程經驗：第一冊(3)水族箱：已學會如何辨認生物與非生物，了解水中
>   　　　　　　生物。
>   　　　　　第一冊(6)可愛的動物：已學會如何飼養小動物。

第二冊(7)常見的生物：會辨認及觀察動物的特徵。

第三冊(7)常見的動物：已了解何為哺乳動物及分辨各種魚類。

・文化因素：學校四周環境，桑葉極易取得，有助其飼養。不敢飼養的小
朋友或家長反對的，可與其他人同組飼養，免其喪失觀察
機會。對蠶這一類軟體小動物，有些小朋友開始時會畏懼，
慢慢接觸後學生較能接受，較不怕蠶及毛毛蟲之類的東西。

再看「我們生活的地方」的設計，這是適用於二下的單元，在課程方面，「第一冊(1)我們的學校：學生已了解校內的學習環境」是既有的經驗。至於文化因素方面，由於本單元學習是從每一個人周遭的生活環境出發，因此，文化因素對本單元學習的影響較不明顯。

### 三、撰寫行為目標

通常，單元目標涵蓋的範圍廣泛且複雜，但目標導向的學習宜循序漸進，以幫助學生有效地學習，因此，每一單元目標常細分出若干行為目標，以逐步達成單元目標。

#### ✎ 單元目標與行為目標的比較

單元目標與行為目標除了在目標層次上可能不同之外，在內容深度與廣度上也有差異。學習結果，若幾個行為目標交互作用，激發知識型態的改變，則在目標層次上，單元目標高於行為目標；但若幾個行為目標的學習，只是知識的累積，則單元目標的層次與行為目標平行。在內容廣度上，行為目標通常是單元目標的一部分。理論上，系統設計裡的行為目標的層次低於或等於對應的單元目標，知識內容的範圍小於或等於對應的單元目標，最重要的是行為目標在層次和知識內容範圍上都必須比單元目標界定得更具體，才能設計出清楚的學習流程。假如視單元目標為一條線，行為目標可能是線裡的一個點或一些點的組合；假如視單元目標為一個

面，行為目標可能是面裡的一個點、一些點、一條線或若干條線的組合。
以國小數學科第九冊「四邊形」的單元目標之一與其對應行為目標的關係
來看：

單元目標：理解各種四邊形的相互關係。

行為目標：

- 1-1 能說明長方形也是平行四邊形。
- 1-2 能說明菱形也是平行四邊形。
- 1-3 能從平行四邊形中找出正方形（陳永泉，民 85）。

上例中的單元目標「各種四邊形的相互關係」藉行為目標中做了明白
的註解，包括長方形與平行四邊形、菱形與平行四邊形以及平行四邊形與
正方形三組四邊形之間的關係，每一個行為目標要完成一部分的單元目
標。在層次上，則無論單元目標或行為目標都屬於認知領域的理解層次；
但知識內容的範圍方面，單元目標涵蓋了每一個行為目標。

### ✎ 行為目標的分析原則

行為目標仔細的程度視實際需要而定，是相對的，不是絕對的。將單
元目標細分出若干行為目標的目的在使學習更容易進行，因為和單元目標
比較，行為目標的範圍較小、目標較具體，單位時間內學習負荷量較小，
因此學生對學習內容較容易消化。但每一個行為目標範圍究竟該多大，目
標層次之間該如何跨步，得視學生在單位學習時間之內的認知負荷能力決
定，而認知負荷量又決定於年齡、智商、性別、課程經驗、文化背景甚至
學習習慣等許多因素，這些因素交互作用的結果，直接影響學生的理解力
與反應速度。有些學生理解力強，反應快，學習容易遷移，對他們而言，
行為目標分析得太細，學習過程反而失去挑戰性；反之，有些學生在學習
時極需要逐步引導，需要時間，行為目標系統分明，循序漸進，才能確保
學習效果。在上述的兩極之間，學生學習方式差異的拿捏是否適當，往往

是學習成敗的關鍵,而其拿捏是否適當,則端賴教師對學生特質的深入了解。

### ✎ 行為目標的撰寫方式:完整與部分

以目標為導向的教學,行為目標是學習活動的目的,以下分別以國小數學科第十一冊的「角柱與角椎」,其單元目標之一「說出角柱與角椎的構成要素」為例加以說明:

---

單元:角柱與角椎

單元目標:說出角柱與角椎的構成要素

行為目標:

- 1-1 能從一堆形體中找出角柱
- 1-2 能從一堆形體中找出角椎
- 1-3 能指出角柱的底面、側面、頂點與邊
- 1-4 能指出角椎的底面、側面、頂點與邊
- 1-5 能指出角柱的側面是長方形
- 1-6 能指出角椎的側面是等腰三角形
- 1-7 能指出角椎的側面有共同的頂點　　　　　　　　(鍾秋月,民 85)

---

上例中,從行為目標 1-1 有關角柱的具體概念(concrete concept),到行為目標 1-7 有關角椎的側面有共同頂點的定義概定(defined concept),設計者已明確指出每一個行為目標涵蓋的知識內容。

一個完整而具體的行為目標也和單元目標一樣,通常包括五個要素,試以下例加以說明:

---

- 「學生」「在老師示範之後」,「能按老師示範的流程」
　　①　　　　　　④　　　　　　　　⑤

「說明」「毽子的製作過程」(認知領域——理解層次)。
　　②　　　　③

---

1. **以學生為核心**：行為目標要素之一是預定完成目標的學習者。學習者可以是學生個人，或者是一個團體，例如：學生（上例）、班級、小組或任何可能組成學習團體的單位（如參觀者）。

2. **預期表現的行為**：用來表現已經達成目標的動作，例如：寫、說（上例）、唱、描繪⋯⋯等等。

3. **學習成果或作品**：針對目標執行完成的成果，例如：毽子的製作過程（上例）、一個問題的答案、一個計畫、一份作品或一篇報告⋯⋯等等。

4. **情境**：預期的行為表現和實施評量時的情境，例如：在老師示範之後（上例）、使用地球儀、使用計算機、在幾張圖片之中、閱讀一篇文章之後⋯⋯等等。

5. **標準**：行為表現的水準，例如：按老師示範的流程（上例）、90%正確性、二十分鐘之內、最少舉出十個例子⋯⋯等等。

撰寫行為目標除了上述五個因素的考量之外，系統設計時，在每個行為目標前編上號碼，可使系統內所有元素之間的邏輯關係一目瞭然。編號方式雖然極具彈性，但建議以對應的單元目標編號為主號碼，該單元目標細部的行為目標序號為副號碼，就像電腦檔案使用的主檔名和副檔名的相對關係一樣。例如下面的實例中，行為目標編號 1-3 表示該行為目標是「製作毽子」單元中的第一個單元目標（1）當中的第三個行為目標（-3）。

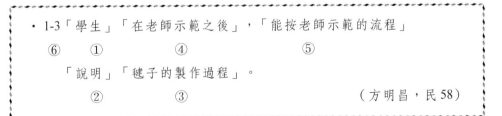

和單元目標一樣，為了考慮教師的負擔以及溝通的實用與清晰起見，簡明扼要的行為目標撰寫方式有其必要。假如把上例「學生在老師示範之後，能按老師示範的流程說明毽子的製作過程。」省略為「說明毽子的製作過程」，的確簡潔得多，而且依然可以清楚說明學習的方向。經簡化的

行為目標保留五個要素中的預期表現的行為以及學習成果或作品，省略的則有三個部分：學生、情境與標準。其中，行為目標的設計應以學生為核心，是單元教學活動設計基本的認知，假如具備了這樣的認知，寫出「學生」兩個字與否，顯然對行為目標含意沒有影響，因此可以省略。至於情境與標準之所以省略，可以從兩方面說明。其一，情境與標準有時只是針對標準化測驗或較正式評量的需要設計，就平時教學而言，除非以「精熟學習」為目標，否則，情境與標準在設計之餘仍可以保持適度的彈性，視學生上課時的反應機動調整，因此，撰寫行為目標時可略而不提；其二，情境與標準常須配合教學活動的其他因素決定，因此，有其必要時，可留待設計教學流程時才做決定。

### 行為目標的實例

在「蠶」的教學設計中，設計者就五個單元目標，總共細分出三十四個行為目標，將整個單元的目標做了詳細深入、層次分明的系統分析，行為目標條列如下：

- 1-1　能布置好飼養蠶的容器
- 1-1-1 使用乾淨的容器
- 1-1-2 將容器放在通風的地方
- 1-2　準備蠶吃了不會生病或死亡的桑葉
- 1-2-1 選擇鮮綠的桑葉
- 1-2-2 能把剛摘回的桑葉洗淨、拭乾
- 1-3　布置清潔的環境
- 1-3-1 能清理蠶的糞便及食物殘渣
- 1-3-2 換上乾淨的襯紙
- 1-4　找一個安全的地方
- 1-4-1 能將蠶放在通風的地方
- 1-4-2 能將蠶放在螞蟻找不到或沒有螞蟻的地方

- 2-1 能將每次觀察的日期、時間記錄下來
- 2-2 能以文字或圖形記錄觀察結果（身長、體重、外觀變化）
- 3-1 能正確使用放大鏡
- 3-2 能說出蠶的身體可分為哪些部分：頭、腹、尾
- 3-3 能算出蠶的胸足三對、腹足四對、尾足一對
- 3-4 能找出眼睛的位置
- 3-5 能描述身體兩側的氣孔名稱及其功能：呼吸
- 3-6 能描述或模仿蠶運動的情形：伸長及收縮
- 3-7 能描述蠶吃桑葉的情形
- 4-1 能用尺正確量出蠶的身長變化
- 4-2 能描述的外形、顏色、大小
- 4-3 能說出蟻蠶是從蠶卵中孵化出來的
- 4-4 能描述「蠶眠」的情形：不吃不喝、靜止不動、頭抬高
- 4-5 能說出「蠶眠」後會蛻皮並能仔細描述蛻皮時的情形：共五次、第五次在繭內
- 4-6 能仔細描述蠶吐絲結繭的地方：從口部下方的吐絲管吐絲、喜歡在盒子的角落吐絲結繭
- 4-7 能描述蠶繭的外形：長橢圓形、白色或黃色
- 4-8 能描述蠶蛹的外形；長橢圓形、身體呈環狀、黃褐色、會蠕動
- 4-9 能描述蠶蛾從蠶蛹中羽化出來的情形：蛹破裂、蠶蛾從蛹中出來；吐出酸性溶液、溶解繭、從洞中鑽出
- 4-10 能分辨雌雄蠶蛾：雌蠶蛾肚大、雄蛾肚小
- 4-11 能描述蠶蛾交配、產卵的情形：尾部相交、交配後二至三天雄蛾死亡、雌蛾產卵也跟著死亡、剛產下的卵為淡黃色、漸漸變為紫黑色
- 5-1 能歸納出蠶的一生：卵、蠶（幼蟲）、蛹、蠶（成蟲）
- 5-2 能依序排出蠶生活史中各階段的順序

再看「我們生活的地方」的教學設計，設計者就三個單元目標，細分出九個行為目標，行為目標條例如下：

- 1-1　能在平面圖上畫出校內景物位置
- 1-2　能在平面圖上畫出學校四周景物位置
- 1-3　能在平面圖上畫出住家四周景物位置
- 2-1　能說出學校四周生活環境
- 2-2　能說出住家四周生活環境
- 2-3　能說出自己對生活環境喜歡之處及其理由
- 3-1　能說出生活環境有待改進之處
- 3-2　能說出生活環境改善的方法
- 3-3　能從事改善生活環境的工作

　　無論目標導向或建構式教學，行為目標都可作為設計教學流程及評量學習結果，尤其是形成性評量的有效依據，只是兩者意義不同。在教師主導的目標導向教學時，知識內容大部分是教師根據既有邏輯設定的，行為目標結構與既有的知識邏輯一致，行為目標是學習活動的最終目的；相對地，建構式教學時，教材內容的邏輯結構可視為教師準備教材的方法之一，行為目標是設計教學活動的參考，學生建構的知識結構未必是老師事先設定的結構。以下僅以國小數學科第十一冊「怎麼解題」單元中，「找出解題的方法」實例加以說明：

單元：怎麼解題

單元目標2：找出解題的方法

行為目標：

- 2-1　擬定解題的計畫
- 2-2　如果一下子無法想出解決的方法怎麼辦？
- 2-3　把問題簡化
- 2-4　分析簡單的類似問題，歸納解決的方法
- 2-5　實行計畫（解答原來問題）　　　　　　　　（朱安邦，民85）

上例中，從行為目標 2-1 擬定解題的計畫，到行為目標 2-5 的實行計畫、解答問題，設計者設計了需要學生思考、創造的活動步驟，但並不代為設定特定的思考路線。有關解題如何解？如何把問題簡化？如何分析？如何歸納？……等等這些問題的答案，都在透過師生的共同討論之後才得到結論。

## 四、教材分析

教學設計時，目標的決定不能脫離教材內容，而分析教材的目的也是為了訂定適當的目標，因此，目標與內容的分析其實是交叉的工作，我們可以從系統教學設計圖上的變向箭頭看出兩者的關係。

### ✎ 教材分析最好圖表化使教材內容視覺化

雖然教材分析之前，已經大致決定教學目標，但教學目標的分析是以學習之後預期的終點行為為出發點，其結構往往不如教材內容從學科知識的邏輯分析嚴謹。假如再進一步將教材內容組織圖表化，過程中，運用左大腦蒐集資料、做邏輯思考，用右大腦組織內容結構圖，左右大腦的充分配合，能更有效地整理思緒，同時增加對內容的記憶，若同時將教師思考的印象具體記錄在紙上，如此視覺化的結果，重點一目瞭然，也有助於釐清與溝通知識內容結構，使教學者易於掌握教材內容的大綱或細部，建立教學認知基礎，使教學準備更有效。因此，分析教材還可進一步檢視教學目標是否適當。

### ✎ 教材內容結構圖（樹狀圖）的畫法

認知領域邏輯結構圖的排列可以由上（或左）而下（或右），先擬定大綱，後層層分析每一大綱的細部內容，大綱在上（或左），細部內容往下（或右）延伸（如圖 4-3）。動作技能結構圖則只要依動作技能的步驟依序陳述，並以箭頭表示步驟的流向即可，如：蛙式游泳動作包括預備練

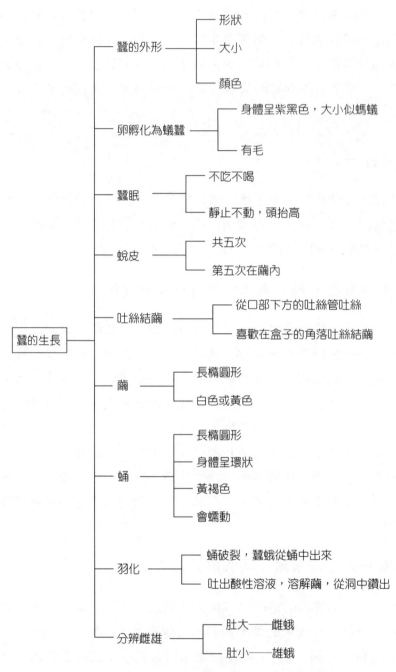

圖 4-3 認知領域內容結構圖——以「蠶的生長」為例

習→頭手壓水換氣→蛙腳分解動作→手腳配合等四個步驟。

因為學習是一點一滴地累積知識的結果，知識累積到某一個程度，概念逐漸清晰，相關概念逐漸連結，進而匯成一組認知的基模，如此周而復始，認知基模逐漸擴充，進而建立較複雜的知識體系（Gagne, 1985）。另一種樹狀圖排列是由下而上，學習從簡單到複雜，也就是從知識的最基本單位開始，逐步擴大，終形成整體的知識。透過這種知識不斷推衍的歷程，學習的結果，學生不但知其然，也知其所以然（Reigeluth & Stein, 1983）。無論認知或動作技能領域的結構圖的繪製都可參考下列原則：

1. 使用學生容易了解的詞彙。
2. 設計者第一次接觸的教材，內容應儘可能詳細。
3. 關鍵字容易記，儘量使用簡短的關鍵字，可能的話避免用句子。
4. 條列陳述式只用於內容簡短或條理分明的單元。
5. 內容較複雜的單元儘可能繪製內容結構圖。

## 五、設計教學流程

系統教學設計進行到本階段，已初步掌握學生經驗、教學目標以及教材內容，可據以設計教學活動，但知識究竟是什麼？學生該如何學？學習過程中，師生如何扮演恰如其分的角色？這些問題直接影響活動設計，不能不在決定教學活動之前加以思考。為因應國內學校教學的現況，以及八十五學年度開始實施的新課程標準的精神（臺灣省國民學校教師研習會，民84），以下將就目標導向及建構式兩種教學方式的理論依據再做摘要統整說明。

### ✎ 設計教學流程之前──思考教學的理論基礎

目標導向教學設計是以行為主義、認知心理的訊息處理理論（認知主義）、蓋聶的教學設計原理（Gagne, 1985）以及布魯姆的教育目標分類（Bloom, 1956）為理論基礎。蓋聶及布魯姆的理論在教學設計上的運用已

在前面提及，以下再說明教學設計時如何運用行為主義與認知主義。

　　行為主義與認知主義雖然都主張知識的客觀性，但教學方法卻大異其趣。行為主義強調老師教，學生不斷反覆練習；認知主義雖然也由老師傳達知識的內容與架構，但卻強調學生知識重組的內在心理活動，著重學習的策略。但在學校教學中，除非是特殊教育的訓練領域（如智能不足兒童的訓練），否則縱使是傳統的教學方式，單純採用行為主義或教學的例子也不多見，多半混合行為主義與認知主義的理念交替使用。

　　建構式教學在近年來受到相當重視，尤其是數學與科學領域，國內自八十五學年度開始逐年實施的數學新課程，也以建構主義為其課程設計的哲學基礎。當然，建構式也適用於其他各學科較高層次知能或解題的學習，有利於給學生自由創造思考的空間。本文的建構式教學設計以折衷式的建構主義為理論基礎，採取四個論點：

　　　・學習目標是在創造知識，不是複製知識。
　　　・知識體系是靠學生自己建構，而不是由老師教的。
　　　・知識的建構需透過合作學習，而不只是個人的努力。
　　　・學習成敗的關鍵在於豐富的情境（徐照麗，民85）。

　　當然，教學並非絕對目標導向或建構方式不可，亦可斟酌目標、教材、學生特性甚至教師個人的教育哲學觀，整合出行為主義、認知主義及建構主義或與其他理論並用，教師與學生角色並重，知識的吸收與創造並進的學習模式。試以一個國小教師針對國小自然學科三年級第二學期「生命現象」領域單元之一「蠶」所做教學哲學觀的敘述為例：

　　1.蠶的飼養方法及成長的階段：養蠶時，為了確保蠶寶寶的健康，應該注意飼養的方法。此外，蠶的生長歷程很長，有一定的變態過程，因此，觀察蠶的成長階段為觀察重點。由於上述養蠶及觀察成長的知識內容都十分具體而且確定，而且涉及飼養時的安全與衛生，學生最好清楚記住相關的要點，因此擬採用行為學派為主、認知主義為輔的教學法，由教師主導提供訊息。

　　2.蠶的成長現象：有關蠶生命的蛻變、成長的現象等細部內容的觀

察，則保留一個開放的探索空間，由學生去發現、討論與記錄，讓自然課程的學習與生活結合，最後再歸納、整合大家觀察討論的結果，和課本所提供的資料相互印證，所以採建構教學法（林宏寬，民85）。

上述的哲學觀顯示教師將「蠶」這個單元的教材內容分為兩部分，一為內容具體的知識，其內容結構已獲得廣泛的認同，而且是單元中其他學習的重要基礎。教學時，為求學習的效率與正確性，教師將知識的內容做清楚的交代，學生則反覆的練習，直到形成為認知的一部分，以便運用在新知識的建構上。另一部分則未事先明確訂定學習的內容與範圍，而是由學生從不同的角度自行建構知識的內容與範疇，給學生自我發展的空間。

這種教學設計兼顧基本知識的建立、教學進度的控制與學生參與知識的建構，預期使絕大多數的學生學得有關「蠶」的基本知識，卻不至於在較明確的教材內容上因建構而拖延學習進度，但也重視學生的看法，尊重他們從自己的眼光去看蠶的世界。

再以國小社會學科二年級第二學期「我們生活的地方」為例：

每位教師都有自己的教學哲學觀，然而，每個班級學生的心理特質不一樣，因此，教師必須思考最適合班上學生的理論基礎，才能使學習達到事半功倍的效果。

就本單元來說，應該使用建構主義的觀點，讓學生思考、討論，畫出學生心目中理想的學校及住家四周的平面圖；然後，再經由討論及歸納，共同研擬並執行使生活環境更美好的方法（徐昌義，民85）。

如何創造美好的生活環境，並無定論，因此，實施環境教育如能從小朋友周遭生活環境出發，任何學生建構出來的東西，只要能提升環境的品質，都有其價值。設計本單元的教師，拋開灌輸、說教的窠臼，代之以建構教學理念，讓學生自己伸出各種觸角去發現環境中隱藏的問題，針對問題，由學生設計理想生活環境的藍圖，再共同討論如何執行。

### ✎ 教學流程——目標導向

　　教學流程只要在設計時能謹守所採用理論的精神、使學習的結果達成預定的學習目標即可，並沒有絕對的格式與步驟，但內容則不外乎教學活動，活動方式、學習內容、評量與媒體。其中，教學的活動、方法與內容其實是「共同體」，評量與媒體又融合在活動中，每一個活動用什麼方法進行？牽涉什麼內容？如何評量？用什麼媒體都應做一貫考慮，在實際教學時往往只是瞬間一體的決策，並非獨立事件。

　　1. 目標導向的教學活動：國內以往的單元活動設計大部分將教學活動分為準備動、發展活動以及綜合活動等三段式的設計（Bell-Gredter, 1986; Gagne & Drtscoll, 1988）。

　　• 準備活動：準備活動是指學生在學習主題內容之前所做生理和心理狀態的調整，以進入有利學習的狀況，尤其學生對學習的主觀知覺，影響學習效果至鉅，這種準備活動有別於單元教學前要準備教具、資料或情境布置、後者著重教學在環境的準備。

　　準備活動包括引起動機、提示學習目標或複習舊經驗等。引起動機之前，得先喚起注意。理想的教學情境是學生一進教室，就已經全神貫注，對學習滿懷期待，但通常事與願違，需要運用如強調課程與生活的關係、新奇有趣的活動、成功的實例或與課程主題相關，引發好奇心的問題等以喚起注意；而引起動機可藉提示目標，或以動機理論作基礎，先分析潛在的動機問題與原因，再據以設計教學策略，以提高學習動機，降低學者焦慮。至於教學前學習目標是否須先加以提示，效果則未獲定論；複習舊經驗則有助於確定學生的起點行為。準備活動可就上述建議選擇運用，不必拘泥於特定的流程方式。表 4-3「蛟龍戲水（捷泳）」的單元中，設計者在準備活動階段，以預備操和引起動機揭開本單元第一節課整個教學流程的序幕：

✧ 表 4-3 「蛟龍戲水（捷泳）」單元的準備活動（簡案）

| 教學活動<br>（準備活動） | 教學法 | 教學內容 |
|---|---|---|
| 整隊做操 | 示範、練習 | 各種模仿捷泳動作體操 |
| 引起動機 | 講述<br>問題 | 水上活動的樂趣、游泳的益處<br>分享自己水上活動的樂趣和益處 |

・發展活動：在生理或心理進入準備狀態之後，正式進入單元的主要學習活動，也就是透過發展活動進行單元目標學習，學生對來自教師或其他周遭刺激作選擇性反應、訊息編譯及長期記憶的建立。在這個階段，以準備活動建立的生理與心理學習狀態為基礎，課程內容透過「呈現訊息」以及「提供學習輔導」等活動學習。

　　由於目標導向的教學活動多半由老師主導，發展活動在知識的量、進行速度、練習機會或老師如何提供回饋之間如何調整，則依學生特質、目標難度以及內容的複雜程度等因素共同決定。例如：就年級而言，低年級學生維持注意時間較高年級學生短，老師的說明或講解（訊息）與學生做練習應交叉出現，每次呈現訊息的量應考慮學生吸收的程度，因此一個單元可能分好幾次呈現訊息，並分段練習；相對的，高年級學生或許可以在整個單元內容都講述之後，再做綜合練習。再看「蛟龍戲水（捷泳）」的單元中，設計在發展活動階段，安排提供訊息、練習、回饋以及反覆練習等活動，作為本單元第一節課教學流程的主體。

◇ 表 4-4　「蛟龍戲水（捷泳）」單元的發展活動（簡案）

| 教學活動<br>（發展活動） | 教學法 | 教學內容 |
|---|---|---|
| 提供訊息 | 講述示範 | 捷泳的基本動作 |
| 嘗試練習 | 分組練習個人練習 | 捷泳的基本動作 |
| 提供回饋 | 示範練習 | 錯誤的捷泳的基本動作 |
| 反覆練習 | 分組練習 | 練習捷泳的步驟與隊形 |

‧綜合活動：綜合活動是指單元教學之後再做要點的整理，以強化學習的效果。學習的重點在知識的反芻與運用，也是師生再針對問題溝通的時機。通常教師在這個階段要求「學生實作」，教師採用各種活動或評量方式評量學生表現，並適時給予必要的回饋，作重點整理，來強化學生對所學的記憶，進而刺激舉一反三的學習類化或將所學運用到相關情境學習遷移。在「蛟龍戲水（捷泳）」的單元中，設計者在綜合活動階段，透過分組競賽，提供學生反芻本單元第一節課的教學內容：

◇ 表 4-5　「蛟龍戲水（捷泳）」單元的綜合活動（簡案）

| 教學活動 | 教學法 | 教學內容 |
|---|---|---|
| 分組競賽 | 比賽 | 分列池邊以浮板踢腿前進，全組先到岸邊為勝 |

2.目標導向的教學方法：上述教學活動必須透過各種教學方法進行，雖然絕大多數教學法都適用於大多數學科，但也有部分教學法較適用於某些特定學科，如何選擇，需綜合考慮影響學習的各種因素。論原則，老師主導的教學以講述或示範……等等教師主導的方式較多。

　　選擇教學法時，除了理論基礎之外，教學活動、學生特質、教學目

標、教學時間以及環境……等等各種因素都應列入考慮。若以複習舊經驗為例，複習舊經驗的目的，是在了解學生學習本單元的起點行為，兼具有學前評量的功能，可以採用問答法；引起動機若不占用太多時間，不太適合用討論法，可用講述法或問答法；教學目標若屬動作技能領域，不妨採用講述與示範法；呈現訊息可用各種方法，但若時間是重要的考慮，則用講述法顯然比參觀旅行省時。在「蛟龍戲水（捷泳）」的單元中，設計者配合各教學活動與學習目標的性質，分別採用示範、練習、講述、問答以及比賽等教學法。

3. 目標導向的課程內容：在目標導向教學，如何將學習內容依邏輯順序逐步呈現極為重要，因為無論行為主義或認知主義都強調循序漸進以達學習目標，只是行為主義著重行為的漸進，而認知主義著重心理活動運作的漸進而已，因此兩者都注重教材內容的邏輯與連貫。設計活動時，可將性質較接近的學習目標依活動流暢需要加以組織，未必全依行為目標的順序進行教學。在「蛟龍戲水（捷泳）」的單元中，設計者將整個捷泳分段（三節）教學，其中，第一節為捷泳的基本動作，第二節為捷泳換氣動作要領，第三節為捷泳聯合動作要領及轉身動作要領。

4. 目標導向的教學流程設計實例：行為主義與認知主義兼容並蓄發展出來的目標導向教學可運用於任何學科，但它們究竟如何影響教學設計，以「認識小畫家」單元的部分（工具列與顏色）教學設計為例，教師可以將整個單元內容性質分為幾個部分（如工具列、功能表、線上求助與配色……等等），先由學生預習相關資料，然後分節講述以提供訊息，並一邊上機實作練習，實作時有問題再給予指導回饋，單元結束時，實施紙筆測驗或者透過作品作學習成果的評量（表 4-6）。整個教學活動多半由老師主導，老師提供訊息之後（工具列），學生作作業練習；第一個部分完成之後，再進行下一部分的提供訊息及作業練習（配色）。

✧ 表 4-6　目標導向的教學活動設計——認識小畫家（簡案）

| 教學活動 | 教學法 | 主要內容 |
|---|---|---|
| 1. 引起動機 | 問答 | 舉幾個電腦繪圖的實例 |
| 2. 提供訊息 | 講述 | 介紹小畫家的工具列 |
| 3. 提供訊息 | 示範 | 如何利用工具列繪圖 |
| 4. 練習與回饋 | 練習 | 利用工具列繪圖 |
| 5. 學習強化與類化 | 作業 | 作品導向——使用幾種工具繪圖 |
| 6. 提供訊息 | 示範 | 選取前景色 |
| 7. 提供訊息 | 示範 | 選取背景色 |
| 8. 練習與回饋 | 練習 | 調出所要的顏色 |
| 9. 學習強化與類化 | 作業 | 作品——在第五項活動完成的作品上色 |
| 10. 評量 | 作業 | 作品導向——完成——作品 |

參考資料：古文隆，民 85。

✎　**教學流程——建構式**

在以建構主義為基礎，例如國內數學科新課程的教學設計中，「每節課都分成幾個解題活動，而每個解題活動的過程都按下列步驟進行：

1. 老師布題。

2. 學生解題。

3. 老師指名幾位學生上臺發表他或他們那組的解法。

4. 質疑和辯證，檢驗後肯定或修正解法。

5. 偶而，老師要學生歸納「哪些解題方法是他們認為一樣的？」（黃敏晃，民 83，頁 3）。

當然，建構式教學也適用於其他學科，再以「認識小畫家」為例，同

樣的單元如果採用建構式教學，老師不再一步步地引導學生使用繪圖軟體，而是設計作品或問題導向的學習活動。學生可以以自己設計作品為學習核心，而「小畫家」是他們進行創作的主要工具之一，是執行計畫的手段。因此，課程的核心是創作過程中透過自我思考、發現或與團體討論之後認知結構的建立或突破，而不靠老師逐步講述使用軟體的步驟。

　　與目標導向教學比較，建構式教學提供學生一個較開放、多元而豐富的學習環境，教師設計問題或活動，學生透過主動的探索，學習「小畫家」應用程式的功能和操作方式，透過和同學之間的互動而思考和學習，師生因而都可透過這些互動活動發現本來可能為自己忽略的知識環節，透過不斷的經驗、察覺、理解，最後達成知識的內化（黃敏晃，民 83，頁11）。因此，訊息的來源是多元的發現與啟發（如表4-7），而不是孤立的聽講與記憶。

◇ 表 4-7　建構式的教學活動設計——認識小畫家（簡案）

| 主要問題與活動 | 活動說明 | 主要內容 |
|---|---|---|
| 1. 探索 Win 95 的世界 | 分組討論 | 1-1 Win95 的操作<br>1-2 Win95 的應用程式 |
| 2. 設計作品草圖 | 自由創作 | |
| 3. 使用小畫家繪製作品 | 3-1 校內外尋找各種資源<br>3-2 學生自行創作過程中鼓勵討論<br>3-3 教師評鑑學生互評 | 3-1 蒐集資料<br>3-2 使用小畫家繪圖<br>3-3 進行形成性評鑑 |
| 4. 後製作 | 4-1 學生整合建議必要時加以修改 | 4-1 根據回饋進行修改 |
| 5. 展示成果 | | 5-1 布置展示會場<br>5-2 印製邀請參觀卡<br>5-3 成果展示<br>5-4 心得分享 |

### ✎ 選擇教學媒體

教學時，媒體是傳播訊息的工具，如何選擇最適合的媒體，得具備媒體運用的基本概念，再綜合考慮媒體特性，配合學習目標、學生特質、教學內容……等等因素，加上環境中經費、預算與設備……等等現有條件，以發揮媒體的最大功能，以下分別就基本概念、媒體特性與環境因素等交互關係國以說明。

1. 運用媒體應具備的基本概念：教學媒體為什麼能刺激學生認知能力的發展？理由最少有二：其中之一，媒體的硬體以認知心理學為設計的理論基礎。試以攝影機的功能在地理科教學的運用為例，攝影機在鏡頭獵取上具備的廣角（wide angle）與近距離（zoom in）的功能，可以極具彈性地配合學生在宏觀與微觀學習的需要，做遠景與近景的變化，掃瞄（pan）的功能則可適應學習轉換的需求，切換鏡頭畫面。例如，如果進行的學習主題是臺灣地圖，教師可以使用攝影機透過教材提示機，先投影出整個臺灣的形狀，做整體的瀏覽（organizer），也就是宏觀的學習，然後再將鏡頭拉近（zoom in），做臺灣行政區的細部介紹（如臺中市），也就是微觀的學習；一個行政區到另一個行政區之間的轉換，則只要左右轉動鏡頭，即可在瞬間連結不同的學習主題，並且極易將學習內容做系統的組織，完全符合認知心理對訊息處理的論點。

當然，教學媒體在學生認知學習上功能要發揮到極至，除了以認知心理為設計硬體的基礎之外，若從教學活動的角度而言，教學方法從過去的演講式到目前以問題解決為主，學生的作業從過去的反覆練習逐漸發展到目前的虛擬實境，採用的教材從過去的文字為主流發展到目前的圖文並茂、動靜交替的趨勢之下，教學軟體的設計如何以學習理論為基礎，應用的結果又如何修正目前的學習理論，是我們在享用教學科技對認知學習貢獻的同時，不能不繼續努力思考，加以研究，進而提升教學上的溝通品質的課題。

‧每一種媒體在教學上都有它獨特的功能：捷克教育哲學家Comenius（1592-1670）於十七世紀首開風氣之先，在教學中藉田野參觀（field trip）及圖片介紹礦物。這種教學媒體的運用在今天看來似乎不足為奇，但它卻引發後續有關媒體特性研究的火花，在Comenius之後，有許多教育學者開始以「具體到抽象連續性」（concrete-Abstract Continuum）的概念來定義教學媒體的特性，以及不同媒體在教學上發揮功能的可能性。其中，以赫本等人（Hoban, Sr., Hoban, Jr. & Zissman, 1937）、戴爾（Dale, 1969）以及布魯納（Bruner, 1966）等的理論最被廣泛運用。

若將赫本等人的抽象層級圖（Hierarchy of Abstraction）、戴爾的經驗之塔（Cone of Experience）及布魯納的心理運作層次之說（Mental Operation）重疊對照，可以發現赫本等人及戴爾是從媒體的表面型式定義學習經驗的具體到抽象。在各種媒體的型式中，以實際操作的直接經驗最為具體，其次依設計經驗、戲劇經驗、示範、參觀、展覽、電視、電影、錄音、廣播、靜畫、視覺符號（文字）及口述符號（語言）的次序，具體的程度遞減，抽象的程度遞增。因此，理論上，實際操作的直接經驗最能引起學習的動機，也最能幫助學生了解學習的內容；相對地，語言文字是抽象的符號，在運用抽象的符號之前，學習者應先累積足夠的具體經驗，作為詮釋抽象符號的基礎，才能做有效的學習。

相對地，布魯納則不從媒體的外在，而從學習者內在的學習心理角度解釋，認為學習應從具體到抽象循序漸進，無論成人或兒童，學習應從具體的實際經驗（enactive）出發，具備具體概念之後，才能進行形象符號（iconic symbol），甚至抽象符號（abstract symbol）的學習。他們解釋學習或媒體特性的角度雖然不同，一個由外顯的媒體看內在的思維，一個由內在的思維看外顯的媒體，但主張學習應由具體到抽象循序漸進的理念則不謀而合。

問題是：具體學習情境的安排不但費時費事，而且可遇不可求，不得已時只好退而求其次，利用立體模型、影片、照片、錄音或戲劇……等等媒體來代替，這也說明了媒體選擇多元化與保持彈性的必要。尤其，科技

文明為人類日常生活帶來的改變，連帶也使教學科技蓬勃發展。過去數十年來，投影機、幻燈機、錄影機……等等視聽器材為教師增加了更多的教具選擇，這些媒體藉由聲光影像，更能具體地傳遞訊息。由於這些媒體極接近真實的特性，不但可以同時適應不同能力、學習方式以及不同社會或文化背景學生的學習需要，面對大量的學生、學校的設備或教師員額不足時，還可以發揮大眾傳播的功能。此外，有些媒體像電腦輔助教學、語言教室設備或互動式多媒體，更可以實施個別化的學習，而不像文字或語言，往往無法獨立支援有效的教學。

然而，視聽器材雖然自二次世界大戰之後就進入學校，但由於傳統視聽器材功能單一，以及器材使用、操作與維修的不便，使許多學校空有良好設備，教師卻裹足不前。如果教師無法欣賞過去二十年間科技為教學所做的貢獻，電腦的普遍或許是個教師可以真正認同科技的轉機。近年來電腦在教學上所發揮的文書處理、擷取訊息、解決問題、傳遞資訊及適應個別學習需要……等等方面的立即與強大功能，使訊息處理與人際溝通幾乎掌握在彈指之間，更使教學環境面臨劃時代的改革。電腦多媒體結合各種形式媒體的功能，使使用者可以藉由一部電腦，輕易地在文字、圖形、聲音、靜態影像、動態影像、電腦動畫，甚至虛擬實境等複雜的學習環境之間穿梭。

儘管如此，單純的語言或文字……等等抽象的符號還是有它無法取代的功能，一張從攝影角度來看可能極為成功的作品，不一定能取代一段優美的文字所能表達的意境；音樂所能激發的情感，若單單改用文字敘述，也可能顯得觸不著邊際；一個立體模型所表達的三度空間的概念，恐怕很難用其他平面媒體來具體說明……等等，諸如此類，都足以說明有些媒體所能呈現的具體訊息，有其幫助學習的優勢，但為了因應各種不同的教學情境，縱使再抽象的媒體，也具備其他媒體所無法取代的功能。

‧傳統媒體應與現代教學科技相輔相成：在我們享用科技文明的同時，是不是可摒棄傳統的媒體呢？事實上，各種教學媒體（包括最新教學科技）都有其限制，使用時，要有現代科技絕非教育萬靈丹的覺悟。事實

上，教學科技的意義，並「不在於擁有」若干種類與數量的器材設備，也不在於擁有哪些或者多少教學軟體，而「在於如何運用擁有」，如何將這些學習的輔助工具真正融為學習環境的一部分，以提升教學的品質，並產生預期學習效果，才是教學科技領域所應探討的關鍵問題。在認知上，教師要避免為用科技而用科技，要能熟知每一種教學媒體的優點、缺點與應用範圍。本質上，教學媒體沒有好或壞、昂貴或便宜、新或舊之分，只有運用得當與否之別。

例如：書籍、雜誌、期刊、報紙、檔案資料、歷史照片……等等，這些所謂的傳統平面媒體是電腦資訊之外不可或缺的知識來源，也是電腦媒體本身不可或缺的資料來源。因為，在學習過程中，學生要獲得既深且廣又符合自己需要的訊息，就得撒下一面擷取知識的大網，亦即藉由閱讀或各種媒體的多元化管道抓取資料。而電腦發揮多媒體的功能所需要的龐大資料庫，其訊息的組成仍然是文字、照片、聲音、影像……等等傳統形式的媒體，只是透過電腦可以輕易又有效地進行複製、傳輸與組織的功能而已。此外，傳統教室裡常備的黑板、粉筆與講義……等等許多教具媒體，捶手可得、取用方便，又無停電或故障的顧慮，這些優點確是現代電子科技望塵莫及，因此，自有無法完全為現代科技產品取代的地位。

• 教師扮演的角色因教學科技而改變，但科技無法取代教師：有人擔心科技文明高度發展，將使人文精神式微，這其實是庸人自擾！未來，面對聲光多媒體世界中長大的學生，科技的運用的確可以減少老師在課堂上的「傳道與授業」等講述的時間，因為這些「複製」知識的事，可以即時由電腦多媒體或其他媒體代勞。但是目前為止，電腦仍無法偵測個人的學習問題與情緒障礙，無法在互動的學習情境中洞悉問題，也不具備臨機處理突發狀況的應變能力（Jenson, 1993）。因此，教師已由過去執行較多勞力工作的角色，「進化」到更人性化的人師，著重「解惑」與「啟發」。

• 人性化與科技化相輔相成：科技化與人性化的教學環境是否互相衝突？其實，科技與人性化之間不但息息相關，更是致力於民主化、科技化、現代化與國際化的新課程揭櫫的學校教育發展方向。

　　最近，臺灣四年一次的第五次全國科技會議於民國八十五年九月十六日在臺北召開。在一篇「對全國科技會議的期望」的民意論壇中，陳振宇（民 85 年）提出了「以人因心理學提升人的價值與尊嚴，建構科技化又人性化的社會」的呼籲。他認為，「在追求科技化與現代化的過程裡，我們不斷創造的是一個日益複雜的物的世界，在缺乏人性的考量之下，很快地就陷入一個人役於物的地步。」作者所舉的人因心理學對建構科技化又人性化的社會可能有的貢獻的例子，雖然是西方社會為促進人與物的系統充分相容的學問，但這樣的理念卻也正是教師在運用科技時不能不引以為戒的課題。避免落入人性與科技格格不入之道，就在於透過對人的學習歷程的了解，充分掌握這些影響學習的因素，產生對學生的尊重，以設計一個適合學生學習的科技環境。

　　・媒體的運用應尊重教師與學生的真正需要：教師面對每天的教學挑戰，究竟需要什麼樣的資源與環境？許多斥資不菲的教學媒體被學校或教師束之高閣，其實並非教師故步自封或無知之過，絕大部分是肇因於管理辦法的限制以及媒體未能符合實際教學的需要。從管理方面來看，是財產保管者把媒體當「寶」，擔心被偷，擔心用了損壞，因噎廢食，不考慮盡「寶」的經濟效益，結果，一部塵封已久卻花費數萬元的投影機，其經濟效益可能不如一支粉筆。再從軟體的品質來看，許多教學軟體是從媒體專家的角度設計或製作，或設計者對教室生態與學生的次級文化未能深入研究、具體掌握，以致對教師及學生而言，這些媒體使用「另類」語言，無法掌握學生的心理與需求。

　　再從學生的角度來看，科技已經深入一般社會大眾的生活，科技生活的副產品也已改造了教育的情境（context），是不爭的事實，年輕的一代在豐富的多元文化以及互動的媒體資源中悄悄地、快速地學習與成長，相形之下，教育他們的師長對資訊的吸收可能顯得痴呆，師生兩代之間對世界的認知與期望，對學習的定義與方式如何找到平衡點，顯然是這一代教師必須深思的課題（Collins, 1990, Forman & Pufall, 1988）。面對這種師生之間成長與學習背景的差距，面對「從背後推著老師學習科技的下一代」

（Corders, 1995），如果我們還希望學校教育扮演著恰如其分的角色，就不能不正視迫使教學方法面臨變革的社會背景，和教學心理學強調的重視學生起點行為的理論基礎，才能平衡近來已經失序與式微的家庭組織，並強化學校與社會教育的功能。否則，學校教育要面對的將不再是將困難歸咎於學生無法適應學校，而是難逃無法適應學生需要、無法克盡教育職責的責難（Riel, 1990; Newman, Griffin & Cole, 1989; Ringstaff, Sandholtz & Dwyer, 1991）。

2.媒體特性與教學：教學媒體種類很多，選擇的主要因素之一在於媒體的特性，尤其是投影、幻燈、錄影、電腦等近代媒體，使用遠較傳統媒體昂貴的器材設備，又比傳統媒體多了器材操作的不便，對其特性尤應切實掌握，才能發揮最大的功能。

‧投影媒體：在教學目標方面，投影片雖然適用於各種領域的教學目標，但仍以重點綱要或層次分明的內容最適合。運用上，單片與疊片可視內容複雜程度交替使用，單片用來呈現有條理、有組織，甚至動態流動效果的要點式訊息（如人體血管裡血液的流動），疊片用來分層呈現較複雜的概念，分層解說，以協助學生有效地達成學習目標。

教材內容方面，投影片用來呈現文字或圖形的效果較好，顏色則彩色、黑白內容兩相宜。文字方面，如：各學科教學的定理原則、綱要說明、重點整理、問題敘述、活動流程、討論提示……等等，書法教學的碑帖範例，國語教學的字詞語句……等等，不勝枚舉。圖形方面，舉凡剪影、統計圖表、歷史年表、地形圖示、組織結構或各種符號……等等，只要運用得當，都可以將訊息做有效的傳遞。有時，為了使文字綱要的層次更加分明、為了迎合學生的喜好或教學內容的實際需要，投影片加上色彩，或以電腦螢光幕彩色顯像，雖然未必如實物般的逼真，卻可以強化視覺效果。

教學方法方面，投影片最適用於面對面的講述或討論式教學。由於投影媒體面對觀眾的使用方法，以及不必遮光的使用環境，遇到教學活動常需要面對面的講述、討論或問答時，都能因應需要。它既可以替代板書，

節省書寫時間；使用時，教師又可眼觀四方，或在投影片上即席書寫補充資料或標示重點，更可以與小組活動結合，學生邊討論邊在投影片上記錄結果，既省時，又可提升學生參與及發表的動機。此外，投影片內容及片框四周的空間還可協助教師備忘，使教師有更多時間與空間機動掌握學生學習的動態。

使用環境方面，通常只要自然光線即可，教室裡只要有一部投影機，一面銀幕或白牆，投影機插上電源，打開投影機的開關，教師把實物或投影片擺在投影機檯面上，即可在正常光線下使用，只是若有遮光設備，效果更好。至於投影片製作法的選擇也極具彈性，無論配合經費、製作能力或專業形象等因素，都有很大的選擇空間。

‧幻燈媒體：在呈現的訊息類別方面，提供靜態的人群、景物、事件的記錄，能呈現逼真的「影像」與豐富的「色彩」，還可兼具聲音與影像同步的效果，是第一個能讓時空暫停的媒體。尤其針對社會、自然、藝術科教學時，它可以提供廣泛而年代久遠的素材，它可以忠實地記錄不同族群、宗教、風土、民情，是時代變遷之下的生活形態的寫照；也為人類生活智慧結晶作最直接有利的見證，影像所呈現的相關主題、時空背景、活動的形式、歷史的價值、環境的背景，甚至影像拍攝的時間、預期的目的與可能造成的影響等也都是進一步討論的素材（Greenawald, 1992）。

教學方法方面，可用於各種教學情境，幻燈片透過幻燈機放映，具有放大效果，很適合用於大班教學。雖然各型幻燈機不斷推陳出新，有各種不同用途的幻燈機可以適應各種教學情境的需要，如個別學習與小組教學，但個別學習與小組教學所需的幻燈器材多數設置於資源中心，作為補救教學之用，這種情形在國內並不普遍，因此，絕大多數仍在大班教學時使用。教學時，內容及使用方式也極具彈性，可依需要單張或單元使用，可隨時更換幻燈片的次序，或依主題內容之不同做不同的組合，教師可以自由控制教學的速度。放映時，如果使用遙控器，教師還可以選擇不妨礙學生視線的位置。

在學習效果方面，真實影像的新奇與獨特，有助於學習的記憶。剎羅

門（Salomon, 1978, p.38）認為這是因為這些新奇與獨特的影像「內化之後形成一種特殊的暗碼系統（specific coding systems），可以用來作為個人思考的工具」。不過，所羅門的這項觀點與早期皮亞傑（piaget and Inhelder, 1956）或布魯納（Bruner, 1966）的學習理論中有關認知的論點並不全然一致。

費用、製作與保管方面，自製容易，取材廣泛，經濟方便，內容容易編輯，收藏方便。我們生活周遭其實存在著豐富的教學素材（如風景、花草、樹木……等等），若要將這些素材記錄下來作為教學之用，只要有一部全自動相機，裝好日光型彩色幻燈軟片，按下快門，完成之後，送交沖片公司，沖片、加框，就可以製作出影像清晰，色彩層次分明的教學幻燈片，既方便迅速，價錢又比沖洗照片便宜。如果進一步備有一部單眼反射相機，搭配不同用途的鏡頭，藉調整感光時間、光圈大小與焦距，攝取特殊景物（如昆蟲），做近距離拍攝或檔案翻拍，甚至營造特殊效果。假如幻燈片有固定內容，旁白還可以預先錄製成錄音帶，同步自動放音、放影，對不同班級學生使用相同教材，訊息切實、一致，教師只要做事前內容大綱的提示，及事後的補充討論，既省力又方便！

使用環境方面，需要遮光設備以及使用時學生不方便做筆記，師生不能做視覺接觸等是其缺點，因而使它成為國小運用較少的近代媒體。

‧錄音媒體：錄音帶與雷射唱片的輕巧和方便；錄音機、雷射音響和電腦光碟機的普遍、操作容易以及可以原音重現的功能，使得錄音媒體成為任何學科內容、任何場所皆適用，也是最廣泛被運用的媒體之一。

‧錄影媒體：錄影帶或影碟可以呈現動態或連續性的教材內容，動態的視覺影像與間接的人際互動，使它們不但可以超越時空阻礙，記錄具真實感的景物，因而產生強大的說服力，更可融合視覺與聽覺的效果，用來傳達連貫又完整的訊息及概念，以及清楚表達連續的動作；可以搭配各種教學法；錄影機、電視機等相關器材普及，使用方便，操作容易，軟體資源豐富。

‧多媒體：電腦多媒體由於結合了文字、圖形、影像、聲音……等等各種形式的訊息，適用於各種性質的教材內容；資料存取修改十分方便；

互動的特性可以適應個別差異，學生容易配合個人學習速度選取學習內容的特性，因此極適合用於個別化、操作學習、解決問題、角色扮演以及合作學習的方案，而且由於多媒體本身儲存資源的豐富，學習也不限於傳統的教室範圍，而可以擴及資源室、媒體中心，甚至家裡。但是，多媒體在教學上的運用也有其限制。器材設備價錢昂貴，以及製作費時，使得教師自製不易，如果再加上軟體設計不當，縱使資料豐富，使用者卻不知如何上手，就可能使人裹足不前，使得多媒體的運用大受限制。

3.媒體選擇與環境因素：教學上選用媒體，考慮媒體特性與學習系統中的各項因素之後所做的選擇，是理想！能否順利運用，還得有客觀環境因素配合，諸如：設備與器材、現有軟體資源、個人技術、經費、時間……等等，其中，教師較能掌握的部分包括軟體資源的充分運用與個人技術的提升。

充分運用現有媒體。媒體選擇應優先考慮使用現成媒體，需要填購硬體、修改或製作的軟體次之。如果可取得「可公開使用」的現成軟體，經過評鑑，確定這些軟體符合教學目標，符合學生需要，品質可以接受，則可節省全面製作的人力、物力與時間，是最好的選擇。但有時候，現成軟體可能只有局部內容符合教學目標，此時，在不違反著作權法的原則之下（謝銘洋，民82），可在使用前將內容加以修改，例如：外語配音的錄影帶可加上字幕或改以本國語配音，錄影帶可以播放其中片段；幻燈片可以重新編輯或者部分重拍……等等。有時，現成軟體可能完全不符合教學需要，或者根本沒有相關的現成軟體，就只好進行規劃製作了。

個人技術的提升則有賴教師不斷進修，唯有教師對近代教學媒體製作與運用的專業知識與環境現況有基本的認知，才能做正確評估，做適當的選擇。環境限制往往使使用者在做選擇時必須做必要的妥協，然而，教育的目的本來是在教人學會社會的價值與規範，教育目標的達成，靠的是人，並非教學媒體或現代科技，因此，縱使媒體的選擇退而求其次，智慧的運用卻可以彌補環境的不足！

## 六、教學設計的評量──回饋與修改

系統化教學設計的「回饋」，也就是在設計過程中進行「形成性評量」，也就是過程中發現問題立即修改的工作，或在教學之後，根據學習的形成性評量或總結性評量蒐集到學生學習的結果所做的「總結性評量」。換句話說，不只學生學習應做形成性評量與總結性評量，教學設計的品質直接影響學習的成果，為確保學習的成效，教學設計在使用之前也應進行形成性評量，使用之後則做總結性評量。

教學設計之所以重視形成性評量，是因為學習雖有原理原則可循，但教學的對象是學生，教學成功的因素之一是學生對教學怎麼看，怎麼想。然而，學生是一個靈活、機動的個體，因此，設計者對學習者的需要可能存在的落差，可以藉由設計過程中的形成性評量防範這些盲點。

形成性評量可循很多管道，例如：自我評量、蒐集學者專家或教學對象對設計內容的回饋，將這些回饋加以記錄，進行綜合評估，必要時進行修改，設計的結果將更能符合學生的需要。學者專家包括擔任過教學、了解學生的老師，對學科內容學有專精的人士，或者媒體專家，只要教學設計者保留一個開放的思考空間，生活周遭有許多可以從不同角度給我們建議的人。至於教學對象，最好包括上、中、下三種不同程度的學生，可以兼顧不同程度的學生對設計內容的反應。至於總結性評量，是將教學評量視為診斷性評量，評量結果作為修改教學設計的依據。

請選擇小課程中任何教學主題，以系統化的思考，設計教學活動詳案與簡案。

作業活動

請選擇小課程中任何教學主題，以系統化的思考，設計教學活動詳案與簡案。

# 參考書目

國立譯館（民 73）。視聽教育。臺北：正中書局。

徐照麗（未出版）。國小教師對系統教學設計的認知與態度研究。

徐照麗（民 85 年）。建構主義在教學設計上的運用。臺中師院初等教育系建構主
　　義教學學術研討會，民國 85 年 3 月。

徐照麗（民 85 年）。師資養成教育教學設計課程之實施對實習教師教學設計知能
　　及態度之影響。臺北：臺北師院，國小師資培育與教育實習學術研討會，民國
　　85 年 5 月。

陳梅生（民 81）。我國視聽教育的演進與發展。教學科技與媒體，1，3-11 頁。

陳振宇（民 85）。以人因心理學提升人的價值與尊嚴，建構科技化又人性化的社
　　會。聯合報，85 年 9 月 19 日，民意論壇（11 頁）。

陳淑英（民 77）。在教學上視聽媒體的運用。中等教育，39：1，35-38 頁。

黃敏晃（民 83）。國民小學數學新課程之精神。刊載於國民小學數學科新課程概
　　說（低年級），臺灣省國民學校教師研習會編印，1-17 頁。

臺灣省國民學校教師研習會（民 84）。國民小學新課程標準的精神與特色。臺北：
　　臺灣省國民學校教師研習會。

臺灣省國民學校教師研習會（民 84）。國民小學課程標準。臺北：臺灣省國民學
　　校教師研習會。

謝銘洋（民 82）。教學媒體與製作權法。臺北：中國視聽教育學會，中國視聽教
　　育學會，教學媒體與著作權法研討會。

張作錦（民 85）。美國兒童有一張新電視菜單。聯合報，民國 85 年 8 月 4 日。

Anderson, L. W. & Burns. R. B. (1987). Values, evidence, and mastery learning. *Review of Edu-
　　cational Reserarch, 57,* 215-223.

Anderson. L. W. & Sosniak. L A. (1994). Bloom's taxonomy: A forty year retrospective. Chicago:

University of Chicago Press.

Andrews. D. H. & Goodson, L. A. (1980). A comparative analysis of models of instructional design. *Journal of Instructional Development. 3* (4). 2-16.

Arlin, M. (1984). Time, equality and mastery learning. *Review of Eductional Reserarch, 54,* 65-86.

Bell-Gredler, M. E. (1986). *Learning and instruction: Theory into practice.* NewYork: Macmillan.

Block, J. & Burns, R. (1977). Mastery learning, In L. S. Shulman (Ed.), *Review of Research in Education* (pp.3-49). Itasca, IL: Peacock.

Bloom, B. S. (1956). Taxonomy of educational objectives: Cognitive domain. NewYork: David Mckay.

Bloom, B. S. et al., (1984). *Taxonomy of educational objectives, Book 1: Cognitive domain,* White Plains, NY: Longman.

Bloom, B. (1984). The search for methods of group instruction as effective as one-to-one tutoring. *Educational Leadership, May,* 4-17.

Bobbitt, J. F. (1918). *The curriculum.* Boston: Houghton Mifflin.

Camine, D. W. (1992). Introduction. In D. Camine & E. J Kameenui (Eds.), *Higher order thinking: Designing curriculum for higher order thinking* (pp.1-22). Austin, TX: PRO-ED.

Carroll, J. B. (1963). A model of school learning, Teachers College Record, 64(8). pp. 723-733.

Charters, W. W. (1923). *Curriculum construction.* New York: The Macmillan Company.

Cherry, C. (1996). *Communication, Theory of., Vol. 7,* Colliers Encyclopedia CD-ROM, A Division of Newfield Publications, Inc.

Collins, A. (1990) The role of computer technology in restructuring schools. In K. Sheingold & M.S. Tucker (Eds.), Restructuvring for learning with technology, p.29-46. NY: Center for Technology in Education, Bank Street College and the National Center on Education and the Economy.

Corders, C. (Dec. 19th. 1995). Technology in classrooms. Unpublished manuscript. Tallahassee, FL: Augusta RAA media Center.

Cover, T. M. (1996). *Information Theory., Vol. 13,* Colliers Encyclopedia CD-ROM, A Division of Newfield Publications, Inc.

Date, E. (1969). *Audio-Visual methods in teaching.* New York: Holt, Rinehart & Winston, p.108.

Dewey, J. (1910). *How we think.* Boston: D. C. Heath and Company.

Dewey, J (1960). *The quest for certainty.* New York: Capricom.

Dick & Carey. (1990). *The systgematic design of instruction* (3rd. ed.) Glenview, 111. : Scott. Foresman and Company.

Dick & Carey, (1996). *The systematic design of instruction* (3rd. ed.). Glenview, 111.: Scott. Foresman and Company.

Eisner, E. (1985). *The eductional imagination.* New York: Macmillan Publishing.

Forman, G. & Pufall, P. B. (Eds.). (1998). *Constructivism in the computer age.* Hillsdale, NJ: Olawrence Erlbaum Associates, Publishers.

Gagne, R. M. (1985). *The conditions of learning.* NY: Holt, Rinehart and Winston.

Gagne & Driscoll, (1988). Gagne, R. M. & Driscoll. M. P. (1988). Essentials of learning for instruction (2nd ed.). Englewood Cliffs, NJ: Prentice-Hall.

von Glasersfeld, E. (1991). Cognition, construction of knowledge, and teaching. In M. R. Matthews (Ed.). *History, philosophy and science teaching* (pp.117-132). New York: Teachers College Press.

Greenawald, D. (1992). the camera's eye: Imagery and technology. *Social Studies. 83,* pp.134.

Guskey, T. R. & Pigott, T. D. (1988). Research on group-based mastery learning programs: A meta-analysis. *Journal of Educational Research. 81,* 197-216.

Gustafson, K. L. (1991). *Survey of instructional development models* (2nd ed.). New York: Syracuse University.

Harap, H. (1928). *The technique of curriculum making.* New York: Macmillan Company.

Heinich, R., Molenda, M., Russell, J. D. (1993). *Instructional media.* NY: Macmillan Publishing Company.

Hoban, C. F. Sr., Hoban, C. F. Jr. & Zissman, S. B. (1937). *Visualizing the curriculum.* New York: Dryden, p.39.

Hsu, C. L. (1995). The impact of systematic planning on intern teachers' planning strategies and students' learning outcomes. Paper presented at the Instructional Systems Acadermic Forum, Florida State University.

Jenson, R. E., (1993). *The Technology of the Future Is Already Here.* Academe, JulyAugust.

Kemp, J. & Dayton, D. K. 1985. Planning and producing instructional media (5th ed.) New York: Harper & Row Publishers.

Krathwahl, D. R., Bloom, B. S. & Masia, B. B. (1964). Taxonomy of educationalobjectives, Handbook: Affective domain. New York: David Mckay.

Kulik, C. K., Kulik, J. A. & Bangert-Downs, R. L. (1990). Effectiveness of mastery learning programs: A meta-analysis. *Review of Educational Research, 60* (2), 265-299.

Kulik, J. A., kulik C. L. & Cohen, P. A. (1979). A meta-analyses of outcome studies of Keller's personalized system on instruction, *American Psychologist. 34*, 307-318.

Leathey. T. H. & Harris, R. J. (1989). *Human learning.* Englewood Clitts. Nf: Prentice Hall.

Mager, R. F. (1962). *Preparing Objectives for programmed instruction.* Belmont, CA: Lake Publishing Company.

Mager, R. F. (1984). *Preparing instructional objectives.* Belmont, CA: Lake Publishing Company.

Morgan, R. M. (1989). Instructional systems development in third world countries. *Educational Technology Research and Development.* 37 (1), 47-56.

Newman, D., Griffin, P. & Cole, M. (1989). *The construction zone: Working for cognitive change in school.* New York: Cambridge University Press.

Piaget, J. (1954). The Construction of Reality in the Child, NY: New York Basic Books.

Piaget. J (1980). The psycholgenesis of knowledge and its epistemological significance. In M. Piattelli-Palmarini(Ed.), *Language and learning.* Cambridge, MA: Harvard University Press.

Piaget, J. & Inhelder, B. (1956). The child's conception of space. London: Routledge & Keagan Paul.

Philips, D. C. (1995). The good, the bad and the ugly: The many faces of constructivism. *Educational Researcher, 24* (7), 5-12.

Reigeluth, C. M. & Stein, F. S. (1983). *The elaboration theory of instruction.* In C. M. Reigeluth (Ed.), Instructional design theories and models. Hillsdale, NJ Lawrence Erlbaum Associates.

Resiser, R. A. & Dick, W. (1995). *Instruction Planning: A guide for teachers.* Needham Heights.

MA: Allyn and Bacon.

Riel, M. (1990). *Building a new foundation for global communities.* The Writing Notebook (January/Feburary), p.35-37.

Ringstaff, C., Sandholtz, J. H. & Dwyer, D. (1991, April). Trading places: *When teachers utilize student expertise in technologyintensive classrooms.* Paper presented at the annual meeting of the American Educational Research Association, Chicago.

Salomon, G. (1978). On the future of media research: No more full acceleration in neutral gear. *Educational Communication and Technology Journal, 26* (1), 37-45.

Schwartz, B. (1982). Reinforcement-induced behavioral stereotyping: How not to teach people to discover rules. *Journal of Experimental Psychology: General, 111.* 25-59.

Shannon, C. E. & Weaver, W. (1949). *The nathematical theory of communication.* Champaign, 111.: University of Illinois Press, p.7.

Shimp, C. P. (1984). Cognition, behavior, and the experimental analysis of behavior. *Journal of the Experimental Analysis of Behavior, 42.* 407-420.

Skinner, B. F. (1953). *Science and human behavior.* New York: MacMillan.

Slavin, R. E. (1987). Mastery learning reconsidered. *Review of Educational Research, 57,* 175-213.

Slavin, R. E. (1990). Mastery learning re-reconsidered. *Review of Educational Research.* 60 (2), 300-302.

Spiro, R. J., Feltovich, P. J., Jacobson, M. j., and Coulson, R. L(1991) Cognitive Flexibility, Constructivism, and Hypertext: Random Access Instruction for Advanced Knowledge Acquisition in I11-Structured Domains, In. T. Duffy & D. Jonassen (eds). *Constructivism and the Technology of Instruction.* (pp. 57-75.), Hillsdale, N. J. Lawrence Erlbaum Assoc. Publishers.

Thomdike, E. L. (1928). *Elementary principles of education.* The Macmillan Company.

Tuckman, B. W. (1991). *Educational Psychology: from theory to application.* Orlando, FL: Harcourt Brace Jovanovich College Publishers.

Tyler, R. W. (1932). The construction of examinations of botany and zoology. *Service Studies in*

*Higher Education.* Bureau of Educational Research Monograph, No. 15. Columbus: Ohio State University.

Tyler, R. W. (1949). *Basic principles of curriculum and instruction.* Chicago: University of Chicago Press.

Weiner, B. (1979). A theory of motivation for some classroom experiences. *Journal of Educational Psychology,* 71, 3-25.

# 教學技巧之應用

呂錘卿

# 壹 ⋯⋯動機的技巧

　　動機是引發、指引並維持行為朝向某一方向的動力。學生有無動機從事學習活動，是學生學習效果及教師教學成效的關鍵因素。教師在教學當中，並不只單純要求學生合作，而是要運用動機的技巧，誘導學生在教室的活動，使其有高品質的投入行為。因此，動機的技巧是教師很重要的教學課題。

　　引起動機是貫穿整個教學活動的持續工作。歸納學者的意見及個人的經驗，將動機技巧依運用時機，大略分為：激發動機的基本前提、教學開始時的動機技巧及教學進行中的動機技巧三方面來說明。

## 一、激發動機的基本前提

　　教師要激發學生的學習，首先應做好幾個基本的工作。

　　第一，營造安全、溫暖、和諧的班級氣氛，並讓學生在班級中有隸屬感、自尊感，滿足學生的基本動機需求，學生才能進一步專心學習。

　　第二，選擇適合學生程度或能力的學習教材，並儘量與學生的經驗背景相結合。

　　第三，提供舒適的學習環境，布置能激發學生學習興趣的情境。

　　第四，讓學生了解學習的目標。學期開始，說明這一學期的學習目標與重點；新單元開始，說明這一單元的學習目標、重點及準備事項。

## 二、教學開始時的動機技巧

### ✎　用故事引發興趣

在一個單元開始時，教師可以講述和教材有關的故事，引發學生的興趣。用故事引發學習的動機，有各種不同的引導方向：(1)由故事本身引出一個疑難問題，等學生在單元學習後去解決；(2)由故事內容中引出本單元要討論的問題；(3)由故事引起學生對單元主題探討的興趣；(4)由故事引起學生的聯想，特別是語文或創作的學習單元，可用這種方式來引導。

除了單元教學開始用故事引起學習的動機外，也可運用長篇連續的故事，激發學生認真於學習活動。教師事先與學生約定，只要每日在學習和行為上表現良好，即可聽老師講連續的故事。低年級雖看過童話故事，但透過老師的口語講述、肢體表演，學生還是會很有興趣；中年級故事的範圍則較廣；高年級可講些文學、歷史、科學上等名人的傳記故事。

### ✎　提出疑難問題

教師可誘發學生的認知衝突，進而產生對問題探究的興趣。另外也可提出一些具有適度挑戰性的問題，使學生產生好奇而願加以探究。例如，人都喜歡自由自在，不受拘束，在班級團體中若完全依照個人的喜好，則會有何種結果？

### ✎　變化感覺管道

人有五種感官：眼、耳、鼻、舌、身，相對應的有五種感覺：視覺、聽覺、嗅覺、味覺、觸覺。感官對外界新奇的刺激都很有興趣，教師配合教學的內容，應利用較不尋常的呈現方式，或變化不同的感覺管道，使學習者有新奇的感覺而引起注意。例如，運用色彩（或圖片）、聲音（或音樂）、模型、標本、實物……等等，引起學生的興趣。

### ✐ 讓學生做報告

教師可要求學生於課前先做觀察，蒐集新單元有關圖片、資料、報導、事件，或整理與新單元有關的個人經驗。在新單元上課之始，由學生就自己觀察、蒐集及經驗，發表個人的心得，以引起學習動機。學生的報告，不管是學生的親身經驗，或是學生的觀察與整理結果，都能引起學生的討論興趣。

### ✐ 運用偶發事件

在校園內、社區裡、國內社會或是整個地球村，每日有許多事件發生。教師可選擇適合討論的事件，適時納入單元的問題討論中。一方面能引起學生學習的興趣，另一方面也是將教材內容和社會建立連結的關係，做到課程統整的目標。

### ✐ 運用影片

教師可在單元教學開始前，播放一段有關本單元的影片，藉著動態影像及聲音的陳述，引發學生學習的興趣。在教學活動中，有些實驗在教室無法進行、有些現象平常不易看到、有些劇情無法用個人的語言表達，藉由影片的動態描述，不但可激發學習的興趣，也可引起討論的問題。

## 三、教學進行中的動機技巧

### ✐ 在教材內容方面

1.讓學生了解教材的價值及實用性：學生知道學習活動有價值，所學的知識和技能，可以在目前和未來的生活中使用，自然會比較有興趣學習。學生能將所學的用於社會上，就是課程統整所強調的社會統整。

2. 運用連結、類化：將課堂所學的知識，與學生周遭生活的經驗、事物、事件、活動及現象相關聯或類化。讓學生了解學習不是獨立而無意義的事件。學生將所學的與周遭的經驗相關聯，就是經驗的統整。

### ✎ 在教學方法的安排上

1. 運用小組討論：小組討論可使學生有參與感，並且能分享同儕的經驗和觀點，學生會覺得比較有興趣。因此，教師應經常使用小組討論型態進行教學活動，引導學生參與討論活動。比較簡單而常用的小組討論方式有菲立普六六法和腦力激盪法。

2. 教學方法多變化：教師的教學方法及活動應多樣化、新鮮化，想辦法使每一件工作的某些部分，對學生而言是新奇的，或至少與最近所做的是不同的。魔術師表演時，大概不會有人打瞌睡。因此，「變化、新奇」是維持學生的注意與新鮮感的有效方法。

### ✎ 在情境的安排上

1. 建構適當的競爭與合作情境：教師可運用學生的好勝心理，將全班分為若干小組，並與學生討論競賽的內容、方法及計分。運用合作學習教學法的方法，在小組間相互競爭，小組內相互合作。競賽的內容可以是教學的內容，如完成一則故事；可以是教學進行的程序，如實驗過程完整和條理程度；也可以是班級常規，如討論或實驗時最有團隊精神。教師可每天或每週將競爭結果做一總結，給予適當的獎勵。

2. 讓學生有操作的機會：對於很多自然科學方面的學習，學生必須操作才能有深入的理解和印象。因此，教師應指導學生利用相關的工具與設備進行實驗和製作，由親自動手去體會和感受多種教材中所論述的情境。

3. 進行戶外教學：教師可視教材內容，安排校外的參觀、訪問及觀察，以印證基本之概念和原理，使學生知其然，也知其所以然，增加學習的興趣。

4.適當的運用遊戲：遊戲是人的天性，兒童更是如此。因此，教師應儘量將教學內容和活動加以遊戲化，增加學生的學習興趣。有時學生學習知識學科時間太久，覺得腦力疲勞，教師可來一段「帶動唱」，或「趣味遊戲」，以提振學生的精神。

5.穿插幽默的笑話：在教學中，教師可在適當時機說個幽默的笑話，引發學習興趣並集中注意力。

### ✎ 運用學生已有的內在動機

外在的增強和誘因，總是暫時性的；而內在動機則較持久且主動。教師可利用學生對某些事物既有的興趣、好奇心及冒險慾望去激發強烈的學習動機。例如，學生對探測火星感到興趣，教師可引導小朋友蒐集有關太陽系、火箭、岩石、地球科學、生命現象……等等資料，指導其研究。由了解火星，進一步了解太空科學、地球科學、生命科學及人類社會等。

## 四、教學結束時的動機技巧

1.教學結束時，來一個小測驗。大多數的學生會因要有好的表現及成績，以獲得老師及家長的鼓勵，而有較高的學習動機。

2.讓學生在結束該課程之後，有機會利用所學的新知識，使學生在自然的情形下產生滿足感。例如，學完面積計算單元後，可請小朋友實際計算桌面、黑板及教室的面積。

3.提示學生與下一單元的關係。在一單元結束前，如同在單元開始時，教師應當進行「連結」的工作，就是提示本單元與下次學習單元的相關之處，一方面引起下次的學習動機，另一方面使學生對知識的脈絡有一了解。

❀作業活動

1. 蒐集有關文學上、歷史上、政治上、科學上、數學上……等各領域的小故事，作為教學上引起動機之用。.
2. 請選擇一個教學主題，設計一個教學單元，在計畫的左邊列出教學活動項目，相對的右邊列出並簡要描述你如何應用動機的技巧。

## 貳 講述的技巧

　　講述法在運用上非常方便、經濟、及省時，而且講述法也有許多的功能，因此，仍然是教學上常用的方式之一。講述法可在教學開始前，引起學生的動機；在單元開始教學時介紹概念和學習目的；在教學過程中對教材內容或概念做說明與解釋；在單元教學結束前做複習與整理。這些都需要教師運用講述的技巧來完成。

　　在國民小學的單元教學過程，教師在一節（或兩節）的上課中，往往運用多種的教學方法，有講述、討論、練習、發表、實驗、表演等。但是都得靠教師的講述技巧來貫穿整個教學活動。因此，教師能熟練講述的技巧與要領，不但能使教學生動，而且也能掌握班級秩序。歸納講述的要領分為七方面，包括：教師準備、教材本身、表達技巧、輔助措施、語言運用、肢體儀態及結束整理。

### 一、教師準備

　　教師在進行講述前，應做下列的準備工作：①編選教材；②熟悉教材和相關資料；③了解學生起點行為，即分析學生已有的經驗；④設定或分析單元目標；⑤熟悉教學活動與流程；⑥擬定並熟悉講述大綱。

## 二、教材本身

教師若運用講述的方式來介紹概念或說明內容，對於所陳述的教材內容應當注意三個原則：①教材適合學生程度；②教材條理井然層次分明；③教材能有縱向和橫向關聯。縱向關聯是指學科或學習領域內前後的邏輯關係，橫向關聯是學科或學習領域之間的相關性。

## 三、表達技巧

1. 在一時間單位內只陳述一個重點：一個單元可能分好幾個綱要或重點，教師應依每一綱要或重點之繁簡、難易，分配若干時間來陳述。講述時即依事先擬定的邏輯或難易順序說明。在一個單位時間內把一個重點、概念交代清楚，不可跳脫，以免學生無法進入老師的思考層次。有這樣的時間及重點控制，也可避免講述時之離題現象。

2. 陳述清楚，逐步引導：教師依教材之組織及條理，將重點陳述清楚，還要進一步確信學生熟悉教材重點後，才能進入另一教材要點之學習。如此循序漸進，逐步引導，才能對整個教材完全的了解。

3. 在艱深處做說明、解釋或舉例：教材難免有比較困難、複雜、抽象的地方，學生無法只聽一次講解，就能明白；也無法於短時間內就能熟悉。因此，教師應多花一些時間重複說明、解釋，或舉一些學生能理解的具體例子來說明，使兒童有思考的時間。

4. 適時提問學生：教師講述時可夾用發問的方式，一方面檢視學生是否了解，一方面可促使學生專注聽講。

5. 講述生動化：教師講述時，要注意生動，切忌平鋪直述，而多用形容、描寫、比喻、擬人化、例證、反詰、懸疑等方法，增加興趣。

6. 適時的強調重點：教師在說明重要概念時，可以用暫時停頓或提高音調的方式來引起學生特別的注意，並使學生能有時間做筆記、劃記或其他思考反應。

7. 講述的時間不宜太長：在中小學階段，正題講述的時間以二十分鐘為原則。

8. 適時運用集中焦點的技巧：講述可能因時間過長、內容單調、學生疲倦而分散注意。教師在講述途中，可運用集中焦點的技巧（詳見本章伍，集中焦點技巧），把學生的注意力拉回來。

## 四、輔助措施

1. 同時提供演講綱要或書面資料：除口頭講述外，最好能再提供講述大綱或其他相關的書面資料，如此將有助於學生的聽講、記憶和了解。

2. 事先提供相關資料：教師在教學前如能提供材料、補充教材、參考資料給學生，並要求學生事先預習，再經教師的講解說明，效果更好。

3. 配合其他方法或技術：講述雖然簡便，但一節課或一個單元中，不能被講述法所壟斷。講述法一定要搭配其他方法或技術來運用。

4. 運用教學媒體：在正式的講述和演講時，教師常使用各種教學輔助器材，包括圖表、實物、模型、幻燈機、投影機等。如此可使教學活動生動而富有變化，亦可增加學生的注意力，避免學生覺得枯燥。

## 五、語言運用

1. 口齒清晰而響亮：口齒清晰，發音正確，使學生聽得清楚明白，不致發生誤解。另外，聲音要響亮清脆而不尖銳，使最後一排的學生都能夠聽得清楚，自然容易集中學生的注意力，也容易提高學生的學習興趣。如果教師的聲音較小，應當不時的走動身體，到教室中間，使音量能達到教室的後面，或利用擴音器，以補助音量之不足。不過使用擴音器對教師的肢體語言表達有所不便，教師應當設法訓練本身的音量。

2. 說話流暢而自然：教師講話要流暢，聲音要自然，如行雲流水般，聽起來順暢、悅耳，引人入勝，如此必能提高學生聽講的興趣。說話絕對不可吞吞吐吐、結結巴巴、拖泥帶水、顛三倒四、反反覆覆，會使聽者感

到厭煩。

3. **用語適切而淺顯**：教師在講述課文時，不論措辭用語，均須特別注意，否則會給予學生不良的印象。教師用語要斯文典雅，不可粗俗，更不可冷嘲熱罵，語含譏笑，使學生的心理受到傷害。另外，教師在講解時，所用的語言一定要切合學生的程度，不可太深或太淺，遇到艱深難懂的專門術語，要深入淺出的為學生解釋。同時語言要兒童化，如說到「父親」、「母親」，便可改用「爸爸」、「媽媽」等語氣為妥。

4. **速度快慢適中**：教師講述的速度要適中，有時可配合講述之情節或內容調整速度。當講述緊張而急促的故事情節時，可加快速度並拉高聲音；當講述抽象概念、複雜原理時，應放慢速度並用聲音強調重點，使學生了解前後語詞之邏輯關係。一般說話或朗讀的速度，一分鐘大約一百八十到二百個字之間。教學時為了讓學生充分理解，速度應稍慢一些；對低年級速度更要慢些。

5. **聲調要變化而有致**：教師講話時，不要平鋪直述，聲調應有變化。配合講述內容情節，注意聲調高低，抑、揚、頓、挫、快、慢、急、徐。講述切忌從頭到尾，採取同一的聲調和速度。說話的音調，常表達心中的情意和感受。一般來說高亢的聲音表示慷慨激昂；急促的聲音表示興奮；柔和的聲音表示愉快；低沈的聲音表示哀怨；莊重的聲音表示肅穆；顫抖的聲音表示悲傷；快疾的聲音表示緊張；徐慢的聲音表示寧靜；大叫的聲音表示驚懼；嘆息的聲音表示感嘆；加重的聲調表示使人注意。教師應視教材的內容，配合以上的聲調來進行。

6. **避免口頭禪**：講話時帶有口頭禪，讓人覺得說話者語言不夠成熟，也使人看出沒有準備和信心，更嚴重的是影響表達之流暢和條理性。因此，教師應當避免這些無謂的口頭禪。如「這個」、「那個」、「嗯」、「然後」、「對不對」……等等。

## 六、肢體儀態

1. **保持儀態**：教師要有良好的儀態，包括服飾整潔、穿戴得宜；態度大方、和藹愉快；坐站有樣、動作合度；精神振作、篤實誠懇。

2. **注意講述時的動作**：講述的動作要自然大方、從容不迫，不輕浮。有時候，教師會有一些習慣性的動作，如手弄粉筆、手插褲袋的反覆動作、手理頭髮、手捏鼻子、眼看天花板等，這些不雅的動作均應避免。

3. **眼神與學生保持接觸**：教師在講述時，要隨時與學生保持顏神接觸。如此可以維持學生之注意力並了解其反應情形。另一方面，從學生的眼神中獲得回饋，改進自己的講述缺失。

4. **適當運用肢體語言**：教師在描述、形容、敘說和說明教材內容時，也常藉手勢的補助，以增進學生的了解。如講到「信心」、「力量」、「高」、「大」時，都可用手勢來表示。在講述故事或劇情時，為增加戲劇的效果，可誇大肢體語言，吸引學生的注意力。

## 七、講述結束

講述結束前，應引導學生歸納本單元所學習課程的重點，或由教師做扼要之重點提示，使學生能有一完整的概念，了解講述的中心要旨。最後，再預告下一單元及準備事項。

### 作業活動

1. 找一則兒童故事，越精彩越好，情節變化要多：有緊張、刺激、幽默、哀怨、感人、嘆息等。揣摩講述這一則故事時的表情、動作、聲調等，再找機會說給你家的小孩子或隔壁鄰居的兒童聽。

2. 找高年級社會科任一單元，依此單元之主題內容，草擬一講述大綱。這種大綱是教師一面在講述時，一面可用透明片展示出來，也是學生學習的重點綱要。

## 參　發問技巧

教師在教學當中，經常要提問題問學生。因為發問在教學過程中占有很重要的地位，如引發學生的學習動機、啟發學生思考、促進學生參與學習活動。教師也經常用問問題的方式，來了解學生的理解程度或做單元結束前的綜合整理。因此，發問在教學上是相當重要的技巧。教師在發問技巧上，至少應了解問題的類型、提問題的技巧、候答的技巧及理答的技巧。

### 一、問題的類型

不同的問題類型，能引發學生的不同反應，產生不同的效果，達成不同的預期目標。因此，要成為一位勝任的教師，應該認識各種問題的類型，了解不同問題類型的功能。而在提問題前，教師應當經常想到：針對此一教學活動的目標，我現在應該問哪一類的問題？因此，在探討發問技巧前，應該先了解問題的類型。茲舉兩種問題的分類方法來說明。

#### ✎ 從問題的答案來區分

對問題類型的分類，比較常見的方法是依問題有無固定答案來區分，有閉鎖式問題和開放式問題，另一名稱為聚斂性問題（convergent question）和擴散性問題（divergent question）。

1. 閉鎖式問題：這類問題在引導學生朝向某一思考方向，答案通常是就學生所記憶的資料或知識中，去分析、整理而得，大都不要求有新的發現。回答問題常需依一定的思考方式，答案通常是可預期的而且較為簡短，並且只有一個標準答案，這個答案就是發問者事先準備好的答案。例如：

- 臺灣與大陸隔著什麼海峽？
- 種子的構造可分為哪幾部分？

2. 開放式問題：這類問題能激發學生從各種不同的觀點和角度，探索各種可能性，並有新的發現或創造。而且要破除墨守成規，不拘泥於既有的習性思考。答案通常不固定，並且強調容多納異，讓學生有發揮的空間，因此，沒有唯一的標準答案。即使發問者事先已有自己的答案，也不排除其他可能的答案。例如：

- 第三次世界大戰後，人類世界將會變成什麼樣子？
- 假如中國人兩岸三地在民國一百年統一了，亞洲局勢將會變成怎樣？世界局勢將會如何？

## ✎ 從問題內容性質來區分

依據布魯姆（B.S. Bloom）的認知領域學習目標六個層次來區分問題的類型，將問題歸納為五種類型：

1. 認知記憶性問題：這類的問題大都是學科的基本知識，學生回答問題時，只需對事實或概念做回憶性的重述，或經由認知、記憶和選擇性回想等歷程，從事再認的行為。例如：

- 我國歷史上西漢定都在哪裡？
- 立方體有幾個邊？幾個頂點？

2. 推理性問題：學生回答問題時，須對以前所接受或所記憶的資料，從事分析及統整的歷程。此類問題因須依循固定思考結構進行，故常導致某一預期的結果或答案。例如：

> - 下雷雨時，為什麼不能在空曠的地方？
> - 為什麼鐵軌連接的地方有縫隙？

3. 創造性問題：學生回答問題時，需將要素、概念等重新組合，或採新奇、獨特觀點做出異乎尋常之反應。此類問題並無單一性質的標準答案。例如：

> - 臺灣地區各鄉鎮市有許多的垃圾無處倒，有何解決辦法？
> - 複製人體的技術非常普遍時，法律又無法禁止，人類社會將會變成如何？

4. 批判性問題：回答問題時，學生須先設定標準或價值觀念，據以對事物從事評斷或選擇。例如：

> - 小學生在學校為什麼不能使用參考書和測驗卷？
> - 廢除高中、大學聯招後，我們的學校、家庭和社會將會有什麼影響？

5. 常規管理性問題：指教學管理上所使用的語言。例如：

> - 上課不守秩序，會有什麼後果？
> - 上一節的作業完成了沒有？

## 二、提問題的技巧

教師對學生發問，並非即興式的，而是要遵守某些規則，才會收到預期的效果。下列四個原則可作為參考。

1. 各類問題兼顧：良好的發問，應當包含認知領域六個層次的各類問題，或是張玉成所提四個類型的問題。

2. **運用有序**：教師在提問題時，應當注意內容要有連續性；問題的難度由淺到深，由簡單到複雜。內容連續性，學生才能從問題中獲得系統的知識；難度由淺到深，由簡單到複雜，學生才能拾級而上，達到預期的學習目標。

3. **注意語言品質**：教師的語言表達應清晰、速度適中、音調和緩，並注意用字遣詞，勿把污穢當幽默，肉麻當有趣。

4. **多數參與**：教師在提問題時，為使全體學生都能注意反應，首先必須把握先發問後指名的原則。其次，應該多用高原式策略（plateaus strategy），避免尖峰式策略（peaks strategy）使用過多。尖峰式策略，指教師提出一個問題並指名回答後，陸續提出較深入之問題由同一人回答，直到某一階段後，才指名他人回答另一系列問題。高原式策略，則是教師提出一個問題，由多人回答不同意見後，再提出深入一層的問題，俟學生充分反應後，再提出更深入一層之問題，如此循序而進至某一預定目標為止。

5. **指名回答的原則**：教師指名學生回答有三個原則：

・先提問題後指名回答。

・多人舉手回答中，應給較少發言者優先的機會。

・依問題的難易，指名不同能力的學生回答，使能力差者也有表現的機會。

## 三、候答的技巧

教師提出問題後，等待學生回答或反應的這段過程，叫做候答。候答應注意下列要點：

1. **候答時間不宜過短**：教師提出一個問題後，應有適當的停頓，至少三秒鐘，讓學生有思考的時間。尤其是推理性層次以上的問題，問題愈難，候答時間應愈長。

2. **不重述問題**：在候答時，教師不要習慣性地重述問題，這樣學生會預期老師重述問題，養成學生對老師所提問題不專心聽的習慣。

3. **注意學生的反應**：教師在候答時，應注意學生的眼神、姿態等身體語言，以了解學生的理解情形，並請準備回答的學生回答。

## 四、理答的技巧

教師對學生所提出的答案或反應，做適當的處理，叫做理答。理答時應注意下列四個原則：

1. **注意傾聽**：教師注意傾聽，也要全班同學注意聽。這表示對回答者的重視與尊重，養成學生聆聽別人說話的習慣，了解他人的意見和想法。必要時可請沒注意聽的學生複述回答的內容。

2. **給予鼓勵**：無論學生回答正確與否，都要給予鼓勵。回答正確，給予回饋的鼓勵；回答錯誤或不會回答，應當給予心理上的勉勵，以建立學生的自信心。

3. **匡補探究**：匡補是當學生回答問題而有所不足時，教師運用手勢或語言引導學生再補充，必要時由教師補充說明。所謂探究的技巧，是指當學生回答問題時，教師針對回答內容，認為有值得推理、批判或評鑑的必要時，再進一步運用問句，繼續引導學生探究。

4. **歸納答案**：教師對學生的答案做歸納或總結。學生所提意見或作答內容，有對有錯，良莠不齊，總結時不妨只歸納出正確的、可接受的部分，其餘可略而不提。

教師要運用發問技巧，首先要了解問題的類型，其次了解提問題的要領，再次要知道候答和理答的技巧。但還有一個很重要的前置作業，就是要編擬各類問題。在問題類型中，編擬認知記憶性的問題比較簡單，可直接就知識的內容來問。至於推理性的、創造性的和批判性的問題，就要花心思才能編出好的問題。

**作業活動**

1. 找出最新國民小學社會科和自然科課本，選不同年段之課本，兩科各選一課，依據課文內容，按照張玉成所提問題類型的前四種，每一問題類型各編二個問題。
2. 試從師生間的互動或學生間的互動，想出兩種以發問為主體的教學策略或活動，來激發學生動腦筋思考及發問。
3. 試從同儕中找一位搭當，就兩人感興趣的兩個主題，各自編擬一些問題，並輪流發問，以練習提問題、候答和理答的技巧。

肆
討論技巧

　　討論法是教學法（method），也是教學技術（technique）。討論法可採用小組討論或全班討論。小組討論法是在一個班級中，分成幾個小組或小團體，為達成教學目標，分派不同角色，透過語言表達、傾聽對方和觀察手勢表情等的過程，彼此溝通意見以獲致某種結論。

　　小組討論有許多方式，而適合國小常用的有：菲立普六六法（Phillips 66）、腦力激盪法（brainstorming）。腦力激盪法和菲立普六六法較重視討論技巧的養成。其進行步驟和過程以實例說明如下：

## 一、菲立普六六法

　　菲立普六六法是由美國密西根州立大學的菲立普（J.D. Phillips）所提倡的方法。其特色是能很快地成立討論小組，並且不需要給學生討論前的準備，學生也不必熟練團體討論的技巧。因此，對於剛形成的團體極為適宜。

　　菲立普六六法的成員最好是六人，可由教師分派或由學生志願組成。

小組形成後立即在一分鐘內選出主持人，然後由教師在一分鐘內指示所要討論的問題，學生針對所要討論的問題，在六分鐘內歸納出小組的意見或主張。菲立普六六法適合討論具有爭議性或具有正反不同意見的問題。例如，根據資訊處理理論，該不該要求學生背書？小學生中午是否應該午睡？兒童應否提早學英語？……等等。

以國立編譯館《生活與倫理》第五冊（六上）第七單元「攜手邁步向前──合作」為例，說明小組討論教學之應用。本單元第六十五頁有四個討論題目，前三個題目適合用「腦力激盪法」，第四個題目適合用「菲立普六六法」。茲以第四題前半段為例，說明菲立普六六法的應用過程。

### 分　組

將學生分為六個人一組。並選出主席、記錄、報告三個人。三個人的任務如下：

1. **主席**：其任務是維持討論秩序、控制發言主題及時間、排除離題及超過時間之發言、歸納本組之意見。
2. **記錄**：記錄組員的發言重點，但亦應發言。記錄紙格式如表 5-1。
3. **報告**：代表小組報告討論之結果。

◈ 表 5-1　小組討論記錄表格式

| ＿＿＿＿縣（市）＿＿＿＿國民小學　　　上課分組討論記錄（第＿＿組） |
|---|
| 一、日期：＿＿年＿＿月＿＿日（星期＿＿）第＿＿節　　班別：＿＿年＿＿班 |
| 二、小組人員分配 |
| 　主席：＿＿＿＿＿＿　報告：＿＿＿＿＿＿　記錄：＿＿＿＿＿＿ |
| 　組員：＿＿＿＿＿＿　組員：＿＿＿＿＿＿　組員：＿＿＿＿＿＿ |
| 三、討論主題： |
| 四、討論記錄： |

### 解說題目

教師揭示討論題目，將題目事先寫在長條紙上，於說明時揭示在黑板上。以本單元為例，將第四題前半段之討論題目稍微修改如下：

「個性差異或做事方法不同，會不會影響合作的效果？」

在教學過程中已說過，菲立普六六法是針對有爭議性的論題，讓學生發表正反兩方面的看法，最後達到綜合性的意見。因此，教師應指導學生，提出個人認為「會影響」或「不會影響」的論點、理由或證據。

### 進行討論

當小組人員準備就緒，題目也解說完畢後，教師詢問小朋友有無疑義。若無疑義，教師用很清楚的口令宣布「開始討論」，並按下計時器，時間限制六分鐘。教師可規定由主席的順時鐘方向輪流發言，強迫學生一定要表達意見，並在一分鐘之內說完。討論時，若正反意見人數相同，主席應就論點較有力的一方，或提出折衷的論點，作為本組的結論。討論時間到時，教師應宣布「時間到，討論結束。」

### 綜合報告

由報告員上台報告各組討論之結果，提出該組的論點。

### 總　結

在綜合報告時，有的小組可能認為「個性差異」和「做事方法不同」會妨礙合作的進行，有的小組可能認為不會，有的小組也許提出折衷的看法，認為不是「會」或「不會」的問題，而是要看其他條件是否有配合而定，如：團隊精神、接納對方……等等。

教師聽完學生的報告，做結論如下：

1.個性差異、做事方法不同是合作的基礎。個性不同的人，可擔任不

同的角色；做事方法不同，可提供不同的意見使我們的方法修正為更可行。

　　2.在這個基礎上，配合以下之條件，會提高合作的效果。

　　‧有共同目標並朝向目標努力。

　　‧每一個人都要能接納不同的個性及不同的意見。

## 二、腦力激盪法

　　腦力激盪法（brainstorming）是由奧斯朋（A. F. Osborn）所倡導的。它是利用團體思考的方式，在一定的時間內，透過團體思想互相激盪之作用，以產生大量的意見、觀念、方法或方案，引導創造性的思考。教師要進行腦力激盪法時，首先應當培養班級有一種自由、愉快而又願意表達的團體氣氛。其次，教師向學生說明腦力激盪法在討論時，應當遵守的規則：

　　‧點子、意見、觀念愈多愈好。

　　‧不可批評別人的意見。

　　‧自由思考，應用想像力，容許異想天開的意見，先不要考慮所提意見的邏輯性、合理性。

　　‧能夠將別人的許多觀念，加以組合成改進意見。

　　‧思考的速度愈快愈好。

　　有這些基本準備，才能順利進行腦力激盪法。在教室中使用腦力激盪法的步驟如下：

　　1.選擇及說明問題：腦力激盪法所討論的問題，適合開放式的問題或擴散性問題。問題的範圍要小，且為具有分歧性的答案，問題大都為「如何」的形式。教師所選擇問題的內容要適合同學的能力和經驗。例如：

　　‧如何使汽車駕駛人不丟煙蒂或其他垃圾到車窗外？

　　‧如何培養小學生的民主素養？

　　‧公共場所發生火災，如何逃生？

　　2.組織討論的小團體：腦力激盪法之討論小組以十到十二人為原則，

討論時選擇一人當主席，一到二人為記錄。主席在主持並引導討論，對小組成員所提的意見不要做說明、解釋，只有當成員所提的意見不確實，才要求發言者確定所提意見。記錄則將所提意見一一記下來。

3. 分組討論：各小組利用教室的角落分開討論，每一小組圍成 U 字形，開口面對牆壁，由主席主持討論。小組成員提出意見時，記錄即將它記下來。記錄最好用壁報紙貼在牆上，便於全組同學觀看，以激發其他的意見。

4. 評估意見或方法：各小組在一段時間內，提出許多意見和方法後，可稍微休息一段時間，再進行評估工作，有時甚至可延後兩三天再進行評估活動。評估時必須根據問題目標或性質，訂出評估的標準，依據標準來評斷哪一個是最好的意見。為使評估內容明確，條理清楚，可設計評估表格來運用。

5. 歸納最佳意見或方法：經過小組之評估後，選擇該組最好、最可行的方法，作為本組討論的結論。

作業活動

1. 請找國民小學中高年級任何一冊之《社會》課本，就課本中的教材內容，列出可以作為菲立普六六法的討論題目。
2. 國民小學學生如果要順利進行小組討論，應當要具備哪些能力或素養？請列出五項你認為最基本的能力或素養，並提出培養或訓練的活動或內容。

## 伍
### 集中焦點技巧

集中焦點是指教師用語言、手勢、動作或其他方式，把學生的注意力，拉到教學的活動上來，或使學生安靜下來，注意老師的說明。在教學

上，除了分組討論、實驗、作業活動等活動以外，其他的教學活動，應當有一個學習的焦點，集中焦點就是使學生注意當下的學習活動。此外，集中焦點用在常規管理上，可讓學生安靜下來，聽老師進一步的指示，避免秩序失控。實習教師在試教期間，師生還沒有建立默契，更要運用集中焦點的技巧，教學才能夠順利進行。

集中焦點可分為幾種方法：①使用語言集中焦點；②使用動作集中焦點；③同時使用語言和動作集中焦點；④使用信號集中焦點；⑤建立默契集中焦點。

## 一、使用語言集中焦點

在教學過程中，教師運用指示性的語言，告訴學生「看」教材內容的章節，或「注意」所展示的媒體資料。例如教師指示：

- 打開課本第三十五頁，看第一個例題……。
- 大家注意看這張透明片右上角紅色部分……。

這樣的指示性語言，其目的是要求學生注意力集中於所進行的教學活動，使學生能隨時知道老師現在是進行何種教學活動，不至於一時分心而無法歸隊。

使用語言集中焦點，不管是運用在教學的引導上，或常規的要求與指示，應當「簡潔」、「清楚」、「肯定」，千萬不要「囉唆」、「含混」、「猶豫」。指示性的語言要直接、有力，語氣不要過於委婉、客氣，否則學生不是無所適從，就是不聽你的話。例如，實習教師要求混亂中的二年級小朋友的常規，教師說：

- 請小朋友安靜下來看老師這邊好嗎？（學生沒有反應）

教師若用比較肯定、有力的語言，情形就不一樣了：

- 數到三，我找還在講話的同學。1，2，……（還沒數到 3 學生已經安靜坐好了）

另外，使用語言集中焦點，切記不可用更大的聲量來要求學生安靜或注意聽。如此會使學生養成「要大聲壓制才能安靜」的壞習慣，教師也因此累壞了喉嚨。

## 二、使用動作集中焦點

使用動作集中焦點是指運用教師的肢體動作，讓學生注意學習的活動。在教學進行中，可能會有小組討論、實驗、分組練習、作業活動等，當教師要學生中止這些活動，注意教師的說明，教師不願用喉嚨大聲喊，即可用動作讓學生停止活動。例如教師用「拍掌三下」的方式，指示學生停止小組討論。又如在實驗課學生比較吵鬧的情況下，教師「舉起手勢」要求看到老師的手勢時，結束或停止實驗活動，注意老師的方向，直到學生都安靜，教師才進一步說明。

使用動作集中焦點，切記不可以用教鞭猛敲講桌或粉筆板。這種動作告訴學生「生氣時可以敲公物」，這種動作也告訴他人「老師已黔驢技窮了」。

## 三、使用語言和動作集中焦點

即混合前面兩種方式，同時運用語言和動作，引導學生注意教師的教學。教師在運用口語指示學生的學習行為時，同時也加上相應的動作，以加強這種指示的功效。例如教師指示：

> ・現在，請各位小朋友觀賞○○同學的演示（教師手指向演示的同學）
> ・請大家看這張圖中顯示斷層線經過的地區……（教師手指向斷層線的位置）

　　在低年級上課中，由於學生的注意力短暫，教師經常使用語言和動作，讓學生提起精神並注意教師的教學。例如教師拍掌並複述「請你跟我這樣做」來引起學生的注意。其做法是：

> ・教師：「請你跟我這樣做」（有節奏地拍掌複誦）
> ・學生：「我會跟您這樣做」（有節奏地複誦並跟隨老師的動作）

　　反覆幾次後，最後把手放在教師所期望的學生坐姿的位置，學生安靜下來，教師繼續上課。

## 四、使用信號集中焦點

　　即和學生約定以某一種聲音代表一種意義或動作，在教學過程中，教師發出這種信號，學生必須注意或做出動作，以集中學生的注意力。例如可以使用三角鐵、木魚、鈴聲、鐘聲、哨音等作為信號的工具。信號所代表的意義教師視情況和學生約定，如「一聲」代表「開始」；「二聲」代表「停止」；「三聲」代表「注意」……等等。不過信號不要太多，否則學生會混淆而產生反效果。在室外或體育課，學生隊伍的收放、分組練習的開始或結束，最好和學生以「哨音」約定散開、停止、集合等口令。實習教師在上體育課時，經常發生學生散開後收不回來的情形，就是未建立或善用「哨音」來代表教師的「口令」。

## 五、建立默契以集中焦點

在一節四十分鐘的課中,學生無法從頭到尾都很專心,尤其是低、中年級。因此,教師必須和學生建立一些口令動作的默契。當學生吵鬧無法進行教學時,教師即運用這種口令,要求學生做動作,以集中學生的注意力。實習教師在短暫的集中實習中,由於小學生的心態對實習教師和級任導師不同,實習教師比較難掌控秩序,更要和學生建立集中焦點的默契。表 5-2 舉一些例子供實習教師參考。

✧ 表 5-2　師生默契示例

| 教師口令 | 學生回答 | 學生動作 | 目標 |
|---|---|---|---|
| 大白鯊 | 閉嘴巴 | 停止說話,坐好 | 要求安靜 |
| 大眼睛 | 看老師 | 眼睛注意老師 | 注意老師的講述 |
| 小嘴巴 | 閉起來 | 停止說話 | 要求安靜 |
| ⋮ | ⋮ | ⋮ | ⋮ |

以師生的默契來集中焦點,應當多思考其他可供建立默契的點子,或參考其他教師的做法。在一段期間最少有二、三種的口令動作交替使用,否則學生很容易產生厭煩,而失去效果。

# 參考書目

方炳林（民 68）。教學原理。臺北市：教育文物出版社。

李詠吟（民 81）。教學原理。臺北市：遠流出版社。

林寶山（民 78）。教學原理。臺北市：五南圖書公司。

張玉成（民 77）。開發腦中金礦的教學策略。臺北市：心理出版社。

張玉成（民 77）。教師發問技巧。臺北市：心理出版社。

張玉成（民 84）。思考技巧與教學。臺北市：心理出版社。

陳龍安（民 84）。創造思考教學的理論與實際。臺北市：心理出版社。

黃光雄主編（民 84）。教學原理。臺北市：師大書苑。

高廣孚（民 85）。教學原理。臺北市：五南圖書公司。

Burden, P.R. & Byrd, D.M. (1994). *Methods for effective teaching*. Boston: Allyen and Bacon.

Borich, G.D. (1992). *Effective teaching methods* (2nd ed.). New York: Merrill.

Froyen, L.A. (1988). *Classroom management: Empowering teacher-leader.* Columbus, Ohio: Merrill.

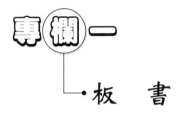

板　書

鄭峯明

　　板書是教學過程中不可或缺的一環，是每一位教師所應具備的基本能力。如何寫好板書應注意兩個基本原則，一是正確，二是工整。茲分別敘述如後。

　　板書書寫首先要注意字體的正確，才能使人辨認無誤。文字大抵是經由「約定俗成」所共同認定的，因此每一國文字都定有「標準字」，以供大家共同遵循。我國文學雖有篆、隸、楷、行等的演變，但歷代均有類似標準字的規定，例如秦始皇接受李斯的建議，統一六國文字，因而整理出「小篆」文字。東漢末年蔡邕書寫三體石經，以供天下學子校定文字。從唐朝發展完美的楷書，是宋、元、明、清以來的標準字，但由於摻雜了很多異體字、俗寫字、簡體字，使書寫者無從遵循，所以教育部乃邀集專家學者，研究訂正我國的文字，經多年的研究，於民國七十一年九月正式公布並啟用「常用國字標準字體」，以後並製成字模，逐年在國小國語課本中推廣。所以身為國小教師，必須正確認識標準字，正確書寫標準字，尤其書寫板書字應以標準字為基準，如此才能正確地教導學生的標準國字。至於如何認識標準字？首先宜對國小國語課本的國字做充分的研究，另外教育部先後出版手寫「常用國字標準字體表」與「國字標準字體宋體母稿」兩本書亦可參考。

　　書寫標準字除了要求字形正確，筆劃數寫對之外，筆順亦很重要。筆順是指一個字書寫時筆劃的先後順序，它不只是影響書寫時是否順暢，也關係到一個字的整齊美觀。茲將筆順的基本原則略述於後：

　　1. **先左後右**：由橫面組成的字，先寫左邊的筆劃，再依次向右書寫，如「橫」，「組」等字。

　　2. **先上後下**：上下組合成的字，先寫上方的筆劃，再依次由上向下書寫，如「字」，「書」等字。

　　3. **先橫後豎**：先寫橫再寫豎，如「王」，「井」等字。

　　4. **先中後左右**：左右對稱的字，先寫中間部，再寫左邊，最後寫右邊，如「水」，「樂」等字。

　　5. **先外後內**：先寫外圍再寫內部的筆劃，如「月」，「周」等字，但若像「國」字最底下的一筆劃則留待最後書寫。

　　6. **先右上後左下**：「辵」、「廴」部首組成的字，大抵先寫右上部分再寫左下部首，如「連」、「建」等字。

　　7. **先整後零**：先把整體部分寫好，再寫零散於外的點，如「成」、「尤」等字。

　　對「標準字」、「筆順」有了正確的認識後，板書書寫亦應注意「工整」，使人辨識清楚，一目瞭然。文章是由積「字」成「句」，積「句」成「章」，所以書寫工整應由每一個字開始。如何將每一個字書寫工整？茲提供幾個原則作參考。

　　1. **平正**：平正即是「橫平豎直」，這是點劃結構的基本原則，所以一個字書寫是否平正，橫劃、豎劃居於主導的地位，橫平的「平」，不是一般的平，大抵是帶一點斜勢的平。豎直的「直」，就是每一筆直劃書寫很直，不可歪斜傾側。

　　2. **勻稱**：勻稱是指每一個字裡的每一筆劃均能做適當的安排。每一漢字的字形有大小、長短、筆劃有多少、斜正的不同，如何安排得大小合度、長短得宜，斜正均衡，則應特別注意筆劃與筆劃間的長短比例，筆劃與筆劃間的空間距，如此才能達到勻稱的要求。例如「大」字，一橫一撇

一捺之間的長短比例任何一筆劃太突兀就會改變「大」字的結構，所以如何保持「大」字三個筆劃間長短比例的均衡，才能維持「大」字結構的勻稱。又例如「書」字，由很多橫劃重疊而成，就要特別注意橫劃與橫劃之間的空間距離要均等，如此書寫，「書」字的結構才能勻稱。

3. 平衡：每一個字都應注意到上、下、左、右的平衡。例如底部的筆劃寫得較重，如此方能承載全字而顯得平穩。同時有左撇右捺的字，右捺可比左撇長些，大抵要平衡略帶斜勢的橫劃。

4. 挪讓：挪讓是指每一字的點劃間既能彼此相讓，又互相呼應，使筆劃多的不致顯得密集，筆劃少的不致顯的疏空。例如「伏」「域」字左邊「人」「土」宜讓右邊「犬」「或」，「欲」「郡」字右邊「欠」「阝」宜讓左邊「谷」「君」。

5. 自然：中國漢字雖然是方塊字，但並非完整的四方形，在寫其字形時，宜就原有的形狀書寫。例如「國」、「固」是正方結構，「書」、「筆」是長方形，「上」、「下」是三角形，「之」「以」是扁平形等，均宜順其既定的形狀書寫，才合乎自然而顯得美觀。

以上五原則乃針對每一個字書寫做說明，板書書寫雖不必像書法家一樣講求藝術與美感，但總應力求整齊美觀。至於整塊黑板的板面處理，亦應井然有序，不可隨意塗寫，顯得雜亂無章。如係直寫，應由右至左按次序書寫，如係橫寫，則由上而下書寫。字的大小應控制得宜，行與行間亦宜整齊，如此整個黑板看起來整齊清晰，對教學才能有莫大的幫助。

專欄二

說故事

黃聲儀

　　法國文學家亞哲爾（Paul Hagard）說過：「兒童們需求著精神食糧，他們不僅靠麵包生活，而且時常向給予他們住家、衣服、關懷的人，要求說故事。這時候，說故事的人就成為強而有力的保護者，讓他們免於鬼怪、黑夜、虎狼的侵襲，因此兒童會安心地聽故事。」可見聽故事是每一個孩子最喜愛、最企盼的事。透過聽故事的活動，孩子們可以獲取知識和概念，促進語言的發展，並進而陶冶個人的心性。基於成人對兒童的愛，所以只要是有人類的地方，說故事的活動就不斷的在進行著。

　　身為未來的國小教師，尤須具備良好的說故事能力。故事的講述生動，不但能使自己受到學生的歡迎，更可以親和教室的氣氛，活潑教學的過程，提高教學的效果。有鑑於此，所以教育部特別把「說故事」列為師院生的基本能力，希望同學們能注重培養並加強練習。

　　故事要講得精彩，必須從事前的準備工作與表達的技巧兩方面下功夫，以下即就這兩個方向提供說故事的要領。

## 一、準備活動

### ✎ 處理故事素材

　　故事的取材，大多來自兒童讀物或書報雜誌。這種書面語的敘述方式，和口頭語有相當大的差距，若忠於原文，照本宣科的說出來，會使人感覺「不像話」，也降低了聽故事的趣味。所以要使故事說得生動，必須把握「順應兒童耳朵」的原則，將原本精簡雅致的書面語言稍微加工處理，以轉換為合乎兒童需求，活潑生動的兒童語言。這種處理可以由以下三個方面著手：

　　1. 改用淺顯易懂的語詞：聽故事是一種享受，所以教師在講述故事前，應先了解兒童的程度，配合兒童的能力，避免使用艱澀難懂的語詞，儘量達到「兒語化」的要求，使兒童在輕鬆易解的情形下，享受聽故事的樂趣。如「伯牙思量再三，當下決定採納師父的建議」，轉換為說故事時，就不能忠於原著的說出「思量再三」、「當下」等書面語，而要說成「伯牙想了很久很久，最後他終於下定決心聽師父的話。」

　　此外，應多使用「具體性」的描述詞，避免使用「抽象性」的形容詞，如：敘述王子「孔武有力」，倒不如說成「王子的力氣很大，他可以一口氣搬動兩百公斤的大石頭，可以拔起一棵大樹……」，透過具體的書面呈現，較易使兒童溶入故事的情境，留下深刻的印象。

　　2. 採用直接敘述的方式：為使兒童對故事的內容能「一聽了然」，並產生身臨其境的臨場感受，教師在說故事時，要多使用直接衝擊兒童肺腑的有力的言辭。間接式的敘述只會帶給聽者不痛不癢的感覺，永遠沒有辦法深入人心。試以下列二例說明之：

> ・間接敘述的句子：「獅子王很生氣的詰問老鼠為什麼把他吵醒？」
>
> ・直接敘述的句子：「獅大王非常生氣，他大聲的對老鼠吼著：『你好大的膽子，竟然敢來吵醒我的午睡，我看你是不想活了！』」

　　兩者相較之下，我們可以明顯的看出直接敘述的方式，會使故事中的人物活形活現的展現生命力，給予兒童的感官刺激更為鮮明直接，無形中便增加了故事的感染力，使兒童迫不及待的急於傾聽後續的發展。

　　3. 適度的增刪文字素材：為使故事更具可聽性，在口頭敘述時，可添加一些吸引兒童注意，提高兒童興趣的具體描寫。如：「由於她是唯一的外國學生，因此同學們常喜歡作弄她，尋她開心。」原來的文字敘述，僅限於說明原因，至於被作弄的情形，缺乏描繪，無法使聽者產生同情的共鳴。這時我們可以想像當時的情形，增添被欺侮的具體動作，使故事更為精彩。如：「同學們常喜歡作弄她，不是拉她的辮子，就是故意把腿伸出來將她拌倒，尋她開心。」

　　到於在整個故事進展中，一些不相關的枝葉，可以將之刪除，以免資料過於龐雜，影響兒童聽故事的情緒。如：「楊小妹割肉療親」的故事中，提到楊小妹家的住址門牌號碼，以及楊小妹母親的姓名、年齡等，這些資料對故事的情節發展，不但沒有正向的幫助，反而有喧賓奪主之嫌，所以說故事時，應選擇性的予以刪除，使故事的內容更為緊湊直接。

### ✎　消化故事素材

　　「凡事豫則立」，即使是為孩子說故事也不例外。故事要講述得生動，事前一定得充分了解故事的內容，並徹底地消化吸收。對於故事中重要的背景資料（含人物、地點、時間）、情節的進展、人物的對話，必須確切地掌握。如此一來，在說故事時，這些資料源源不斷地湧出，講述者便能不假思索，輕鬆自然地使故事從唇齒間流溢出來，彷彿故事是他個人

經驗的一部分，帶給兒童真實生動的生命感受。

「消化故事」並不等同於「背誦故事」。有些講述者把準備功夫用在故事的背誦記憶上，逐字逐句的死記，再一字不漏地說出來。像這樣的作法，無形中扼殺了故事的生命，它所傳達的只是故事皮相的形骸，永遠不能使人領悟故事的神髓。

常見有些同學忽略了事前的準備工作，一旦開始講述時，不是言語時時中斷，便是把人物或場所的名字弄錯。更有甚者，遺漏了中間的重要事件，臨時在後面補添進去，以致使故事的情節倒退，凡此種種都足以影響兒童聽故事的情緒，使原本愉快的活動顯得鬆弛無力。所以故事要說得成功，事前的準備活動是絕對輕忽不得的。

## 二、表達技巧

### ✎ 聲音的運用

聲音是傳達心思、意志、情感的最佳工具。故事書上的文字是死的，但若透過豐富的聲音變化表達出來，能立即賦予文字生命，使整個故事活生生地呈現在孩子的心中。聲音的變化運用，包含下列幾種方式：

1.語調的高低：說故事時，隨著高低起伏的語調變化，可以傳達故事中人物喜、怒、哀、樂的情緒，使故事生動活潑。通常在沒有特殊的情緒反應時，敘述故事的語調要和緩親切，喜悅之時要上揚急促，哀傷之時則可低沈緩慢。遇到對話時，尤其要用不同的語調變化，做出人物的區隔，如：老年人的低沈喑啞，小孩子的高亢清脆，獅大王的兇猛不耐，小老鼠的膽小怯懦等。反之，若「好高興喔！」這句話用平板的聲音說出來，則絲毫不能讓人感受到愉悅的氣氛。所以配合故事情節的變化，隨時以高低起伏，抑、揚、頓、挫的聲意搭配運作，更能使兒童產生身歷其境的感受。

2.語速的快慢：利用說話速度的變化，能創造故事的氣氛，引導故事情節的變化，達到緊扣心弦的效果。如：「萬事通先生」故事中，有一段

文字如：

> 「咦！（緩慢）小雞呢？（稍快）小雞怎麼不見了？」（較快）
> 雞媽媽東看看（停頓），西看看（停頓），真的！小雞全跑丟了（較快）。
> 雞媽媽著急地大叫（更快）：
> 「咯咯咯（再快）！咯咯咯（再快）！誰來幫我找找走失的孩子（再快）！

　　透過語速的變化，將兒童帶進故事的高潮「小雞不見了」，也令兒童感到雞媽媽的焦急不安。這當中並未使用到語氣停頓的技巧，以表示尋找動作的進行。適當的停頓就像樂譜上的休止符，更能襯托出樂章的美妙。配合故事內容突然間的安靜停頓，往往能製造懸疑的氣氛，增加戲劇的效果。

　　3. 語音的輕重：說故事時，為使兒童能更掌握重要而關鍵性的語詞，增加對故事的理解，可利用加重語氣的方式，提醒兒童的注意。如：「大鱷魚說：『我的肚子好餓呀！我已經三天沒有吃東西了！』」這當中「好餓呀」的「好」以及「三天」的「三」字，都要特別加重，以強調大鱷魚饑餓的狀況，緊接著就會關心他如何填飽肚子的問題。以此類推，凡是遇到要凸顯效果或強化程度的語句時，都可以利用這種方式處理。

　　至於輕音，除了基於語言的習慣，對一些不重要的語詞或輔助陪襯的字詞，會自然說得輕些外，有時刻意的使用輕音，也會為故事增添一些很好的效果，如：「大黃狗扛著聖誕禮物，輕輕地走到小山鼠的床前，把禮物塞進他的襪子裡。」若把「輕輕的」三字說得輕一點，緩一點，更能使兒童感受到大黃狗的小心翼翼深怕被發現的苦心。

　　4. 角色的扮演：對故事中不同的角色人物，講述者應深入了解他們的身分、性格，並在對話時，利用不同的聲音扮演出來，使兒童在聽故事時，能透過不同的聲音變化，立即在腦海中勾勒出角色的形貌，使故事的呈現更為具體鮮明。如在「曾子殺彘」的故事中，有三個不同的角色，分

別是曾參、曾參的妻子以及曾參三歲大的孩子，曾參的孩子一直吵著要跟媽媽上菜場，他的聲音可用較為稚嫩、上揚、撒嬌的語氣表達；曾參的太太則要用女性溫柔、慈愛的聲音，先是哄騙孩子，繼而焦急的質問曾參，以凸顯前後心情急遽的變化；至於曾參的聲音，可較為沈穩、厚重，以顯示他的明理與權威。此外，還可利用狀聲的「音效」，使故事的呈現更為傳神。如「突然，一個東西從他的頭上飛過。」若加上「音效」的配合，變成「突然，一個東西『咻』的一聲，從他的頭上飛過。」相較之下，後者顯然更具臨場感。所以凡是「砰砰」的敲門聲，「嘩啦嘩啦」的下雨聲，動物的叫聲等，都要用心的模擬出來，以增加真實感。

### ✐ 表情的配合

兒童聽故事時，最注意的就是講述者面部的表情。因為面部表情的一顰一笑，牽引著整個情節的進展，以及人物情緒的變化。所以講述者的表情應是豐富多變，而且明顯直接的，如喜悅的眉飛色舞，慎怒的怒目而視，驚訝時的目瞪口呆，不解時的若有所思等。這些表情並不是講述者刻意做出來的，而是一旦溶入故事的情境中，順應故事人物的心境變化，自然流露出來的。

而在所有的面部表情中，最重要的就是眼部的表情。眼睛是靈魂之窗，是表達情感的最佳途徑。講述者的眼神要充分發揮功能，靈活運轉，一方面掃視全場，注意兒童的反應，另方面要能傳遞情感，以引起兒童的共鳴。

### ✐ 動作的輔助

動作是肢體的語言，善用動作來輔助故事的講述，可使兒童有更真實的感受及深刻的體驗。如「小熊找醫生」中，描述小熊過吊橋時的緊張，這時若僅有口述及表情是不夠的，而應該另輔以動作，包括：兩手緊緊抓住吊橋的繩索，全身發抖，腳步遲疑的不敢跨出去等。使孩子透過動作及

聲音，真切的感受到小熊的懼怕，不禁為牠捏一把冷汗。

　　動作的出現應該是配合故事需要，隨著口頭的述說，自然添加，且同步進行的，也就是說要能「言行一致」。常見有些講述者，肢體僵硬，又未能充分把握動作的要領，不是「先做後說」，就是「先說後做」，像這樣都會給人突兀不自然的感覺，要特別留意。

　　故事要說得生動精彩，僅靠理論上的認知是絕對不夠的。必須再輔以多方面的觀摩學習，加上個人實際的演練，才能領悟個中的三味。盼望各位同學，能用心學習，相信日後必能從兒童仰望、盼望的臉龐中，真正感受到說故事的樂趣。

### ❀作業活動

1. 你了解自己嗎？你明白應如何展現自己說故事的風格嗎？
2. 試說一個三分鐘的小故事，並做錄音或錄影，以自我修正。

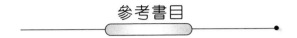

## 參考書目

陳淑琦著。說故事的技巧。文化大學青兒福系兒童讀物研編中心。

福振華著。怎樣講故事說笑話。黎明書局。

王淑俐著。語言表達你、我、他。幼獅文化公司。

## 教師的儀態

蘇伊文

　　或許各位都看過「洛城法網」、「女強人」等電視影集吧！您可曾注意到影集中的律師們所展現的專業形象是什麼？除了頭腦清楚、口才犀利外，您印象最深的可能是律師們出庭時永遠是深色套裝、頭髮整齊、外帶公事包，而在出庭時往往刻意運動肢體語言而成為眾人矚目的焦點。如果你同意我對律師的看法，那麼，請您想想教師的專業形象是什麼？很難說，是嗎？

　　的確，雖然教師也是專業人士，但是由於教師進行專業處理的對象，多為三十人以上的不同個體，而這些個體大多年紀比教師小或學識不如教師，所以教師的形象向來以學識淵博、口才流暢以及具備愛心、耐心為主，至於教師的服裝儀容與肢體語言則為人忽略。其實，教師從事教學活動時，直接面對學生，其一舉一動都傳達著不同的訊息，為人師表者，怎可不重視自己的儀表及舉止呢？本節即針對國小教師的儀態，就服裝儀容及肢體語言兩方面，提出若干方向以供師院生未來參考。

## 一、國小教師的服裝儀容

　　整潔而端莊的服裝正告訴所傳達的對象：我正在從事一項專業的工作，我很重視這項工作，我已充分準備，我尊重對方而希望獲得相同的尊

重。由於國小教師面對的學生年齡層低，需要較大的活動量，在服裝儀容方面，自有另一番考量。

男教師方面，髮型以旁分的頭髮為主，並且避免讓瀏海遮住眼睛，請不要梳太時髦的髮型，因為學生們只會以好玩的眼光看待您而不尊重您。

男教師的服裝以襯衫及西裝褲為主，襯衫樣式以素面或條紋皆可，顏色則以藍、淺黃、淺綠、米白較佳，而西裝褲的顏色則以深色較為耐髒，也較易搭配上衣。單穿襯衫時，不一定要打領帶。襪子應該長至膝蓋以黑色為主，以免坐下時，露出光光的小腿或腳踝，不甚雅觀。由於活動量大，鞋子以黑色皮鞋或休閒鞋為佳。冬天時，可以襯衫外加背心、圓領或V字領毛衣，寒冬季節可穿著西裝，顏色以黑、深藍、深灰為主。穿西裝時，切記穿皮鞋，繫上領帶，但領帶的花色不要太俏、太鮮豔，同時，襯衫袖口須露出一吋長較為高雅。

女教師的髮型，長短不拘，但要修飾整齊，以髮夾固定以免披頭散髮，沒有精神。服裝方面不必跟著最新的流行走，因為太時髦新潮，只會使學生分心。洋裝與套裝皆可，但因為活動量大，最好不要穿太短和太窄的裙子，不但行動不便，也有穿梆之虞。太長的大圓裙也不適合，因為彎身取物裙擺容易在地面拖拉。最重要是衣服的質料不可太薄，將招致學生背後議論與取笑。筆者曾看過一位女教師穿著質料輕薄的大圓裙上課，由於當天風大，使得該位教師整節課都緊抓著裙子，以免被風吹起，情況真是尷尬不已。女教師亦可穿著褲裝，但不可穿牛仔褲。

女教師的衣服顏色不拘，儘量以淡雅明亮為主，全身的顏色不要超過三色是比較高雅端莊的裝扮。鞋子的高度以兩吋以下較佳，以利於行動，惟式樣不要太花俏。配載首飾能使服裝更出色，但在髮飾、項鍊、耳環、別針、腰帶中，一次強調一個重點即可。此外，不要帶太多戒指或手環，讓學生眼花撩亂，女教師可以適度淡妝，能使自己看來精神較佳，活動力強，如果嫌化妝麻煩，最起碼唇膏是不可缺少的。

## 二、國小教師的肢體語言

在每一天的教學活動中，教師直接面對學生，除了以語言傳授知識外，教師的肢體語言也在無形中輔助著教師的口頭傳播。一般而言，教師的肢體語言指的是教師的面部表情、眼光、姿勢以及手勢運用等，一一解說如下。

### ✎ 面部表情

微笑和皺眉是教師最常用的面部表情。微笑所傳達的訊息是和善、愉快、贊同以及對學生的反應表示有興趣。皺眉多為不解、失望或生氣。有時教師也會睜大眼睛表示驚訝，不過，大多數的時間，教師多以溫和的面部表情進行教學。教師在對自己所教學的內容沒有信心時，會出現緊張的表情，如緊咬下唇、嘴巴憋緊等，必須改進。

### ✎ 眼　光

面對三十位以上的學生，教師在授課時眼光應普遍遊走學生群中，最好以Z字型或S字型方式，和學生做二至三秒的眼光交接，讓每位學生都能感受老師的關懷。千萬不要只將眼光停留在少數學生身上，將引起其他學生「老師偏心」的感受。鼓勵學生回答問題時，最好以眼光配合笑容與手勢的運用以增強鼓勵的成分。

### ✎ 姿　勢

在教室中，國小教師多以站姿出現在學生面前，因為站姿使教師感覺較高，讓教師能掌控教室中的運作，也讓教師能遊走自如，與每位學生保持適度距離。男教師的站姿以兩腳距離與肩膀同寬為主，而女教師則兩腳約呈現四十五度較為優雅，兩手自然下垂，不要緊貼腿部，予人緊張的感

覺。

　　教師在講臺上，不要背對學生，應該側身面對大多數學生說話，當然，教師也須注意左右均衡以免擋住坐在兩側學生的視線。教師帶領學生書寫生字時，應該與學生同方向，以免學生視線混亂。教師在範讀課文時切忌以書本遮臉，須讓學生能看到教師面部表情。

　　教師如使用投影機時，應將投影機置於右方，教師坐在左邊並面對學生，才不會遮住學生視線，並且可以管理教室秩序。

　　教師寫板書至黑板下方時，應注意腿部併攏、膝蓋彎曲，姿勢較為優雅。

### ✐ 手　勢

　　手勢的運用可幫助教師講解課文內容，傳達教師的情緒，也可以當作班級經營的指標。教師邀請學生回答問題，手心向上，面帶笑容，讓學生感覺非常溫暖。教師也可以用雙手向上的手勢，邀請學生一起參與教學活動。由於學生人數多，所以手勢要大；但不要超出身體太多而流於誇張。

　　教師應避免以食指指向學生，此舉有警告的意味，而手叉腰有威脅的意思。此外，兩手交疊在胸前暗示少煩我，也應該少用。

　　其他不當使用的手勢如自說自笑、以手遮臉、習慣性摸頭髮、一手放在褲袋裡、一手緊抓另一手的手臂、手摸胃、整理褲腰、玩袖子等都應力求避免。

## 三、結　論

　　如果說人生的成長是一連串模仿行為的組合，那麼，國小教師對於涉世未深的國小學生而言，其影響可謂非常深遠。教師良好的儀表和優雅的肢體語言，在學童未來的歲月裡，將或多或少留下些許的痕跡。為人師表者，怎可不慎乎！

### 作業活動

1. 請每位學生攜帶一張人物面部表情或肢體動作的圖片，討論其可能代表的意義。

2. 小組討論儀態最佳的公眾人物，並列述其原因。

3. 以無聲方式播放幾段人物有肢體動作錄影帶，請學生猜測其動作的意義。

# 參考書目

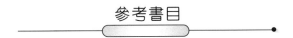

薩娜芙著，金玉梅譯（民87）。說來自在。臺北：天下文化出版社。

Neill, S. & Caswell, C. (1993). *Body Language for competent teacher.* London: Roulledge.

# 第6章

## 教學評量

歐滄和

# 壹

## 紙筆測驗的編擬

紙筆測驗因為適於團體實施，又留下具體紀錄，所以是教學評量中最常採用的形式。它又可分成「選擇反應式題型」及「建構反應式題型」。所謂選擇反應式的題型是指學生在作答時，要從命題者所提供的多個答案中，選擇一個正確或最佳的答案，例如：是非題、選擇題、配合題、重組題等，這一類試題通常作答所需時間較短，計分上也比較簡單、客觀。建構反應式題型則是要求學生自己提供答案，例如：填充題、問答題、申論題、專題研究等，這類試題大多作答時間較長，計分也比較主觀。

## 一、是非題

### 題目型式及範例

是非題是以一段敘述作為題目，學生反應時只能就此一敘述做對或錯的判斷；它最適於測量有明確對錯的事實、術語定義或原理原則的敘述。

1. **單純概念的是非題**：它只呈現單一的敘述句，並要求學生判斷此一敘述句是對還是錯。此題型的優點是大部分的人都很熟悉這種題型，且不太占空間，可容納較多題目；缺點是取材上容易偏向零碎知識。

> 作答說明：下列的敘述若是對的就在括弧內打○，錯的就打✕。
> （　　）1. 在沒有光線的地方就看不見影子。

2. **叢集式是非題**：它是把性質相近的是非題合併成一個具有共同題幹的是非題組合。這種題型不但可以減少閱讀上的負擔，還可以增加題數以

提高信度。它適合測量精確測出學生對某一概念的理解程度，特別是可以列舉的，例如：有關於類別、分類法、特徵方面的知識。

作答說明：下列動物若是屬於家禽的就打○，不是的打╳。
（　）1. 貓　（　）2. 馬　（　）3. 雞　（　）4. 牛
（　）5. 鴨　（　）6. 鵝　（　）7. 狗　（　）8. 豬

3. 鑲嵌式是非題：它是在一篇文章中挑出部分的字彙加以畫線，然後要求學生依據上下文來判斷該字彙是否有錯誤。這種題型較適於測量中、英文的字彙能力，或是歷史科中人、事、時、地的配合。

請判斷下面一段文字中，畫線部分是否正確，若正確則在括弧內打○，若不正確則打╳。
Most tests in science measure your ability to apply[1] your knowledge at[2] the solution of problems. That's[3] why science tests usually have drawings, graph[4], charts, and so forth[5].
1. （　）　2. （　）　3. （　）　4. （　）　5. （　）

4. 系列式是非題：它是把一長串的解題歷程拆成幾個步驟，受測者要逐一判斷若根據前一題的條件，現在這個解題步驟是對還是錯。這種題型特別適合用於代數、三角、幾何和邏輯學等需要進行邏輯推理的科目。

試題 1 到 4 是一個學生解代數題的步驟，請判斷每一個步驟是否相當於上一個步驟。如果該公式等於上一個公式，則在括弧內打○，如果該公式不等於上一個公式，則在括弧內打╳。
若 $(4X-3)(3X+8) = (3X+4)(3X+6)$，求 $X$ 的值。
（╳）1. $12X^2 -24 = 9X^2 +24$
（○）2. $3X^2 = 48$

（○）3. $X^2 = 16$
（×）4. $X = 8$

### 擬題原則

1. 題目應避免從教科書中逐字照抄或斷章取義。
2. 若是要考對因果關係的了解，應該使前句和後句都是正確的，至於兩者的關係則可以為對或錯。
3. 除非是在考因果關係，否則同一個題目中不可含有兩種概念。
4. 避免使用界定適用範圍的限定詞，如：所有的、有些、只有等等。
5. 避免使用否定句，尤其應該避免用雙重否定的句子。
6. 避免使答案為「是」的敘述總是比答案為「非」的長。
7. 答案為「是」的與答案為「非」的題數不可相差太多，答案也不可做規則性的排列。
8. 敘述要明確，使各專家都得到一致的答案。
9. 切忌故意出誘人上當的題目；或因疏於校對，而在關鍵字上出現錯字。
10. 若採用答錯倒扣方式計分，應該在作答說明中明確告知。
11. 若可能的話，儘量不用「單純概念式」的是非題，而多採用其他形式的是非題。
12. 不要把無法做是非判斷的敘述以是非題形式來要求學生作答。

### 優缺點

1. 優點：
・試題編擬容易。
・作答方法簡單、迅速。
・計分容易而且客觀。

‧容納題數較多，內容取樣更具代表性。

2. **缺點：**

‧盲目答中率高達50%，比其他題型更容易受到猜答的影響。

‧教師無法從學生的錯誤答案中進行分析以獲得診斷性訊息。

‧試題內容難以超越「知識」層次，且常直接抄自教科書，或是屬於不重要的細節。

‧許多現象無法以二分法做判斷，而敘述的方式也影響到能否做這樣的判斷。

‧即使學生能夠判斷一個敘述為「非」，也不能證明他已經知道什麼才是正確的。

## 二、選擇題

### ✎ 題目型式及範例

選擇題是現代測驗最常用的題型，其構成包括下列四部分：①題幹；②選項或可能答案；③正確答案或最佳答案；④誘答。

1. **單一正確答案式選擇題**：它是最常見的題型，雖然在答案上是只有一個正確答案，但在題幹上面則可分成肯定或否定兩種形式。

2. **最佳答案式選擇題**：它常見於社會科學領域的試題或測量分析、評鑑的認知層次的試題。由於每個選項常難以判斷對或錯，所以只能要求學生選出對於該問題的最佳解釋或處理方法。

---

（　　）1. 當你晚上回家，開門後聞到很濃的瓦斯味道，你應該先：

　　　A. 摸黑進廚房關瓦斯爐　　　B. 打開電燈找出原因

　　　C. 把門打開，退出房子　　　D. 打電話報警

---

3.**關係類推式選擇題**：它常見於語文智力測驗中，它在題幹上列出三個語詞，並要求學生先想出前兩個語詞的關係，再將此關係類推到第三個語詞與選項上面。擬題方法可以參見下一節：配合題擬題方法中關係的類型。

---

（　　）1. 太陽之於金烏，就如月亮之於 ＿＿＿＿＿＿＿＿ 。

　　　　A.嫦娥　　B.玉兔　　C.地球　　D.月光

---

4.**數量比較式選擇題**：它常見於數學成就測驗中，它比較適於測量學生的數學概念及以心算推估的能力，而不太需要精確的計算能力。

---

作答說明：以下各題在 A 欄與 B 欄之下提供兩個數量讓你比較大小，請在答案紙上作答，以下是你可做的選擇：

A：若 A 欄的值比 B 欄大

B：若 B 欄的值比 A 欄大

C：若 A 欄與 B 欄的值相等時

D：若依所給的資料無法判斷大小

|  | A 欄 | B 欄 |
|---|---|---|
| 1. | $999 \times 0.5$ | $500 \times 0.999$ |
| 2. | $X > 0$ $3X + 5$ | $X > 0$ $2X + 3$ |
| 3. | $0.3$ | $\sqrt{0.9}$ |

---

5.**多重正確答案選擇題**：它的外形像是選擇題，但不同的是每一題中有多個正確答案，學生要針對每一選項來判斷對錯，若是對就寫出其編

號，國內有人稱之為「複選題」；事實上它是一種叢集式是非題，但是卻以選擇題的形式來作答。

---

作答說明：請選出正確答案，注意每題的正確答案不只一個。

（　）1. 下列動物哪些是屬於家禽？

　　　　A. 貓　B. 鴨　C. 雞　D. 牛　E. 馬

---

　　6. 選項重新組織過的選擇題：以下幾種題型原先都是不適於機械計分的複選題、重組題、配合題，但是為了計分方便，命題者自己先作答，並把幾種答案並列出來，使它們成為單選題的選項，然後再要求學生依照單選題的作答方式選出一個正確答案選項。

　　這種題型的優點是：①不必把一完整概念拆得支離破碎來施測；②可以擬出難度較高的試題；缺點是：①命題及編輯上比較難；②試題比較占空間，閱讀時間較長，常使得題數減少。因此，此類題型比較適用於高中以上學生，且施測時間較長的測驗上。

　　‧複選題式選項：本題型雖然在思考上要求學生逐一判斷，但並不直接要求學生寫出判斷結果，而是提供幾種不同的組合當作選項。

---

（　）1. 在蝴蝶、蜻蜓、蜈蚣、蜘蛛之中，哪些是昆蟲？

　　　　A. 蝴蝶、蜻蜓、蜘蛛　　　B. 蜻蜓、蝴蝶

　　　　C. 蜘蛛、蜈蚣、蜻蜓　　　D. 蝴蝶、蜻蜓、蜈蚣

（　）2. 下列哪些因素會影響測驗的信度？

　　　　(1) 試題題數。

　　　　(2) 試題的長度。

　　　　(3) 學生能力的變異程度。

　　　　A. (1) 和 (2)　　　B. (2) 和 (3)

　　　　C. (1) 和 (3)　　　D. (1)，(2) 和 (3)

‧重組題式選項：本題型雖然在思考上要求學生對答案進行重組，但它並不要求學生直接寫出順序，而是提供幾種不同的排列組合當作選項。

( )1.在中國文物發明的時間順序上，下列哪一組是對的？

A.文字→筆→活字印刷→紙　　　B.文字→紙→筆→活字印刷

C.紙→筆→文字→活字印刷　　　D.文字→筆→紙→活字印刷

‧配合題式選項：本題型的選項是屬於配合題的材料，但是在作答方式上卻是屬於單一答案的選擇題。

( )1.在下列國家與首都的配合中，哪一組是錯誤的？

A.泰國─曼谷　　B.法國─倫敦　　C.日本─東京　　D.韓國─漢城

### ✐ 擬題原則

1.題幹方面：

‧題幹應該意義完整，且明確地界定問題。

‧題幹的遣詞用字要前後一致，並配合學生閱讀能力水準。

‧題幹中應儘量避免使用否定式敘述。

‧避免題目與題目之間相互提供作答線索。

‧避免以前一題答案作為下一題的基礎。

2.選項內容方面：

‧每一題目應該有三到五個彼此互斥的選項，而其中只有一個才是正確或最佳答案。

‧誘答必須具備似真性，或各選項之間要有同質性。

‧避免使正確答案顯得特別長。

‧如果所有的選項都有共同的文字，應該把該文字移到題幹上。

- 要避免選項編號與選項內容相混淆。
- 儘量避免使用「以上皆是」或「以上皆非」的答案。

3. 選項排列方面：

- 正確答案應隨機出現在各個選項位置上。
- 各個答案之間應儘量依邏輯順序排列。
- 選項的排列格式要一致、整齊。

### ✐ 優缺點

1. 優點：

- 可測量從簡單到複雜的學習結果。
- 作答時間不長，可容納題數較多，內容取樣較廣，可提高內容效度。
- 若精心設計，不同的誘答也能提供教師教學診斷所需的訊息。
- 比起是非題來較不容易受到猜答的影響，信度較高。
- 計分容易、客觀、可靠。

2. 缺點：

- 比是非題好，但仍無法免於猜測的干擾。
- 測驗分數容易受到考生閱讀能力的影響。
- 有些題目不容易找到具有似真性的誘答，命題過程較花時間。
- 無法測量問題解決、組織或表達思想的能力，容易流於測量知識的記憶。

## 三、辨錯題

### ✐ 題目型式及範例

　　辨錯題是在語文科中用來測量學生辨認錯別字或文法錯誤的能力。雖然它在作答與計分上很像選擇題，但因為它沒有題幹與選項之分，形式上不同於一般的選擇題，且命題原則更是大不相同，所以另成一型做介紹。

---

• 下面每一題有五個英文單字，其中有一個是拼錯了，請寫出其代號。

（　　）1. A. illegal　　B. summary　　C. generally　　D. beggar　　E. necessary

• 下面每一題中有五個成語，其中有一個是錯誤的，請寫出其代號。

（　　）1. A.一柱擎天　B.萬馬奔騰　C.顛三到四　D.班門弄斧　E.嫦娥奔月

　　　　F.汗牛充棟

• 以下題目中每一題被區分成四部分，其中有一部分含有拼錯的字，請寫出其代號。

（　　）1. The dissatisfied woman/ refused to admit/ that there was sufficient /

　　　　　　　　A　　　　　　　　　B　　　　　　　　　C

　　　　coffee for everyone.

　　　　　　　D

---

### ✎ 擬題原則

1. 所考的字彙應該是重要的，而非太冷僻或太專業的字。

2. 所考的字彙應該只有一種拼法或寫法，以免造成答案的爭議。

3. 因為選項很容易編擬，應增多選項以降低猜對率。

### ✎ 優缺點

1. 優點：

• 作答方式簡單，能夠測量更多字彙或文法知識。

• 計分方式簡單，沒有填空題的爭議。

2. 缺點：

• 經常閱讀有錯誤的字句，對於初學者可能會造成學習上的反效果。

• 事先知道只有一個錯誤，比較容易猜答，倒不如改用複選題或叢集式的是非題。

## 四、配合題

配合題是選擇題的變形，它是把具有相同特質的選擇題的題幹部分以條列方式放在左邊，稱之為前題項，並把供每一前題作配對的選項部分以條列方式放在右邊，稱之為反應項；作答時是依據一定的關係把各前題項與反應項加以配對。

此種題型理論上可以適用於任何學科，實際上卻較適合取材範圍較廣的評量，例如：學期末的總結性評量或評鑑學校教學效能的大規模測驗。在小單元的教材內常常難以找到足夠的同類性質的材料進行配對。它尤其適合應用在需要將「人物」、「事件」、「地點」、「時間」加以配合的學科。

✎ **題目型式及範例**

1. **圖對圖或圖對文式配合題（幼童的連連看）**：這種題目通常用於幼稚園或國小低年級階段，這時學生還不識字或才剛開始認字，所以使用圖與圖的配合以測量其生活常識，或圖與單字的配合，以測量其字彙能力。作答時只要求學生畫一條線把兩個項目連接起來，而且常採用一對一的方式編擬題目，以降低其難度。

2. **兩欄文字式配合題**：配合題最常見的形式是左右兩欄都是文字，左邊一欄稱作前題項，相當於選擇題的題幹；邊一欄稱作反應項，相當於選擇題的選項。此種配合題左右兩邊數目並不需要相等，反應項被選的次數也不限於一次。

---

作答說明：請用ㄅ、ㄆ、ㄇ標示出下列各種營養素的主要功能。

( ) 1. 蛋白質　　　ㄅ、調節人體機能

( ) 2. 脂　肪　　　ㄆ、產生人體熱量

( ) 3. 礦物質　　　ㄇ、構成身體細胞

( ) 4. 維生素

( ) 5. 醣　類

3. 叢集式選擇題：有一種配合題因為反應項很少又很簡短，所以乾脆就把它放到作答說明中，這種題型和叢集式是非題很相像，但作答時是選擇題的形式，所以又稱為叢集式選擇題。這種題型可以減少閱讀上的負擔，並測出學生對某一概念的理解程度。它適合測量有關於類別、分類法、特徵方面的知識。

---

下列東西在空氣污染物的分類中，若屬於懸浮微粒的請寫 A，屬於惡臭氣體的請寫 B，屬於有毒氣體的請寫 C。

（　）1. 汽機車排放的廢氣　　　　（　）4. 人畜排泄的氣味

（　）2. 動物屍體分解後的氣味　　（　）5. 家庭瓦斯燃燒不完全

（　）3. 建築工地產生的塵粉　　　（　）6. 工廠洩露的氯氣

---

### ✎　擬題原則

1. 前題項以五至十二個之間最為適當。

2. 反應項的數目可以比前題項數目多或少，並應該在作答說明中告知配對原則，以及每一反應項可重複選用。

3. 各前題項之間應具有同質性，各反應項之間亦同。

4. 排版時，同一大題的內容都要排在同一頁上。

5. 排版時，把較長的敘述放在左邊當作前題項，以數字來標示；較短的敘述（片語、名詞、符號）放在右邊當作反應項，以大寫英文字母或注音符號來標示。

6. 排版時，反應項應該依照邏輯順序排列。

### ✎　優缺點

1. 優點：

・格式比「是非題」、「選擇題」更濃縮、精簡。

- 閱讀及作答的時間比選擇題還節省。
- 反應項多時可以大量降低猜答造成的誤差。
- 計分上客觀、容易，且信度高。

2. 缺點：

- 試題內容常侷限於連結式的簡單知識。
- 某些教材難以編製出足夠數目的同質性反應項。
- 常因為同一題材的題數太多而造成內容取樣上的偏差。

## 五、克漏字題

### ✎ 題目型式及範例

克漏字法是依據完形心理學理論的「封閉」原理而設計的。該理論認為人可以在潛意識中藉著周遭的各種線索，把訊息中缺失的部分自動補起來，而形成一個有意義的形式。克漏字法同樣是要求受測者藉著文章脈絡解釋「被打斷」或「殘缺不全」的訊息，為文章的空白處找出最適當的替代字，所以它最適於用測量語文閱讀理解能力。

1. 系統取樣抓字法：此法是將文章固定每隔數個字就抓掉一個字，然後用以測量受測者的閱讀理解能力。在英文上最常用的是每隔五、六或七個字就抓掉一個字。是每隔五個字抓掉一個字，並以填充方式作答，請注意該文章前三句並沒有抓去任何字，以便讀者能夠較容易掌握文章主旨。

---

以下文章中共有六個空白處，請你根據上下文找出一個最適當的字，使之放進去恰好能成為一通順、合理的故事，請把你想到的字寫在下方的橫線上。

Once upon a time a farmer had three sons. The farmer was rich and had many fields, but his sons were lazy. When the farmer was dying, he called his three sons to him. "I have left you ___1___ which will make you ___2___ he told them." But ___3___ must dig in all ___4___ fields to find the ___5___ where the treasure is ___6___ .

1._____     2._____     3._____

4._____     5._____     6._____

2. **立意取樣抓字法**：命題者有時為了能更具體地測量語文能力中的某種成分，故意只抓出某些特定類型的字，即為立意取樣抓字。這種抓字法通常是為了下列兩種目的：

‧測量文法規則知識：命題者在抓字的時候不一定要採取相等間隔的方式，他也可以針對某些文法規則來抓字，例如：英文的單複數、動詞時式、介系詞等，國語的標點符號、量詞等。

讀完下列文章後，請在文章下面的框線中選出最適合填在空格裡的字，然後直接寫在該空格裡。

說著說著，兩個兄弟就開始數算起自己的財產了。一（　）破屋，門前有兩（　）老樹，一（　）水井；後院裡養著三（　）瘦馬，幾（　）白鵝；屋子裡擺著一（　）桌子，四把椅子，壁上掛著是一（　）山水畫。

| 個　張　口　隻　匹　頭　顆　棵　棟　架　幅　片 |

‧測量辨別錯別字的能力：要學生辨別中文的錯別字或英文正確拼字的能力，也可以採用克漏字的形式來施測。

讀完下列文章後，請在括弧內的兩個字中選出一個正確的字。

行舟江中，夜雨漂 1.（A 泊，B 伯），酒後獨對昏 2.（A 登，B 燈），在百般無 3.（A 潦，B 聊）中，看著江水的漲落，有感於己身的遭遇和官場的冷暖，4.（A 富，B 福）貴榮華的多變化，不禁深深感 5.（A 嘆，B 漢）。

1.（　）　2.（　）　3.（　）　4.（　）　5.（　）

### ✎ 擬題原則

1. 所選的文章要新穎，且不要包含太多的事實或專業術語知識。
2. 文章的前面幾個句子最好不要有空字。
3. 在抓字時，間隔不可太小。
4. 應該詳細說明作答方法。

### ✎ 優缺點

1. 優點：
- 測驗材料較少支離破碎的文句，比較接近真實閱讀情境。
- 養成學生利用各種線索作推論的習慣，符合閱讀理解原理。
2. 缺點：
- 只適用於語文科目，其他科目很難派上用場。
- 選擇文章時容易有偏差，常會變成測量其他專業知識。
- 以填空法作答時，較逼近真實情境，但計分上更困難。

## 六、資料理解式試題組合

### ✎ 題目型式及範例

這種題型是先提供相關資料給學生聽或閱讀，並依據資料內容提出約五到十題的任何題型的題目，但通常以選擇或簡答題居多。由於答題時是基於對所提供資料的理解，而且各個試題不能脫離資料單獨使用，故稱為「資料理解式試題組合」。這種題型在語文科中它可以稱作「閱讀理解測驗」、「聽力理解測驗」，在其他科目則被稱作「題組題」。這種試題因為是依據所提供新的情境和資料作答，所以可以超越知識層次，測量到學生的理解、應用、分析或評鑑的能力。在分類上通常依據閱讀資料的性質

分類：

1. 閱讀理解測驗——文學、文件、報導等書面資料。
2. 聽力理解測驗——對話、短文朗讀、新聞報導等錄音資料。
3. 圖表解釋測驗——統計圖表、解剖圖、地圖等圖解或表格資料。
4. 書面情境測驗——社會情境、自然情境、實驗步驟等的文字描述。

### 擬題原則

1. 所選的資料內容要新穎，但是要與課程內容和教學目標有關。
2. 所選的資料要配合受試者之學習經驗與閱讀能力。
3. 要考慮不同性別或社經背景學生對於所選之資料的熟悉程度，以免產生測驗偏袒某類學生的現象。
4. 所呈現的資料時要儘量使用原件，但必要時可加以修改，使之更清晰、簡潔。
5. 編擬試題時要強調學生對資料的分析與解釋能力，而不是有關的背景知識或表面的事實資料。
6. 試題的題數宜與資料的長度或複雜程度成正比。

### 優缺點

1. 優點：
- 能脫離現有教材，測出學生學習遷移的程度。
- 能測量解釋文章、地圖、統計圖表和漫畫等閱讀社會科學文獻的能力。
- 針對共同的資料所提出的一系列問題，比較能夠測出思考技巧的深度與廣度。
- 不必記憶許多事實資料，就可以評量較高層次的分析、推論和詮釋的能力。

2. 缺點：

· 由於閱讀材料的難度及閱讀所需時間很難控制得恰好，所以很難擺脫閱讀能力的影響。

· 選擇材料時，很難事先確知它是否對於每一學生都是新穎的材料。

· 由於同一組試題之間並非相互獨立，故與同題數的其他測驗相較，試題的區辨能力與分數的信度都較低。

· 試題形式與其他題型差異頗大，需要另行設計才能納入電腦化題庫中。

· 與申論題相較，它無法看出學生自己建構出來的整體問題解決策略。

## 七、重組題

### ✎ 題目型式及範例

重組題是指命題者提供數個編有號碼的項目要求受試者依照某種規則（成長順序、自然定律、邏輯或文法）自行重新排列組合。由於答案是由學生自行排列組合，所以可能出現的答案會隨著項目數的增加而增加，造成核對、計分上更加困難。

1. 字句重組題：它可以測量學生對於文法概念及語文表達習慣的理解，最適用於語文科目。例如，它可以測量學生是否了解當多個不同種類的形容詞用來修飾同一個名詞時，其排列順序應該如何。

---

請將下列文字重新排列，使成為通順、有意義的句子。

1. 警察正在找（A.轎車　B.黑色　C.新的　D.一輛　E.大型）

答案：

2. Everyone's forgotten（A. cup　B. he　C. which　D. used）

答案：

---

2. 邏輯順序重組題：它可以測量學生對歷史事件、生物發展、物理變化的先後次序的理解，適合用在歷史、生物、物理、數學等科目中，以測量學生對於「趨勢與順序方面的知識」。

---

請將下列的戰役依照發生的先後順序排列後，將編號寫在下面答案後。

A.武昌起義　B.八年抗戰　C.八國聯軍　D.鴉片戰爭

答案：

---

### ✎ 擬題原則

1. 用以排列的項目要在三個以上，七個以下。
2. 各項目要隨機排列，並加以編號。
3. 要確定只有一種正確的排列順序。

### ✎ 優缺點

1. 優點：
- 試題編擬容易。
- 作答簡單，且猜對機率不高。

2. 缺點：
- 除了語文、歷史、生物外，其他科目中合適重組題的材料不多，很容易被學生猜中題目。
- 計分上的爭議較多。若以全對或全錯的二分法來計分，固然簡便，但對於排列順序接近全對者顯然並不公平；但若採用依據接近正確答案的程度來給分，則計分上將耗時費力。

## 八、填充題與簡答題

在這類題型中受試者雖然可以自由書寫，不受試題所提供選項的限制，但是仍然有客觀的標準答案。此外，因為作答方式的限制，如果試題所測量的是知識層次的能力，那它測得的應該屬於對知識的回憶能力，而非再認能力。

### ✎ 題目型式及範例

1. 填充題：它是將一個敘述句中的關鍵字去掉而以空格代替，然後要求學生寫出此一關鍵字，此關鍵字可以是名詞、術語、數字或符號。例如：

> 1. 臺灣最早開發的工業是＿＿＿＿＿＿。
> 2. 圓柱的側面為曲面，但是展開之後卻是一個＿＿＿＿＿形。

2. 簡答題：它在乍看之下和問答題或申論題非常相似，但細讀內容之後就會發現它一定有標準答案，而且通常是數個名詞，而不像問答題要回答完整的敘述句。簡答題可以很容易轉換成填充題的形式作答，它和填充題一樣，只適於評量知識與理解層次的學習結果。

> 1. 構成民族的要素有哪些？
> 2. 正五邊形的任何一個內角為幾度？

### ✎ 擬題原則

1. 能夠以選擇、填充方式考的內容就不要使用簡答題。
2. 填充題單一題目中不可有太多的空格，以免學生無法把握題意。

3. 空格中要填的應該是重要的概念，而不是無關緊要的字詞。

4. 各題所留的空格長度要一致，並放在句子末尾。

5. 儘量使用直接問句，少用未完成語句。

6. 若答案與測量或數量有關時，應該指明答案所用單位和精確度。

7. 不要將教材原文照抄之後，省略一字詞作為填充題題目。

8. 應該備有標準答案及明確的計分標準，但與標準答案不同而仍合理的仍應給分數。

✎ 優缺點

1. 優點：

· 編擬試題過程容易，不像選擇題還要編擬誘答。

· 可以減少學生靠著部分知識即可猜對答案的機率，降低測量誤差。

· 平均作答時間都不長，可以大量採用，以求試題取樣更具代表性。

2. 缺點：

· 除了數學和自然科的解決問題式題目外，不適合用來測量複雜的學習成果。

· 試題敘述上很難限制到只有一個正確答案。

· 計分上比客觀測驗困難。

## 九、解釋名詞與默寫

這類題型在作答反應上比填充題有更多的自由，但在計分上卻仍然有明確的標準答案。這類題型在預備標準答案時，已經需要考慮如何部分給分的問題。

✎ 題目型式及範例

1. 解釋名詞：「解釋名詞」在試題上只列出專有名詞、術語、人名或概念等，然後要求學生用較具體且一般人能懂的話加以說明。評分時以學

生所下的定義是否具體、周延,來判斷學生對該專業術語的了解程度。此種題型特別適合評量高職或大專學生對於專業學科中的基本術語的了解。

---

請以比較通俗的話說明下列術語的意義。
1. 光合作用　　　2. 密度　　　3. 電壓

---

　　2. 默寫:默寫指教師在測驗之前要求學生記誦他指定的材料,然後在評量時要求學生靠記憶寫出來,此種題型特別適合評量在語文科中對於詩詞及重要文章的記誦能力。

---

1. 請默寫《孟子・離婁》章句上第十二章。
2. 請默寫下一段文句中未寫出的部分。
　　孟子曰:「居下位,而……;不誠,為有能動者也。」

---

### ✐ 擬題原則

1. 要解釋的名詞應該是重要的專有名詞或課程的核心概念。
2. 要解釋的專業術語若有多種譯名時應該加註原文。
3. 要求學生默寫的內容應該是非常重要的要點,或是值得背誦的文章。
4. 要考默寫的範圍應該事先告知學生。

### ✐ 優缺點

1. 優點:
・命題時比選擇題來得省力,且不受猜答的影響。
・比起填充題來,學生更難找到作答線索。
・命題上比問答題、申論題簡單,但試題取樣較廣,內容效度較高。
・備有標準答案,計分上比問答題或申論題客觀、簡單。

· 很容易將它改成課堂上口頭問答的題目。

2. 缺點：

· 只適於測量知識、理解的認知層次，不能申論發揮。

· 計分上比填充題複雜、費時，開始具有主觀性。

· 容易養成學生只背誦教材綱要的學習習慣。

· 命題簡單，但卻容易流於濫用。

## 十、問答題與問題解決

### ✎　題目型式及範例

1. 問答題：問答題它不像簡答題那樣，只需要回答一個或幾個簡單的關鍵名詞；但也不像申論題那樣可以充分自由發揮，而是介於兩者之間。

它通常在問題裡已經明確界定受測者所應考慮的材料範圍，也同時指出要求的答案形式（例如：舉例、列出、界定、比較、說明理由等），而且通常會由擬題者準備參考答案，作為計分的依據。為了限制學生的反應，命題者可以在問題之前用一段文字來說明「問題情境」以限制學生的思考範圍及方向，也可以在問題之後加一段話，以限定「答案的形式或長度」。

---

1. 請比較「常模參照測驗」和「標準參照測驗」的異同。請用列出表格的方式作答。

2. 請舉三個不同於教科書的例子來說明水蒸發的現象。

---

2. 計算題：此種題型特別適合評量學生對數學科的運算規則或物理科的運算公式的理解程度。

> 1. $320 + 467 =$
>
> 2. 若半徑為 5 公分，則圓周長為 ＿＿＿＿＿＿＿＿ 公分

3. 應用題：「應用題」是提出新穎的問題情境，然後要求學生應用其現有的知識和技能來解決該問題。在紙筆測驗上，以數學科的應用題最為常見，自然科次之。一個好的應用題應該是新穎且真實的，讓學生覺得有挑戰性和實用性。

> 1. 量體重時，甲學生比乙學生重 3.5 公斤，乙學生是 46.5 公斤，請問兩人共重多少公斤？
>
> 2. 應用下列的語詞造一個完整的句子，你的句子要與課本完全不同。
>    (1) 雖然……還是……
>    (2) 若是……或許……

### ✎ 擬題原則

1. 編寫試題時應同時準備好參考答案及計分標準。
2. 應用題的問題情境對學生而言應該是新穎且真實的。

### ✎ 優缺點

1. 優點：
- 命題比選擇題簡單，且不受猜答的影響。
- 比起填充題來更少作答線索。
- 命題同申論題一樣簡單，但卻有標準答案，計分較申論題客觀、明確。
- 很容易將它改成課堂上口頭問答的題目。

2. 缺點：
- 只適於測量記憶、理解的認知層次，不能申論發揮。

‧計分比填充題、簡答題複雜、費時，開始具有主觀性。

‧容易養成學生只背誦教材綱要的學習習慣。

‧命題簡單，但卻容易流於濫用。

## 十一、建構式轉換題

建構式轉換題是將聲音、圖形轉換成文字、符號，將一種語言轉換成另一種語言，或是將一種表達形式轉換成相同意義的另一種表達形式。由於它不是以選擇題形式作答，而是要靠自己建構出答案，所以測量的是認知層次上的「理解」能力，而且是以轉譯和解釋為主。

### ✐ 題目型式及範例

1. 聽寫：聽寫是將聲音刺激（如口語、旋律、和弦等）轉換成文字或符號，它最常見於強調聽力的語文科或音樂科，例如：在國語科的評量中要求學生以注音、或國字寫出教師所唸的生詞或短句，或在英文科評量中要求學生寫出教師所唸的英文單字或句子。

> 1. 請以注音符號寫出教師所唸的語詞。
>    (1)_____ (2)_____ (3)_____ (4)_____
> 2. 請以英文字母印刷體拼出教師所唸的英文單字。
>    (1)_____ (2)_____ (3)_____ (4)_____

音樂科——聽樂器聲音寫出其節奏、和弦或旋律。

> 1. 請仔細聽鼓聲，然後在下面橫線上以音符寫出其節奏變化。
>    (1)_____ (2)_____
>    (3)_____ (4)_____
> 2. 請在五線譜上，逐題寫出教師以鋼琴彈奏出來的和弦音，每個和弦都以全音符表示。

2. 翻譯測驗：翻譯測驗是將由一種語言系統所呈現的材料轉換成另一種語言系統。最常見的有：注音符號翻成國字、中文翻成英文、英文翻成中文、口語翻成手語，以及數學或物理公式翻譯成文字敘述等。

---

請將下列句子由中文翻譯成英文，或由英文翻譯成中文。

1. 其他事項稍後也將討論。

2. Both of the sisters are not here.

---

3. 改寫測驗：有些語文測驗並不要求把一種語言系統轉換成另一種語言系統，而只是要求變換其表達的方式而已。例如：把文言文改寫成白話文、詩歌改寫成散文、論文改寫成摘要、長句改寫成短句，或由一種句型改成另外一種句型。有些人把它歸入作文命題中較簡單的題型。

---

• 請將下列的七言絕句改寫成白話文。

　　寒雨連江夜入吳，平明送客楚山孤，

　　洛陽親友如相問，一片冰心在玉壺。

• 將下列各英文句子依照所給的開頭字重新改寫，但不要改變句子的原來意思。

1. I haven't written to you for a long time.

　 It's a long time ＿＿＿＿＿＿＿＿＿＿＿ .

---

✎　擬題原則

1. 聽寫測驗提供的聲音刺激要清晰、正確。

2. 國語的聽寫要注意是否有同音字。

3. 語文的翻譯要避免使用已經教過的課文。

### ✎ 優缺點

1. 優點：

- 要求學生自己建構答案，情境比較接近現實生活。
- 能同時測量學生對於語文的理解能力與表達能力。

2. 缺點：

- 適用的學科較少，比較適用於語文科目。
- 計分時容易偏向主觀。

## 十二、創造思考作業

創造思考作業經常出現於語文科或音樂、美術、戲劇等科目。而教育目標分類法中的「綜合」層次與擴散思考關係最密切。

評量擴散思考的作業時不能事先確定答案，而是期望每個人提出不同的、獨特的答案，由於這類作業無法就對、錯進行計分，所以通常以評定量表的形式就下列四項標準來加以評定：①流暢性；②變通性；③創新性；④周全性。

### ✎ 題目型式及範例

1. 寫出以「會」字開頭的名詞，越多越好。
2. 寫出以三個相同的字所構成的字，如：三個「木」構成「森」。
3. 寫出以「五」字開頭的成語，越多越好。
4. 依據對聯的上聯寫出下聯。

### ✎ 編寫規則

1. 要考慮學生的程度和興趣。

2.作業的形式要多變化。

3.要先向學生說明計分的方式。

### ✎ 優缺點

1.優點：

・不採用對錯計分，學生較少挫折感。

・作業方式多變化，學生容易感興趣。

・可以培養創造力，達成文學、藝術的高層次目標。

2.缺點：

・計分耗時，且不容易客觀。

・過分強調獨創性時，學生反應容易流於胡鬧。

・比較適用於語文、藝術表現的學科。

## 十三、申論題

申論題是針對特定主題或學科所寫的短篇文章，形式上很像散文，但是偏向於分析、推理及解釋。

與其他題型相較，申論題的特色是題數較少、作答時間較長，但可以測量到較高層次的分析、綜合、評鑑的能力。它通常應用在行為及社會科學領域的評量上，如行政學、教育學、經濟學、心理學等。

### ✎ 題目型式及範例

1.概念比較式：主要是測量學生分析、比較的能力。命題者提出兩個或三個專有名詞或概念，然後要求學生找出適當的比較點，並說明這些概念在這幾個比較點上的相同及相異之處。

> ・試比較「教學評量」與「招生考試」之異同。
> ・試比較「編序式教學法」與「啟發式教學法」之異同。

2.未來策劃式：主要是測量學生綜合、規劃的能力。命題者提出他所要達成的目的，而要求學生規劃達成目的的步驟及所需要的資源。

> ・何謂「教育機會均等」？教育政策上應如何規劃才能確保教育機會均等？
> ・請就本校之規模，編擬一份本校運動會各項競賽時間、場地分配表。

3.問題解決式：這種題目是古代科舉考試策論的翻版，它提出現實社會中有待解決的社會問題，然後期望受試者能夠洞察問題的癥結，並提出具體的解決方案。

> ・請分析本省交通秩序混亂的原因，並試從交通建設及交通管理兩方面提出對策。
> ・本省在暑假和連續假期時，青少年騎機車飆車問題特別嚴重，造成交通及社會秩序的混亂，請從法律、教育、交通管理、心理輔導等層面提出解決對策。

4.評論式：此類題目主要在於測量學生的評鑑能力，它包括判斷所得的訊息是否適當與可靠的能力；判斷一個演繹過程是否正確或一個歸納的結論是否合理的能力；自行提出一套標準來判斷一件作品（如：音樂、美術、文學、報告、計畫等）優劣的能力；以及對自己行為或作品做錯誤分析及自我糾正的能力（後設認知）。

> ・下列的演繹結論是否正確？若不正確，請說明其理由。
> 　如果下雨了，池塘水位會漲高。
> 　現在水位漲高了。

現在下雨了。

· 試就主試者所發給的一篇實證研究報告做一評論，此評論的內容應包括：

(1)研究題目是否有價值？為什麼？

(2)研究工具及研究設計是否恰當？應該做哪些改進？

(3)最後結論是否妥當？為什麼？

## ✎ 編寫規則

1. 申論題應與問答題有明顯的區分，不應該預設參考答案。

2. 所要求議論的範圍要適當，讓受試者能充分發揮其組織和表達能力。

3. 要注意受試者的經驗背景，不要有意或無意的造成試題偏袒。

4. 問題敘述要清楚、明確，以免各人對題意的解釋差異太大。

5. 不要採用可以自由選題作答的方式。

6. 試題要新穎，避免使用教科書曾出現過或曾經考過的題目。

7. 給予學生充分的作答時間。

8. 必要時建議每一申論題的作答時間和頁數。

## ✎ 優缺點

1. 優點：

· 能夠測量較複雜的學習成果。

· 比較節省編擬試題的時間。

· 能明顯影響學生的學習方法。

2. 缺點：

· 試題抽樣較少，測驗的內容效度偏低。

· 計分費時、主觀、且信度低。

· 計分時很難排除語文能力的影響。

## 十四、寫　作

　　寫作能力包含三個成分:「計畫」、「轉譯」和「回顧」,其中「計畫」包括文章組織的發展,和內容訊息的產出。「轉譯」是將意念轉換成文字,它需要依賴諸如書法、拼字、標點、文法等一些機械式技能來建構出完整的句子。「回顧」則包括寫作過程及事後的偵查錯誤及修正錯誤。

　　評量寫作能力的方法有很多,大部分是將上述三個成分拆開來測量,例如,拼字、挑錯字、刪贅字、重組、替換同義字、造句等題型。而作文是寫作能力測驗中難度較高的一種,它把三種成分合而為一,是屬於認知領域的綜合層次中「製作獨特的溝通訊息」的能力。

### ✎　題目型式及範例

　　1.命題作文(自由發揮式):這種形式不必多加介紹,幾乎國內大大小小考試的作文題目都是採用這種形式。它最明顯的優點就是:①命題方式簡單;②沿用多年,比較不會招致外界批評與抗議。缺點是:①題目敘述簡短(平均不到十個字),對體裁、表達方式沒有限制,有如人格投射測驗,相同題目可寫出各式各樣的文章,增加計分上的主觀性;②命題方式太簡單,導致教師輕忽命題工作,而出現各種類型的爛題目,例如題意不清、試題偏袒、考古文常識、做政治宣導等。

---

這類作文題目常見形式如下:

- 讀書的苦與樂
- 一件難忘的事
- 憂患與安樂
- 歲暮雜感

---

　　2.濃縮摘要式:這種題目是由命題者提供較冗長的閱讀材料,要求學生在閱讀之後,將之精華摘要,重寫一篇符合字數規定的文章。這種題目比較強調學生對於閱讀材料的理解與分析能力,以及在表達上的剪裁與組

織的能力。

---

- 在指定學生閱讀文天祥傳記之後，要求每人以一千字之內描述文天祥的生平事蹟。
- 教師在播放一場辯論比賽的錄音帶之後，要學生摘述雙方的主要論點。

---

3. **原文仿做式**：教師利用現有課文或學生熟悉的故事，要求學生將它調整改造，使人物或情節與原文有所不同，但仍合乎情理。此方法因為有原作可供參考，比自由創造來得容易，比較適於低年級或初學者。

---

- 讓學生讀完「愚公移山」的故事之後，要他們以現代環境保護的觀念改寫成一篇結局不同的故事。
- 讓學生讀完余光中的「鄉愁四韻」之後，要學生替換掉該詩部分的文字，另作成一篇「夏夜四韻」。

---

4. **單項習作式**：在寫作的教學上應該循著由淺入深，由簡至繁的原則進行練習。教師可將記敘文分為記人、敘事、狀物、寫景等單元，每一單元再細分成幾個項目，例如：在記人方面還可分為外表描述、行動、對話、心理描寫等。

---

- 請描寫在傍晚時，你站在本校升旗臺上可以看到的景色。
- 請描寫一位足球隊球員在球場上的一段精采動作。
- 以一連串的對白，描寫一對夫妻因為孩子管教問題而發生爭論的情形。

---

5. **設定情境式**：此種情境式作文在命題時會有較長的情境敘述或提供視聽媒體、漫畫、圖表等刺激學生思考，它一方面提供刺激幫助缺乏寫作靈感的學生，一方面也限制了文章的體裁或表達方式。

這種命題方式比較難，因為它一方面要提供足夠的訊息，以作為寫作

的脈絡或架構，另一方面它又不能夠太長或太複雜，以免變成了閱讀理解測驗。

---

- 假想你是在夏日的清晨悠閒地獨自在樹林間散步，請描寫你當時所看到的、聽到的及聞到的一切，要讓讀者宛如身歷其境。
- 請利用下列備忘錄上的記載，寫一篇約三百字的車禍新聞報導。

　　　中午在中港路靠近五權路
　　　騎腳踏車的人正要右轉
　　　後面的卡車緊急煞車
　　　卡車後面的小轎車撞了上去
　　　沒有人傷亡

---

6.**助寫綱要式**：這種命題方式是將教學與評量合而為一了，比較適用於寫作經驗較少的人，在試題中教師先以一系列的問題引導學生寫出作文的大綱，再進一步要求學生將它們串聯成一篇文章。

---

作文題目：一個奇怪的人
- 寫下幾個你見過的比較奇怪的人。
- 想想看以上的人中哪一個是你印象最深刻的，用一個句子把你的感覺寫出來。
- 描述你遇到他的時間、地點、經過及相關人物等。
- 你為什麼會覺得他很奇怪？
- 你現在對他的感覺如何？
最後，把你所寫句子、段落串聯起來使成為一完整的文章。

---

7.**寓言故事式**：此種題目是教師以學生所熟悉且具有明顯特徵的事物來命題。題目中要求學生利用象徵、借喻及比擬等手法，寓意於事物之中。或者是要求學生編一則虛構的故事，來比喻某種常見的行為。

- 請以「蝴蝶」的生命演化歷程來比喻學習的過程。
- 請以動物為主角,編擬一則虛構的故事。此故事是用來比喻教師如何濫用競爭的心理來促使學生守秩序,但是最後教師反而自食惡果。
- 請你編寫一則故事來諷刺一個人為了愛面子而睜眼說瞎話。

### ✎ 命題原則

1. 題目應配合學生的舊經驗。
2. 題目應該配合學生的需要。
3. 題目要具有創意。

### ✎ 優缺點

1. 優點:
- 命題省時、簡單。
- 能評量語文科的整體學習成果。
- 能評量高層次的認知能力。
2. 缺點:
- 評分主觀,用在篩選性測驗上容易違背公平性。
- 評分耗時、耗力。
- 好題目不能重複使用。

## 十五、作業或作品

有些評量方式它所需要的時間較長,或無法供應充分的參考資料和材料,因此需要讓學生自行利用課餘時間完成,這些評量方式包括:帶回家作答的試卷、設計式作業、家庭作業等。

有些學校要求學生將個人整學期的作品或作業以大型檔案夾蒐集起來,作為評量的依據,此法又稱之為「學習歷程檔案法」。

### ✎ 題目型式及範例

1. 編擬計畫：

- 擬出本系今年教育參觀旅行行程表。
- 擬出碩士論文研究計畫。
- 擬出國小五年級上學期國語科第一課的教學計畫。

2. 蒐集、整理資料，並以獨特方式呈現：

- 編輯自己在校活動的照片並加上說明，製作成一本紀念冊。
- 自己找一個主題，並從報章、雜誌中影印並剪貼相關文章，製作成一本剪貼簿。
- 調查本班同學的零用錢使用情形，並以統計圖表加以說明。

3. 製作傳達思考情感的作品：

- 以高中學生為對象，製作一張反煙毒的海報。
- 以「做功課」為主題，自己作詞、作曲，寫成一首兒歌。

### ✎ 命題原則

1. 所提出的情境、問題應該儘量新穎，使學生無從抄襲或模仿。
2. 允許並指導學生使用各種適當的參考資料。
3. 應事先說明所要求的格式或應具備的內容，或提供類似的範例。
4. 若可能應事先說明計分的標準，或各部分所占的比例。
5. 嚴格規定完成時間，及所應該有的最低標準。

✎ 優缺點

1. 優點：

・評量的內容比較統整、比較接近現實生活。

・比較不受時間限制，不影響正常教學。

・可以培養學生搜尋、參考相關資料的能力。

・對於反應慢及易於焦慮的學生比較公平。

2. 缺點：

・個人家庭環境不同，可用資源不一，評量條件很難一致。

・評閱建構式的作業通常很耗費時間。

・很難防止學生請他人代勞，得完全信任學生。

## 貳 實作評量的設計

實作評量是用來測量紙筆測驗所不能測量的較高層次的學習結果，它的優點是施測情境接近真實生活，可以證明學生舉一反三、學以致用的能力，而在認知上是測量應用與綜合的能力。

### 一、實作評量設計的步驟

✎ 指明要評量的實作表現

實作評量比紙筆測驗還難實施，所以應該選擇紙筆測驗所無法評量的教學目標來進行設計。表 6-1 就是自然科學實驗能力方面的教學目標及其評量方法的設計。

在設計評量方法時，教師應先列出教學目標，再舉出有哪些行為可以

證實學生已經達到了該教學目標,然後再決定有哪些方式最適於觀察該行為,若能用紙筆測驗則儘量用紙筆測驗;但不要因為無法以紙筆測驗施測就忽略了它的重要性。

表6-1　自然科學實驗室實作測驗實作表現與評量方法之配合

| 被評量的教學目標 | 實作表現舉例 | 評量方法 |
|---|---|---|
| 實驗方法與步驟的知識 | ・描述有關的程序辨認設備和用途<br>・指出實驗失敗原因 | ・紙筆式實作測驗<br>・實物辨認測驗<br>・口頭問答 |
| 設計實驗程序的能力 | ・撰寫一份實驗設計 | ・作品評量(評閱研究計畫)<br>・檢核表 |
| 執行實驗的能力 | ・選擇設備、材料裝設器材<br>・進行實驗 | ・實作評量(觀察操作過程)<br>・評定量表 |
| 觀察與記錄的能力 | ・描述執行過程<br>・精確的測量<br>・組織與記錄實驗結果 | ・作品評量(實驗報告中對數據的蒐集、處理、分析)<br>・評定量表 |
| 解釋結果的能力 | ・指認變項間的關係<br>・指出資料上的缺失<br>・作出有效的結論 | ・作品評量(實驗報告中結果與結論)<br>・評定量表與口頭問答 |
| 工作習慣 | ・正確有效地操作器材<br>・按時完成實驗<br>・工作事後清理 | ・實作過程評量<br>・檢核表 |

改寫自 Linn, R. L., Gronlund, N. E. (1995),p.260.

### 選擇評量的焦點

1. 強調過程:很多技能表現例如朗讀、演講、演奏樂器、體操、舞蹈等都不能產生一個實體的成果,這些技能都只能就其活動過程來加以評量。

在下列情況應該把觀察重點放在過程上：

- 沒有成果可以評分（例如：駕駛、體操），或是成果無法取得（例如：急救、消防演習）時。
- 當操作過程可以按順序直接進行觀察時。
- 對於操作過程做分析有助於改進成果時。

2. **強調成果**：在某些實作測驗上，教師只看成果而不看過程。這可能是因為教師知道不同的過程同樣可以得到好的作品，或者是那是帶回家去做的作業，或者是它所強調心理運作過程（如：解決問題），教師根本不可能觀察到。

當過程與成果都是可以觀察時，究竟要偏重哪一種，端看所要評量的技巧和技巧發展的階段。如果學生都已經精熟了這些技能，那應該把重點放在成果的評量上，因為成果的評量在判斷時比較客觀，它可以在你方便的時候進行，也可以重新檢查。

在下列情況應該把觀察重點放在成果上：

- 多種不同的操作過程都一樣可以造出好的成果時。
- 無法觀察到學生的操作過程（例如：家庭作業）時。
- 學生對於操作過程都已經精熟，彼此之間沒有顯著差異時。
- 各人的成果之間有很大的差異，可以做明顯的區分時。

### ✎ 決定適當的逼真程度

實作評量可以依照情境或所用設備的逼真程度，分成六個層次，但它們彼此之間還是有重疊的。層次越高，接近真實生活，所需要的認知判斷與技能就越複雜。

1. **紙筆式實作測驗**：紙筆式實作測驗不同於傳統的紙筆測驗，在於它是要求學生在一模擬的情境中應用知識和技能，只不過是用紙筆寫出來。這種紙筆的應用可能是最後學習成果的展現，例如，在教學評量的課程中實際編一個雙向細目表，並據以編出一份試卷；它也可以是實際動手操作

前的步驟，例如，要求學生寫出檢查和啟動機器的安全步驟。

　　大部分的紙筆式實作測驗需要的時間較長，通常以家庭作業的形式實施，例如，畫一幅地圖、服裝設計圖、電子線路圖，或寫一篇新聞報導、一首曲子、一張履歷表、一篇研究計畫等。

　　2. 實物辨認測驗：實物辨認測驗是指以實物作為刺激，但所要求的反應仍是語文反應（紙筆或口頭），而不要求學生實際去操作。它也可以包括不同的逼真程度，例如，比較簡單的，像展示一些材料、零件、工具或儀器給學生看，要求他們說出（或寫出）該物的名稱及功能；或比較複雜的，像教師操作一輛有故障的汽車給學生聽和看，要求他們指出最可能故障的部分，並說出應採取的檢查步驟及所需用到的工具。

　　實物辨認測驗因為能夠以整班方式（紙筆作答）或分站方式（口頭作答）實施，所以常被放入教學過程中，作為實作之前的準備。經過實物辨認測驗之後，再進行實際的實作測驗可以顯著地減少材料的浪費、工具的損壞以及意外的發生。

　　3. 結構式實作測驗：結構式實作測驗是指在一個人為設計的、標準化的、控制的情境下進行製作成品的測驗方式。這種測驗和標準化測驗一樣，特別強調施測和計分過程的一致性和公平性，所以在儀器設備、材料、時間、要求的實作上都有一致的規定；而在計分上，通常根據多個標準來評定，如：成品精確性、實作步驟的適當性、工作速度、符合規定的程度。內政部職訓局或省社會處所舉辦的各種職業技能檢定就是最好的例子。

　　4. 模擬式實作測驗：有些技能的評量基於安全、經費或真實狀況尚未發生等理由，只能夠以人為的方式來模擬逼真的情境以進行測驗，這種模擬式實作測驗通常包含了角色扮演、假設情境，以及安全且逼真的替代性設備。

　　模擬式實作測驗在學校上的應用很廣，例如，輔導教師以角色扮演方式幫助畢業學生演練就業晤談的能力，法律系學生模擬法庭的運作，師範院校學生到中小學試教，醫學院學生以屍體模擬手術過程，音樂系或戲劇

系學生在正式表演之前的預演等。模擬式實作測驗也很適合用來檢驗各種災變因應計畫的效能,並同時訓練相關人員應變的能力,例如,舉行防空演習、消防演習、防震演習或軍事演習等。

### ✎ 選擇或設計適當的操作工作

要判斷你所選擇或設計出來的操作工作是否恰當,可由下列七個規準來判斷:①可類推性;②真實性;③多目標性;④可教導性;⑤公平性;⑥可行性;⑦可計分性。

### ✎ 安排實作表現情境與程序

1. 實作情境:實作情境指的是標準化的測驗條件,它包括條件相同的場地、設備、材料及對學生的指示。安排實作情境時要注意下列原則:
・在安全與經濟條件允許之下,儘量使測驗情境接近真實情境。
・採多組、多時段方式施測時,要保持測驗條件的一致。
・測驗過程中要隨時檢查與維護儀器設備,以確保公平與安全。
2. 進行程序:所謂進行程序是要把時間、場地、人員、設備做一統整的安排,使它在不影響公平性的原則下,把一切資源做最有效的安排。在安排時大都得注意下列原則:
・多組同時進行時,要能夠使各組不互相干擾。
・不同時段的受測者不會互相影響。
・每一受測者都有充分機會表現被評定的行為。
・每一評分者都有充裕的時間進行觀察和評分。
・每一評分者都是獨立評分,不會互相影響。

### ✎ 決定觀察方式

在觀察(評定)學生的操作過程或成果時,進行的方式可以有很多種,通常可以做下列的區分:

1. 評分者與被評者比例——全包或分散：在學校的教學評量上，通常是只有一位教師輪流觀察所有學生。但是在比較重要的比賽中，為了提高評分的信度及公信力，通常會由幾個評分者同時觀察一個被評者。在這兩種方式中，所有的學生都被相同的評分者觀察，比較不需要考慮評分標準不一致的問題。

但在大型考試中，由於考生人數眾多，評分者也多，所以評分者必須抽籤分配幾個學生各自觀察（如聯考的人工閱卷、國中教師甄試中的試教）這時就得有其他配合措施（如給分量表、隨機分派等）以確保不同評分者之間評分標準的一致性。

2. 觀察時機——當場或事後：有些技能表現的操作時間很長，而且是強調過程的，這時評分者應該當場一邊觀察一邊進行評量，例如：演講、美髮美容、車床操作等。但有些操作可以產生具體的作品，而且不太在乎過程的差異，這時評分者就可以在事後慢慢地對其成果做觀察評量，例如：建築製圖、作曲、雕塑、繪畫等。

3. 給分方式——整體或分項：若考慮到實作評量結果的信度及診斷價值時，應該儘量採取先分項給分之後再合計總分作比較。但有些技能的表演時間很短，又沒有實物作品，例如：體操、跳水等，評分者只能當場給一總分；或者是評分者少而被評者眾多，評分者在時間及體力有限的情況下，也只能根據整體印象給一個總分。

4. 個人觀察項目——全部或部分：在採取分項給分時，若只有一位評分者時，當然他得負責觀察全部的項目，這是最簡單，但也是最容易受個人主觀影響的方式。但是若有多位評分者時，則有兩種方法可以選擇，一種是仍然採由每個評分者觀察全部的項目，然後將不同評分者的分數加以平均。

另外一種則是採取分工合作方式，讓每位評分者只觀察自己分配到的部分項目，然後再累加出受試者的個人總分。例如：現行國小主任、校長甄選的筆試中，通常由四位閱卷者合作評閱一份試卷，每人從頭到尾只評閱其中一道題目，考生的總分是由四個人分別評閱四個題目所得分數所累

加的。

這種分工式的部分觀察法能減輕評分者的工作負擔，又能夠平衡個人主觀因素所造成的影響，是高考或研究所考試中所常用的方法。

## 二、實作評量的評分

實作評量的計分可以用工具來測量，例如，測量全部完成所需時間、錯誤次數、成品與規格的差距、每單位時間完成的數量等。但是若無法進行數量的測量時（如即席演講、舞蹈）或是要評量其作品的品質（如雕塑、書法）時，就得靠教師用觀察法來加以評定。

### ✎ 觀察評定的方法

教師對學生作品的觀察評定方式可以分成整體式與分析式兩大類。

1. 整體式評定法：整體式評定法是把每一個作品都當作一個整體去比較，不對其內容要素去做分析判斷。這方法通常用在：需要評定的作品數量太多、評定時間有限、作品本身不容易做細部分析等情況下。此法的優點是簡單、迅速，缺點是較主觀、評定結果缺乏診斷價值。

2. 分析式評定法：分析式評定法是把要觀察的行為或作品先分解成幾個要素，列成一清單，然後逐一做判斷，最後再合計總分。這種評定法的優點是比較客觀且評定結果具有診斷價值；缺點是評定者負擔較大，比較花時間。

### ✎ 評定量表的編輯與排版

檢核表和評定量表都有條列式的文字敘述，在編輯與排版時應該注意下列原則：

1. 文字要精確而且簡短。

2. 關鍵性的名詞和動詞要儘量放在敘述的前端。

3. 除非是自填式的人格量表，否則不可使用反向敘述。

4. 評分項目要依據出現時間順序或相似性排在一起。

5. 填寫位置應放在右邊，且上下對齊，以加快填寫速度。

## 三、實作評量設計範例

### ✎ 說明書的內容

實作評量沒有紙筆測驗所用的試卷，但它有「實作評量設計說明書」，內容包含了教學目標、情境與條件、對評分者及對學生的指示、評分標準等。

1. 要評量的教學目標：實作評量所測量的教學目標大多屬於技能領域，由於它是評量複雜的技能，所以在目標的描述上常比紙筆測驗更一般化。以下是在實作評量中較常見的行為目標。

✧ 表 6-5　實作評量中常見之行為特徵及教學目標舉例

| 行為特徵 | 教學目標舉例 |
|---|---|
| 在真實情境中，辨認事物的名稱、功能、或瑕疵所在 | ・找出汽車故障所在<br>・說出各種標本的名稱<br>・說出各種工具的用途 |
| 依照所給的說明製作出一個成品 | ・設計一套學生制服<br>・畫一張電路線路圖<br>・寫一首合唱曲 |
| 表現一組操作性行為或程序 | ・修理故障的收音機<br>・表演華爾滋舞步<br>・演示測量血壓的程序 |

2. 評量的情境與條件：評量的條件包括：場地、工具設備、材料、時間限制、參考資料等。這些條件構成了施測情境的逼真程度，並提供了觀察受試者行為的情境。當有多位學生接受評量時，每個人的評量條件應該保持一致，以保證評量的公平性。

3. 對評分者的指示：這部分有如標準化測驗的「指導手冊」，是用來確保評分者在施測過程中所下的命令、意外事件的處理、觀察的重點、計分的程序都符合標準化的程序，以減少因評分者不同而造成的誤差。這部分通常只給評分者看，學生並看不到。

4. 對學生的指示：這部分常常以「工作單」的形式在施測時發給學生，它有如紙筆測驗中的「指導語」或「作答說明」，都是在對學生的行為指示方向和設定界限。它指示學生做出應該做的行為以及要求的標準，以減少學生不必要的嘗試錯誤，並提高實作評量的安全與效率。

5. 計分標準：任何評量方式都要有其計分標準。在紙筆測驗中，我們用標準答案或參考答案做計分標準，在實作評量中我們通常以檢核表或評定量表為評分的工具。

實作評量通常同時採用多種的計分標準，這些標準中含有主觀的、質的判斷（如：成品的獨創性或周全性、動作的熟練性或安全性等），也有客觀的、量的測量（如：完成時間、成品數量、耗費材料、誤差大小等）。

### ✎ 說明書範例

```
說話課實作測驗說明書


一、教學目標
・能描述自己對於他人或事物的情感。
・能有條理地說明做一件事情的步驟。
・能說服別人做成某一種決定。
・在緊急狀況中，能精簡扼要地傳達重要訊息。
```

二、評量情境與條件

- 將本說明書的第四和第五部分影印發給學生。
- 每位學生都已經練習過操作錄音機，並有自己錄音的經驗。
- 由學生自行在家錄音，但必要時可由教師提供錄音機及安排場所。
- 允許並鼓勵學生先和他人演練後再錄音，錄音時要按照試題順序。
- 全部學生使用同一牌子的六十分鐘長的空白錄音帶。
- 限制在一週內完成，學生自行試聽過後，然後在標籤上寫上學號交出來。

三、對評分者的指示

- 隨機抽取數卷錄音帶試聽，概略了解學生一般程度後，再正式評分。
- 教師可以依據學生年齡、教學重點，自行給予各評分項目不同的加權，然後設計出一份評分記錄表。
- 要針對得分偏低的項目給予改進意見。
- 當教師聽到已經能夠判斷每一項目應給的等第之後，即可快轉跳到下一題，以節省時間，不一定要每一題都重頭聽到尾。

四、題目及對學生的指示

　　這是說話課的作業，請你針對下面四個題目進行錄音，錄音時要假裝我就站在你面前聽你說話，你要按照題目順序，並儘量符合規定的時間。你可以找同學或家人先演練幾次，直到你滿意後再錄音。請找安靜的場所錄音，並在交出來之前自己先試聽過。

(1)描述性說話（十分鐘左右）：

　　談一談你在學校裡最喜歡的學科或課外活動，並請說詳細一點（或者是你參加的社團，你最喜歡的運動？）

(2)步驟性說話（五分鐘左右）：

　　想一想從學校大門口到你家要怎麼走法。請一步一步地告訴我，要怎樣才能走到你家去（要走哪一條路？怎麼轉？可以看到什麼？）

(3)說服性說話（十分鐘左右）：

想想看這個學校有什麼規定需要更改的。假想我就是這個學校的校長，而你現在試著說服我改變這個規定（譬如說改變早自修的規定，或穿制服的規定）。

(4) 緊急性說話（三分鐘左右）：

假想你一個人在家，你聞到了煙味，你打電話報警，而我是消防隊的值班人員，正好接到你的電話。假裝你現在正拿著電話講話，請告訴我，我應該知道的資料以及你現在的狀況，好讓我很快派人過去幫助你（直接對我說；先說「喂！」）

## 五、計分標準

(1) 聲音傳達：指音量大小、說話速度、發音咬字方面是否適當。
- 音量太小或速度太快或發音不清，而無法理解大部分的內容。
- 停頓太久或不適當的停頓，夾雜許多「嗯」、「啊」的聲音。
- 音量和速度適中，發音咬字清晰。
- 會變化音量和速度以吸引注意力，並以熱忱和活力傳達訊息。

(2) 組織：指各個概念的表達是否合乎邏輯順序。
- 語無倫次，根本不知道在說什麼。
- 次序顛倒，無法確定各概念之間的順序與關係，需要用猜的。
- 內容有條理，可以了解各概念之間的順序與關係，不需要用猜的。
- 非常有條理，會先宣告主題，事先告知概略綱要、用投影片或做摘要。

(3) 內容：指能否針對聽眾的背景來選用比喻、例證等。
- 沒有實質內容或說一些無關的話，太自我中心而忽略了聽眾與情境。
- 內容不足以符合要求，脫離主題，忽略聽眾的程度和背景。
- 內容切合主題，所用的字眼及概念能配合一般聽眾的知識與經驗。
- 能針對要求提供各種內容，如類推、細節、舉例及各種證據。考慮特定聽眾的知識和經驗，加入必要的解釋，與聽眾的經驗產生連結，迎合聽眾的動機與價值觀。

(4) 文法與字彙：指能否針對聽眾的程度來使用不同程度的字彙及文法。

- 字彙貧乏、文法不當，難以理解大部分內容。
- 使用具體字彙及簡單文法結構，句子簡單而平淡。
- 能使用抽象字彙及複雜文法結構，語氣符合要求。
- 能使用各種語言技巧，如情緒語言、幽默、想像、隱喻、直喻。

## 作業活動

1. 由教師指定國中（或國小）國語科的某一冊的某幾個單元為命題範圍，要求學生自行命題，並以文書處理程式打字排版列印出來，使之成為可以立即使用的試卷。
2. 要求學生仿照本章的實作評量說明書範例，撰寫一份可以測量國中（或國小高年級）學生「製作測量風速的儀器」的能力的實作評量說明書。

# 參考書目

考選部題庫管理處（民86）。測驗式試題命題手冊。臺北。考試院。

陳文典、陳義勳、李虎雄、簡茂發（民84）。由馬里蘭州的學習成就評量與其在臺灣的測試結果看實作評量的功能與應用。臺北：科學教育，185，2-11頁。

盧雪梅（民87）。實作評量的難題應許與挑戰。臺北：教育資料與研究，20，1-5頁。

Carlson, S. B. (1985). *Creative classroom testing.* Princeton, NJ: Educational Testing Service.

Gronlund, N. E. (1993). *How to make achievement test and assessment* (5th ed.). Needham Height, MA: Allyn & Bacon. See chapter 3, "Writing Selection Items: Multiple-Choice "and chapter 4, "Writing Selection Items: True-false, Matching, Interpretive Exercise".

Haladyna, T. M. (1994). *Developing and validating multiple-choice test items.* Hillsdale, NJ: Lawrance Erlbaum. See chapter 3, "Multiple-Choice Formats".

Oosterhof, A. (1994). *Classroom applications of educational measurement* (2nd ed.). New York: Macmillan College. See chapter 9, "Multiple-Choice Items" and chapter 10, "Ture-Fales and Alternate-Chose Items"

Worthen, B. R., Borg, W. R. & White, K. R. (1993). *Measurement and evaluation in the school.* New York: Logman. See chapter 10, "Steps in Developing Good Items for Achievement Tests"

Gronlund, N. E. (1993). *How to make achievement test and assessments* (*5th ed.*). Needham Heights, MA: Allyn and Bacon. See chapter 7, "Making Performance Assessments".

Linn, R. L., Gronlund, N. E. (1995). *Measurement and Assessment in teaching.* (*7th ed.*). Englewood clift, OH: Prentice-Hall. See chapter 10, "Measurement Complex Achievement: Performance-Based Assessments."

Micheels, W. J., & Karnes, M. R. (1950). *Measuring educational achievement.* New York: McGraw-Hill. See chapter 11, "Object tests" and chapter 12, "Manipulative-Performance Tests".

Oosterhof, A. (1994). *Classroom applications of educational measurement (2nd ed.)*. New York: Macmillan College. See chapter 15, "Performance and Authentic Assessments".

# 第 7 章

## 國民小學級務的處理

陳慧芬

在國民小學班級教學型態下，學童知識的學習、技能的培養和情操的涵泳，大多在班級中進行，因此，級任導師的責任益顯重大。國民小學級務繁瑣，級任導師除教學、輔導、協辦學校行政工作外，大部分時間均致力於級務的處理，若能條理井然，則是成就感的來源；反之即成挫折、負擔。其實級務處理只要把握原則、要領，加上教師本身的巧思妙用和汲取前輩的智慧經驗，相信在級務處理上都能漸入佳境，即勝任又愉快。

目前有效班級經營的理念已逐漸啟發級任導師對班級做全面的規劃經營，以更落實學校教育目標。本章不擬詳述班級經營的計畫、內容，僅就國民小學級任導師主要之例行級務，敘述處理的原則和注意要項，俾供實習生與初任教師參考。

## 壹　教務方面的級務處理

### 一、作業的安排、訂正與收發

教師為提升教學成效，不論在學習前、學習中或學習後，都可能安排作業活動，而作業的訂正更是讓教師了解學生學習問題或熟練程度、進行補救教學的依據。因此作業的安排和訂正是教學活動中重要的一環，指導得宜可能激發學童學習動機，增進成就感，否則可能扼殺學習興趣，使學生視上學為畏途。

#### ✎ 作業的安排

作業的安排應把握下列基本原則：
1. 作業的難度應考量學生能力和興趣，儘量顧及學生個別差異。
2. 作業的份量應考量學生程度和完成所需時間，勿使學童感覺過度負擔。

3.作業種類避免一味的機械抄寫，應力求生活化、多樣化。依學科性質、單元內容安排各類作業活動，如閱讀、書寫、演算、繪畫、勞作、剪報、蒐集資料、觀察、實驗、唱跳、說故事、心得報告……等等。甚至可以讓小朋友參與作業的設計，而非只由教師指定。

4.除了上述作業項目外，假期作業可特別安排一些有益身心的活動，如：寫日記、放風箏、郊遊、參觀、游泳、打球、音樂欣賞、做家事……等等。

5.配合學習單元蒐集學習材料的作業，或充實學生經驗的作業，應在該單元預定教學前先預告施行，如：兩週前即開始蒐集各種水果種子；一週前即將準備電池組納入作業項目，開學前（假期）即飼養昆蟲、種植蔬菜……等等。

6.多與家長溝通，徵詢家長對作業安排的意見，請家長配合督導學童完成作業。對於有特殊需要的學童，可請家長彈性增減作業種類或份量。

7.作業設計應顧及分散練習的原則，並啟發思考、創造、觀察……等等能力。

8.作業除學生獨立完成外，亦可設計分組合作或親子活動等方式。

9.以學習單的方式，作為教學前、中、後的搭配作業活動。學習單的設計內容，可包含課前的資料蒐集和預習、學習過程中的立即練習或形成性評量、及課後學習重點的歸納整理或加深加廣的延伸學習活動。學習單的設計應求生活化、創意化、統整化，並鼓勵親子共同參與。此外，教師可指導學童逐一彙整學習單，總合成學習檔案，以利教師、家長、學生了解學習投入程度、進步情形與日後努力方向。

### ✎ 作業的指導

作業的指導應掌握下列要件：

1.讓學生了解所安排作業的價值和意義。

2.讓學生明確知道作業項目、範圍與要求，記載在聯絡簿上。

3. 指導學生完成作業的方式，或適度提示思考問題、克服困難的可能途徑，尤其學生容易犯錯處應加以提醒，減少矯正的工夫。

### ✎ 作業的訂正與評量

作業訂正與評量的技術應注意下列事項：

1. 具形成性評量作用的作業，最好即席批改，當面發還，立即校正。對於集中批改的作業，應按時收取，儘快批閱完畢發還小朋友，以收即時增強和改正的效果。

2. 作業應評定等第或成績，多採鼓勵方式，激發學生興趣或提升成就感，並適時給予評語。

3. 批閱作業應註明日期，並對每位同學繳交作業情形、進步狀況、學習困難等加以記錄，隨時掌握。

4. 作業訂正的符號和對學童作業改正的要求應清楚明確。

5. 作業中共同的缺失或個別的錯誤都應加以記錄，利用時間做共同的指導或個別的追蹤。

6. 批閱作業時，學生錯誤之處最好保持原貌，只圈出或打✗，以讓學生分辨錯誤之處，學生訂正時亦避免塗改，而是在旁邊或在上方重新做正確的練習（以不同色筆更佳），便於對照比較，加深印象。

7. 若採用學童互相訂正或小組長協助初檢的方式，教師仍應隨後批閱複檢，以了解學生作業狀況並示負責。

8. 制定作業表現優良的獎勵辦法，如累計成績換取獎品，設置進步獎……等等；又如張貼展示，傳閱觀摩……等等方式，對學生亦有鼓舞作用。

9. 配合親師懇談會、家長參觀教學日、校慶……等等活動，舉行班級作業或作品展覽，讓家長了解子弟學習成果，亦可達互相觀摩激勵之效。

### ✎ 作業簿本的收發

作業的批改是一件很繁重的工作，各種簿本種類眾多，單是收收發

發，若沒有一套簡易可行的方法，則費時費事，更顯雜亂。因此，這種每天例行的工作一定要講求效率。

1. 約定每天繳交作業的時間，時間一到，學生即主動備好簿本，方便快速收取。

2. 將作業簿本翻到待批閱的頁數，由每排的最後一位，依序疊放在前一位同學的作業本上（據此，最後一位同學的簿本應在最上方），各排簿本為一單位摺放在指定位置上。

3. 教師批改完畢將各排簿本置於排頭，然後依序往後傳，每位同學都可在最上層看到自己的簿本，井然有序。

4. 收取作業本依理應由最後一位同學協助最為方便，但易造成一人煩不勝煩而其他同學無機參與的情形。所以收取作業可由排長（組長）負責，但排長應定期輪換；或同排學生依不同領域負責作業的收取。

5. 為立即掌握各類作業繳交情形，排長收取作業後應將缺交或作業不完整的學生號碼登錄在作業繳交紀錄卡或黑板上，教師據此督導並在家庭聯絡簿上註明，告知家長。

6. 有時教師可採逐一唱名的方式分發作業簿，利用此機會稱讚表現優良的同學，當場展示優良作品；對於表現欠佳的學生亦乘機惕勵，讓學生知道老師隨時在注意每個人的作業表現和用心程度。


## 二、座位的安排

班級中學生座位的編排，除直接反應教室空間的規劃利用外，更影響學生學習態度和師生的交互作用。所以座位的安排、桌椅的變化若設計得當，可提升學生學習興趣和教學效果。以下是基本的編排方法：

### ✎ 先編定傳統的座位表，再視教學需要變化

傳統中基本的排排坐方式雖較呆板，但卻有易於掌控常規的優點。尤其是接任新班級時，可先做這種座位的安排。

1.檢查全班課桌椅，由前排到後排依低高順序安置，並檢查有無損壞待修或更換者。

2.全班背好書包到教室外依高矮順序排隊。

3.由矮到高從前排入座，可以考慮一男一女合座方式。

4.檢視全班座位編配情形，有無需調整之處。如：因視力問題需要調到較前排座位？能力好、發言多的學童是否有集中現象？上課不專心，不按常規的是否聚在一起，須加以分散？

5.每排定期（如一週）輪換，讓學生都有機會坐在左、右側和中間位置。

6.座位排定後一段時間可再視需要機動調整，尤其在新接班級對學生習性、程度尚不了解時，常須適時考量，重新安排座位。

7.新生初入學時排定座位後，可在桌上貼上名牌，方便小朋友入座，也有利教師辨識新生。等學童熟悉環境後再拆除名牌並考慮排位的輪換。

### ✎ 依教學領域性質、教學方法與活動變換課桌椅的排列方式

桌椅的排列組合可依教學的需要加以變化，如：小組教學可數張桌子併組；表演活動挪出大空間；全班性的討論或會議可排成ㄇ字型……等等，常用的排列形式應設計出最簡單、快速的變換方法，訓練學生熟練變化方式。

## 三、教室的布置

教學情境的設計與安排影響教學活動的進行，更關係學生學習的成效。尤其在班級教學型態中，教室為學習的主要場所，因此，教室的布置是否能激發學生學習興趣，充實學習內容，營造生動、活潑、溫馨的學習氣氛，有待師生共同努力。以下提供教室布置的設計、策略、內容、材料和維護的原則，教師可靈活應用並隨時思考創新。

### ✏️ 教室布置的設計原則

1. **展現教育意義與價值**：教室布置的目的除提供學生舒適、優美的環境外，主要在發揮潛移默化的功能，增強學習效果，因此要儘量求生活化、人性化，由環境中涵泳氣質。

2. **考量學生安全與健康**：安全是學校（班級）生活最基本的要求，陳列物品的穩定性應予注意，尖銳品、凸出物可能造成的傷害，都應留意避免。空間的規劃、採光、空氣流通、清潔……等等物理條件，會影響學童身體健康與生活情緒。輕鬆、愉快的班級氣氛更不可忽略，務期讓孩子在溫馨的環境中學習。

3. **注重美觀與實用**：教室布置應注意色彩的協調、造型的變化，力求充實但不雜亂，和諧而不單調。再者教室布置不是一勞永逸的事，須配合學習單元或學校活動隨機更新，因此設計應便於更換、使用並易於維護。

4. **講求生動與互動**：教室布置要達到提升學習興趣的效果，必須生動、活潑、富於變化，除了依學習主題、時令節慶、學校活動機動更新布置內容外，應力求動態化的設計，讓兒童與布置產生互動，例如，不只讓兒童觀賞，還能加以操作；不只提供資訊，還能激發思考。

5. **鼓勵發表與創新**：教室是教學的場所，也是展現成果、互相觀摩激勵的園地，教室布置不只提供「優良」作品的展示，應讓每位同學均有機會呈現自己努力的結果，也激發自我比較以求取進步。此外，教室布置的設計應多鼓勵兒童發揮創意，因為兒童的參與，使他們更注意布置的內容，也更珍惜共同的學習環境，即可提升成就感，又能培養創造力。

6. **發展特色與文化**：每個班級有班級獨特的班風，教室布置可以配合突顯這種特色，也可以藉著情境的規劃來發展班級的文化，讓學生生活在一個每天迫不及待想投入的樂園，提升班級的凝聚力與師生的感情。不過有時教師也應注意主題的變換，不能只順應師生偏好而忽略其他學習，畢竟國民小學要培養的是五育均衡發展的健全國民。

### ✎ 教室布置的內容

　　教室布置的內容可以多樣化、多變化，師生可視需要發揮創意。以下項目均各有功能，教師可依教學年級參考、創新：

　　1. 教學單元布置：配合各領域教學進度做引起動機、強調重點、複習教材、解答疑難……等等布置。

　　2. 公布欄：公告學校、班級的宣導和通知事項。

　　3. 榮譽榜：顯揚團體或個人的優良表現，如錦旗、獎狀、模範兒童、好人好事、進步兒童……等等。

　　4. 中心德目與班級公約欄：張貼中心德目、生活指導要項和班級公約等。

　　5. 作品欄：提供學童各項學習成果、作品展示的園地。

　　6. 圖書角：成立班級圖書室，師生共同訂定管理與借閱規則，善用學校圖書資源並促進同學間圖書的交流。

　　7. 保健站：提供保健常識和班級醫藥箱。

　　8. 愛心盒：提供針、線、鈕釦、鏡子、文具、剪刀、釘書機……等等用品或工具。

　　9. 遊戲寶庫：提供跳棋、象棋、拼圖、跳繩、扯鈴、呼拉圈、皮球……等等各項動、靜態遊戲器材。

　　10. 益智天地：設計謎語、填字遊戲、科學動動腦、數學問題挑戰……等等。

　　11. 認識同學：新生班或新編班後尤其適合貼上同學相片和姓名，並介紹自己興趣、個性等。

　　12. 班級信箱：提供師生與同學間問題溝通和意見交流、感情聯繫的管道。

　　13. 溫馨園地：傳達對老師、同學有關感謝、讚美、道歉、建議、祝福、勸導……等等的話語。

14.**班級花絮**：布置班級活動照片、小朋友生活照片或班級發生的有趣事件。

15.**美化綠化**：布置裝飾圖案、彩帶、盆景……等等，增添美感與綠意。

16.**其他專欄的設計**：如交通安全、視力保健、時事分析、節令介紹、世界奇譚、好書介紹、每日一字（詞）、成語接龍、詩詞欣賞、鄉土探源、古蹟巡禮、名人名畫、歌謠天地……等等，視師生專長和喜好設計各項專欄。

### 教室布置的方法與要點

1.**師生共同參與**：低年級需要教師較多的安排與教導，中、高年級可逐漸參與規劃設計，教師扮演顧問角色。

2.**整體規劃**：先討論計畫，確定內容項目，共同蒐集可用資料。

3.**分工合作**：按專長興趣劃定責任區或擔任職務，選定小組召集人，分頭進行工作。

4.**善用時機**：利用導師時間、團體活動、作業指導、美勞課等時機儘快完成布置，儘量不要耽誤正常上課。

5.**欣賞、獎勵和檢討**：師生共同鑑賞努力布置的成果，除了對大家的參與予以肯定、讚賞外，可一起評定表現最優和工作最投入的小組或個人，予以獎勵，並且檢討工作過程或結果待修正和改進之處。

6.**注意後續的更換工作**：資料蒐集仍共同進行，但依劃定之責任區按時更新布置內容。可重複使用或具保存價值者，應有專人收集管理。

7.**慎選布置材料**：為顧及安全穩固、美觀實用、更換方便……等等原則，材料可以多樣化，但不可色彩突兀、反光刺眼、擁擠雜亂。例如：紙、布、塑膠、金屬、繩索……等等材質都可搭配使用，展現巧思。又如：以塑膠布為版底，容易黏貼、拆卸；保麗龍板可製造立體效果，並便於釘掛小物品；紙盒、空罐……等等可廢物利用，化腐朽為神奇，又響應環保。

8.妥善安排教室空間：桌椅的排放、盆景的擺設、櫥櫃的安置……等等都關係教室整體的感覺，尤其櫥櫃可用以收存圖書、作業簿、教具、學生個人用品、清潔用具、遊戲器材……等等及各項雜物，免除教室亂象。又如教室前方黑板兩側，擺設或布置內容應力求單純化，以免使學童上課分心。

很多教師將教室布置視為開學後最頭痛的工作之一，其實，只要平常多蒐集資料，多觀摩別人的班級布置，師生共同投入，不但教室布置不再頭痛，還能成為促進班級團結，聯絡師生感情的快樂時光呢！

## 四、校外教學活動的規劃實施

學校是學生學習的主要場所，但校外有許多資源，可以輔助學校教學的不足或印證平日所學。目前國民小學大多至少每學年（或學期）會舉辦一次校外教學活動，往往成為讓小朋友興奮得睡不著覺的最愛。現在也有很多學校或班級，在平日配合學習領域或主題統整的教學，設計各種校外教學活動。因此不論是郊遊、參觀、寫生……等等活動，都須做萬全的規劃和準備，才能真正發揮校外教學的意義和功能。

### ✎ 事前的規劃與指導

為配合不同年齡、程度學童的興趣和需要，通常校外教學的具體規劃都分年級或班群實施（規模較小學校可能分年段甚至全校合併舉行），同學年教師可共同商討，不論重點在配合各領域教學或在增廣見聞，將活動的主題和方式確定下來，再決定地點、時間、交通工具……等等，老師們依任務分工合作。事前規劃是校外教學順利成功的關鍵，下列事項應妥善考量或準備：

1.選擇地點應考慮距離遠近、花費時間、學生能力、興趣和體力……等等問題，當然最重要的是教育意義和安全性。

2.決定時間應考量主題、目的地、氣候、交通工具……等問題，如：

春天容易下雨、夏季炎熱多颱風；賞花郊遊應在花季，看展覽應配合檔期，參觀機關、工廠應配合辦公或生產作息……等。

3. 選擇合法、信譽良好的交通公司與交通工具。若是由家長支援交通工具和接送，應事先規劃聯繫分組或集合時、地等相關事宜，並辦妥平安保險。

4. 分發家長通知書，敘明校外教學計畫，並請家長填寫同意書。目的在使家長和學生了解校外教學係學校課程的一部分，應該配合出席，並鼓勵家長參與，親子共同學習，也能協助教師照顧學童。

5. 針對校外教學主題，設計學習單，提醒學童活動的目標與重點，而非出去玩玩而已。例如參觀美術館，學習單的內容可包括：參觀的項目、內容摘要、作者介紹、最喜歡的作品、欣賞的原因、參觀的心得……等等。教師如果有引導的重點或要學生觀賞的特定對象，也可列在學習單上，讓學生去尋寶。目前許多社教機構或各項特展，亦提供現成的學習單供不同年級或程度的學生參考使用，教師可事先了解、選擇。

6. 指導學童事先蒐集校外教學的相關資料，使學習更充實、印象更深刻。

7. 實施安全編組，做好工作分配，如負責醫療、清潔、點名、秩序……等等，並指導校外教學應帶裝備及注意事項。

8. 蒐集校外教學行程中及目的地之警察機關與醫療院所聯絡資料，以備不時之需。

### ✎ 活動中的叮嚀和安排

校外教學過程中應注意的要點包括：

1. 出發前再次強調乘車和活動過程應注意之安全、秩序、環境維護……等問題，提醒小組長確實掌握小組人數和行動。

2. 上下車務必清點人數，每次教學活動前（或下車前）均應明確規定活動範圍和上車時間。

3.活動中應適時說明學習的重點,並與事先蒐集的資料加以連結、印證,教師的講解固然重要,更應鼓勵學童多觀察、思考、尋找答案,並不忘提醒學童隨時筆記。

4.行程中應與同校各班級教師多聯繫配合,勿擅自作主。遇特殊狀況須改變活動計畫(如行程、時間)時,亦應共同商討,作萬全之策,並以學生安全為最基本考量。

### ✎ 事後的檢討與考核

師生平安返校後,並不代表校外教學已經結束,不但還有後續的學習活動,而且校外教學和課堂中的教學一樣,也應該有評鑑的程序,以了解教學成效。在此階段,教師應做好事後的檢討和考核工作。

1.校外教學計畫的檢討,同學年老師應一起召開討論會,檢討從籌劃到結束整個過程中應改進之處。

2.班級校外教學的檢討,包括校外的各種表現:整潔、秩序、禮儀、精神態度、職務分工……等等。

3.針對校外教學的內容和心得,讓學生進行交流、互相激盪,教師並做歸納整理和補充。

4.評閱學習單,對學習認真、記錄詳實的學童予以獎勵,並可張貼以供觀摩。

5.依據事前擬訂的教學目標或主題統整教學計畫,進行校外教學活動與相關領域學習的統整,並採用多元的方式增強學習效果及進行教學評量。

### ❀ 作業活動

1.參觀國民小學教室布置,記錄其特色、優點,並評述可改進之處。
2.擬訂一校外教學活動計畫(含學習單的設計)。

## 貳 ──── 訓導方面的級務處理

### 一、學生出缺席狀況的掌握

學生到校，學校即應善盡教導、保護之責，若學生應到校而未出席，級任導師應該儘速掌握學生的去向。學生因病、因事請假，在所難免；逃課、發生意外，更須立即處理。為能了解學生出席狀況與缺席原因，教師可依學校規定或以班級公約的方式訂定一套完善易行的請假辦法，請學生和家長配合施行。因此，在開學或新接班級時，教師應提醒學生共同遵守並取得家長的了解與支持，以確保學生的安全，並維繫班級的常規。學生的出缺席情形，教師也應切實記錄。

各校請假辦法大同小異，以下方式可供參考。

#### ✎ 事前請假

事前請假，以填寫請假單為原則，經家長簽章後，送交級任導師。請假單的格式或簡或詳，各校應自有設計，如需教師自行規定，則至少應含學生班級、姓名、假別、事由、請假起迄日期、時間等項目，並留家長簽章欄，如加註家長聯絡電話以利查證，更為周全。若是學生需長期請假，應知會學校教、訓、輔等相關處室。

#### ✎ 臨時請假

臨時請假，通常可採途徑為：

1. 打電話到級任導師家或打電話請學校人員轉達級任導師。學校若能設計請假電話登記簿，由教師獲知後簽名，更見效率。當然，家長方便親

向老師說明請假亦可。現在很多學校裝設有可通達班級教室的電話系統，更方便家長聯絡請假事宜。

2.由家長自行撰寫請假條（格式不拘，能清楚說明即可），親自或託人轉交級任導師。

不論是打電話或寫假條，若係經由他人告知或轉交，最好教師能聯絡家長，再加確證，一方面避免傳達訛誤，一方面可表達慰問或關心之意，既表示負責，亦有助良好親師關係之建立。

教師若在學校規定到校時間發現有學生未到校，應立即詢問同學去向或與家長聯絡，以免有人逃學或發生意外而未能即時處理。所以，教師應該在踏入班級時，建立掃瞄全班的習慣，哪個座位有人缺席，其實是顯而易見的。

## 二、整潔工作的安排與督導

整潔工作的實施是學校生活教育中重要的一環，教師指導學生共同清掃、維護一個舒適優美的學習環境，是班級經營的起點，也是確保學習成效的基礎。因此，如何在時間有限的整潔活動中有效率地安排督導各項工作的執行，下列方法可供參考，靈活應用。

### ✐ 正確觀念的建立

現在的小學生都是父母心目中的寶貝，養尊處優，在家會協助做家事——尤其是打掃工作的，恐怕不多了。為避免學童質疑清潔工作是否為份內之事，更避免家長視此為苦差，捨不得子弟配合參與，教師有必要先釐清學生觀念並與家長做妥切溝通。因為從整潔工作中可以養成健康的衛生習慣，勤勞、負責、合作的良好德性，所以正確觀念的建立是整潔工作順利執行的基本要件，乘機讓學童了解整潔工作的意義和老師的期望，使兒童能熱心的參與，家長能開明的配合。

### ✎ 整潔工作的分配

1. 依班級負責區域（含教室內外和公共區域）細分工作項目並明訂工作內容。

2. 依班級人數和學生特質（如身高、體力等）安排工作，可先徵詢志願，再做整體調配。

3. 相同工作項目下仍應明確劃分責任區域，以示負責，並便利督核。

4. 為求勞逸均衡，可採分組輪替的方式或隔一段時間加以調整。

5. 整潔工作分配情形明確張貼於公告欄，必要時到現場實地說明，務必讓每位同學了解自己的工作項目和工作範圍，並知道應如何做、要求標準如何。

### ✎ 整潔工作的執行

1. 通常在學年或學期開始時，可能變換班級教室或清潔公共區域，教師最好在開學後一、二週內加強指導，留意學生工作狀況和應改進之處，了解個別學生有無特殊困難或待調整的考量，尤其要提醒安全問題，如清潔劑的使用、攀爬、或危險物的誤觸……等等。新生入學後通常有一段時間由高年級學長（姊）代替或協助整潔工作，但教師亦應儘快教導兒童各項整潔工作的技巧和注意事項。

2. 教師應指導清潔用具使用和維護的正確方法並妥善保管，最好能在用具上註明班級、組別或使用人號碼，讓小朋友珍惜使用並避免遺失。

3. 選定各組組長負責該組各項協調或督導的工作，再由衛生股長為總督導，教師則輪流或不定時巡視各組工作狀況。

4. 制定各清潔區域的維護辦法，除了教導全班學生共同保持環境清潔，可讓各組自行討論，協調維護負責區域清潔的方式。

### ✎ 整潔工作的考評

1. 教師帶頭參與整潔工作或到各清潔區域關心、指導小朋友工作狀況，對小朋友而言就是一項最好的鼓舞。

2. 班級應共同制定一套整潔工作表現的考評與獎懲方法，例如：依學生自評、互評、幹部考評和教師考評結果，在整潔記錄卡上記點或蓋「獎」章，累積可換取獎品，對於負責盡職的同學，老師不要吝於讚美，對表現不力者亦應給予糾正。

整潔工作是學校生活中必要的活動，所以教師應盡心指導，一但建立良好制度和習慣，則不必每天為整潔工作煩惱費神，進而發揮整潔活動的實質意義和目的。

## 三、休息時間的指導

國民小學的每日作息，各校間雖小有差異，但學童在校的休息時間，大抵約有三種，即下課、午餐及午休時間。要讓學童善用休息時間並過得快樂、安全，又要為上課做好準備，教師仍須隨時留意指導。所以學生的休息時間，教師或可喘口氣，卻不見得輕鬆。

### ✎ 下課時間

下課時間一般只有短短的十分鐘，每日上、下午雖各有一次二十分鐘的休息，但部分學校在第二大節下課安排課間活動，第七大節下課是整潔活動，所以學生可利用空閒其實不多，教師應提醒學童好好把握下課時間：

1. 遵守常規：教師宣布下課後，應起立敬禮，將桌面物品收拾好，周遭環境整理乾淨，椅子輕輕靠攏，方能離開教室。離開教室並應注意安全與秩序，不可爭先恐後。聽到上課鐘響，應儘快回教室。

2. 上廁所：尤其是低年級小朋友，務必養成學生下課先去上廁所的習慣，以免玩過了時間來不及上廁所，影響上課。

3. **注意安全**：下課是學童感覺最興奮、最無拘無束的時光，往往橫衝直撞，非常危險。教師應時常提醒學童，勿在走廊追逐跑跳或打球，大活動儘量到操場或遊戲區。通常小朋友多在教室附近活動，教師也應抽空觀察、巡視學童下課活動，並指導注意安全。

4. **準備上課或更換教室**：利用下課時間將下一節上課需要的用具準備好，例如，準備書法用品或美勞器具、換泳裝……等等。有時需要更換到專科教室上課，應訂好班級規則。先移往上課教室再自由活動，較不會耽誤下節上課時間；若等上課鐘響再整隊前往專科教室，則應動作迅速，保持安靜，以免影響他班上課。

5. **適切舒散身心**：班級中可能有部分學童下課時過度活潑好動，教師應提醒其適可而止，以免影響下節上課的體力和情緒；反之，可能有部分小朋友過分沈靜，老師也應鼓勵他或安排同學帶領他多到室外活動。

## 午餐時間

目前國民小學不論自立午餐、外包午餐或家長送便當，均以學童（中、高年級）在校用餐為原則。全班師生共聚午餐是件溫馨、愉快的事，教師可藉此多了解學童、拉近彼此距離，但這要建立在好的午餐常規上，否則輕鬆、快樂的時光即變成髒亂嘈雜的頭痛時間了。教師應指導的事項包括：

1. **秩序方面**：
- 值日生（或分組負責人員）先將飯、菜桶或便當抬放定位。
- 學童依序排隊盛取飯菜或便當。
- 用餐時不可大聲交談或嬉鬧。
- 殘餘剩飯應小心倒在收集桶。
- 餐具、紙盒等分類疊放，以利清洗或資源回收。
- 清理桌面，準備午休。

2. **衛生方面**：
- 打菜人員應戴髮帽和口罩，並且不可張口交談。

- 適時提醒學童用餐禮儀、衛生常識並建立良好習慣，如飯前洗手、飯後漱口（刷牙）、細嚼慢嚥、飯後避免過度運動……等等。
- 留意兒童是否有飲食過量、食慾不振或刻意節食……等等不正常現象，以便予以指導或聯繫家長。

### ✎ 午休時間

午休是學校中唯一較長的休息時間，教師可把握下列原則：

1. 教師應儘量陪同學生休息。
2. 鼓勵學生睡覺或閉眼休息，以養足精神和體力。
3. 目前對午休時間是否應硬性規定學童睡覺或趴在桌上，雖仍有爭論，但基本要求是應安靜休息，不妨礙他人。
4. 午休秩序應由以專人管理漸漸讓學生學習自律。
5. 提醒學童於午休結束後洗臉、上廁所、稍加活動，準備下午的上課。

## 四、班會的指導

九年一貫課程實施後，學校多未安排特定班會時間，教師可依需要利用彈性時間機動召開班會。開班會是班級自治的重要活動，具有學習民主生活、解決班級問題、聯絡師生感情……等等功能，但教師如果沒有用心指導，往往會弄得沈悶尷尬或手忙腳亂，甚至成為批鬥大會。因此，教師在班會的指導上應注意以下要點：

1. 教師應先說明開班會的意義、程序、禮儀，必要時示範指導。經過幾次演練，學生很快即能習慣開會的方式。
2. 班會的基本程序通常包括：①宣布班會開始；②宣讀上次會議紀錄；③主席致詞；④幹部工作報告；⑤提案討論（或討論題綱）；⑥臨時動議；⑦老師講評；⑧宣布散會。但師生可共同設計，增加內容項目或視需要改變班會型態。
3. 班會的內容或型態不一定要一成不變，有時在程序上加進一些較生

活化的項目，可以使學生更有興趣、場面更熱絡，例如「唱班歌」、「生活檢討」、「優點轟炸」、「有話要說」……等；也可安排專題，如「好書介紹」、「假期遊蹤」、「慶生會」、「一週大事」……等等；其他像康樂活動、才藝表演……等等都可使班會更生動。師生可於學期初就配合行事曆將每次班會的重要活動規劃好，以免產生刻板化或無事可做的情形。

4.學生剛開始學習開班會時，教師可選取儀態大方、表達力佳的同學當主席，口齒清晰、機智靈巧的同學當司儀，文筆流暢、組織力強的同學當記錄，因為開頭的同學具示範作用，應特別用心。待同學較熟悉會議的進行後，可全班依號序或專長編組為會議工作人員，並排定輪值表，讓每個人都有參與、練習的機會。

5.幹部會議儘可能在班會前先召開，以便擬訂工作計畫，溝通協調任務的執行，並於班會中各股工作報告時提出，視需要全班進行討論和表決。

6.班會儘量依行事曆召開，讓兒童了解班會乃重要集會，不是可有可無的活動。每次散會前老師都應給予講評，讚揚優良表現，如：主席主持引導有方、司儀把握得當、發言人簡單扼要……等等，也不忘指導開會程序或內容上的缺失，以求改進。學生在學習開班會初期，較不純熟，教師常須適時介入輔導；待上軌道後，教師應儘量讓學生自行運作，再善用講評時間做綜合指導。

## 五、意外事件的處理

求取知識技能、涵泳道德情操是兒童上學欲達成的目標，但安全的保障是最基本的要求，是家長最關心也是學校最應重視的問題。然而，小朋友活潑好動，生活周遭又潛藏著一些難以預知或掌控的變數，老師除了加強各項安全教育，預防憾事發生外，對於突發事件和意外傷害的處理，也應有所認識。教師平常即應叮嚀學童，在校遇有大小傷害或身體不適，應立即報告老師加以檢視處理，再告知家長做後續追蹤觀察。學校或班級也應在平時（開學後）建立最新、最完整之學生緊急事件聯絡檔案，以了解

聯絡人（數位）、聯絡人與學生關係、聯絡方式（電話）、指定醫院或委託學校處理就醫等相關事宜。以下以學生在校受傷為例，提供幾項原則，但教師仍應視情況當機立斷。

1. 防止傷勢惡化，進行急救措施。對於輕微的傷口，班級醫藥箱可發揮立即效用，但若傷勢嚴重或緊急，教師應依情況施以急救措施。

2. 沈著鎮定，安撫傷者與其他學童的情緒，視情況請求學校護士或老師的協助，送保健室休息觀察或初步處理，如必須送醫，則進行車輛和醫院的聯絡。

3. 教師如需陪伴照料或就醫，臨時可交代學生做作業，請鄰班老師代為留意，再報告學校，請求沒課的老師或代課老師前往協助，務必使班級得到妥善安置，以免再生意外。

4. 進行急救或送醫後，應設法與家長取得聯繫（或送醫前請問家長是否指定特定醫院），說明事件過程和處理情況，輕者請家長協助送醫或帶回休養，已就醫者請家長逕赴醫院協助照顧。通知家長應態度冷靜、敘述清楚，勿增添家長疑慮或慌張。

5. 事態嚴重者應告知學校相關處室（如訓導處），說明事件原委和處理過程。

6. 教師應關心學童療傷情形或病情變化，除本身前往探視，也可代為轉達班上同學慰問之意，回校並向同學報告復原情形。若有同學表示想前往探視，教師應加以指導，如：選出代表代為致意以免過度打擾病患；若利用課餘前往，教師務必和家長聯繫取得同意，並負責學童安全問題。事後教師應視需要給予學童補救教學，協助其正常學習。

7. 向其他學童機會教育，反省出事原因，指導相關知識或因應措施，避免傷害再度發生。

學校中意外事件除學童受傷外，可能還有學童發燒、身體不適；上、下學的交通事故；吵鬧打架……等等，都可依上述原則靈活處理，重要的是教師應臨事不亂，最好班級能備有醫藥箱，教師應學習基本的急救常識和技術，方不至不知所措。

## 六、健康檢查工作的配合

國民小學的教育目標在培養身心健全發展的國民，而健康的心理植基於健康的身體，因此級任老師除平日關照兒童身體狀況外，還要協助各項健康檢查工作，目前固定施行的項目和處理要點介紹如下：

### ✐ 尿液檢查

此項目原在全國中小學全面施行，每學期一次。九十學年度曾經暫停，日後是否持續實施，視政府撥列經費情況而定。新生第一次實施時會分發衛生處（局）統一製作的「尿液檢查告家長書」，說明檢查的重要性並提醒收集檢體的注意事項。檢查結果呈陽性者會再複檢一次，若有問題，會通知進一步抽血檢查。

進行本項檢查時，教師應協助的工作包括：

1. 造冊：依檢查格式製作名冊。

2. 提醒學童依規定進行：教師應注意健康中心護士或學校負責人員公布之送檢日期和時間，提醒學童轉告家長依規定配合繳交檢體。

3. 收取檢體送檢：教師收取檢體並於名冊上確實登記學童繳交情形，準時送交規定地點。

### ✐ 寄生蟲檢查

目前寄生蟲檢查只剩蟯蟲檢查一項，原為一學期兩次，計一年有四次，九十學年度曾經暫停，後續實施將視政府提列經費情況調整。學童請家長協助利用膠紙採集檢體，並放入封袋交回即可，封袋正面須依規定填明學童資料，背面則印有蟲卵採取方法，教師可加以指導。其他教師應配合事項同前所述。但檢查有問題的學童在收到結果通知單後，教師須協助調查學童家中成員名單，以申請驅蟲藥，再由護士或學校負責人員轉交教師配發患童及其家屬服用。

### 身高、體重測量

為了解兒童發育情形和健康狀況,每學期須測量身高、體重一次,教師在進行本項工作時應注意:

1. 指導學童整隊前往健康中心,力求動作迅速,保持安靜,以免影響其他班級上課。

2. 正確使用測量器材,並應馬上記錄測量結果或直接登記於學籍簿上。

3. 事前囑咐測量完畢之學童即刻返回教室進行指定之作業活動,以免學童在外流連,或因無事可做而在教室中吵鬧。

4. 比較學童上次測量後的生長情形,若有遲緩現象或過重……等等問題,應指導學童關心自己身體的成長,並轉告家長留意。

### 視力檢查

視力檢查也是每學期進行一次。由於目前居住環境,生活型態……等等問題,兒童罹患近視比率有升高趨勢。教師在進行本項工作時除注意前項所述 1.2.3 點外,應加強指導維護視力的各種方法,隨時提醒學童,如坐姿、眼睛與書本的距離、光線、看電視的正確方式、營養……等等。對於檢查結果視力不良的學童,應通知家長進行治療或矯正,教師亦應配合做座位的調整。

### 預防接種

新生在入學時依規定應繳交嬰幼兒預防接種卡(黃色卡)影本,入學後每人都有一張預防接種通知卡(綠色卡)。教師應了解事項如下:

1. 檢查學童黃色接種卡,挑出漏種項目(或由護士人員挑出後,名單送交級任老師)。

2. 發綠色接種卡,在應接種種類、劑次和預定日期上加以註明,讓學童帶回通知家長,了解是否有不適合接種情形,並簽章表示同意。

3. 新生入學後可能全面追加破傷風、減量白喉混合疫苗、口服小兒麻痺疫苗和日本腦炎疫苗，因此，一年級老師應配合並完成上述 2. 的工作。

4. 一、六年級學童須做結核菌素測驗並依結果補種卡介苗，超出感染標準者，本人及其家屬應接受 X 光檢查和驗痰。

5. 衛生單位可能在流行期內或經費許可時全面補種麻疹、腮腺炎、德國麻疹混合疫苗（MMR）和 B 型肝炎疫苗。

6. 學童到六年級完成所有應接種及補種疫苗後，教師應協助發還綠色接種卡，並囑咐學童和家長將綠色、黃色預防接種卡併同永久保存。

7. 接種時仍應如前做秩序指導和作業安排。

8. 接種時雖事先徵得家長同意，仍應留意學童身體狀況是否有不適接種之情形（如發燒）。

9. 讓學童了解接種之種類、功能，尤其對一年級小朋友，還要事前精神鼓舞與安撫，以免有人接種時臨陣脫逃。

預防接種的工作除全面補種者，大部分在一年級和六年級時施行，因此擔任一、六年級老師應更留意協助配合的各項事宜。

### ✎ 健康檢查

國民小學學童的健康檢查，除基本的體格檢查（含身高、體重、胸圍、視力……等等）為例行工作外，縣市政府也可能編列預算進行學童健康檢查。以臺中市為例，即補助國小一、四年級進行體格檢查（含身高、體重、胸圍、平臍腹圍、臀圍、血壓、視力、辨色力、聽力、營養發育、耳鼻喉科、牙科、內外科等）和生化檢查（含造血系統、肝功能、膽固醇及三酸甘油脂檢查等）。本項工作如欲順利完成，除靠學校衛生相關人員妥善規劃外，級任導師的配合亦扮演關鍵角色。級任導師應協助之事項如下：

1. 配合分發健康檢查通知單和學生健康狀態調查表。調查表請家長詳細填寫後交回，導師應先過濾資料，確保填寫完整後，於檢查前數天繳送

學校健康中心護士或負責人員。

2. 協助填寫調查表、健康檢查記錄表、真空抽血試管上之基本資料或黏貼基本資料之電腦標籤。

3. 健檢前一天應叮嚀學生次日著運動服。若須抽血,則應提醒學生空腹八小時(晚上十二點以後至次日早上受檢前應禁食),並請家長配合為學生準備早餐帶至學校,以便受檢後進食。

4. 健檢當天早上,級任導師應提早到校待命,除對學生做好事前的心理建設和安撫外,健檢工作進行中,教師應在場協助秩序的維持或緊急事件的處理。

5. 若有學生(尤其是一年級)因抽血而驚慌呼叫,教師除予以安撫鼓舞,可採暫時隔離方式,以免造成學生間情緒的傳染。

## 七、運動會的指導

運動會是國民小學的年度大事,通常配合校慶、節日舉行師生與社區民眾的運動大會。大約自一個月前籌備工作開始展開,就可以明顯感覺到學校忙碌和興奮的氣息。級任導師除配合協助學校各項工作的進行,更須指導班級運動會相關事宜。由於運動會競賽項目以高年級參與最多,高年級級任導師的事責也較重;但中、低年級亦有賽跑、趣味競賽或表演……等等項目,教師仍應配合學校計劃,做相關的準備。

### ✎ 會前應完成之工作

1. 發送運動會請柬和程序表給家長,通常學校會安排家長參與趣味競賽或親子活動,應一併調查家長報名名單。

2. 配合運動會進行教室的布置和環境整潔的加強。

3. 配合學校計畫進行大會舞、大會操和進退場行進的指導。除集體性的練習外,級任教師應利用時間(如升旗後、體育課……等等)做個別班級的加強,如姿勢的糾正、動作的整齊熟練……等等。

4.配合學年（或年段）議決之團體競賽項目，進行編組和練習。如賽跑、趣味競賽等，讓學童了解比賽規則並實際演練。短跑的編組通常以身高相近者同一組，但應注意將較善跑的小朋友分散各組；接力賽跑，則應配合體育老師做排棒的考量和接棒的練習……等等，以爭取班級榮譽。

5.挑選代表班級參加比賽的選手。就教師平日的觀察、學童的興趣和體育科任老師的建議，挑選各項人才，並加強指導、訓練。

6.班級啦啦隊的組訓，可增進班級團結，鼓舞選手士氣，教師可指導班上較有創意、活潑、具帶動性的小朋友，設計顯現班級特色的歌曲、班呼、道具等，增添熱鬧氣息。

7.運動會相關安全的指導很重要，各種比賽項目的運動安全應事前強調並做練習。此外，應提醒學童著舒適運動鞋、勿打赤腳賽跑、比賽進行中勿擅闖場地……等等，以防意外傷害。

8.秩序的指導除在平日建立常規外，運動會前更須叮嚀當日應注意的秩序問題，包括：會場上班級座位的安排；加重自治幹部責任，維持秩序；因事（上廁所、出任務……等等）離開座位須經班長同意，不可隨便亂跑；準備垃圾袋蒐集垃圾，維護場地整潔；不得任意購買零食，應由班級依需要統一購置（或有時家長會捐贈食物、飲料等），並於特定時間一起食用，共同處理垃圾……等等。

9.事前徵求班級中之熱心家長，於運動會當日到場協助班級學生安全與秩序之維護。

### ✎ 運動會當日指導事項

1.級任老師在運動會進行中可能需要協助各競賽工作，未必能全程隨班指導，因此會前應再叮嚀安全、秩序、整潔等注意事項，並告知老師的去向，以備有事聯絡。

2.當天家長除在參觀席外，亦可能到班級休息區探視孩子，並藉機向老師詢問孩子在校情形，因此教師應善加掌握此親師溝通的機會，並應對

得宜。

### ✎ 會後處理工作

1. 表揚為班級爭光的同學,也鼓勵所有同學,分發獎品並提示運動精神(小朋友往往很在意比賽的輸贏)。對遵守會場秩序、表現良好的學童也給予獎勵。

2. 指導學生清理班級休息區,並協助學校進行會後的整理與清潔工作。

3. 班級的物品全部歸位,學童自己的東西各自收拾妥當。

4. 善後工作完畢,除隨家長離校之同學外,仍應依日常路隊平安回家。

### ❀ 作業活動

1. 設計一班會活動,模擬演練後,寫下(或發表)老師應指導、講評的事項。
2. 複習簡易的急救知識與技能。

## 參
### 總務與輔導方面的級務處理

### 一、收　費

國民小學中時常需要教師經手收取各項代辦費,如期初的雜費、服裝費、簿本費、午餐費、鮮奶費……等等。所以既要講求效率,又要避免出差錯,否則不但耽誤上課時間,恐怕教師還得賠錢。

1. 收費前應分發通知單,說明收費項目、金額及繳交期限,並籲請家長準備正確錢數,省卻找零的麻煩。

2. 繳交款項最好裝在信封中,信封上註明班級、姓名、金額等,方便

攜帶並防遺失。

3. 繳費後應發給收據或在信封上簽收，轉交家長徵信。

4. 若班級能統一製作收錢袋，則可發揮前述三項功能。

5. 指導學生妥善保管自身的金錢，到校儘快交給老師，所以逢收費日，教師最好能提早到校收取款項。

6. 若由幹部協助收費，亦應儘早收取，點交老師保管。

7. 收費情形一定要清楚記錄，不可含糊。

8. 目前有很多學校採用家長逕行至金融機構繳交代辦費用的方式，教師不必經手收費，但仍應提醒學童轉告家長，於規定時日內辦妥繳費手續，並交回單據。

## 二、家庭聯絡簿的運用

家庭聯絡簿是親師溝通的基本橋梁，藉此，老師可以讓家長了解孩子在學校的學習狀況和行為表現，家長也有管道反應其期望和意見。因此，教師不要只將聯絡簿視同作業本來改，也不要覺得聯絡簿是一種負擔，只要靈活運用，將可以獲得莫大的效益。目前各校設計的家庭聯絡簿格式，項目略有差別，有些公益機構亦設計具特色的聯絡簿提供學校使用。老師在運用上可把握下列原則與基本功能：

1. 記錄每天的家庭作業項目和份量，供學童備忘，也讓家長了解並便於督導。

2. 提醒次日應帶之學用品，並請家長協助檢查是否準備齊全。

3. 傳達學生在校的優良表現。有的聯絡簿上印有現成的讚美詞供勾選，如上課認真、進步顯著……等等，老師填寫較為省事；但如能具體扼要地敘述事蹟，相信學生獲得的鼓舞、家長感受到的關心更多。例如：「○○今天上臺說故事，儀態大方，唱作俱佳，真是難得！」、「○○唸書的聲量已有進步，請再加鼓勵！」雖然老師付出的時間、心力較多，但依需要為之即可（天天寫效果不見得好）。

4.提醒學童待加強或改進之處,應謹慎處理。教師如果常常在聯絡簿上舉出學童的缺失,如上課不專心、打人、功課未做完……等等,容易讓家長覺得臉上無光,甚至誤以為老師只會告狀或對孩子有偏見,則效果適得其反。因此,老師務必同時表達關心之情,並說明請求家長配合協助的具體事項。通常,學童的問題較難三言兩語在聯絡簿上說清楚,若某學童常出狀況或涉及問題較不單純,最好以電話或面談的方式與家長溝通。

5.通知學校、班級的活動資訊。如親職演講、校外教學活動……等等,也可請家長將回條浮貼在聯絡簿上交回。

6.教師與家長聯絡事項,例如:「學童視力檢查結果不良,請家長陪同進行複診」;「學童在校跌傷,已敷藥處理,請家長留意傷口變化」……等等。除了特定聯絡事項,亦可與家長進行觀念的溝通。不宜讓兒童看到內容的聯絡事項,則採密封信件或電話、面談方式進行。

7.提供教育相關活動或資訊,如教育講座、親子植樹活動,昆蟲特展……等等訊息;或育兒妙招、如何與子女溝通、認識創造力……等等新知,教師可印製小紙片浮貼在聯絡簿上,供家長參考。

8.了解家長的回應與建議。利用聯絡簿請家長將各種聯絡事項、問題、建議……等等反應出來。教師最好教導小朋友若家長有緊急或特別反應事宜,應在到校後立即交給老師查閱,以免錯過處理時機。對於家長的詢問,應耐心解答;家長的建議,也應虛心考量或婉轉說明。

9.調查學童家居生活狀況。如:放學到家時間、就寢時間、飲食習慣、課後休閒活動、分擔家事……等等,以便老師配合指導,也提醒家長注重孩子良好生活習慣的養成。

10.除上述功能外,教師更可以激發巧思,利用聯絡簿的空位欄規劃各種用途,如:摘取成語佳句、描述一天心情、表達想對老師或家長說的話、老師或家長對孩子的勉勵、記錄閱讀書名、創意圖畫、加強易出錯之國字新詞……等等。

11.聯絡簿應每天儘早查閱,確實掌握缺交名單(可請幹部協助)。教師利用時間處理聯絡簿上問題或個別聯絡事項後,於放學前發還給學生填

寫交代之作業、攜帶物品、共同通知事宜等，教師查驗無誤後簽章，讓學生帶回。

12.養成學生回家主動出示聯絡簿，促請家長詳閱並簽章的習慣。遇有家長不重視、不願配合查閱聯絡簿者，教師應先循其他管道和家長溝通，讓家長了解聯絡簿的功能和對孩子的影響，激發家長對孩子的關心。

## 三、親師懇談會的安排

親師懇談會是國民小學教師和家長交流溝通的正式活動，通常學校每學年或學期至少會安排一次，以前叫母姊會，但名稱已較不符時宜，因此多改稱親師懇談會、親師座談會或家長參觀日等。其作用都在促進親師意見的交換或提供問題的諮詢服務，有的則配合親職演講、教學演示、學生學習成果展覽等活動來進行。級任教師應配合學校的統一安排，善加計畫、準備，以提升成效。目前大多數學校已有班親會的組織，更有利於教師的雙向溝通。

1. 親師懇談會的時間通常由學校統一訂定，教師只須配合執行。不過，學校若能將日期安排在學期（年）初，讓老師儘快和家長見面並建立共識，效果更佳。除全校性的親師懇談會外，級任教師若認為有必要另行召開班級的親師懇談會，應向學校報准後實施。

2. 事前分發懇談會通知，藉回條了解家長參加與否並請家長提出期望或問題。除學校統一印製的通知單外，教師可自行設計邀請卡，或利用美勞課由全班學童各自設計邀請卡。除基本的時間、地點外，並註明班級特色活動（如作品展、相片展……等等），師生共同俱名邀請，效果更佳！

3. 親師懇談會除全校性的配合活動外，乃以班級為單位召開。因此，教師應事先將教室布置成溫暖、輕鬆的會場，只須加點鮮花、寫上歡迎詞、變換課桌椅的排列，或提供不必花太多錢的飲料、糖果……等等，就會使得氣氛熱絡起來。家長若能感受到教師的用心和熱誠，必會放心地將孩子交給老師，並樂於支持配合班級的措施。

4. 為了解家長出缺席情形並留存紀錄，應準備簽到簿。為便於辨識家長，可事先將寫有家長和學童姓名的名牌豎貼於桌上，按牌入座；或於簽到時發放名牌請家長配戴於胸前。當然，老師自己也別忘了戴上名牌，尤其要注意服裝合宜，儀容整齊，給家長留下親切、專業的印象。

5. 事先備妥對家長報告的內容和提供給家長的書面資料。對家長報告的事項應條理清楚，除自我介紹外，主要在說明教師的教育理念和班級經營的具體措施，諸如該學期的重要行事、作息時間、教學方法與課程重點、作業安排原則、聯絡方式、獎懲依據、評量標準、請家長配合事項……等等。書面資料除補充說明上述報告外，可提供教養子女的相關文章、書目。教師亦可設計問卷請家長填寫，以了解學童居家表現和家長的期望。

6. 懇談會上除了教師的說明，也應該保留家長發問、意見交換或建議的時間，不過，最好以班級共同性問題為主。最後再以較自由的方式和老師進行個別問題的溝通，或家長間彼此的認識和聯誼。教師可提供便條紙，若有個別問題不及於會上討論者，請家長寫在紙條上，教師再與家長聯絡解答。

7. 會後老師應完成親師懇談會紀錄，檢討利弊，並徵詢家長對此活動的反應，以利日後改進。對於家長在懇談會上提供的意見，有關學校者應切實上達相關處室，有關班級者則教師自行留待參考、處理。會上家長所提問題未及回答者或學校所做之相關答覆，應主動與家長聯絡說明。懇談會的重要討論內容或結果亦可視需要通知家長。

8. 自八十四學年起，教育部規定國民小學於開學後兩週內為一年級新生家長舉辦親職教育座談會，會中包含注音符號教學演示，讓家長了解孩子學習的過程和配合輔導的方法。教育部另編印《「陪孩子一起成長」國民小學家長手冊》，贈與家長參閱。九年一貫課程實施後，學校更應向家長說明相關事宜並釋清疑慮。會後大多安排個別班級的親師交流，一年級教師應好好把握此機會和家長建立良好的關係。

9. 近年來，親師合作的理念漸趨開放，家長參與學校活動風氣日盛，

教師可藉親師懇談會之機，促成班親會的組織，以善加應用家長的人力資源，如：請熱心家長依照專長與興趣，走進班級教室，規劃迷你課程、設計技藝學習、帶領團康活動、協助秩序與安全的維護……等等，也可以舉辦成長座談會、親師生聯誼活動……等等，不但促進親師交流，也提供學生更多元豐富的學習空間。

## 四、家庭訪問

　　級任導師終日與學生相處，會發現學童間有顯著的個別差異，除了先天的氣質、個性，其實來自社區環境、家庭生活、父母親教養觀念和方式的影響很大。目前國民小學大多已不強制教師進行家庭訪問，但老師如果想直接了解兒童學習和行為上的相關問題，通常做一次「家庭訪問」，會有所助益。所以教師應了解基本的溝通技巧和注意事項。

　　1. 事先分發家庭訪問調查表：請家長填寫希望的日期、時間或註明不方便的時段，並請家長儘可能抽空配合訪問活動。亦可讓家長反應選擇家庭訪問或電話訪問之意願。

　　2. 排定家庭訪問的優先順序：教師可選取較特殊案例為優先訪問對象，如學童特殊問題、家長觀念偏差、配合度不夠、親子關係不良，或未出席親師懇談會之家長……等等。當然，教師平日即應藉聯絡簿或電話加強與家長的聯絡、溝通，不必留待家庭訪問。

　　3. 依照學童住家分布情形規劃路線圖：鄰近地區合併為相同日程，方便找尋並節省時間。女老師最好結伴（至少兩人）或由學生帶領（注意安全），以防意外。

　　4. 用心準備訪談問題：教師應先詳閱學生資料，了解學生家庭背景，並依教師日常的觀察，列出每位學童的訪談問題，平日可藉聯絡簿溝通的事項不需反覆，將重點放在學童家庭生活、家長價值期望或特殊問題的意見溝通上。若只是閒話家常、言不及意，則家庭訪問可能徒具形式，浪費親師時間罷了。

5.抱持尊重家長、關心孩子的態度：家庭訪問最終目的在促進親師合作，幫助孩子學習與成長，因此，時間不宜過長，最基本的是要讓家長感受到教師對學童的關心誠意。若有家長觀念偏差、教養不當或欠缺親職知能，應婉轉勸導，提供具體協助。若一味指責批判，破壞親師關係，對學童毫無益處。對於與學童無關的其他家庭隱私亦應避免刺探。

6.多予學童和家長積極性的肯定和鼓勵：家庭訪問時應多講學生優點再提改進之處。老師對學童的肯定就是對家長最大的鼓勵，家長將樂於和老師合作。孩子的問題，應以中性的語氣和態度加以描述，若只抱怨不是，家長會覺得老師登門告狀，不但挫折難堪，恐會認為教師有偏見，喪失對教師的信任。

7.記錄家庭訪問的過程和結果：訪談重點可記在學生輔導資料記錄卡或家庭訪問記錄本上，即使學校不強制教師做記錄，教師仍應重點摘記，作為日後輔導學童的參考。但記錄工作避免在家長面前進行，以免引起緊張或質疑。

## 作業活動

1. 撰擬一份親師懇談會上對新接任班級家長的口頭報告內容。
2. 以三人為一組，循環進行家庭訪問的模擬演練，每人均須扮演親、師和觀察評論人的角色，演練後進行心得分享與討論。

# 參考書目

朱文雄（民 81）。班級經營（五版）。高雄：復文出版社。

李園會（編著）（民 78）。班級經營。臺北：五南圖書出版公司。

吳清山、李錫津、莊貞銀、劉緬懷與盧美貴（民 78）。班級經營。臺北：心理出版社。

黃政傑、李隆盛（編）（民 82）。班級經營──理念與策略。臺北：師大書苑。

張秀敏（民 83）。國小班級經營。屏東：葦軒出版社。

教育部國民教育司（編）（民 82）。國民小學班級實務手冊。臺北：教育部。

臺灣省政府教育廳（編）（民 82）。班級經營理論與實際。南投：臺灣省政府教育廳。

鄭玉疊、郭慶發（民 83）。班級經營──做個稱職的教師。臺北：鄭玉疊。

# 班級秩序管理

賴清標

# 壹

## 班級秩序管理的目標和影響因素

「學生不怕我，我已經對他們很凶了，但他們仍然不怕我，每天繃著臉對身體不好，但不這樣就壓不下他們，是不是必須壓他們一段時間，他們的常規才會建立？」

以上一段話是臺中師院82級結業生在返校輔導座談時提出的問題。在每年的結業生輔導座談中，班級秩序的管理都是最困擾實習教師，且最常被提到的問題。其實，班級秩序不僅初任教師感到困擾，即使有經驗的教師也不時因學生難以管教而深感挫折；有些更因管教過當引起家長抗議，甚至被告到法院判刑，為此心灰意冷。因此，為了有效進行教學，達成教育目標，並使教學成為愉快的經驗，必須熟諳班級管理的技巧。

班級管理可分為預防性、支持性和矯正性三個層面。預防性管理旨在使學生保持良好的學習行為，防止違規行為的出現；支持性管理是在當學生有違規行為徵兆時，適時運用技巧將學生導入正軌；矯正性管理則在不良行為出現後設法禁止、糾正。大多數老師預防性和支持性管理都沒有做或做得不夠，多數管理都是矯正性的，所以非常辛苦。

本章首先說明班級管理的目標和影響班級秩序的因素，接著依序討論預防性的班級管理、支持性的班級管理和矯正性的班級管理，矯正性的班級管理分為一般違規行為的處理和嚴重違規行為的輔導兩方面。

### 一、班級秩序管理的目標

班級管理是採取必要的方法和步驟建立及維持良好的教學環境，一方面教師可以有效的進行教學，另方面學生能順利愉快的進行學習，在知識、品德和身體等方面獲得健全的發展。

　　傳統的班級管理如同紀律訓練，要求學生徹底服從、絕對安靜、正襟危坐、不準講話、不準亂動；對於違規學生則以嚴格的打罵加以糾正；晚近的班級管理注重促進學生課業學習的行為，認為輕鬆活潑的教室氣氛有益學習，絕對的嚴肅和安靜並無必要。

　　簡言之，班級管理以促進教學效果為目標，其本身只是手段，如果為了追求秩序和安靜而妨害到學習，乃是以手段為目的，捨本逐末的作法。例如：教師只因學生偶爾不守秩序，就嘮嘮叨叨、長篇大論的訓話，耗掉整節上課時間；或採用嚴厲的體罰塑造安靜服從的教室秩序，使學生感到緊張恐懼，類似這些作法都可能影響到學生的學習或身心發展，應該避免。

　　班級管理既是在增進教學效果，大致上可將學生在教室中的行為區分為有益學習的行為和有害學習的行為。有益學習的行為例如：①備齊學習品；②準時進教室上課；③安靜、專心的聽教師講課；④積極投入學習活動，如實驗、討論等；⑤準時繳交作業；⑥不懂時踴躍發問；⑦遵守班規；⑧愛惜公物；⑨與同學友善相處；⑩尊敬老師等。

　　有害學習的行為又可分為不專注的行為和干擾他人學習的行為。不專注的行為如上課遲到，忘記帶學用品，上課時發呆、睡覺、玩玩具、看課外書，害羞退縮不願參與學習活動，及不寫作業等，這些行為並不干擾其他同學的學習，但對自己的學習有不利的影響，干擾他人學習的行為約可分為五類：①侵犯他人，如：打人、推撞等；②惹人注意，如：扮鬼臉、不正經的回答等；③親暱動作，如：耳語、傳紙條等；④不守規定，如：任意講話，隨便走動等；⑤反抗權威，如：公然頂撞、惡意批評等。

　　班級管理的具體目標即在促進學生有益學習的行為，減少或消除學生有害學習的行為，使教師能順利進行教學，學生能專心學習，以達成教學效果。

## 二、影響班級秩序的因素

　　班級秩序不佳無法順利進行教學，教師很少自我反省或檢討時空環境

因素，往往直接歸咎學生，批評學生不守規矩、調皮搗蛋。固然班級秩序不佳是學生不當行為所造成，如任意說話、隨便走動、捉弄同學等，但其原因未必全源自學生，也可能是教師行為或環境因素使然。在大多數情況下，是學生身心特質、教師教學表現和特定時空環境三者交互作用的結果。簡言之，影響班級秩序的因素，包括教師、學生和教室環境三方面。

### 教師因素

教師的人格特質和教學表現對班級秩序有很大的影響。Good和Brophy（1990）認為要維持良好的教室秩序，首要因素是教師必須能為學生所喜愛。因此一般讓人喜愛的特質教師應該努力去具備，這些包括：真誠、友善、快樂、情緒穩定等。其次，因為教師是具有權威的角色，權威人物讓人信服的特質，教師也應具備，這方面有：自信，冷靜面對問題不慌亂，主動傾聽而不預設立場，遇事不退縮，失敗不怪罪他人或情緒變化。此外，教師也應像父母一樣，對學生表示接納和無條件的關懷，設定清晰但留有彈性的限制，抱持積極的期望，解釋各種要求，堅定執行規則，及親身示範良好的行為。

Kounin（1970）的研究則發現，善於維持班級秩序的教師並非在處理學生不當行為上較為高明，而是較能引發學生專注於課業的行為。這些善於維持班級秩序的教師具有以下特徵：

1. 機警（withitness）：能隨時隨地掌握教室情況，知道每一個學生在做什麼，有眼觀四面，耳聽八方的能耐，能迅速而精確的處理各種事件，不會坐待事件擴大，也不會波及無辜。

2. 能一心兩用（overlapping）：有能力一邊進行教學，一邊處理個別學生的不當行為。如在帶領學生朗讀課文的同時，以眼神警告或移步走近蠢蠢欲動的學生，使其回復專注學習。

3. 教學順暢且能激勵學生：教學前已有充分準備，教學時步調明快，講解清晰，既不拖泥帶水，也不含混囉嗦，能激勵學生，吸引其注意力。

4. **作業富有變化且具挑戰性**：能安排多樣化的作業，且難易適中，足以引起學生興趣。

### ✎ 學生因素

教室秩序不佳是學生不當行為所造成，學生所以會出現不當行為，朱文雄（民81）列舉以下原因：①生理特質：精力過剩或身體虛弱、視聽力不良；②無聊、無助：覺得功課無聊，努力也不會有結果，想不出有什麼事可做；③想獲得注意、認可或地位：爭取關懷、肯定、重視和讚賞；④為解除挫折或緊張；⑤學業成就欠佳；⑥個性脾氣及人際關係不佳；⑦平日生活習慣不良；⑧人格特質：情緒不穩定、缺乏自信和安全感等。

學生因素也有必要考慮年齡和性別兩個變項。一般情況，男生比女生好動，具有攻擊性，因此要求男生安靜不隨便走動，較為困難。另方面，年幼的學生注意力短暫，不耐久坐，男女生都一樣，因此低年級的秩序較不易維持。Brophy和Evertson（1978）將學生依年級高低劃分為四個階段，分別提示每個階段的學生特質和相應的管理技巧：

1. **幼稚園和國小低年級**：兒童初入學，開始學習學生角色和基本技能。他們大多把成人視為權威、願意聽大人的話，從取悅老師獲得滿足，得不到老師注意或喜歡就悶悶不樂。他們需要老師的指示、鼓勵、安撫、協助和注意。雖然秩序不易維持，但嚴重的行為尚不多見。

2. **國小中年級**：這個階段的兒童已學會學生角色，但大多數仍停留在成人取向，頗為聽話，他們已習慣學校的常規和例行事務，因此秩序比低年級容易維持，而嚴重的行為也還少見，教師已不必像低年級一樣須耗費許多時間維持教室秩序，可以將心力專注於教學。

3. **國小高年級和國中階段**：越來越多學生從取悅教師轉而取悅同儕。他們開始討厭權威式的老師，有少數學生行為問題嚴重，越來越難管教。教室管理再度成為老師的一項吃力工作。與第一階段比較，老師的主要問題是如何激發學生做出他們早已了解的良好行為，而不是像低年級一樣，

告訴學生做什麼及如何做。

4.高中階段：因為大部分不認真的學生已不再就學，而且學生也已較成熟，較能自治。因此老師可專注於課程的教學，不需要耗費很多時間來維持秩序。團體的管教已較無必要，個別的、非正式的接觸學生較能解決問題。

### ✎ 環境因素

教學活動大多在教室中進行，教室環境可能直接影響學生的行為，也可能透過對教師行為影響間接作用於學生，因此也是決定班級秩序的重要因素。

首先，班級學生人數的多寡對於秩序的維持會有影響。班級人數少，學生有較多參與活動的機會，有問題時較快獲得老師的協助，較不會產生無所事事的情形，老師也較容易了解及掌握學生。反之，班級學生人數太多，會增加學生的不滿意度及侵略行為，導致注意力降低（Doyle, 1986）。

其次，班級座位的安排值得重視，傳統行列式的安排，使學生全面向老師，較易專注聽講，老師也容易照應全班學生。圓圈式的排列方式方便全班討論，若為進行分組討論可採用小組成員聚合一起的方式，圓圈式或小組聚合式方便學生互動討論，但也使班級秩序較難維持，移動座位時更易帶來混亂，必須特別督導。

不少教師在安排座位時，喜歡將成績優秀的學生置於教室中間前面的位置，而將成績較差學生放在兩旁或後面的位置，有些眼不見為淨的心理。這種安排方式會使成績好的學生越來越好，成績差的學生越來越差，對於教室秩序的維持也有不利影響。因為教室中間前面的位置與教師有較多的目光接觸，連帶產生較多的互動和較專注的學習，而兩旁及後面的位置對於接收教師訊息，不論視覺或聽覺管道都較不利，導致坐於此處的學生不那麼積極的參與學習活動，不是靜靜的坐著，就是與鄰座同學交頭接耳，或逕自做些自己的事情。

此外，教室的空間大小、照明、通風、溫度等，也都會對班級秩序產生影響。人多擁擠、光線昏暗、通風不良或溫度太高等，都容易使學生因煩燥或倦怠而分心。

其他一些易造成學生分心，導致秩序問題的因素尚包括：教室外面嘈雜，噪音太大；日課表安排不當，連排數節耗費心神的科目；或時間上臨近中午及放學時間。

1. 參觀國小班級教學，觀察並記錄學生上課時有益學習的行為和有害學習的行為，並推測其可能的影響因素。

## 貳 ⌐ 預防性的班級秩序管理

有效的班級管理是從根本上消除學生不當行為出現的可能性，而非在學生已出現不當行為時才費心去處理。簡言之，預防勝於矯正。預防學生不當行為的出現主要可從改進教學，指導學生訂定班規，以及妥當安排教室學習環境入手。

### 一、改進教學

有效的班級管理很難和有效的教學分開。如果教師教學生動有趣，內容難易適中，足以吸引學生的注意力，學生即不致分心吵鬧。有效教學的因素很多，針對班級秩序的維持，Stallirgs（1980）列舉以下特點：

1. 使用大約半數時間進行教學，如講解新教材，討論指定作業，發問或回答學生問題等。

2. 使用多於三分之一時間督導學生進行讀、寫、算或實驗作業。

3. 使用少於 15% 的時間在教室管理和其他事務，如收發學用品、活動轉換、解釋活動程序、安排座位和宣布事項等。

4. 有一組清楚有系統的行為規則（班規），公告並執行。

5. 事先計畫當天活動並公布讓學生了解。

6. 設計多樣性的活動在一節課中進行。

7. 敘述教學目標讓學生了解。

8. 要求學生閱讀教材以了解內容。

9. 實施簡短測驗並立即回饋。

10. 大部分教學針對全班而非個別學生。

11. 平均分配學生回答問題的機會。

12. 稱讚學生的成功和努力。

13. 當學生回答錯誤時，重述問題或提供暗示讓學生答對。

14. 在教新教材前，對學過的舊教材作歸納。

另方面，Biehier 和 Snowman（1990）特別強調第一次上課的重要性：在第一天上課時展現信心和有備而來。到一個新班級上課，最初數分鐘的表現對未來的班級秩序有關鍵性的影響，如果恐懼、怯場，以後的秩序就較難維持。因此在上第一節前，老師應事先清楚想過自己將做什麼，仔細計畫以確保進行順暢。第一天上課面對全班數十個陌生的學生，許多老師都會受到震懾。這時把注意焦點從全班轉移到個別學生可以減輕焦慮，有效做法是發下卡片，讓學生填寫姓名、地址、電話和嗜好等基本資料。收齊這些卡片可以作為了解學生的依據。總之，不管最初數分鐘做什麼，要讓學生覺得老師具有自信且對所做事情早有準備。

## 二、訂定班規

班規就是班級之中，學生參與各項活動時，有關言行舉止，應行遵守的規範。沒有這些規範，班級容易失序，教學活動難以順利進行。通常學

生進入一個新班級，面對新的老師時，都會有種不確定的惶恐感覺，班規的訂定，使學生知道老師的要求、期望或行為標準，由此產生安定感，可以專心向學。

訂定班規的時機愈早愈好，開學第一天或第二天就可訂定班規，以後數週則重複提醒，徹底執行。班規的範圍相當廣泛，包括學生在校活動和學習的全部層面，主要可概分為勤奮向學、遵守秩序、維護整潔和待人接物四方面。例如：上課前備妥必需用品，上課時專心學習，保持教室整潔，和同學和睦相處，及愛惜公物……等等。班規要使學生容易遵守，必須注意以下幾點：①讓學生參與制定，當然老師可以依自己的腹案提出建議或引導；②規則明確、合理，有益學生學習和身心發展；③項目不要太多、太瑣細（瑣細的規定乃屬例行活動程序），五到十項即可；④公布後要貫徹實施，違規者必須督導處理。

至於實際班規的訂定和執行，可循下述步驟：

### ✎ 討論訂定班規的重要性

引導學生思考為什麼制定全體共同遵守的規則很重要，使學生了解班級如同一個社會團體，須有共同遵守的規則，才能發揮功能，大家愉快的生活，有效的學習。

### ✎ 制定一組規則

鼓勵學生提出所有他們認為重要的規則，教師加以修飾或做適當歸納，然後輔導學生共同討論取捨，討論時協助學生舉出遵守及違反規則的行為實例，並說明行為可能導致的結果。

### ✎ 促使學生承諾遵守

規則訂定後，應鄭重宣布，寫成書面，張貼於教室醒目處，同時印發學生每人一張，要求學生確實遵守，其法可責成學生在班規上簽名；必要

時可要求學生將班規帶回家讓父母了解並簽名，表示願意協助督導子女遵守。不過，在提示班規給家長時宜附上一封言詞懇切的信說明訂定這些班規的理由。

### ✎ 督導行為及復習規則

在班規公布初期，教師應時常提示學生遵守，表現合宜行為；必要時詳加指導，時常練習，並在行為後給予立即回饋，對於低年級學生尤須如此。對於行為違反班規者，第一次提示，第二次鄭重警告，第三次則給予適當懲處。

## 三、安排環境

環境具有潛移默化的功能，適當安排環境可以引導或改變學生的行為，這就是「境教」。

教室環境首重學生座位安排。教室座位安排應使學生能夠專注於學習活動，因此一般上課聽講，要用行列式，使全體學生面向老師；分組討論則宜讓學生圍坐，便於互動。但學生圍坐時，因彼此互動增加，且有些位置側對或背對老師，教室秩序較難維持，宜藉由分組秩序競賽促成學生自我約束。座位順序按學生身高排列，個子矮的學生坐前面，以免擋住後面學生視線。如採雙座，可以考慮男、女生同座，並儘可能將上課喜歡互動交談的同學分開。

教室內教師的座位，如為拉近與學生的距離，增加師生間的互動，可置於前面，因為師生間會有較多的眼神接觸，但這也使得學生可以清楚覺察老師的行動，當老師忙於批改作業時，學生可能趁老師不注意扮鬼臉或逗弄他人。因此，必要時老師可將座位置於學生後面，方便監控全班，也較能專心處理事務。

其次，教室適當的布置，保持美觀與整潔，有助學生提高學習興趣。教室內學生主要走動路線保持寬敞，不要有物品阻擋，可方便學生順暢移

動，不致因推擠或碰撞物品造成混亂。

再者，如學生交作業時排長龍或等待分發學用品的時間太長，都容易發生秩序問題。為縮短時間，老師可以指定班級幹部幫忙收發作業或學用品，也可以使用號碼牌，叫到號碼的學生才出列繳交或領取。

此外，班級內有許多例行事務，如收取各項費用、升旗整隊、分配午餐等，也常容易出現混亂場面。對於這些例行事務的處理，教師應訂出清晰的流程，訓練學生依序一步一步進行，做到不須叮嚀，即能秩序井然的按照規定步驟完成。

最後，在有形的環境外，無形的環境——班級氣氛，也很重要。很多研究都發現，充滿溫馨和諧，每一個孩子都被老師接納，同學之間也彼此互相接納的班級，學生的行為問題最少；反之，被冷漠、猜忌、排斥等氣氛籠罩的班級，常常會有爭鬥、搗亂、破壞等各種問題行為出現。要培養溫暖和諧的班級氣氛，首先老師對於每一個學生，不論貧富、美醜、智愚，都要能一視同仁的接納關愛；由於老師並未歧視任何一位學生，同學們也就容易接納關懷，最後，每一個學生都會自我接納，覺得在班級內和諧快樂，違規行為自會減少。另外，老師也可以舉辦慶生會，鼓勵同學互致賀卡；更可藉由各種班際競賽，培養全班同學團結一致，榮辱與共的一體感。

### 作業活動

演練班規的訂定：推選三位同學分別扮演一、三、五年級的級任教師，其他同學扮演小學生。

## 參 支持性的班級秩序管理

支持性的班級管理是在學生有不良行為徵兆時，教師適時運用技巧將學生導入正軌。換言之，學生不當行為將現或乍現，班級秩序略趨浮動時，教師及時巧妙處理，消弭事端於無形，不使事態擴大，班級騷動，可稱為支持性的班級管理。要做好支持性的管理，必須把握許多技巧，以下擇要介紹。

### 一、熟記學生姓名

教師在知道接任班級後，未待開學，即可先行閱讀學生基本資料，熟悉學生姓名、家庭情況及過往表現；必要時還可向先前教過的老師請教，了解班上特殊人物，但須避免因此產生先入為主的偏見。開學第一天安排好座位後，即可製作班級姓名座位表，開始識記學生，將姓名和面孔配對。在姓名未熟記前，老師可依座位表指名。如能很快記熟，在學生蠢蠢欲動時立即直呼其名，會使學生感到既驚訝又敬佩，馬上收斂不當行為。

### 二、善用眼神傳達警告或嘉許之意

老師要有自信，不怕與學生眼神接觸。在每一節上課開始時，先以自信關懷的眼神逐一注視每一位學生，然後才開始上課；下課前以嘉許的眼神很快掃視全班然後下課。上課過程中，眼神可多停留在根據先前了解可能分心或搞蛋的一些學生身上。通常學生在做出違規行為或從學習活動撤離前會先看老師一眼，判斷有沒有被老師察覺，若是當學生看老師時，立刻接觸到老師的眼神，他會心神一凜，不敢造次。如果學生分心前未被老師眼神捕捉到，已經出現不當行為，老師可以警告的眼神盯著他，等待他

的眼神接觸，必要時提高聲音誘其看老師，待眼神交接時，輕搖頭表示不許再做。另方面，認真專注學習的學生有時也會望一望老師，尋求注意，老師如能及時投以嘉許的眼神，可使學生感到滿足而更加努力。

## 三、善用聲音變化點醒學生

教師上課時，聲音如單調平淡，毫無變化，容易使學生失去興趣。故平時上課即應注意音調高低、速度快慢和聲音大小的變化。在講到重點時，宜減慢速度，提高音量，必要時反覆強調，以加深學生印象。若遇有個別學生不守規矩，則在其動作時，提高講課音量，示意他老師已經知道，促其收斂。如果全班有騷動現象，可以突然停止講課，靜默片刻，通常學生會因而警覺，回復安靜。

## 四、運用走動和停駐

教師平時上課，多半站在講臺中央，方便學生注視及必要時使用黑板。但如學生在座位練習或國語課帶領學生朗讀時，宜在行間巡視或移動，若個別學生有問題時，即驅前協助；不守秩序時，即在其旁邊駐留，待其警覺收斂才離開。

## 五、各種肢體語言的配合運用

研究顯示非語言的溝通比語言溝通更能傳達情感，並且當語言溝通和非語言溝通不一致時，人們傾向於相信非語言溝通傳達的訊息。因此在支持性的班級管理方面，善用肢體語言示警或嘉許是很重要的技巧。前述眼神、音調和身體距離都是重要的肢體語言，可以和其他臉部表情及手勢動作等配合使用，如趨近、盯視、皺眉、緊抵嘴唇、搖頭等併用，可以傳達強烈的警告或不同意；微笑、點頭併用則傳達出讚許和同意。

## 六、適時增強

　　行為主義心理學者認為個體的行為被行為後果所決定，行為帶來愉快的結果，這個行為以後會再出現；反之，如帶來痛苦的結果，這個行為會消失。因此，在學生表現良好行為時，教師應適時給予愉快結果的增強，切忌在學生出現不當行為時誤給增強。然而，有些教師卻正好增強了學生不好的行為而不自知，例如，在學生秩序不好時，講笑話、提早下課或讓學生打躲避球，教師原意是藉轉換活動回復學生注意力，但結果卻是增強了學生吵鬧的行為。聰明的老師會在學生上課最專注但即將下課時宣布：「這節課同學最認真，現在離下課還有幾分鐘，老師來講一個笑話。」這樣可以增強學生以後上課專注的行為。

## 七、真誠讚賞每一位學生

　　人都有想獲得讚賞的需求，年紀愈小獲得讚賞的需求愈是強烈。但在一班三、四十個學生中，往往只有少數幾個資質聰慧，成績優異的學生能因課業上的良好表現時常獲得老師的稱讚，其他多數普遍的學生獲得老師讚賞的機會很少，更有少數學生不但根本沒有得到讚賞的機會，反而時常受到斥責和處罰，這些學生的特徵多半是：家境貧困、資質平庸、成績低劣。由於他們再怎麼努力也贏取不到老師的歡心，得不到老師的讚賞，最後往往自暴自棄，出現各種偏差行為，成為破壞班級秩序的主因。因此，聰明又有愛心的老師會儘可能安排各種活動或情境，讓每一個學生都有表現良好行為獲得讚賞的機會，如此可以提高學生自尊，消弭不當行為。

## 八、隨時發問

　　講述是主要的上課方式，配合適當的問答，能夠強調內容重點，並保持學生的注意力。如果學生容易分心，可以在講解前提醒學生「講完一段

後，老師有幾個問題要問大家」，或說「現在老師提出幾個問題，這些問題的答案聽完老師的講解就能回答，等一下看看哪一個同學能完全答對。」在講解過程中，如遇個別學生分心或不守秩序，可以指名問他「剛剛老師講什麼？」或提出問題問他。問答時，如學生回答不出，可另指一位專心的學生回答，答完後再要求原學生述說一遍，確定其是否已專注聽講。

## 九、分組秩序競賽

如果平時上課秩序不佳或在上某些特定科目（例如自然科）時容易吵鬧，則可在上課前告訴學生「這節課老師要實施秩序競賽，看看哪一組（或哪一排）秩序最好？」宣布後，就在黑板註明組別或拿出預先備妥的表格張貼於黑板一角，若小組成員秩序好時畫圈，秩序不好畫╳（或秩序不好時不予理會，若小組成員秩序好時畫圈，如此做可能較好，因畫╳易讓學生難過並指責犯過同學）。下課前統計，給予優勝組別讚許，鼓勵落後組別下次努力。

## 十、調整座位

教師在安排座位後，如發現鄰座同學喜歡上課交談，可以將其中一人調離原座位。對於喜歡捉弄他人的同學，必要時則將其安置在正中第一位置，方便就近監督。

## 十一、機敏豁達，善用幽默

老師如果具有機敏的心智和豁達的胸襟，常可用幽默化解一些難堪的處境，避免造成師生間的緊張或對立。例如：上課時發現黑板上有人畫了老師的肖像，老師可以顯出很感興趣的表情仔細端詳，然後說畫得太好了，下次可不可以畫在紙上送給老師並簽上畫家的大名。如此反應方式比勃然生氣，追查誰這麼大膽敢拿老師開玩笑，更能消弭事端，贏得同學的敬意。

✿ 作業活動

　　演練支持性的管理技巧：推選數位同學輪流扮演教師，其他同學扮演小學生有時表現不守秩序的行為。

### 肆
一般違規行為的處置

　　即使預防性班級管理做得再好，仍然會有一些學生在某些時候出現干擾學習的行為。若這類行為在將現或乍現時，未能運用支持性技巧予以消弭，已經趨於明顯，甚至一再出現時，就必須使用方法予以矯正。可行的方法包括：說理、增強、示範、消弱、懲罰等。以下分別加以說明。

### 一、說　理

　　說理就是提出合理的解釋，讓學生了解為什麼某些行為不可以做，某些行為應該去做。例如當學生上課發生怪聲時，老師如告訴學生：「不要這樣做，因為這樣做會干擾其他同學，使他們無法專心學習。」這就是說理。但是很多老師只是直截了當的警告學生：「再發出聲音，就不讓你下課。」這是以懲罰作為威脅。說理時心平氣和，威脅時則語氣嚴厲，前者使學生感覺受到尊重，較能誠心改變行為。

　　針對特定行為的改變，可以有不同的說理方式。例如要求學生不要去玩遊戲室的陶瓷娃娃，可以說「不要去碰這個玩具娃娃，它很容易打破。」或說「不要隨便拿別人的東西，因為這不是你的。」前一說法強調物品本身，後一說法提及所有權概念，對於年紀小的孩子，前一說法較有效果。如能說明行為對他人造成的影響，對年紀較大的孩子會較有效果，如「不要去碰這個玩具，因為這樣做會使玩具所有者不高興。」就比「不要去碰

這個玩具,因為萬一打破了你會很難過。」有效。簡言之,說理如能喚起對他人感受的了解,通常比只訴諸對當事人自己的影響,更能改變行為。

## 二、增　強

增強用在支持性班級管理時是希望學生良好的行為能夠持續,因此在學生專心學習一段時間後,給予稱讚或提供學生所喜歡的活動。增強用在矯正性班級管理時,是針對不當行為的糾正,方法是增強與不當行為相反的正當行為。例如要矯正學生上課隨便講話的行為,可以在其隨便講話時不予理會,而當其安靜聽課時則給予讚許。

一個行為的持續出現,一方面是行為之後帶來某種當事人想要的結果,另方面是有某種先前刺激誘發行為,這就是所謂的「誘發刺激──行為──後果」的連鎖理論(ABC, Antecedents-Behavior-Consequence)。例如:一個學生每當老師轉頭寫黑板時即扮鬼臉惹來全班哄堂大笑。在這個扮鬼臉的行為中,老師轉頭寫黑板是前置誘發刺激,同學的哄堂大笑則是後果增強。因此老師如欲消除此一扮鬼臉的行為有兩個可行做法,一個是移除誘發刺激,即不再轉頭寫黑板;一個是去掉後果,可以要求同學不予理會,不可哄笑。如能雙管齊下,同時去掉誘發刺激和後果增強,更能迅速矯正行為。

凡是能增加或維持行為頻率的東西都是增強物。增強物依性質分,可大別為三類:①物質增強物,如食物、獎品、玩具等;②社會增強物,如微笑、注意、稱讚等;③活動增強物,如看故事書、看電視、打躲避球等。教師在增強行為時可多使用微笑、稱讚等社會性增強物。Premack(1965)則提出一個法則:兒童較常自動從事的活動可以作為兒童較少自動從事的活動的增強物。亦即如果允許兒童在完成其較少自動從事的活動後,能夠從事其較喜歡的活動,則兒童會認真去做其較少自動從事的活動。這個原則教師可以充分運用,例如當學生不專心寫作業時,教師可以宣布「寫完作業的人可以看故事書」,如此一來,許多學生會收斂玩心,

認真寫作業。

在建立一個新行為的初期，為了使個體覺察到行為及其後果的因果關係，最好在行為表現後立即給予增強物，並且每一次表現該行為都給予增強物。等到行為大致建立後，即不一定要每一次給予增強，也可以在行為表現後一段時間才給予增強。這種由連續增強轉為間歇增強，由立即增強轉為延宕增強的安排，可以使建立的行為較不易消失。

行為建立後，除了減少增強次數外，也可以將較貴重的增強物改為較簡單的增強物。例如初期以獎品或遊戲作為增強物，後期可改為社會性增強物，如注意、微笑或稱讚。

有時候不當行為或不良習慣已經根深柢固，想要使用增強立刻加以改變不大可能。這時可以將行為或習慣細分成幾個階段，依難易程度排列組織。開始時只要求學生做一點點改變，即給予增強，慢慢提高要求的程度，循序漸進引導學生達成整個行為的改變。例如某一學生寫作業時四處遊蕩並捉弄別人，要這個學生立刻改變行為，安靜寫作業；如果做不到，則先要求他能在座位靜坐五分鐘，做到即給予增強，慢慢延長靜坐的時間，才給予增強；最後則靜坐寫完作業才給予增強。這種循序漸進改變行為的方法稱為「行為塑造」（behavior modification）。

有時候學生的不當行為屢誡不改，老師不得已也許可以和學生訂定契約，在契約上寫明老師希望學生消除或表現的行為，以及做到時可以獲得的獎賞和做不到時必須付出的代價（懲罰），這種做法稱為「後果關聯契約」（contingency contracting）。使用後果關聯契約時，老師須將學生找來面談，告訴他老師希望他改變的行為，及在期限內改變可得到的獎賞，和超過期限未改變將受到的處罰，徵得學生同意後，雙方訂立契約，簡單的可以口頭約定，正式的則寫成書面，教師和學生同時簽名，並各持一份以示信守約定。

## 三、示　範

　　我們的很多行為都是不知不覺的從觀察他人的行為學來的。當然，我們不只觀察他人的行為，我們也注意到他人表現此一行為的後果，如果得到好處或被人稱讚，我們會想表現同樣的行為；如果帶來壞處或遭人譴責，我們較不會去做同樣的行為。教師可以利用此一原理促使學生表現良好的行為，抑制不好的行為。在學術用語上，稱被觀察者為「楷模」（model），安排楷模使觀察者學到楷模的行為，稱為「示範」（modeling），從觀察者而言，則是模仿或稱「觀察學習」。示範是有力的教學方法，也是有效的行為改變技術。

　　廣義的示範包括行為表現、語言解說，和兩者的綜合。教師稱讚某一學生的良好行為，可能引發別的學生表現類似行為，此種見賢思齊的現象即是示範；教師懲罰某一學生的不良行為，其他學生不敢表現同樣行為，此種殺雞儆猴的作用也是示範。除了學生之間可能互為楷模產生示範作用外，教師更應成為學生最重要的楷模，如傾聽學生說話、對人禮貌、遇事不慌不忙、遭受批評虛心接受、不輕易動怒、不體罰學生等，都可以對學生起示範作用。換言之，教師的以身作則是最好的示範，對於培養學生的良好行為有很大作用。

## 四、消　弱

　　行為所以出現，乃因行為之後得到增強，如果去除增強，行為可能減少甚至消失，這就是消弱。

　　有些不當行為的建立，是由於錯誤增強的結果，因此要除去這些行為，可以使用消弱，讓行為不再得到增強。兒童入學前，在家庭中可以充分得到父母或家人的注意；入學後，一班數十位學生面對一位老師，學生競相爭取老師的注意，換言之，老師的注意對學生是一種增強。大多數學生可以因表現良好而得到老師的注意、微笑，甚至稱讚，因而感到滿足。

少數學生無法以良好行為獲得老師注意，可能做出一些不當行為來引起老師注意，如發出怪聲、扮鬼臉、隨便走動、任意插嘴等。老師對這些學生的行為通常以皺眉、斥責，甚至罰站等表示不予認可，但學生覺得已經受到注意，雖然這是消極注意，但對被老師忽略的學生仍具有增強作用。

對於這些視引起老師注意為增強的學生，可以使用消弱來去除其不正當行為，即對其企圖引起老師注意的不當行為忽視不予理睬。不過，有時候增強物是來自於同學的注意，儘管老師忽視行為，該行為仍可能因獲得同學的注意而繼續存在。因此打算使用消弱使學生行為不再出現，老師必須徵得同學們的合作，師生一起對希望藉不當行為引注意的學生，在表現不當行為時不予理會。不過在忽視不當行為的同時，應設法在其表現適當行為時給予注意，使其獲得滿足。

藉忽視不理來消弱行為似乎是簡易可行的做法，然而忽視不理對於嚴重破壞秩序的行為或有危險性的行為，顯然不是適當做法。再者，忽視不理也容易使學生誤以為老師默許此一行為，或使學生以為老師知覺遲鈍無法覺察到他的不當行為，因而變本加厲。因此，Tanner（1978）提出使用忽視的四個規準：問題行為為時短暫，不嚴重也不危險，注意處理可能干擾教學，及該學生一向表現良好。如果符合這四個條件，忽視是適合採行的處理方法。

為了達成建立良好行為的目的，在忽視不當行為的同時，最好能設法增強與其相反的良好行為。例如希望藉忽視消除學生隨便發言的行為，必須同時增強舉手發言的行為。此外，有些老師視學生上課安靜守秩序為理所當然，忽視不予增強，一旦學生吵鬧才注意糾正；倒不如在學生安靜聽課時，不時給予嘉許，更有助於教室秩序的維持。

## 五、懲　罰

懲罰的目的在抑制甚至消除不良行為。懲罰的基本形式有兩種：給予不愉快的刺激或剝奪愉快的刺激。前者如沒有寫完作業罰站，後者如沒有

寫完作業不准下課休息。

很多人反對懲罰，認為懲罰的使用應減至最少。反對的理由如下：①懲罰是將注意力集中在不好的行為，沒有指出適當的替代行為；②懲罰只是暫時抑制行為，無法根本消除行為；③懲罰導致不愉快的情緒，會使受罰者感到恐懼、焦慮、緊張，因而討厭老師、學科，甚至害怕上學；④懲罰中的示範攻擊行為，受罰者會加以模仿。

雖然許多人反對懲罰，但懲罰仍廣被使用，原因可能是：①懲罰對抑制嚴重的破壞行為或危險行為較有效，其他處理方式可能緩不濟急。例如小孩用積木打人，立即抓住他的手是最好的處理方式；②懲罰具有傳達訊息的作用，能讓受罰者了解該行為不當，不被接受；③能抑制行為即已達到懲罰的目的，根本消除行為不大可能。

在教室管理上，懲罰事實上無法避免。不過，溫和的懲罰比嚴厲的懲罰有效，說明原因而後懲罰比只是懲罰有效，出自愛心的懲罰比發洩憤怒的報復性懲罰有效。

懲罰的種類很多。有些懲罰的負面作用太大，不宜使用，尤其是體罰。研究發現有反社會行為的罪犯大多在童年曾遭受父母嚴厲的體罰，小時候受到體罰，感到恐懼害怕，長大後則充滿怒氣和怨恨；而體罰者的行為正好成為受罰者攻擊行為的示範，受罰都是不知不覺的加以模仿。其次，罰寫作業也不是很好的做法，因為這樣做等於暗示寫作業是不愉快的事情。

此外，因一人犯錯而處罰全班也不合適。老師這樣做可能是希望借助團體壓力來抑制當事學生的不良行為。但其結果是逼使學生選邊站，是支持老師或同情同學，常見的結果是全班同學因無辜受罰而怨恨老師，反而同情起當事同學。即使果真出現老師希望的結果，全班同學指責當事學生，那對當事學生的傷害太大，也不適宜。

有效的懲罰往往相當溫和。如老師板起面孔說不可以或搖搖頭，即常能使學生放棄不當行為；其次，指出不當行為並說明不可以做的理由，尤其是靠近學生做此表示，也頗有效。稍重的懲罰，可以在下課或放學後把

有不當行為的學生留下，給予簡短訓斥然後放學，這招也很有效。

另外兩種可行的懲罰是隔離（time out）和反應代價（response cost）。對於在教室內大發雷霆或失去控制的學生，可行的處理方式就是把他送到辦公室冷靜一下，這就是隔離。較輕的隔離則是將干擾上課的學生叫到教室後面，面對牆壁罰站或靜坐。不過，隔離的時間最好不要太長，以免使學生課業跟不上。反應代價則是取消行為不當學生的某些權利，如借書逾期，停止其借書一段時間，打球不守規則，處罰其不准下場打球數分鐘。對於不寫作業學生的處罰，最好的方式是要他利用下課或放學後留下把作業寫完。

有人認為懲罰要有效，必須顧及以下幾個原則：①懲罰使用前應提醒學生，並讓學生了解老師不希望使用懲罰，是學生自己的行為在決定會不會受罰；②不得已而使用懲罰時，應有周詳考慮，避免不由自主的情緒反應；③懲罰應儘可能溫和簡短，但也要確實使學生感到不愉快以激發學生改變行為；④懲罰時應同時指出正面的期望或敘述班規，使受罰學生知道該怎麼做。

總之，真正有效的懲罰不要使學生產生報復心理，應使學生對自己行為感覺羞愧，使他們了解所以被懲罰乃因自己行為不當所致。

### 作業活動

　　配合主題壹的作業活動，觀察並記錄教師對於學生有害學習行為的處理方式，進一步討論有無其他更合適的處理方式。

## 伍

### 嚴重違規行為的輔導

　　絕大多數的班級秩序問題都是偶發的輕微違規行為所造成的，這些行為的矯正，運用以行為主義心理學為基礎的行為改變技術，配合說理開導，通常很有效果。但也有少數學生，特別是高年級學生，出現嚴重的行為問題，如偷竊或欺負弱小同學，無論教師如何勸導和懲罰都無法改變，甚至益趨惡化。對於這些少數有嚴重問題行為的學生，或許改採以人本主義心理學為基礎的輔導策略較可能收效。以下簡介 Dreikurs 的目標導向處理和 Glasser 的現實治療：

### 一、Dreikurs 的目標導向處理

#### ✎　錯誤目標

　　Dreikurs（1968）認為所有的人都需要存在與歸屬感，我們嘗試各種行為以獲得身分地位和認可。如果經由社會接受的方式得不到認可，就會轉向錯誤的目標，出現反社會行為。同理，學生如果在教室中缺乏地位和人際關係不佳，可能轉而尋求以下四種目標：獲得注意、爭取權力、尋求報復，及表現無能。

　　教師在處理學生問題行為時，第一步應該分析學生追求的目標是什麼。尋求注意者會破壞秩序引起騷動，但不會公開反擊或挑戰，這是爭取權力者的做法，爭取權力者不會刻意傷害或虐待他人，這是尋求報復者的做法，而持續的依賴和要求幫助則可能是表現無能者的行為。

　　Dreikurs 建議教師仔細觀察學生的行為，分析其真正的目標，然後私下解釋給學生了解。如果老師不能確定，則向學生求證，例如問學生：

「我懷疑你這樣做只是想獲得注意」、「是不是你想宣示沒有人能指揮你」（爭取權力）、「你是否想要報復」、「是不是你要讓我相信你不能做任何事」（表現無能）。

### ✎　處理方式

當老師發現學生行為的目標是在「獲得注意」時，就該忽視所有這類行為，但同時儘量在學生表現好行為或沒有要求注意時給予注意。當有些行為已經干擾到上課，就不能只是忽視，這時老師可以冷靜的叫學生名字，但不加批判也不責罵，必要時直接面質學生「你要我注意你幾次」。

對於爭取權力者，大多數老師的反應是感覺受到威脅，因此會抵抗或壓制，結果捲入與當事學生的權力爭鬥。可行的做法是放棄使用教師權威，勸導學生合作或賦予他協助班級的責任，如告訴學生：「班上學生似乎都對你很尊敬，你能不能做個好榜樣，使全班更團結合作。」

尋求報復和爭取權力是有密切關聯，當權力受挫可能尋求報復，這類學生覺得傷害他人是理所當然。老師很難心平氣和的對待這類學生，但他們卻最需要了解和接納。老師應以德報怨和這類學生建立友誼，設法說服他們以良好表現來獲得接納與地位。

表現無能者希望老師認為他無可救藥而放棄不管，老師也往往如此相信並放棄這些學生，老師放棄益發使學生覺得無價值和無能。因此老師不該放棄這些學生，要敏銳的去覺知他們偶爾出現的微弱努力，給予鼓勵和支持，重視他們的努力而不計較成敗。

### ✎　邏輯後果

處理學生不良行為，Dreikurs反對任意的懲罰，而主張不良行為的後果發生。如此能使學生知道行為和結果的關係，好的行為帶來酬賞，不好的行為則帶來不愉快的後果。如學生破壞學校公物，要求學生修好或賠償；亂丟紙屑要求學生撿起；寫完作業的學生可以休息，沒有寫完作業的下課

繼續寫。邏輯後果的運用，老師要將行為與後果之間的邏輯關係說明清楚，要以鎮定而友善的口吻發出指示，要表達對學生的關懷之情，要提供兩、三條行為途徑讓學生選擇，也要拒絕接受任何藉口（邱連煌，民80）。

## 二、Glasser 的現實治療

Glasser將其現實治療理論應用到教室管理和學生行為問題的輔導上。他認為學校應該建立一種激勵的學習氣氛，不只是維持良好的師生關係，應儘可能讓學校和教室環境都充滿人性化，愉快、和諧、有團體感，開放的溝通。他相信學生都具有責任感。

在協助學生解決行為問題上，Glasser（1965, 1969）提出數種按部就班的處理方式，而以下列七個步驟的做法最為有效（Jones & Jones, 1990）。

1. 對有行為問題的學生表示溫暖接納，投入感情建立個人關係：Glasser認為如果老師能讓學生確實體會到他誠摯的關懷，絕大多數的學生都願意檢討及試著改變自己的行為。因此改變學生行為問題的第一步是表現對學生的關懷接納，建立與學生的個人感情。老師可約定時間和學生面談，見面的第一句話可以充滿感情的說：「我很高興你來了，我關心你和你的學習情況。」

2. 釐清學生的問題行為：老師可以要求學生敘述自己的行為，促使學生覺察了悟。例如老師問：「告訴我你做了什麼，使小華那麼難過。」假如學生簡短回答「我不好」或「我錯了」，則要他說明「怎麼不好」或「為什麼錯了」。如果學生怪罪他人，則告訴他「先談談你做了什麼」。如果學生否認說「沒有啊！」則有幾種可能做法，第一種是告訴他：「我不是要責備你，找你麻煩，只是想幫你解決這個問題，我需要知道你做了什麼。」第二種是問學生「要不要聽聽別人怎麼說」，用誠懇的語氣而非威脅的口吻表示。如果學生情緒激動，意味著他目前有困擾需要時間冷靜思考，此種情形應給予體諒，可表示：「現在談這個問題你似乎很不舒服，休息一下，待會兒我們再談好了。」讓學生有緩衝時間，也有助於問

題解決。

3. 協助學生對自己的行為做價值判斷：當學生說出自己的行為後，老師應幫助他判斷這個行為對不對。除非學生自覺這個行為不對必須改變，否則不可能會有真正的和持久的改進。協助學生做價值判斷時可以問他：「這個行為對你有幫助嗎？對別人有幫助嗎？」當事學生多半會回答「沒有」，如果答「有」，再問他「對你有什麼幫助？對別人有什麼幫助？」假如學生仍然堅持有，我們就直接指出這個行為對他和別人造成的傷害。另一個協助學生作價值判斷的做法，是要他列舉出這個行為的好處和壞處或得或失。假如學生認為這個行為是可被接受的，我們應直截了當告訴他行為的不良後果。但不管學生如何強詞奪理，老師始終必須心平氣和，就事論事，以不帶威脅的方式協助學生澄清行為的後果。

4. 尋找改變行為的辦法：在學生承認行為不對必須改變後，下一步是協助他找出改變行為的可行計畫。老師可以問他：「你已經知道原先的行為不對，能不能想看看有什麼不同的做法。」或「有沒有需要我或其他人幫助的地方」。假如學生提出一些空泛的回答，如「我不再這樣做了」或「我會努力」，這種說詞不能接受，可回答學生：「很高興你想要改進，但是你到底要怎麼做呢？」。如果學生一時無法回答，可以給他一段時間思考然後向老師報告。假如學生真的想不出來，老師可以提出幾個建議供他選擇。

5. 要求學生承諾依照辦法去做：在確定學生已經了解應該怎麼做後，要求學生承諾照辦。老師可以說：「好啊！這似乎是個好辦法，現在我們都了解了，你準備好照做了嗎？」或「你認為這是個好辦法，願意試試嗎？」

6. 追蹤檢查執行情形：在學生做出承諾後，老師可以和學生約定何時見面以討論進行情況。這個步驟使老師有機會督促學生努力及討論可能遭遇的問題。假如學生已經照做，老師應讚許他的努力。追蹤檢查不須花很多時間，可簡單的問「做得怎麼樣了」或「有沒有困難」。假如做得很好，除以欣慰的態度表示讚許外，可以問問學生他自己感覺怎麼樣。

7. 如果承諾改變的不良行為仍然持續：不要以消極的方式諷刺或處罰

學生，但也不接受任何藉口。最後這個步驟是假如學生未照承諾去做，應如何處理。首先，老師不應批評、諷刺或處罰學生。一個基本假設是：在積極、支持的環境中，學生會願意負責，願意表現良好的行為。因此學生未照計畫做並不應給予懲罰，但也不應接受任何藉口。學生通常會怪罪他人使他沒有辦法做到，老師不接受這個說詞，只是和學生重新討論可行的作法，老師可以說：「讓我們繼續努力吧，我相信你一定可以找到一個行得通的做法。」或說：「我知道有些事情干擾使你沒有做到，但計畫是你決定的，我們須重新找出一個新辦法嗎？」

總之，Glasser 的基本觀念是學生能為自己的行為負責，而且應該為自己的行為負責。老師應盡其所能協助學生解決問題，但問題是學生的而不是老師的。

以上敘述 Dreikurs 和 Glasser 對於處理學生行為問題的看法，他們都偏向人本主義的觀點，基本上相信人性善，給予學生充分尊重，他們自會負起改善行為的責任。然而實際情形是：有時使用教師權力仍是必要，因為學生一直不負責任，因為不良行為對他們似乎深具酬賞，在此情形下，外力督促和有力的強制似乎難以避免。不過，教室管理良好的教師，其處理方式大多願意花較長的時間，協助學生了解及解決問題；而教室管理較差的老師則多半使用威脅和懲罰，只求立即有效的控制學生行為（Good & Brophy, 1990）。

### 作業活動

演練 Glasser 的處理過程：一個學生扮演時常欺負弱小者，另一個學生扮演輔導老師。

# 參考書目

朱文雄（民81）。班級經營。高雄：復文出版社。

江麗英（民81）。如何維持教室秩序。師友月刊11月號，32-33頁。

邱連煌（民80）。邏輯後果管教法（下）。國教天地12月號，17-32頁。

張秀敏（民80）。給國小初任教師教室管理的建議。國教天地12月號，27-32頁。

Biehler, R. F. & Snowman, J. (1990). *Psychology applied to teaching.* Boston: Houghton Mifflin.

Brophy, J. & Evertson, C. (1978). Context variablies in teaching. *Educational Psychologist, 12*, 310-316.

Deci, E. (1975). *Intrinsic motivation.* New York: Plenum.

Doyle, W. (1986). *Classroom organization and management.* In M. C. Wittrock.

Dreikurs, R. (1968). *Psychology in the classroom.* New York: Harper & Row.

Glasser, W. (1965). *Reality theraphy: A new approach to psychiatry.* New York: Harper & Row.

Glasser, W. (1969). *School without failure.* New York: Harper & Row.

Good, T. & Brophy, J E. (1990). *Educational Psythology: A realistic approach.* New York: Longman.

Jones, V. & Jones, F. (1990). *Classroom management: motivating and managing students.* Boston: Allyn and Bacon.

Kounin, J. (1970). *Discipline and group management in classrooms.* New York: Holt, Rinehart and Winston.

Premack, D. (1965). Rein tor cement theory. In D. Levine (Ed.), *Symposium on Motivation (vol 13).* Lincoln, NE. University of Nebraska Press.

Stallings, J. (1980). Allocated academic learning time revisited, or beyond time on task. *Educational Researcher, 9*, 11-16.

Tanner, L. (1978). *Classroom discipline for effective teaching and learning.* New York: Holt, Reinehart and Winston.

# 親師溝通與合作

陳淑絹

## 壹
### 親師溝通的技巧

所謂溝通，係指人與人間傳達情感、訊息、意見或事實，以產生相互了解，一致行動的歷程。處於今日社會，變遷迅速，家庭結構改變，生活競爭激烈，不僅加深彼此互動的難度，也使得雙方的互解不斷增加，如何建立共識，強化溝通，是極重要的課題。

教師是教育事業的主體，對班上幾十位小朋友，所具有的是教育的熱忱和方法，而父母對孩子的愛雖然無可置疑，但有時難免缺乏適當的方法。因此，教師和家長若能建立「合夥事業」，藉著溝通，不但能了解孩子在學校與家庭行為的一致性，親師間也可彼此當作鏡子，反映出孩子的內心世界，引導孩子向心向善。

近幾年來，國民小學開放教育的試辦，與小班教學精神的推廣，以及民國九十學年度九年一貫課程的全面推行，不管是課程研究小組或教學成果的評鑑都需要家長的協助，基於教育功能的全力發揮與教育目標的徹底落實，親師溝通與合作實有其必要性。

## 一、影響親師溝通的障礙

教師與家長是教育的合夥人，合夥之間如果彼此有共同的目標和看法，合作無間，溝通無礙，相信教育事業將更蓬勃發展，直接受益的當然是國家未來的菁英。然而在親師溝通的過程中，常存著許多問題與困擾，茲分析如下。

### ✎ 過度的「親情」作祟

普天下父母都視自己兒女為寶貝，當孩子受到別人肯定或讚美時，內

心真是充滿得意與滿足。相反的，一旦有人在面前數落孩子的不是，那真是「說什麼也不相信，我的寶貝孩子會如此。」因此每當教師進行家庭訪問時，必然將準備好的資料——包括孩子在校的種種不當行為紀錄，一五一十的稟告家長，並以為是十分盡責時，卻換來家長冷漠的態度。這種過度「親情」的作祟使家長敏感的以為教師有意興師問罪。「養子不教誰之過」，在一時缺乏明辨是非時，家長與老師的溝通就成了困擾。

### ✎ 家長主觀的防衛作用

甫自學校結業的初任教師或年紀輕娃娃臉及外表可愛的教師們，最常感困擾的莫過於家長主觀的防衛作用。大部分家長以為這些老師是「罩不住那班級」是「比不上資深老師厚重」，對老師起了防衛心，言辭中常提到「以前教我的孩子的老師很好，很會教，今年孩子的學習好像不太好……等等。」如此一來，令老師大受委屈又如何談溝通呢？

### ✎ 父母管教態度不一致

由學校老師與家長對話中，有時候可以發覺孩子的父母管教態度相當的不一致，就像是母親說：「老師，小華的身體不太好，凡事請多包容，若過於勞累又病倒，會把我急死的。」而父親說：「小孩子就是要嚴加管教，多給予磨練，若現在不管，以後就管不來了。」父母管教態度的不一致，最容易使子女無所適從，甚至於身心失衡；當然更棘手的是，老師真的不知如何與父母繼續溝通了。

當今父母管教態度常被列為三種類型：即專制型、寬容型與威信型。「專制型」者自訂規範，並堅持子女無條件遵守，不考慮子女的慾望與需求，子女性格較被動，且生活態度消極；「寬容型」者不刻意訂規範，也不刻意限制子女的慾望與需求，子女個性放任，學習動機較弱；「威信型」者與子女溝通訂定合理的規範，考慮子女的需求與意見，子女興趣廣，有學業成就取向。教師如能了解父母不同的管教態度，更有助於溝通。

### ✎ 親師皆缺乏同理心

有「同理心」的人，能設身處地為人著想，這也是一種共鳴性的了解。當孩子決定要從事一種活動時，家長如果與老師都缺乏同理心，彼此的衝突必然是增加。最明顯的例子莫過於看電視與追求偶像，熱門的電視廣告或影集是孩子們間常有的談話題目，如小丸子、神奇寶貝、kitty貓、皮卡丘等；對偶像的瘋狂，更是時下多數孩子流行的活動。家長如果認為只有念書最重要，其他活動全都禁止，孩子無法與同學有共同討論的話題，心裡可能難過，必然會引起反彈，影響親情的維繫。而教師應有基本的專業素養，適時站在家長與學生立場來看問題，更是必要的。

## 二、有效溝通的原則與技巧

雖然親師溝通間可能存在著些許的障礙，然而為了下一代的教育，我們必須探索溝通的技巧，以達雙贏的效果。大原則性的溝通技巧如下：

### ✎ 消極方面

1. **切勿感情用事**：老師若一直告狀，家長可能會一味防衛，無法越過中間的鴻溝，事情將更見棘手，因此應避免感情用事，產生太多情緒化用詞。

2. **不要搶先說話**：先讓家長表達內心的困擾與不滿，如此才能掌握事情狀況，較能取得家長認同。

3. **避免強詞奪理**：溝通重在語氣緩和，不可為了面子與家長爭辯不休，使家長惱羞成怒，而拒絕溝通。

4. **毋須急於一時**：妄想一步改善學生態度，實為不易，過於求好心切常使老師徒增困擾。

### ✎ 積極方面

1. 充分的準備：任何溝通行動前都應有充分準備，包括溝通名稱、目的、內容與途徑。如果是書面溝通，要留意文詞達意，口頭溝通要掌握語意，事先設計表達順序與回答的資訊。

2. 安排適當的溝通情境：親師溝通儘量避免在孩子面前或在辦公室進行，以免有時為顧及面子而有過度情緒激烈的反應。校內無特定溝通場所時，只有借用校長室或輔導室。

3. 設身處地並尊重對方：當家長訴說孩子的不是時，老師必須設身處地，站在家長的角度看問題；如果能重視家長與學生人格尊嚴，更可增加家長對教師的信任，溝通將更為順暢。

4. 態度誠懇且目標明確：聰明機智的老師會用心研究班上問題，與家長尚未充分熟悉時，不要說孩子的缺點，逐漸信任後，再以誠懇的態度、明確的目標，請家長配合與協助。

5. 共訂契約力求言行一致：與家長溝通，共同處理學生問題時，應彼此訂好契約，家長在家該做什麼，老師在校該做什麼，注意言行一致，溝通才真正有效。

親師溝通可以解決師生間或學校與家長間若干問題，只要我們本著誠心、愛心和耐心，了解對方，尊重對方，相信在和諧理性的氣氛下，會有良好的溝通效果。

---

### ✿ 作業活動

1. 角色扮演：
   可自編或參考現成的案例，針對良好的親師溝通與不良的親師溝通各一則，實施角色扮演，以強化本主題所提示的溝通技巧。
2. 採訪報告：
   課前將班上分為三組，分別就下列兩個問題，訪視目前國小老師、行政人員與學生家長，將意見蒐集整理後，於本節中補充說明。
   • 您認為阻礙親師溝通的可能因素是什麼？
   • 您覺得在親師溝通中要把握什麼原則？

參考資料

吳清山等（民80年）。班級經營。臺北：心理出版社。

劉焜輝（民82年）。親師溝通的理論與實際。輔導通訊，第65期，1-4頁。

陳寶山（民82年）。教師應為與難為的任務——親師溝通共成長。輔導通訊，第65期，5-8頁。

張春興（民83年）。教育心理學。臺北：東華書局。

## 貳　親師合作的途徑

　　人不能離開社會而單獨生存，一個有組織的社會，可以滿足人類的欲望和需求，況且人類具有群眾性與社會性，在合作奮力下，人類文化才得以綿延。而教育係以群體的發展為目的，群體中的人不是烏合之眾，經由長期互助合作的歷程，世代終能於整體中生存發展。

　　在資訊不發達的社會中，學校是一個封閉的空間，教師具有權威的主要教育權，是學生懂得知識的唯一管道。經由社會的變遷及時代的進步，僵化的教學模式不再滿足學生的需求，為了促進教育的進步、發展與開放，以適應變動的未來，結合家長的共識與參與力量是迫切需要的。

### 一、親師合作的困境

　　近年來，親師合作是改革教育中極重要的指標，然而目前各級學校中「學生家長會」的主要功能，一直停留在財力支援上，對課程內容、教材教法、學校行政大都採消極的支持。各校推展的義工制度，雖有成效，但

也停留在義工專護、愛心服務的層面，參與的家長仍是有限的少數。仔細探究親師合作的困境，可能原因如下。

1. **家長擔心能力不足**：自認能力不足的家長，惟恐無法達到學校要求，提供必要的支援，反造成內心的困擾，因此只是採取消極附和的方式。

2. **家長參與意願不高**：非不能也，實不為也。基於社會功利導向影響，對無給薪的純義務之服務工作了無興趣，認為教育工作應由學校負全責。

3. **家長協助時間有限**：處於今日工商業社會，大多數的父母忙於謀利營生，連晚上陪孩子的時間都沒有，更何況白天到學校參與教學活動。

4. **家長扭曲「合作」的意義**：部分家長為自身利益，認為「合作」是老師必須完全接受家長的意見，包括不合理要求，因此給學校帶來相當的困擾。

5. **教師專業權威心理作祟**：部分以傳統教學為主，個性不開放的老師，擔心親師合作後，可能影響其專業權威，因此抗拒家長參與。

## 二、親師合作解決途徑

儘管親師合作有上述的困境，家長仍應體認，有責任協助學校教育，而學校也有義務敞開心胸接納家長，讓家長參與教育孩子的事務。因此，學校要主動積極，不能只坐等家長上門，應極力排除萬難，從下列途徑去努力，以解決困境。

1. **溝通時胸襟宜開放**：教師如果能以開放的襟懷接納家長的參與，充分肯定「親師合作」的價值，必能協助兒童過快樂充實的生活。

2. **建立教育反省與改革的共識**：教師應體認親師合作的時代意義，並充分了解家長「教育參與權」的時代趨勢，建立彼此的共識，為兒童謀求更有利的教育情境。

3. **成立制度應採漸進式**：任何新觀念新方式的導入必須循序漸進，不可能一蹴即成。透過班級家長會或懇親會的召開，可以率先傳達親師合作之理念，再進一步藉由分工達全面之功能。例如成立「親親家族」，將家

長分為「親職教育組」協助辦理愛心家長之成長團體;「圖書設備組」協助辦理圖書教具之登記與借還;「交通導護組」協助路口定時定點站崗;「校園安全組」協助定時巡視校園;「課業維護組」協助低成就學生輔導;「資源回收組」協助每週定期回收資源;「綠化美化組」協助校園規劃設計與美化。

4. 設置可行的輪流表:「親師合作」立意甚佳,為擴大家長參與面,開學時可以經由家長興趣調查表,了解家長的專長,鼓勵參與各種組別,並分別建立可行的輪流表,以減輕家長的時間負擔。

5. 行政單位適時支援:由行政單位主動參與並關心親師活動,適時給予肯定與鼓勵,將是教師與家長最大的精神支援。

6. 成立「親師聯誼中心」:在學校人性化經營的理念下,應適當的布置親師聯誼中心於學校中各個樓層。中心裡備有舒適的座椅,怡人的壁畫,以及茶水等供應品。不僅方便親師於溫馨的場所中進行溝通,更使參與親師合作的家長有空間聚會,分享經驗,並建立歸屬感。

7. 展現學校特色:利用校慶或節日,學校時常展現經營成果,將會獲取家長認同及支持,成為家長參與教育的誘因。

「班級親師會」或「親師協會」的組織,將使更多的學生家長走進校園,在親師合作下,家長主動的關心教育,對教育有更正確的認識,將使孩子擁有快樂。

## 作業活動

1. 訂立「班級親師會」實施要點:
   分組討論「班級親師會」組織章程,內容應涵蓋「目的、依據、組織、各組工作職掌、會議之召開、注意事項」等。
2. 問題討論:
   分組探討下列問題,綜合歸納意見,並推派代表報告後,由其他人再補充。
   • 教師開放胸襟,接納家長參與教育工作的尺度有多少?
   • 行政單位如何給予支持與協助?
   • 用什麼方式提升家長參與的意願?

## 參考資料

吳景峰（民 85 年）。談親師協會的組織與運作。載於鄧運林主編：開放教育親師
　　合作。高雄：復文圖書出版社。

劉寶猜（民 85 年）。開放心靈悅納教育合夥人──談班級親師協會的成立。載於
　　鄧運林主編。開放教育親師合作。高雄：復文圖書出版社。

臺北縣樹林鎮柑園國小──班級親師協會實施要點。（見附錄表一）

黃麗淑（民 89 年）。開放教育與小班教學實務經驗手冊。高雄：復文圖書出版社。
　　（見附錄表七）

教育部（民 89 年）。「高雄市小港區港和國小九年一貫課程」試辦實施簡介。翰
　　林文教雜誌，第 14 期。

## 參　學校實施親師溝通的具體方式

### 一、一般性的親師溝通方式

　　1. 家庭聯絡簿：透過親師手冊或家庭聯絡簿，教師可叮嚀學生記下每日交代的家庭作業項目，並聯絡家長配合督導，內容與格式的設計，可依學生需要而定。

　　2. 家庭訪視：每一學期至少安排一次家庭訪視，「見面三分情」，由面對面的溝通中，更易促成信任、關懷與了解，特別是身心障礙與行為偏差的學生，經由家庭生活的直接了解，較易掌握輔導的方向。

　　3. 信函聯繫：藉由書信往返，可以表達彼此更多的看法，由書面資

料,可知具有時空的保存價值。特別是一位新上任的教師,如果先發出一封懇切的信函主動與家長溝通,那份「誠意」不僅會降低家長主觀的防衛作用,更使家長「樂意」配合。

4. 電話聯繫:教師必需擁有全班學生的電話,俾使立即發生的問題,能作最快的聯繫與處理;也能透過電話,作意見的溝通。惟電話溝通必須注意:①了解學區的作息時間,不要太晚打擾;②先寒暄再談重點;③談話不要超過半小時;④請家長轉達予孩子「老師打電話來關心」,而不是「老師打小報告」,以發揮親師溝通最基本的功能。

5. 出版班刊:定期出版班刊,可傳達老師的意見、班務近況,及學生的學習成果等,是家長與老師間最好的橋梁。處於資訊發達,電腦文書處理快速的年代,如能經由家長協助,班刊製作已不再是極為困難的工作。

## 二、特定性的親師溝通方式

1. 家長日:一般依正常作業來說,開學日與校慶日,都可算是家長日,藉由這些特定日子,學校可聯繫家長,一同關心校務,並且認識班級老師,以進行初步的溝通。

2. 家長參觀教學日:學校可特定一學期(或一學年)舉辦一次家長參觀教學日,讓家長參觀班級教學後,立即由級任老師主持,召開各班家長會、母姊會或親師會等。透過團體性會議,先提出學校特色,使家長以孩子就讀本校為榮;其次,說明本班優點與急需家長配合和改進處;隨後,讓家長提問,勉勵彼此交流管教子女的看法;最後,再由教師統整歸納,加強教育的理念。團體會議後,可進一步給予需要個別溝通的家長,協助處理解決較特殊孩子的問題。

3. 配合時機的溝通策略:

・接新班時:教師可先運用口頭溝通,簡介自己並說明對學生的期待;其次運用文宣書面資料讓學生帶回,使家長了解教師的學經歷、本班的經營方向,及需要家長配合事項等。

- 成績考查前後：配合學生個別差異，成績考查前一封叮嚀信或一通電話，考查後的結果告知或一封勉勵信，都是必要的親師溝通，不僅有助於學生的學習，更能增進家長的信賴。
- 連續假期時：以書面溝通，提供假期中校內外有益的活動，以促進親子關係，並提醒家長注意學生生活與安全注意事項，最重要的是假期起迄日期與作業目標，請家長配合支持等事項。
- 學期結束時：可以採取多元溝通方式，以電話、書面溝通方式，或以感恩活動，針對特別熱心或提供學生具體支援的家長，表達特別的感謝之意。當然，報告一學期來學生的學習狀況，以積極與期待的文辭，多鼓勵學生是最重要的。

親師溝通，並沒有一種放諸四海皆準的策略，只是雙方有誠意、有共識，每位教師可以選擇適合自己個性，且配合家長特質的策略，相信在攜手合作下，共同為下一代的教育努力，充分發揮教育功效應是指日可待的。

### 作業活動

1. 開學日演示：
   抽籤分別請學生輪流扮演開學第一天「接新班時」與「繼續帶原班」時，不同的口頭溝通方式。
2. 感恩活動演示：
   分組設計學期結束的感恩活動，彼此觀摩並評析之。

## 參考資料

陳寶山（民 82 年）。教師應為與難為的任務──親師溝通共成長。輔導通訊，第
　　65 期，頁 5-8。
低年級親師手冊與中高年級家庭聯絡簿──臺北市大安區公館國小（見附錄表二至
　　四）。
林玉霞（民 86 年）。「心情轉播站」「春假作業單」。臺中市忠明國小教育改革
　　實驗班書面溝通資料，未發表。
陳麗雪（民 86 年）。家庭聯絡簿。臺中市忠明國小教育實驗班（見附錄表五）。

## 肆 學校實施親師合作的具體方式

　　受時代社會變遷之影響，人們必須處處學習、時時學習、事事學習，以迎合民主的、自由的、開放的社會。教育工作不再只是教師的責任與專利，要有計畫的再教育父母，讓父母參與教育孩子的行列。傳統僵化的教育模式，已無法滿足資訊發達知識暴增的時代需要，經由充分且有效的溝通，化阻力為助力，使學校從封閉、僵化的教學系統逐漸轉化為開放、靈活的學習系統。面對二十一世紀的教育，世界先進國家無不把親師合作列為最重要的教育政策，期能使兒童的學習透過師生互動，親子偕同中，獲得更快樂、更自由、更高品質的教學成效。下列具體的親師合作可提供參考。

## 一、生活教育方面

1.**協助用餐及日常生活禮儀指導**：低年級整天課的時間雖不多，但卻也是不容忽視的階段。家長若能利用送便當時一同留下，指導孩子的用餐禮儀及飲食均衡等態度培養，親子感情一定更融洽！

2.**協助交通服務**：「馬路如虎口」，面對交通擁擠的路口，大批兒童的上、下學成為學校老師極大的壓力。透過家長組隊，分布於學校四周或附近的交通要道，最直接的服務學童，是親師合作最佳之典範。

## 二、學習輔導方面

1.**協助早自習活動**：在級任教師尚未抵達教室，或參加晨會的早自習時間，安排數學或語文遊戲，經由家長輪流協助，可以使學生得到良好的照顧，也能增加學習興趣。

2.**協助布置環境**：為了滿足小朋友的好奇心與探索欲，應時常配合時令或單元更換教室布置，能經由家長協助，共同經營一個多元化的環境理想，藉以促進學習，應是可尋的。

3.**協助教學資料蒐集與圖書整理**：為了使學生受益，從事於各行各業的家長，如果發現有良好的教學資料，可提供教師參考；也可捐出家中已閱讀過之圖書，並進一步協助修補整理，如此可豐富班級圖書庫，經由學生相互借閱交流中，更助長了孩子的新知。

4.**共同策劃教學活動與製作家具**：「戲法人人會變，各有巧妙不同。」許多家長的「點子」不僅創新又能迎合孩子的需要，可協助老師策劃教學活動，準備教具及實驗器材等。

5.**協助補救教學**：事前經由調查，了解家長可以協助的學科與時間。再利用放學後的半小時內，可協助教師針對低成就兒童進行補救教學，間接減輕老師的工作負擔。

6.**協助出版班刊**：由於電腦資訊的快速與普及，有助於文書刊物的處

理。如果能借重家長的能力，先由教師構思與編輯後，再交予家長輸入印出，相信班刊不難呈現，此亦是親師溝通中最直接的方式。

## 三、校外活動方面

1. 支援戶外教學：走出教室，迎向大自然，是許多孩子的渴望。戶外教學帶來了無窮的新鮮感與樂趣，所有交通、安全、餐飲等問題，更有賴於家長的支援，使孩子能快快樂樂出門，平平安安回家。

2. 辦理社區活動：運用社區學習資源，配合學區鄉土及文化背景，家長可協助學校辦理社區活動，使學校與社區結合，讓學校成為社區精神文化堡壘。

教育是百年大計，絕非老師孤軍奮鬥可達功效，如何與家長相互合作，彼此切磋，共同成長，使教育觀念落實而持久，是相當值得深究的課題。然而教學本來就是老師的職責，教室如同老師的城堡，家長又沒有受過專業訓練，有可能走進老師的教學活動嗎？事實是肯定的。因為不能否認唯有在親師合作與親師互動過程中，孩子們才有可能獲得適性教育，也才能培養適應社會環境的能力，建立正確的價值觀念。家長走入教學中，所給予的任何協助，都足以帶動孩子們日後回饋社會的情懷，相信在「親、師、生」三者活潑的互動中，高水準的教育品質將展現無疑。

### ❀作業活動

1. 早自習活動設計及演示：
   由學生分組設計，並上臺演示不同的早自習活動，如鄉土歌謠教學、心算練習、交通安全提示、地方戲曲認識、偉人故事講述、觀保觀念介紹等。
2. 廢物利用創作比賽：
   針對教室布置需要，由學生分組展開「廢物利用創作比賽」。學生將所需材料帶到教室，現場限時完成創作，並命名解說之。
3. 班刊內容討論：
   學生分組討論班刊內容，使用新穎有趣之專欄名稱，其中包括教師與家長的溝通，及學生作品等。

## 參考資料

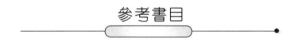

何怡君（民 83 年）。家長能幫老師做什麼？載於家長如何走進教學之中。臺北：小暢書房出版。（見附錄表六）

戴寶蓮主編（民 84 年）。陪孩子一起成長——國民小學家長手冊。教育部編印。

陳麗雪（民 86 年）。同心圓月刊（班刊）。臺中市忠明國小教育改革實驗班，未出版。

## 參考書目

吳景峰（民 85 年）。談親師協會的組織與運作。載於鄧運林主編開放教育親師合作。高雄：復文圖書出版社。

何怡君（民 83 年）。家長能幫老師做什麼？載於家長如何走進老師教學之中。臺北：小暢書房出版。

林惠真（民 83 年）。家長能走進老師的教學活動嗎？載於家長如何走進老師教學之中。臺北：小暢書房出版。

林玉霞（民 86 年）。「心情轉播站」、「春假作業單」臺中市忠明國小教育改革實驗班書面溝通資料，未發表。

黃錫隆（民 85 年）。從親師合作觀談親師協會在開放教育中的功能。載於鄧運林主編——開放教育親師合作。高雄：復文圖書出版社。

黃裕雅（民 85 年）。親師合作創造繽紛開放園地。載於鄧運林主編開放教育親師合作。高雄：復文圖書出版社。

黃麗淑（民 89 年）。開放教育與小班教學實務經驗手冊。高雄：復文圖書出版社。

陳綠萍（民77年）。教師如何與家長做有效溝通。輔導通訊，第35期，頁16-17。

陳寶山（民82年）。親師應為與難為的任務——親師溝通共成長。輔導通訊，第65期，頁5-8。

陳麗雪（民86年）。同心圓月刊（班刊）。臺中市忠明國小教育改革實驗班，未出版。

葉淑花（民77年）。父母難為。教育文粹，第17期，頁148-178。

教育部（民89年）。「高雄市小港區港和國小九年一貫課程」試辦實施簡介，翰林文教雜誌，第十四期。

張春興（民83年）。教育心理學：臺北市：東華書局。

賈馥茗（民69年）。教育概論。臺北：五南圖書公司。

劉寶猜（民85年）。開放心靈悅納教育合夥人——談班級親師協會的成立。載於鄧運林主編開放教育親師合作。高雄：復文圖書出版社。

劉焜輝（民82年）。親師溝通的理論與實際。輔導通訊，第65期，頁1-4。

劉德奎（民84年）。親師溝通之我見。輔導通訊，第72期，頁9-11。

蕭道弘（民82年）。親師溝通。輔導通訊，第65期，頁11-12。

戴寶蓮主編（民84年）。陪孩子一起成長——國民小學家長手冊。教育部編印。

# 附　錄

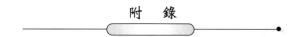

表一：班級親師協會實施要點

表二：低年級親師手冊（每日一頁）

表三：低年級親師手冊（每週一頁）

表四：中高年級家庭聯絡簿（每日一頁）

表五：家庭聯絡簿

表六：親師合作──家長協助早自習活動

表七：學生資料與家長興趣調查表

✧ 表一　班級親師協會實施要點

臺北縣樹林市柑園國民小學班級親師協會實施要點
一、目的：為加強親師聯絡、提升教學品質、豐富學習的內涵，發揮教育的整體功能，特訂定
　　本要點以落實正常教學。
二、依據：臺北縣開放教育實施計畫
三、組織：
　　⑴班級親師協會（以下簡稱班親會）隸屬於本校家長會，行政配合單位為總務處。
　　⑵各班開親師協會設會長一人，副會長一至三人，組長若干人，全班家長均為委員。
　　⑶班親會會長及各組工作幹部產生方式，由各班級視實際狀況研訂。
　　⑷推選班級代表出席全校家長代表大會。
　　⑸執行家長代表大會及委員會決議事項。
　　⑹其他。
四、親師協會各組工作職掌：
　　⑴會長：綜理會務。
　　⑵副會長：襄助會長綜理會務。
　　⑶財務組：籌措班親會基金與管理，並採購班級兒童所需設備。
　　⑷公關組：聯絡及公共關係之維繫，溝通家長間、親師間、或家長與學校之理念。
　　⑸資料組：教學資源蒐集、布置、材料準備。
　　⑹文書組：擔任班級會會議紀錄，寄發開會通知單，撰寫班親會會務及活動消息。
　　⑺活動組：籌劃班級或年級親子活動、戶外教學活動。
五、會議之召開：
　　⑴每學期召開會議一次，配合親師懇談會舉行，於開學後二週內舉行。
　　⑵第一次會議由級任導師商請家長一名擔任召集人召集之，開會時由出席家長公推一人擔
　　　任主席。
　　⑶級任導師應列席，並邀請該班任課教師及有關單位主管列席。
　　⑷會議時間由召集人與級任導師共同商訂。
　　⑸各組負責人須定期召開工作會報，以加強聯繫。
六、注意事項：
　　⑴班親會不得做成違反有關教育法令之決議。
　　⑵班級設備以家長主動自由捐獻為原則，並以實際設備為主：所捐設備須通知家長會並轉
　　　知總務處登記列管，導師異動時列入移交。
　　⑶班級如需使用經費，由家長自由捐獻，交由財務組保管，並定期公布以昭公信，級任導
　　　師及學生均不得經手班費事宜。
　　⑷家長得視個人時間許可，自由選擇參與班親會舉辦之活動。
　　⑸班親會之組織、實施內容、服務項目由班親會成員及級任導師共同商訂。
七、本要點如有未盡事宜得由家長會會同學校有關人員修訂之。

資料來源：臺北縣樹林市柑園國小。

✧ 表二　低年級親師手冊（每日一頁）

第　　週　　　　　　　　　　　　　　　　　　　　　　　　　月

| 家庭作業 | | |
|---|---|---|
| 1 念國語課本 | | |
| 2 寫國語習作 | 第 | 頁 |
| 3 寫國語 | | |
| 4（　）本生字簿 | 第 | 頁 |
| 5 數學課本 | 第 | 頁 |
| 6 數學習作 | 第 | 頁 |
| 7 資料蒐集 | | |
| 8 觀察 | | |
| 9 其他 | | |
| | | |
| | | |
| | | |

日　　星期

| 聯絡欄 | 家長簽章 |
|---|---|
| 1 通知單（　）張 | |
| 2 煩請：□ 電話聯絡<br>　　　　□ 到校商談 | |
| 3 □　習　作　請訂正<br>　□　評量單　簽名 | |
| 其他： | 級任簽章 |
| 　好乖！<br>　　　你真是個負責的孩子。 | |

資料來源：臺北市大安區公館國小。

✦ 表三 低年級親師手冊（每週一頁）

第　　週

| 在校狀況（請打√表示） | ◎ | |
|---|---|---|
| 1 會按時交作業 | | |
| 2 能注意禮貌 | | |
| 3 上課時能注意聽講 | | |
| 4 會舉手發言 | | |
| 5 會輕聲慢步 | | |
| 6 能和同學愉快相處 | | |
| 7 準時上學校 | | |
| 8 晨檢合格 | | |
| 9 寫字工整 | | |
| 10 帶齊學用品 | | |
| 其他： | | |
| | | |
| | | |

（◎表示經常，□表示偶而）

| 在家狀況（請打√表示） | | |
|---|---|---|
| 1 能自動起床 | ◎ | |
| 2 會自己穿脫衣服 | | |
| 3 吃早餐後才上學 | | |
| 4 能將學校發生的事告訴父母 | | |
| 5 放學後能按時回家 | | |
| 6 能主動認真做功課 | | |
| 7 和家人說話能注意禮貌 | | |
| 8 會幫忙做家事 | | |
| 9 會收拾整理房間和書桌 | | |
| 10 能按時上床睡覺 | | |
| 其他： | | |
| | | |
| | | |

資料來源：臺北市大安區公館國小。

✧ 表四　中高年級家庭聯絡簿（每日一頁）

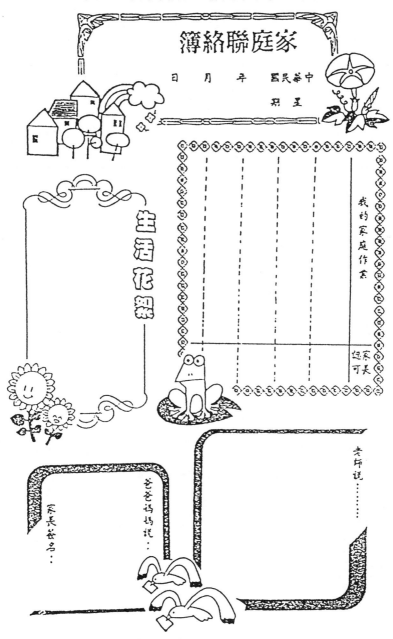

資料來源：臺北市大安區公館國小。

✧ 表五　家庭聯絡簿

| | | 月　　　日　　　星期　　　天氣 |
|---|---|---|
| 家庭功課記錄欄 | 1 | |
| | 2 | |
| | 3 | |
| | 4 | |
| | 5 | |
| | 6 | |
| 親師溝通欄 | | |
| 我的心情 | 我的話 | |

| 今天在學校的表現（好棒☆、不錯◎、加油△） | 上課專心 | | 今天我在家做了什麼（自我評量，做了打√） | 閱讀書籍 | |
|---|---|---|---|---|---|
| | 作業繳交 | | | 整理房間 | |
| | 背詩熟練 | | | 主動做功課 | |
| | 社交融洽 | | | 體貼他人 | |
| | 主動參與 | | | 擦桌椅 | |
| | 打掃勤快 | | | 整理垃圾 | |
| | | | | 收洗碗筷 | |
| 讚美日記 | | | 老師簽章 | | 家長簽章 |

資料來源：臺北市忠明國小陳麗雪老師。

✧ 表六　親師合作──家長協助早自習活動

●猜數字

| 臺北市大安區○○國民小學　　學年度第一學期　早自習 說故事　活動實施計劃 | | | |
|---|---|---|---|
| 依　據 | 班級親師會決議辦理 | | |
| 目　標 | 增強數的分解與組合能力，數字和可由「5」一直擴大到「13」，亦隨孩子的程度而定 | | |
| 時　間 | 早上 7:40～8:10 | 地點 | 教室 |
| 對　象 | 一年級小朋友 | | |
| 實施方式 | 講故事，由故事內容引發兒童思考，並發激發其想像力。 | | |

| 活動程序 | 變魔術猜數字：教具：大型撲克牌──將撲克牌的 1~5 的 4 個圖案挑出，共有 20 張。請臺下小朋友抽出任意一張牌放在一旁，牌上的數字不能讓主持者知道。剩下的 19 張分成 5 疊（逢機方式）數字面上，排列成一排，每次任選兩張和為 5 的撲克牌就拿開，一次又一次，直到最後剩 1 張，使可猜出第一張被抽出的牌，上面的數字。 |
|---|---|
| 工作分配 | |
| 其　他 | |

資料來源：臺北市大安區龍安國小。

### ✦ 表七 學生資料與家長興趣調查表

相識即是有緣，很高興我們能相識，未來這一年，我想邀請您一起為我們的孩子，編織童年的「夢」，在築夢之前，請先詳填下列資料：

一、基本資料

回 條

| 學生姓名 | 出 生<br>年 月 日 | 家 長 姓 名 | | 職 業 | | 聯 絡 電 話 | |
|---|---|---|---|---|---|---|---|
| | | 父 | 母 | 父 | 母 | 父 | 母 |
| | | | | | | | |
| 戶籍住址 | 市（縣） 區 里 路（街） 巷 弄 號<br>～ 樓 | | | | | | |
| 現在住址 | 市（縣） 區 里 路（街） 巷 弄 號<br>～ 樓 | | | | | | |

二、請依下列各項填妥（可多選或自己列舉）：

| 烹飪 | 美工設計 | 電腦 | 跆拳道 | 各項運動 | 說故事 |
|---|---|---|---|---|---|
| 專業知識 | 康樂活動 | 歌唱 | 才藝興趣 | 語文 | 休閒活動 |

1. 爸爸會的或有興趣的是：＿＿＿＿＿＿＿＿＿＿＿＿＿＿。

2. 媽媽會的或有興趣的是：＿＿＿＿＿＿＿＿＿＿＿＿＿＿。

3. 我們的孩子有學過或會的才藝有哪些？＿＿＿＿＿＿＿＿＿＿。

4. 現在或曾經身體有哪些特別的疾病？_____。

5. 當孩子的行為需要修正或引導時，你通常如何處置？請詳述之：

_____

_____

6. 過去一年來貴子弟在課業及生活常規上已較明顯進步的地方有哪些？請詳述之：

_____

7. 貴子弟未來一年在哪些方面需要再加油的？請詳述之：

_____

8. 感謝您的配合與支持！

導師　　　啟

資料來源：高雄市二苓國小黃麗淑老師。

# 學生偏差行為的輔導

魏麗敏

## 學生偏差行為的意義與成因探討

### 一、學生偏差行為的意義

學生偏差行為（deviant behaviors）係指學生從事偏離常態的行為表現，而導致其在學習及生活適應上遇到困難或挫折，造成情緒、活動及生理、心理的不適應狀況，影響其身心正常發展者。六歲至青春期的兒童是模仿力、可塑性極強的時期，艾里克遜（Erikson, 1963）稱之為第四期的心理社會期，又稱勤奮進取對自貶自卑期，如果發展順利，將具求學、做事、待人處世的基本能力，如發展障礙則將缺乏生活基本能力且充滿失敗感，對人格及生活適應將有不良影響，因此早期預防與矯正，將有助於學生問題行為的減少與改善。

### 二、學生偏差行為的成因

當學生個人心理及行為發生障礙或異常時，其可能出現的行為癥候，原因多端，對每個人的意義也有所不同，因此必須先作原因探索，方能對症下藥，以便找出解決之道。以下提出造成學生偏差行為的原因。

#### ✎ 家庭問題

家庭問題成因大致可分為下列幾項：

1. 家庭結構不健全：如單親家庭、祖父母教養、性別出生序之歧視、未婚生子等。

2. 家庭氣氛：如父母過分嚴苛或溺愛、父母時常爭吵、婆媳糾紛、兄弟姊妹時常比較而爭執、親子衝突等，皆會造成家庭問題。

3. 價值與示範：家庭功利取向過重，長輩本身價值觀偏差，或從事非法行為等，將帶給兒童不良示範，必影響其行為表現。

4. 經濟問題：「貧賤夫妻百事哀」，家庭貧困缺乏經濟支持非但易造成夫妻為金錢爭執、煩惱，亦將造成子女因缺錢無法滿足物欲需求而導致偏差行為。

### ✎ 學校問題

造成學生偏差行為之學校成因包括下列幾項：

1. **教師管教不當**：教師管教過嚴將造成學生懼學症或反抗行為；管教過鬆則使學生行為散漫隨便，此外，師生關係不佳亦是造成行為問題之主因。

2. **學校教育政策失當**：學校過於重視升學，給學生過重課程與教材，內容枯躁乏味，使學生排斥、畏懼，將影響身心健康。此外，法令不當、執法標準及教條或內容不符民主潮流，亦造成學生無所適從現象，也使校方行政人員處理學生問題頗感困擾。

3. **同儕友伴影響**：學校同儕言行不當，相互模仿學習，物以類聚，使不良言行者帶動不良風氣，造成言行偏差、行為乖戾之後果。

4. **學校環境不良**：如校園噪音太吵或空氣污染，長年累積造成學生身心障礙，都市地區空間狹小、學生人數多，也是衝突增多及精力過剩導致行為不良的肇因。

### ✎ 社會問題

由於社會風氣丕變，民主及獨立思潮盛行，導致個人主義及享樂主義影響善良樸實社會習俗，加上傳播媒體常報憂少報喜，因而犯罪或偏差行為層出不窮，造成漣漪效應，使社會安定受到考驗。其他如功利主義及升學主義造成社會名利心、競爭性及價值觀改變，將使國民僅重眼前利益，而不重視未來發展及前程，如此將形成物質與功利導向的社會風氣，對青

少年心理及行為造成十分不良的影響。

### 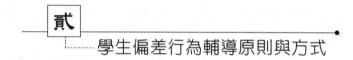 個人因素

每個人在個性與能力各方面均有個別差異，且個人自我期許與價值觀均有不同，對事件看法及努力方向亦不一，故思想過度偏激、憤世嫉俗、要求完美、悲觀內向、過動外向特質常會造成自我及對他人的干擾，在行為及思想上有適應欠佳情形，非但妨礙個人身心發展，亦會導致他人及環境的不容或衝突而產生行為困擾。

## 貳 學生偏差行為輔導原則與方式

### 一、學生偏差行為輔導原則

學生偏差行為的輔導，必須先探討原因，再對症下藥，提出對策解決問題，在此提出下列要點，作為輔導之參考（魏麗敏，民77）。

### 明確指導與描述兒童行為

指導或規範兒童的行為要「明確」，更正確的表明兒童當為與不當為之處，對兒童行為問題的描述，也要確實。例如遇到電視上有火災鏡頭，就可明白告訴兒童：「不能玩弄火柴，不能隨便開瓦斯爐，到公共場所要注意安全，否則可能會發生火災或意外事件。」這樣的說法，比兒童拿火柴玩耍之後，再強迫沒收，並嚴加斥責要好得多，也明確得多。

### 精確評量與記錄兒童的行為

教師應平時就要仔細觀察兒童的行為表現，最好能予以精確的評量與

記錄。這與第一原則相關聯，成為輔導兒童與了解兒童發展的依據。

### ✎ 共同討論

民主的管教與輔導方式，就是讓兒童知道你要他們如何做，以及怎樣才適當，一切的管教與輔導方法，如果能取得兒童的合作，則成功的可能性會大為提高。

### ✎ 前後一致

這一個原則相當重要，很多輔導失敗的例子，常起因於執法者前後言行不一，而自毀立場。教師與學生所訂立的規約，如：該做哪些事，不該做哪些事，做了哪些事會給予獎賞，做了哪些事要加以處罰等，要說到做到，不要開空頭支票，也不要隨便許下承諾，到時忘得一乾二淨，將讓學生對教師的服從性大打折扣。

### ✎ 注重孩子的積極面

管教學生時應儘可能注重他們的積極面，對學生積極正向的行為表現給予讚賞，這樣孩子就不會以消極負向的行為表現，引來他人許多關切和注意，因而譁眾取寵，一再表現不良的行為。而且積極增強將可恢復學生的自尊心、自信心與自愛心，亦有助於改善偏差的行為。

### ✎ 獎勵勝於懲罰

懲罰只是讓兒童知道什麼事不該做，但並沒有告訴他事情應當怎麼做；獎勵則具有鼓勵兒童多表現好行為的效果，所以，與其懲罰學生站著，不如鼓勵兒童坐下；記住，要擔任一位酬賞的提供者，獎勵一定勝於懲罰，要肯定兒童是在進步中，他們會表現得更好，而不是擔心兒童表現得愈來愈差，用懲罰加以遏阻行為問題，則將導致更多問題行為的出現。

### ✐ 永不絕望

輔導兒童與發展並非樣樣順利，一時失望與灰心是難免的，有時候教師會覺得獎勵並沒有得到回報，有時候覺得兒童改變太少，但不管如何，不要絕望。兒童在成長當中，他們改變的可能性非常大，教師對學生絕望，就如先用「比馬龍效應」（即自我應驗的預言）原理來斷定學生沒出息，將阻塞學生往好的方向發展的可能性。

### ✐ 循序漸進

俗語說：「羅馬不是一天造成的」，兒童偏差行為必須慢慢改善，無法一天之內就讓教師覺得完全滿意。因此改變學生偏差行為要有耐心、有毅力，它並非一蹴可及的（Sheldon, 1982）。

### ✐ 不往壞處想

管教及輔導兒童不往壞處想有三層意義。第一、不要專挑兒童的壞處或缺點，他將更自暴自棄；第二、不要認為兒童比別人壞或比別人差，否則將更缺乏向善向上的自信心，第三，不要認為管教及輔導會失敗，將造成未戰先敗、自我歸因的不佳效果。每位兒童都有往健康方向發展的可能，凡事往積極面看，發掘學生良好特質及表現，積極增強好行為，消弱不良表現，將使學生偏差行為有所改進。

### ✐ 讓兒童有努力的目標

成為一位成功的教育贏家，應不斷的找新的目標來努力；輸家則不斷對失敗找藉口作辯解。因此教師應靈活設計積分卡或獎勵卡，建立榮譽制度，以獎章、貼紙或代幣方式積少成多、零存整付，鼓勵孩子奮發進取，爭取最高榮譽，如此讓孩子有努力的目標，並配合獎賞制度，將能使學生改進不良行為，積極努力，成功乃是可預期的（Cheesman & Watts, 1986）。

## 二、學生偏差行為輔導方式

學生偏差行為輔導過程與方式可分為下列三個階段（又稱「輔導三部曲」）：

### ✎ 建立關係階段

即教師應與學生先建立良好關係，在民主開放氣氛下，讓學生有被尊重接納的感覺，方能打破僵局（ice break），在愉快氣氛中暢所欲言，達到心悅誠服、積極改變的目標。

### ✎ 問題探索階段

學生的問題行為成因先做了解，蒐集相關資訊後方能對其問題行為的成因、心態與活動有所澄清，以便找出合理解決方法。

### ✎ 輔導策略運用階段

上述兩個階段中，教師與學生建立良好關係後，亦對學生問題行為有所了解，便可以對症下藥，提出解決方法，即教師應根據學生問題的類型、成因與需求提出最適合的解決方法，方能真正對學生問題行為的糾正與消除有所助益。

而學生偏差行為的輔導策略可分為下列幾種方式：

1. 積極增強法。
2. 描述行為後果。
3. 代幣法。
4. 飽足法。
5. 隔離法。
6. 漸進原則與行為塑造。

7. 消弱法。

8. 相互抑制法。

9. 楷模法。

10. 環境調整法（賴清標等，民85）。

## 參

### ⋯⋯各類型學生偏差行為的輔導方法

### 一、偷竊行為的診斷與輔導

偷竊行為成因很多，例如物質缺乏、滿足欲望、報復心理、引起他人注意、嫉妒或習慣使然等，皆可能造成學生偷竊行為，其處理方法如下：

1. 與個案會談，了解其偷竊原因，並減少原因的再現機會，對症下藥，提出適當輔導方法。

2. 進行家庭訪問，明瞭個案家庭經濟狀況及教育方式，建議父母給予適當零用金，使其滿足購買喜愛物質之慾望，並保管好金錢，對孩子來路不明的物品要加以詢問，養成孩子正常用錢及正確獲得所需之良好行為。

3. 聯絡相關社會救助單位，對家境清寒學生多予以補助，並運用社會資源加強法治教育觀念，使其減少不良偷竊行為，增進其道德良知。

4. 在課堂上或個別輔導時強調所有權觀念，鼓勵孩子將自己物品保管好，避免遺失，亦能尊重他人物品，不可拿他人東西據為己有。

5. 運用飽足法適當滿足個案需要，如係報復心理而偷竊之學生，應培養其愛人與助人的觀念，並化報復為心平氣和心態，增強團體合作精神，提高其團體榮譽，減少偷竊行為；如為引起他人注意者，則應在課堂上鼓勵其發表或賦予責任。使其良好行為受到肯定，上述因素及偷竊行為即會消失。

6. 發現學生有偷竊行為時，如係臨時起意或初犯，應予以保密，使其知過能改，將偷來物品放回原處或請父母照價賠償，由個案以工作或服務方式折價現金，為自己行為負責；如係累犯，則應建立長期個資料追蹤輔導，平日嚴密注意其言行，並隨時提醒所有權概念及法律常識，使其知法而不犯法，教師亦可安排同儕陪伴，一方面下課與之活動，使其無從下手，另一方面亦注意其言行，然而仍不應予以「標記」，應祕密進行，使個案逐漸改善不良行為。

7. 在班級中教師應建立學生清廉誠信態度，平日可多講述清廉操守故事，並告誡偷竊嚴重後果，且提供相關資訊、影片或書籍；有同學撿到物品能加以表揚，並設置「誠信招領箱」，鼓勵學生非自己物品不隨便拿之良好習慣。

8. 對屢次偷竊者應通知家長處理，並提升家長教化能力，對金錢物質觀念能有好的態度，且配合學校實施適當管教；以反應代價法或過度補償法讓孩子以服務或加倍努力工作等彌補其偷竊行為。

9. 如係兒童無知或受他人指使，則須告誡其犯行將有何不良後果，防止再犯；另外受人指使者如為幫派份子，則應協調警政單位掃黑或協助管訓，注意個案遠離壞朋友唆使，以免影響其言行。

## 二、說謊行為的診斷與輔導

兒童會說謊的原因很多，有的是父母不良的示範，有的是怕受罰或想獲得某方面的獎勵，亦有無意中說謊或想獲得他人注意與肯定之因素等，教師應針對兒童說謊原因，提出解決對策，以免學生將說謊行為持續成習慣，亦即立刻糾正輔導方能避免說謊行為再度發生，其輔導策略如下：

1. 教師先與家庭聯繫，了解家長管教孩子態度，並與之協調溝通，勿在孩子面前表現不誠實言行或教孩子作假等，此外亦應言行如一，不以成敗結果論獎懲，以免孩子用欺騙說謊行為達到慾望。

2. 教師平日應常以誠信故事告訴學生誠實的好處，說謊的缺點，並鼓

勵學生培養良好道德情操,能勇於認錯,不姑息屢次說謊者,使其了解說謊的後果而能改進不當行為。

3. 如果教師發現學生有說謊行為,不必當眾予以斥責或懲罰,應私下會談,以了解學生說謊動機,再告訴他誠實的重要性,並鼓勵他勇於認錯,使其體認說謊並不能達到目標,反而受人排斥與不信任,而能以認錯勇於面對並改正說謊行為。

4. 如係無意中說謊如幻想、無知、不了解事實等,教師則須予以解釋與澄清,使其了解真相,自可消除說謊行為。

5. 多用積極增強方式鼓勵學生表現誠信行為,對誠實表現者尤須當場表揚,使學生養成良好誠實言行,蔚成優良班風。

6. 注意學生所交朋友,減少跟愛說謊朋友交往機會,免得受其影響;對屢次說謊者亦不可給予懷疑不信任眼光,產生「標記」效應,而應私下懇談,循循善誘,使其明瞭說謊的懷處,而能改正不好行為。

### 三、逃學行為的診斷與輔導

逃學乃學生無法適應學校生活的警訊,當學生有無故未到校上課情況時,教師應立即與家長聯絡,並配合校方訓輔人員處理尋回,以了解逃學原因作立即處理。其輔導方法如下:

1. 聯絡家長,了解學生逃學原因及可能去處,以便尋回。

2. 偕同家長與訓輔人員拜訪孩子親友,並對孩子個性及心態追蹤了解,請親友協助。

3. 與學生會談,了解逃學原因,對原因加以預防及處理,使學生不適應學校情況減少。

4. 建立學生良好人際關係,鼓勵班上同學與之為友。並發揮團隊精神分組競賽,使其具隸屬感而受朋友接納。

5. 培養學生挫折容忍力,勉勵個案遇到挫折不要逃避,應勇敢面對,並給予物質及精神上鼓勵與支持。

6.減少學生作業量，多給予學習成就感，對低成就學生尤須做補救教學，使其減少學習焦慮及恐懼心，增強上學意願。

7.如果學生受幫派控制逃學去做非法活動，則須加強法律常識教育，使其知法而不犯法；此外，亦須配合警政單位協助處理幫派問題，使其脫離非法組織。

8.提供多樣化活動內容，以積極、耐心、愛心與學生建立良好關係，讓其喜歡來上學，並在活動中增進其學習興趣及學習成就，將可減少逃學行為之發生。

## 四、抗拒行為的診斷與輔導

造成兒童抗拒行為的原因包括父母管教失當，如過嚴或過於溺愛，父母言行不一，要求規定過多等；其次為教師管教過嚴，規矩過多，使孩子無所適從；其他如學生個性過於倔強、正值青春期情緒不穩、向權威挑戰、喜歡標新立異等。抗拒行為的輔導方法如下：

1.先與父母聯繫，了解其管教子女方式，如果太嚴，動輒得咎，應建議和顏悅色對待子女，並指導其輕聲細語、委婉溝通的方式以建立和諧家庭氣氛，如係父母教導過於溺愛，凡事順服子女，造成其驕縱抗拒指導，則請父母在關懷中建立原則，不予取予求，對其無理要求溫和而堅定拒絕，且能告之拒絕原因，使兒童改善行為態度。

2.教師先做反省，是否教條式規定太多，使學生疲於應付，則應簡化規定，並讓學生共同參與制訂班規，以民主態度建立遵循規則標準，可使學生心悅誠服，遵從管教。

3.教師與父母對兒童管教須前後一致，且應以身作則，控制自己脾氣，讓孩子學習遇挫折或壓力適當容忍與因應的方法，自然會減少抗拒的態度。

4.如果孩子個性倔強、主觀性過強、剛愎自用、不聽他人管教，則可提供社會技巧訓練，使其練習待人處世之道及人際溝通方法，多傾聽、同

理、接納他人，慢慢可矯正其抗拒態度。

　　5.對於正值青春期孩子，應採「逐漸還政於民」方式，減少規定或管教，鼓勵同學組織幹部或自治團體，由其制訂團規，大家共同遵守；對不當反應亦勿需過於斥責，而能適當抒發學生情緒，並以理性態度加以溝通，使其在獨立性需求中亦能自治自律，服從師長領導。

　　6.父母與教師應先與兒童建立良好關係，動之以情，使其感受師長的接納與肯定；如果一旦有違規則行為做適當管教，並能在言語及行為上做適當的表達，避免傷害孩子身心，且儘量少在大庭廣眾前斥責孩子，而能揚善規過，學生反抗行為即會逐漸減少。

## 五、過動行為的診斷與輔導

　　過動行為係指學生無法像一般兒童般安靜坐在教室中學習，自制力低，而會有到處走動、喧鬧吵雜，甚至怪叫或其他怪異舉動出現。其原因包括先天腦部病變、家長疏於管教、欲引起他人注意、學習挫折太多或失去學習興趣、精力過剩及其他嚴重情緒刺激造成困擾等。其輔導策略如下：

　　1.教師先與家長溝通，以了解孩子生長史有何困擾導致過動行為出現，並追究原因對症下藥。

　　2.若過動兒童係早年父母工作在外，孩子交給祖父母管教或父母工作忙碌疏於管教，則應加強祖父母及父母教育理念及教育方法，並建議家長晚上或假日多陪伴孩子，傾聽孩子心聲，多做親子溝通及活動，使過動兒童行為趨於改善。

　　3.對先天腦部病變或後天腦傷小孩導致過動行為者，應請家長帶孩子接受醫院診療，配合藥物治療其過動行為。

　　4.如欲引起他人注意產生過動行為者，教師應與之懇談，使其運用良好負責行為達到吸引他人注意的目的；此外，亦可讓他協助老師分發作業或管理秩序等，以正向負責行為減少過動偏差表現。

　　5.對學習低成就，導致缺乏學習動機，放棄學習者，教師應安排小老

師個別輔導，並降低成就標準或減少作業份量，逐漸引導其產生學習興趣與動機，方能減少過動行為。

6. 對精力過剩者應安排一些適當的體能活動，使其充分發洩體力，減少負向行為出現。

7. 運用「相互抑制法」，讓過動兒練習靜坐或需要思考的靜態活動，慢慢養成耐性與安靜上課之習慣。

8. 堅持原則，對其過動行為不可姑息放任，應隨時注意糾正，並應積極增強其良好行為，使其自我約束，聽從指導，改正行為。

### 六、暴力行為的診斷與輔導

暴力行為是由於學生受到家庭暴力示範影響、社會媒體傳播渲染、同儕相處習慣、教師管教失當或個人生理因素等。其輔導方法如下：

1. 邀請家長會商，了解其子女在家生活及家長管教習慣，如係家長本身即常使用暴力，則應請其節制，良好家教才能根本改善學生暴力行為；如家長過於寵愛，凡事都順著孩子，使其成為「小霸王」，不高興即以暴力發洩情緒，則須提供管教輔導方法使家長適當管教，方能糾正孩子行為。

2. 對攻擊性強的學生應建立個案資料，了解其何時何處最易引發暴力行為，即減少此情境的出現，讓個案減少暴力行為的出現。

3. 以積極增強良好行為代替暴力行為的注意，並賦予服務工作，讓其在工作中培養服務並尊重他人之美德，減少偏差行為出現。

4. 運用飽足法適當發洩其怒氣，例如生氣時打沙包、運動、作畫或唱歌等，以適當方法發洩其不滿情緒，則可減少暴力行為。

5. 鼓勵個案「君子動口不動手」，可用言語表達不滿情緒，教師應積極傾聽，且增強其為他人著想，減少主觀自我意識的固執心態。

6. 運用「合理情緒治療法」處理孩子情緒，將非理性觀念加以說服引導，使其產生理性觀念，而能以正面溝通代替消極暴力行為。

7. 可用隔離法將暴力行為發生者隔離，如不准參加其喜愛的活動、隔

離引起暴力情境，剝奪其權利等，使其對不良行為產生後悔心態，而能以反應代價法承擔後果，以積極良好行為改善暴力舉動。

8.對腦傷或內分泌生理異常而產生暴力行為者，則應請家長帶孩子到醫院接受診療，並運用藥物、物理治療或團體心理治療等消除其暴力傾向。

9.對社會媒體報憂不報喜，播放渲染暴力影片或理念者，應請新聞局或相關人士予以取締，家長亦應選擇兒童可看之影片，以免純潔心靈受到污染。

### 七、焦慮行為的診斷與輔導

焦慮是一種內在的持續不安、恐懼、不愉快的感覺，是由於學業、交友、考試等而激起內在的不安，亦可能引發循環、呼吸、消化系統的機能障礙，長期焦慮則會產生偏頭痛、慢性胃疾、肌肉痙攣、消化性潰瘍、便秘及精神官能症等疾病（魏麗敏，民78）。其處理方法如下：

1.教師應與家長或有關人士溝通，了解學生產生焦慮的原因，然後針對原因及焦慮的事物採取輔導方法。

2.讓學生有機會表達內心的焦慮，使孩子不需為焦慮而防衛自己，並能勇敢面對焦慮解決問題。同意孩子有焦慮的權利乃正確輔導的第一個步驟。

3.考試前後教師與家長應避免用威脅恐嚇的態度或處罰方式管教孩子，以降低學生對考試的焦慮，並於考試前後運用深呼吸或肌肉放鬆讓學生鬆弛肌肉放鬆心情，此外，師長的聲調和動作應柔和，避免顯出緊張不安或氣急敗壞的態度以免使學生受到影響。

4.告訴學生輕度的焦慮不足為憂，相反的，適度的焦慮可提高學生的注意力及警覺性，應加倍努力，完成既定目標，讓學生對焦慮有正確認識，而能加以面對克服。

5.運用正向的增強法，如加分、口頭讚許、獎品、代幣等制度對學生正確的學習結果給予鼓勵，儘量避免呈現挫折情境加諸此類學生。當學生

有因應焦慮的自制行為時,即給予大量認可與讚許,避免對學生錯誤的行為或學習施予責罵、扣分、批評等,如此可降低學生的焦慮,增進學習的動機。

6. 讓學生建立自己每日的目標,而不難達成,這可讓他了解自己的優缺點,並建立責任感,鼓勵學生作自我競爭,讓學生去學習很多預防工作,如怕考試的可先準備功課,怕失去朋友的可先去幫助別人等,事先作好準備訂好目標,按部就班實行,可降低其焦慮。

7. 使學生熟悉焦慮的事物,先靜下來把焦慮的情況,清楚回想並仔細分析成焦慮階層表,再用系統減敏法配合肌肉放鬆訓練,逐漸改正其焦慮事物。

8. 實施親職教育與親師合作,建議父母提供孩子適當的讀書場所,強化孩子學習態度,培養較合理的期望,不過度保護溺愛等。對成就差的孩子父母應減少批評,接納孩子;父母意見不一時能互相協調,不在孩子面前爭吵或指責對方等。此外假日中帶孩子參觀科學館、博物館,使孩子與父母之間建立良好親子關係,而減少焦慮行為發生。教師與父母亦應時常聯絡,溝通管教方式及孩子近況,才能增進彼此了解,及運用一致教育方式使孩子行為良好。

## 八、憂鬱行為的診斷與輔導

憂鬱行為係指學生具負向感情、無活力、憂鬱、不滿意與無助的傾向(魏麗敏,民81)。兒童憂鬱產生的原因甚多,主要包括智能因素、情緒困擾、人格特質、教師或父母過度期望或管教、壓力或挫折過多及因應挫折策略缺乏等,因而導致憂鬱行為。其輔導策略如下:

1. 推展家庭教育,改善父母態度。父母管教過嚴,對孩子不滿或要求太多,長期將導致習得無助感,使孩子產生失敗、憂鬱、無助的感覺,造成憂鬱人格。

2. 提供父母適當管教方式,多用積極增強鼓勵孩子努力向上,不予太

多苛責及與他人比較，應依其能力訂出適當期望水準，且在挫折中勉勵孩子勇敢站起來，面對困難尋求解決之道。

3. 對低智能或成就過低、學業挫折過多的學生，教師與父母應發掘學業成就以外其他優點及潛能，如很乖、很會照顧弟妹、為同學服務等，使其獲得鼓勵讚賞，發展積極人生觀及自我肯定態度，可逐漸減少憂鬱沮喪心情。

4. 提供兒童克服困難挫折的偉人書籍，並講述樂觀處世故事及方法，讓孩子學會調適心情、處理挫折技巧，並能學習中外偉人成功歷程，成為成功、樂觀、自信的人。

5. 教導「合理情緒治療法」，教孩子認識憂鬱悲觀非理性信念，代之以理性態度，思考更有效解決困難方法，而能自我教導，減少負向情緒。

6. 介紹同儕與個案為友，增進其人際關係，並結交樂觀開朗友伴，在團體互動中增進社交技巧，且驅除害羞或憂鬱性情。

7. 舉行小型團體諮商，鼓勵成員學習自我情緒管理，人際社交技巧、合理情緒控制及學習求助資源的主動尋求等，以增加個案社會適應能力。

8. 如果憂鬱學生長期輔導未經改善，則可轉介至心理治療或精神醫療單位協助作鑑定與藥物治療，並配合輔導，以早日矯正早日康復，身心獲得健全發展。

## 九、內向害羞行為的診斷與輔導

內向害羞學生形成原因包括自幼缺少關愛、能力或智力不足，常受人欺負、父母或師長不當斥責、缺乏朋友及社交技巧、時常遭遇挫折失敗等。其輔導方法如下：

1. 先與父母溝通，了解個案在家狀況，並提供增強輔導方式，減少父母過於苛責或忽視，提升家中地位，多以鼓勵及耐心讓孩子逐漸恢復自信心。

2. 若兒童係能力或智力不足，應先提供工作較易完成的事物請其試

做，並隨時鼓勵，降低期望標準，使其學習具興趣，獲得學習成就感。

3. 減少孩子「標記」現象，父母或教師在大庭廣眾之前不要強調其害羞個性，應鼓勵從事表現工作，增強其優點，使其消弱對此特質的敏感度。

4. 可作社交調查或人格測驗，了解內向害羞學生在班上的人際關係及某些個性的障礙為何，再運用明星兒與之為友；另一方面更教導社交技巧及合理情緒控制法，使其增進人際關係，並調適自己負向情緒，使人格趨於樂觀成熟。

5. 多鼓勵個案參加團體活動，如拔河、接力、合唱、集體創作等，在團體互動中增進人際能力；另外可參加體能活動，運用肌肉認鬆訓練紓解其人際及自我壓力，使其逐漸走出內向自我，積極肯定自己開創樂觀人生。

6. 課堂上避免要求個案獨自回答問題，可用系統減敏法，先讓整組同學做活動，再請個案好友與之合作表現，俟其逐漸驅除恐懼與緊張後，再讓個案嘗試獨自發表，並對其發表多加讚揚增強，如此將可恢復個案信心及發表的成功經驗，更加勇敢表現。

7. 每天選一節下課訂為「與老師有約」時間，可鼓勵個案和老師談心，教師不對學生隨便斥責恐嚇，在良好關係中建立信任與安全感，使個案逐漸消除內向害羞心理。

8. 如有些事個案講不出來，也可藉紙筆書寫出來，如有緊急事件，也可隨時和老師有約，讓學生用不同方式與教師或同學溝通，以增進其社會互動能力。

9. 可用說故事或角色扮演方式，讓個案了解勇敢積極表現的重要性與方法，降低其焦慮害怕失敗心理，培養其挫折容忍力，當面對困難時不再逃避退縮，而應勇於承擔與面對，找出解決方法。

## 十、自傷（自殺）行為的診斷與輔導

自傷或自殺學生行為成因，包括失去愛、經不起打擊、孤獨無助感擴大、與父母、教師或同學相處不佳、成績一落千丈、常遭指責、缺乏挫折

容忍力與被虐待心理等。其輔導方法如下：

1. 平日注意觀察其言行，一有異常即作緊急危機處理，如安排同儕陪伴、給予緊急聯絡電話隨時求助、通知家長及相關師長多予關愛以減少想不開自傷或自殺行為發生。

2. 對受到重大打擊之學生，須立即做會談及心理重建工作，使其勇於接受挫折打擊，而能以理性面對，在這段痛苦階段中應安排教師、家長或同儕陪伴，讓其獲得關愛度過難關。

3. 注意個案平日所接觸事物，如灰色思想書籍、歌曲或內向性友伴，而應積極提供正向樂觀有趣之書刊或歌曲，結交外向樂觀朋友，並安排多種活動鼓勵參加，使其遠離不良刺激，避免自憐自艾而傷身傷心。

4. 鼓勵學生說出或寫出壓抑、難過或憤怒的事情，可用「我的心聲」或「祕密大會串」等團體輔導方式加以了解，並讓其丟沙包、運動、遊戲等減低其煩惱與激動情緒，用適當情緒發洩法消除內心的痛苦。

5. 對有被虐待傾向者應減少處罰譏笑行為，多予以鼓勵增強，使其恢復自尊與自愛心，並給予責任與愛的工作，如送他生日卡，讓他飼養心愛的小動物，請他為更多失去健康與殘障的人服務，種植花草樹木等，由愛與責任中恢復其關愛的領會，激起對世界責任與愛的希望，更能消除自傷（自殺）行為。

6. 讓個案了解自傷（自殺）後果的嚴重性，並請父母及相關人士多予以注意與關愛，並且不刻意強調不要自殺或相關字眼，免得增強其印象。

7. 多予以成功經驗，減少挫折打擊，使其對人生充滿信心與希望。此外，以系統減敏法逐漸培養其挫折容忍力，並給予支持鼓勵，使其由勇敢面對克服困難中減少以自傷或死亡來逃避問題，並能逐漸消除悲觀無助感，恢復自我效能感與自尊心。

8. 對屢次自傷與自殺者應成立個案研究或緊急危機小組，隨時保護個案，避免發生意外。嚴重者並應聯絡醫療單位加以鑑定是否精神異常現象，並作藥物治療或住院治療，以早日治療個案。

## 十一、不寫作業行為的診斷與輔導

造成學生不寫作業原因很多，例如父母疏於管教，孩子家務過多，玩心太重、學習低成就、懶惰成性，報復或被動等。其輔導策略如下：

1. 先與家長溝通、了解孩子在家生活情形，如果家務過多，沒時間完成作業，則請父母減少其家務，讓孩子做完功課再幫忙做家事；如果家長太忙，晚上不在家或疏於管教，則請父母多留在家指導孩子功課，或約法三章，規定孩子做完功課方可看電視或遊戲，讓孩子確實完成作業。

2. 教師在課堂上先與孩子明訂契約，規定作業應回家立即做完，並可簽註作業始做及完成時間，養成即做即行態度，且可運用聯絡簿請家長協助指導學生按時完成功課。

3. 對常缺交作業者先減量作業，並了解其不交作業成因，如因動作慢即可重質不重量，減少作業分量，再慢慢增加，且每完成一項就給予增強物，使其養成寫作業習慣及速度；如係分心、懶惰者，則可運用同儕制約法，將不寫作業者分散至各組，每天小組成員皆完成作業則給予獎牌或本組畫「蘋果」鼓勵，如此將發揮同儕制衡效果，在群眾壓力下，讓個案完成作業以維護團體榮譽。

4. 採小老師制協助完成作業，並剝奪其自由權利，下課時不可參加其喜歡的打球、遊戲的活動，而需留在教室完成作業，將使其儘快完成作業去做喜歡的活動。

5. 變化作業內容及方式，讓學生對作業具有完成的興趣，減少連續抄寫或機械反覆運算教材，而能代之以操作、研究、創意活動較佳。

6. 對學習低成就或不懂作業內容者除個別作補救教學外，亦可修正作業內容，先做其能懂且教材程度稍淺的課業，並積極鼓勵學生努力完成工作，如此因材施教，效果將更為顯著。

## 十二、自閉行為的診斷與輔導

自閉症（autism）是由卡納（Kanner, 1943）所提出，乃先天性腦部機能受損引起的疾病，使人產生知覺、認知、語文或人際溝通的障礙。其產生原因為遺傳、腦損傷、濾過性病毒感染、新陳代謝失調或環境影響，如輻射線、染色體異常及重金屬污染等。

國內常用克蘭西（Clancy, 1969）所編「克氏行為量表（Clancy Behavior Scale）」來評量兒童十四項行為以鑑別是否有自閉症癥狀，包括不易與人相處、聽而不聞、強烈反抗、不顧危險、不能接受變化、以手勢表達需要、活動量高、莫名的笑、旋轉、動作怪異、對周遭漠不關心等特徵。其輔導策略如下：

1. 藥物治療：可使用中樞神經刺激劑或適當藥物治療孩子不適應身心行為。

2. 感覺統合治療：治療師引導家長配合作治療性訓練活動，由易而難逐次訓練。

3. 藝術治療：運用音樂或美術等藝術治療可達到改善患者生理及心理的作用，增進其注意及溝通能力。

4. 行為改變技術：運用增強、消弱、類化等原理加強孩子良好行為之建立，亦可增加與外界之互動及配合能力。

5. 遊戲治療（play therapy）：在遊戲過程中，兒童可自然獲得肌肉協調、動作學習及社會適應能力，亦可紓解壓力、增進其學習樂趣及社會興趣。

6. 職能訓練：運用個別輔導方式為孩子設計適合其身心發展潛能開發之課程，就其喜歡的事或特殊才能進行工作訓練，以培養其獨立生活的能力。

## 肆　結　語

　　輔導是一種有技巧、有耐心、有熱忱、更具挑戰性的教育工作，為人師者除傳道解惑外，更須投入大量心血，與學生建立關係，並針對學生的個別差異與身心不適應情況尋求最好的輔導方法。上述例子僅為常見的學生行為問題成因與輔導策略，仍有許多問題與困難有待教師、家長與學生共同合作與突破解答。相信唯有不斷地關愛了解學生，蒐集各種輔導資料、配合教師、家長、學生及各種社會資源一起來輔導行為偏差學生，才能發揮更好的輔導教化效果，以協助每位學生更加認識自己、了解自己，達到自我成長，發展潛能與自我實現的目標。

### 作業活動

1. 小明是一位五年級的單親男生，由於常被父親責打，故在學校中常欺負弱小同學，且常用不良行為引起老師及同學的注意，人際關係很差，如果你是他的導師，你如何輔導小明？
2. 除了前述文中的輔導方法及策略外，你還有哪些個別輔導或班級經營的小點子，使學生能改過向善，成為守規勤學的好學生？

# 參考書目

臺北市自閉症教育協進會（民81）。自閉症兒的探討與輔導。

賴清標等（民 85）。師範學院教育實習課程及教學設計。教育部人文社會科學教育改進計畫。

魏麗敏（民 78）。學生焦慮行為的輔導策略。輔導月刊，第 25 卷，第 7、8 期，38-41 頁。

魏麗敏（民 81）。國小兒童家庭因素、情緒困擾對成就與適應影響之分析研究。高雄：復文出版社。

Cheesman, P.L. & Watls, P. E.（1986）. *Positive behaviour management.* London: Nichols Publishing CO.

Erikson, E. H.（1963）. *Childhood and society.* 2nd ed., New York: Norton.

Sheldon, B.（1982）. *Behaviour modification.* London: Tavistock Publications.

# 第 11 章

## ·特殊兒童輔導

洪榮照

## 壹 特殊兒童的安置

接受國民教育是憲法賦予每位國民的基本權利與義務，政府必須提供國民受教機會，即使對殘障者也不例外。若將資賦優異兒童與身心障礙兒童安置在普通班級中學習，任其自由發展，表面上有相同的受教機會，其實只是齊頭式的假平等，但如將特殊兒童完全隔離到特殊班或特殊機構，此又不利於未來踏入社會的身心適應，因此特殊兒童的安置方式，近世紀來備受關注。

過去倡導之回歸主流（mainstreaming）運動、正常化、反機構化的概念，重視特殊兒童與普通兒童的互動，特殊兒童安置在普通班的學習方式漸受歡迎，只要部分時間隔離受教即可補其不足，因此近年來各校廣設資源班。

抽離式（pull out）的特殊教育，其訴求固然易於彰顯，但常因標記作用對兒童身心發展造成許多負面的影響。造成部分家長不願意將其子女送進特殊班學習。而從憲法保障每個兒童的受教權，及人道主義的觀點，特殊兒童接受適合其需求的教育已是國家社會的責任，任何一位教師遇到班上的特殊兒童時，都有義務為其提供適當的教育服務。

### 一、特殊兒童不同的教育安置型態

根據教育部（民81）第二次全國特殊兒童普查發現，特殊兒童安置在普通班就學的情況極為普遍。並非所有的特殊兒童都安置在特殊班才是最符合其學習需求，由於各國的經濟狀況、社會環境等基本條件不盡相同，安置方式也有差異，一般而言，有下列幾種安置型態（Hallahan & Kauffman, 1991，王文科，民90）：

### 純普通班

即將特殊學生安置在普通班級中學習。此方式以輕度障礙者為最普遍，過去特殊教育觀念未能普及，特殊兒童幾乎都在普通班中受教（諸如小兒麻痺兒童、智障兒童），也未提供特殊教育的相關服務。

### 提供諮詢的普通班

亦即在普通班級中有特殊兒童時，可獲得學有專精特教老師的諮詢服務。

### 巡迴輔導教師

此模式係由特教教師巡迴至各校輔導，國內各縣市視障輔導員定期至學校輔導盲生或弱視兒童，屬於此種型態。

### 資源教師

或稱資源教室方案，由各班級中篩選出特殊學習需求的兒童，在固定時間內前往資源教室學習，這些兒童可以是資優者、學障者、情緒障礙者或是輕度障礙者，也可以是學習低成就者，學生每天待在資源班時間以不超過四小時為原則，學習課程可以是一科，也可以多科，另外其他科目仍然留在原班級上課。目前國內設置相當多的資源班，即為此種型態。

### 診斷處方中心

由特殊教育教師提供幾天或幾週的時間，將學生隔離起來，針對特殊學習需求，以發展教學計畫，提供教學服務。特殊兒童可以局部或全部時間與普通班學生在一起學習。

### 醫院或在家教學

對於身體病弱或肢體障礙學生正接受醫院治療者,可由特殊教師在醫院或在家中進行教學,直到學生能夠回到普通班上課為止,有如家教方式。

### 自足式班級

在普通學校中設有特殊班級,特殊兒童大部分時間或全部時間都在特殊班中學習。自民國五十二年在臺北市成立第一班啟智班(中山班)以來,即陸續在全國各地成立各不同種類身心障礙的特殊班級如啟智班(智障)、啟聰班(聽障)、啟仁班(肢障)、情障班(如自閉症班)等,由於各類障礙人口的出現率不一,目前設班最多的為啟智班。

### 通學制特殊學校

此類學校只招收身心障礙學生,但並未提供學生住宿服務,放學後學生住在家中,過著一般家庭生活,因此有較多的時間與正常人互動。許多私立的教養機構,也鼓勵學生通勤。

### 住宿制學校

將身心障礙學生安置在特殊學校學習,並住宿在學校中,例假日鼓勵家長將孩子接回家,一般來說,安置於此類型的學生障礙程度較嚴重,在普通學校學習有困難者。例如臺南啟智學校、南投啟智教養院等;部分私立教養機構,也提供住宿。

### 在家教育

由於有些重度、極重度障礙兒童,生活無法自理,缺乏適當的安置學校,且未能進入特殊學校就學者,只得待在家中,接受社會福利的資助,

並由縣市安排在家教育教師巡迴輔導教學或學區內教師定期輔導，惟學籍仍隸屬於原學區。過去將此類安置方式稱為「在家自行教育」，目前均改稱「在家教育」。但常發現此種安置學習效果最差，許多縣市由於輔導人力之不足，障礙學生家庭也未能完全配合，美其名為輔導，其實成效不易彰顯，僅能聊表政府關心照顧弱勢團體。

近十年來，在美國特殊教育界中有些學者（如 Will）積極推展 REI（Regular Education Invitation）運動，認定特殊教育應從普通教育開始，他們強烈反對將特殊兒童從普通兒童中隔離開來教學，就REI的觀點認為：

1. 以特殊學生與普通學生比較，相同之處比相異之處多。

2. 普通班教師只要多花一點點的心思，就能教好特殊學生。

3. 隔離上課對特殊學生而言，弊大於利。

至於在具體做法上REI認為則可從下述著手：

‧普通班老師只要多了解一點特殊學生，就有能力教好他們。

‧特殊學生應多與普通班學生一起學習。

‧要教好特殊班學生，必須先教好普通班學生。

REI 的論點雖在實證研究上仍受爭議。然而此股風潮之形成，也有其時代背景，特殊兒童的安置方式是見仁見智，但對於輕度障礙者，多數人普遍認為安置在普通班，較為理想，由於特殊學生直接在普通班學習，較能學到基本的生活適應能力，終究這些孩子還是要回到正常社會。近年來有學者主張特殊教育不分類，依其需求來決定教育方式，基本上也是著眼於學生的特殊需求考量，他們主張不要將學生安置於固定的特殊班中。

其次在標記問題上，也是許多家長對孩子到特殊班上課裹足不前的原因之一；部分特殊班的教學績效不彰，學生回歸困難，也使家長失去信心；其他特殊班條件的現實問題如：

1. 特殊設置班未能普及，家長接送孩子不便，迫於現實環境必須留在普通班就讀。

2. 缺乏特教師資及師資流動率高，教學成效未受肯定，導致家長無意願送子女到特教班。

3.學生不易回歸普通班：目前特殊班的設計方式，從普通班進入特殊班易，但從特殊班回歸普通班較為困難。學生一旦進入特殊班就讀後，很難再回到普通班來上課，即使資質再佳，也難以適應一般班級的進度與教學方式。因此有些自認為自己孩子不笨的家長不肯輕易讓孩子進入特殊班就讀。

4.其他行政因素：部分學校在面臨裁班邊緣時，把臨界的學生或低成就學生也安排到特殊班就讀。反之有些地區障礙學生人數過多，特殊班班級數不足時，或許也會有部分障礙程度不太嚴重的孩子，仍然留在普通班中學習。

基於上述因素在普通班級中，常可發現一些特殊兒童。如普通班中有滿頭白髮、皮膚白皙且略帶點紅潤的白化症兒童，也有注意力無法集中、整天動個不停的注意力缺陷過動症（ADHD），級任教師就應深入了解身心特性，針對其特殊需求的予以教導。

## 二、特殊兒童的類別

在民國八十六年特殊教育法修訂後將特殊兒童分為身心障礙及資賦優異兩大類，區分如下：

### ✎ 資賦優異

1.一般能力。
2.學術性向。
3.藝術才能。
4.創造能力。
5.領導能力。
6.其他特殊才能。

### ✎ 身心障礙

1. 智能障礙。

2. 視覺障礙。

3. 聽覺障礙。

4. 語言障礙。

5. 肢體障礙。

6. 身體病弱。

7. 嚴重情緒障礙。

8. 學習障礙。

9. 多重障礙。

10. 自閉症。

11. 發展性遲緩。

12. 其他顯著障礙。

上述分類方式不同於民國七十三年特殊教育法立法之處，在資賦優異類另增「藝術才能」、「領導才能」、「創造才能」等；身心障礙類將原有「性格異常」與「行為異常」兩大類合併為「嚴重情緒障礙」，並將「自閉症」獨立成類；此外另增加「發展性遲緩」一類，此皆反應特殊教育趨勢與實際需要。

### ✿作業活動

1. 請蒐集相關資料說明特殊兒童的鑑定過程。
2. 特殊兒童究竟應安置於特殊班或普通班級中，試蒐集相關資料閱讀後，提出您的看法。
3. 請找一本有關特教生家長或老師撰寫之書籍閱讀，並說明您的感想。

# 貳

················ 級任教師面對資源班學生的教學與輔導

## 一、資源班的意義

　　由於輕度障礙或學習遲緩兒童，安置於自足式的特殊班對他們而言未必最為有利，因此發展出介於特殊班與普通班之間的一種部分時間制特殊教學型態，即為「資源教室（resource classroom）方案」。此種概念為了不讓人誤解為一般專科教室，或誤認為硬體建築，而忽略了人員編制及教學運作，近幾年來在國內常將資源教室方案，大多改稱為「資源班」（董媛卿，民85）。

　　資源班設置的最大優點在使特殊兒童有更多機會與正常兒童互動，除了某些科目在資源班上課，每天在資源班的上課時間不超過半天外，其餘時間均留在原班上課，學籍也在原班級，此符合回歸主流的精神。由於兼服務對象廣泛、排課富有彈性、節省經營經費等優點之外，資源班也是家長較易接受的安置方式，其標記不會過於明顯，老師體認到將學生進展至某些程度之後，仍須回歸普通班上課，因此在教學方式與教材選擇上，比較類似於補救教學的型態，近年來國內已經漸漸重視到資源班的重要性，在國中小陸續增設資源班。

　　由此可知資源班的設置緣由包括：

　　1.輕度障礙學生不適合就讀自足式特殊班，資源教室方案是一個比較可行的措施。

　　2.大班級進行補救教學，對教師而言力有未逮，透過資源班可協助解決此一問題。

　　3.因應個別化學習需要，兼顧學生的能力條件，資源班可設計適合個

別化的學習需求教材與教學方式。

4.提供各種教學資源、諮詢中心；由於資源班編制上有專任教師，固定經費，因此在各項資訊與教材教具均較普通班來得充足，因此可提供各種教學資源及學習問題之諮詢。

資源班的型態包括：單科資源班、多科資源班、巡迴資源班（由校際間組成資源教師小組，帶著資料、教材教具到各校間巡迴教學服務）、個別教學式的資源班、學習中心式的資源班等。

各國小設置資源班的模式不一，早期的發展大多為成立「資源小組」，採任務編組方式，由輔導教師安排時間進行補救教學為主，其經費來源由縣市編列鐘點費等支應，花費不多。通常只針對低成就學習困難者、學習障礙者，或是輕度智能障礙者提供服務。

近年來許多學校認為資源班設置在二年級較為理想，由於國小一年級剛入學，適應上較有困難，不適合安排，二年級的基礎科目的學習問題，倘能及早補救，收效較佳，如到中、高年級再入資源班恐事倍功半，補救教學難以進行，回歸普通班學習也有執行的困難。

在教學內容方面，通常包括國語、數學基礎性科目；由於資源班的設置使得國小的個別化教學、補救教學較為方便可行，惟在行政運作上、資源班學生的篩選、課表的處理、教師授課時數的調整都需要花費一番苦心來做安排，方能收效。

## 二、普通班教師對資源班學生的級務處理

資源班上課的學生，學籍仍屬於原班級，只是部分的時間接受資源班教師的教導，因此，級任教師仍應認定這些學生是自己班上的同學，處處關懷、不要亂貼標記，以維護學生的尊嚴，避免打擊其自尊心，如在原班上課，仍應一視同仁，級務處理上，應該注意下列事項：

### ✍ 一切以學生的利益為最優先考慮

資源教室方案，最令學校困擾的常在於行政上的安排。安排不同班級相同科目的上課時間，行政作業上較難處理，尤其在不同班級上課，對學生的掌控方面的確會給級任教師帶來更多的麻煩，當老師的要求不一致時，更易造成師生無所適從的窘境。因此學校在行政作業安排、事務處理，都要先以學生的權益為最優先考量，幫助他們安排最佳的學習情境。

### ✍ 以平常心對待資源班學生，並為學生學習的成敗負起責任

有些教師自恃多年的教學經驗，較難接受新的變革，往往由於守舊思想及無謂的自尊心作祟，不願把自己教不好的學生，送給別人來教導。如果勉強為之，基於行政體制的考量，不得不配合的情況下，但又很容易形成「看看你有多行？」的不當心態。

資源班的成立在某些時候正好為教學績效不彰的老師找到合理的下臺階，這些老師認為「反正是學生程度問題，不是我不努力。」因而上課常敷衍了事，認定反正學不好的學生可以送至資源班，既省事，也可減少負擔，對於學習遲緩者，不願多花一點點的時間來進行補救教學。教師應有不論學生在何處上課都是我的學生之體認，不可輕言放棄，更不應嫉妒資源班教師的教學績效。對待學生一視同仁，某部分的學習問題，並不代表處處都有問題，在其他級務的處理上，老師不應有差別待遇，不論是公共事務的分配，或是參與活動的機會，都應顧及每個兒童都有相同的權利與義務。

### ✍ 經常與家長保持密切聯繫

雖然資源班是一種較被接受的上課方式，但有許多家長仍不太願意自己的子女在特殊班級上課，擔心孩子從此被標記為特殊兒童，對孩子的心

理造成不正常的發展，因此級任老師必須與家長保持密切聯繫，向家長解說適合孩子的學習安置方式，提供資源班的相關訊息，使父母對資源班有正確的認知與態度，並隨時告知孩子的學習狀況，並請父母配合指導，共同給予支持協助。

當孩子的學習困擾不敢告訴老師時，家長往往是最先獲知的，讓家長參與學生的學習，並透過不斷的溝通與交流，可使老師更易掌握學生的學習動態。家庭訪問也是一次很好的溝通機會，應掌握此一時機，多與家長探討孩子學習問題。

### ✎ 時時注意資源班學生與班上同學的相處狀況

由於資源班學生有部分的時間在其他教室上課，因此較容易在班上被孤立，同學間可能有非我族類的感覺，加上有些較為內向的孩子，可能因此變得更為退縮，甚至自暴自棄，級任老師應隨時注意兒童的同儕關係，如遭排斥或嘲諷時，應及時加以處理與輔導。至於交友技巧較差之同學，可能成為班級中的特殊人物，老師仍應適時教導社會技巧。

### ✎ 分組學習活動時，要考慮常態分組，勿另設標記

兒童期人格發展的可塑性極大，資源班學生的特殊學習方式，剛開始許多同學不免心生好奇，常想一窺究竟，這些資源班學生在自願分組時很容易被遺棄，而自成一個集團，間接也影響同儕關係的發展，級任教師應注意此種現象，在其他課程的分組的安排上，應將資源班學生與一般學生混合編組。當學生漸漸被隔離開來時，老師應刻意的安排正常的互動情境，鼓勵孩子打成一片，使其人格有正常成長的機會。

### ✎ 隨時與資源班老師保持聯繫，了解學習及適應狀態

切勿使資源班學生成為教學死角或受忽略的一群。由於學生分散在兩處上課，教師的管教有重疊，也有忽略之處，加上學生年紀小，自律能力

較差，以致某些區帶成為教師管理及教學上的盲點，普通班教師應該隨時與資源班教師保持密切聯繫，確實掌握學生的動態，了解其困擾並主動積極協助解決學生的各項問題。

### ✎ 座位編排上要考慮適當位置

教師在編排學生座位時，除了考慮其身高、視、聽力因素外，也應安排可以較優秀同學坐在資源班學生的旁邊，可隨時提供協助與指導。不宜以便於管理或區分，而將這些學生集中於某區域，此種做法對學生的感受與人格成長上有負面的影響，因此在座位安排上，應與普通班混合安排，甚至刻意安排較優異學生坐其旁邊，以便隨時提供各項協助與指導。

### ✎ 協助資源班學生心理適應

許多學生可能會問及：「老師，他為什麼在這個時候到別班上課？」「老師他學的東西為什麼跟我們的不一樣？」面對諸如此類的問題，級任教師應隨時耐心解說，並且告知「這種安排比較適合他的學習，將來他還是會再回來跟我們上相同的課程。」被安置到資源班的學生可能也會有一段相當難以適應的心理歷程，級任老師應隨時加以開導，注意其情緒反應與人格發展。

### ✎ 隨時要有讓學生回歸原班上課的心理準備

資源班學生只是被安排在比較適合他的學習情境而已，老師在大班級教學的過程中進行個別化補救教學，的確力有未逮，所以資源班的設置一方面是幫助學生，另方面也是協助級任老師，學生的學習固然與老師的教學方法有密切關聯，當然也與他的能力、學習的環境有絕對的關係，級任教師應去除本位主義的觀點，放棄無意義的自尊心作祟，勇敢的站在學生的這一邊，以教好學生為共同努力的目標。如果學生能趕上原班進度，老師應該要有隨時歡迎回歸原班學習的心理準備。

### 三、普通班教師對資源班學生的教學處理

#### ✎ 課業要求的標準要適合學生的程度，鼓勵學生自我比較

由於學生的先天資質不一，許多父母及老師常以理想中的標準來要求孩子的學習成果，這種不切實際的想法，未能考慮到學生的真正能力與需求，反而造成期望與實際表現落差極大，教師在課業要求上要先了解學生的目前狀況，據此訂定合理的標準，鼓勵學生多做自我比較。

#### ✎ 勿出兩份不同的作業困擾學生的學習

資源班學生由於部分課業進度與原班同學不同，因此級任老師在規定作業時，應考慮學習內容的不同，尤其應隨時注意資源班的課業狀況，切勿因在兩種不同班別上課而造成學生學習的雙重負擔。

#### ✎ 學習評量要配合學生的學習內容

資源班學生的學習評量固然是資源班教師的主要職責，級任老師在其他學科的評量也應顧及學生的上課內容，課程本位評量（curriculum based assessment）的精神，即是重視隨時評量、教什麼評什麼、增加評量的敏感度等。教師應重視資料本位（date based）的評量，隨時掌握學生學習的動態。

#### ✎ 勿任意調課，造成學生學習的不便

由於資源班學生來自不同班級，學校整體行政的安排上並不容易，學期前的排課也考慮到年段內所有班級的狀況，因此既經排定的課程，即不易更動，否則勢必影響學生的學習權益，造成有些課程無法上足。

**多給予成功機會，建立學習的信心，並維持高度的學習動機**

輕度障礙或低成就學生，常常由於過去學習的失敗經驗，對學業活動缺乏信心與興趣，老師在教學時，應特別注意，多給學生成功的機會，如果有不會的地方，也應在當節課中至少應給予一次表現成功的機會，以免降低學生的學習興致。

**多編教材，善用教學媒體、教具，重視學習策略的指導，以提升學習效率**

級任教師也應致力於教材教法的改進。由於障礙兒童在學習過程中，非常需要教材教具的輔助。藉由這些輔具使學生在學習過程中，由具體、半具體到抽象的概念能夠獲得更充實完整的學習過程。

**作業活動**

1. 請蒐集兩校資源班學生的甄選流程，比較其差異，並提出您的看法。
2. 班上如有兩位同學參與資源班學習，對於參與班級活動上，應注意哪些事項？

**參**

級任教師對於智能障礙兒童的教學與輔導

根據教育部民國七十九年九月至八十一年五月所實施的第二次全國特殊兒童普查結果顯示，智能障礙兒童人數（31,440 人），占全部特殊兒童總人數（75,562 人）的 41.61%。本節將簡要介紹級任教師如何面對班級裡的智能障礙兒童（註：民國八十六年修訂之特殊教育法，已將智能不足名

詞改稱為智能障礙）。

## 一、智能障礙兒童的成因與出現率

　　智能障礙的形成因素相當複雜，其種類也相當繁多，早期對於智能障礙研究者很多都認為偏向於先天的遺傳所致（如：Doll, 1941），然而近年來的研究發現遺傳因素並非造成智能障礙的主要原因，後天成長環境與病變也是造成智能障礙的重要因素。以醫學及其他學科研究探討發現至少有二百種以上的因素造成智能障礙。惟至目前止，很多專家估計能夠正確指出原因者，僅占所有個案的6%至15%（Hallahan & Kauffman, 1991），美國智能障礙學會（AAMR）於西元一九九二年列出智能障礙的主要成因可歸納為十大類，分別為：病毒感染和中毒、外傷或生理因素、新陳代謝或營養失調、不明的產前疾病因素、染色體異常、妊娠異常、精神異常、環境因素、其他狀況等。

　　智能障礙，其中有10%至20%具有中樞神經系統的損傷及其他病因。至於其他的 75%至 85%則為其他狀況和環境因素所致（Wyne & Connor, 1979），此外也有將智能障礙的成因分為「社會文化因素」和「生理因素」兩大類。輕度智能障礙者的成因如歸諸於文化家庭因素，有些專家認定輕度智能障礙，如因兒童本身文化不利、生活環境不佳、營養不良、父母管教方式不當等因素而造成，則屬於社會行為智能障礙，有些乃生理因素影響，從外表觀之很容易分辨出來，如道恩氏症、腦水腫、小頭症等。

　　至於智能障礙的出現率，從統計上觀點，以標準化智力測驗施測，智能障礙者約占總人口的 3%，若再考慮適應行為因素，很多專家均認為約接近總人口的1%左右（Heward & Orlansky, 1992）。我國最新有關智能障礙學童人數資料，依據教育部所實施之「第二次全國特殊兒童普查」結果顯示，七十九學年度，智能障礙學童人數共有31,440 人，占全部母群的0.883%（教育部特殊兒童普查工作執行小組，民81），此與國外各專家所推估的資料接近。此外也有研究顯示，父母的智商與家庭的大小成反比；父母的

社經地位，如父母的教育、家庭收入、職業等，也常是兒童智能發展的指標（林美和，民81）。

## 二、智能障礙兒童的身心特質

影響身心障礙者的學習因素相當多，主要受到學習速度、人格特質、認知程度、教材結構順序的影響。一般而言，智能障礙兒童最大的特徵在於智力和適應行為兩方面的障礙。智力方面與其學習能力、認知能力有密切關係，適應行為則代表在社會上日常生活的適應能力。

### ✎ 學習能力方面的特徵

學習遲緩，始終無法跟得上一般兒童，是所有教師對智能障礙兒童的直覺反應，學習意願低、成績差、不容易教會的學習特徵，似乎經常是教師教學的最大困擾，智能障礙者的學習特徵包括：學習成就低落，學習速度緩慢，缺乏學習動機，注意力無法集中持久，抽象材料學習困難，遷移類化困難，組織能力差等學習特徵。

### ✎ 人格方面的特徵有

人格較僵化、重視享樂，有較強的外在制握信念，常有退縮、自卑，進而與人群隔離的心態。

### ✎ 生活適應及行為特徵

適應技能是評定智能障礙的重要指標之一，一般智能障礙兒童有如下的生活適應問題：對日常生活自理能力（如穿衣服、穿鞋子）、事務處理能力（如掃地、買東西）、時間觀念（如上午、下午、昨天、今天等觀念），均比同年齡兒童差；缺乏臨機應變能力，無法隨問題情境調整自己的行為，對周遭事物漠不關心；在語言理解及表達較差、口語發展緩慢、

字彙有限、文法使用常發生錯誤，以至於常出現人際溝通困難，是智障者與一般正常兒童最顯著的缺陷（盧台華，民 81），有時想逃避人群，有些甚至不喜歡上學，較難融入同輩團體之遊戲，常常較為孤立或受到冷落；無法參與有規則的遊戲，常常與較年幼的友伴遊玩，在團體內，常跟在別人後頭，或受別人指使，難於獨當一面；遇到事情常缺乏彈性，較容易表現出拒絕、退縮、固執、壓抑等行為來處理所面臨的衝突，較容易緊張、焦慮、很難放鬆自己；從外顯行為來看，表情呆滯，有些眼神呆滯，有些則眼睛不停的轉，毫無目標的東張西望，知動協調能力差，動作遲緩，活動力、跳躍能力、攀爬能力都很笨拙（林寶山，民 81）；體能、健康狀況普遍比一般正常兒童差；有時候重度智能不足兒童會出現：①自我刺激行為，如舐手、踢腿、手淫、咬物、叫聲、搖擺；②自我傷害行為，如撞牆、挖眼睛、敲頭、拔頭髮、抓五官、咬手指；③侵犯或破壞行為，如打人、推人、摔物品、撕衣服；④爆發性行為，如又叫又跳、掀桌子（連明剛，民 72）。

### 三、普通班教師對於班級內智能障礙兒童的處理

級任教師對於班級內智能障礙兒童的教學與級務處理上，應注意下列事項：

#### ✎ 在一般態度上

教師應儘量避免給予兒童任何標記。班上的某些學生往往會欺負智能較差的兒童，級任教師應隨時關心智能障礙學生的作息生活，如有同學惡意攻訐或嘲弄時，教師應隨時給予導正。

#### ✎ 在教學原則上

對於智能障礙兒童教學上教師應善用一些原則，以幫助兒童學習，茲列舉說明如下：

1.教師應多給予兒童成功的經驗，避免經常受到失敗的打擊。

2.提供回饋，增強正確的反應。對兒童的學習，提供適當的回饋，讓兒童了解學習的結果，對於反應正確時要適時給予增強，以提高正確反應的出現率，至於增強物的種類，可以是物質的，如食物；也可以是社會性的，如口頭讚美。

3.配合其能力，訂定適當的標準。教學時必須透過系統的、按部就班、循序漸進的一步又一步的方式加以指導。

4.教學時要求精熟學習，學習一步後再學另一個步驟時，應該儘量減少情境或學習方式的變化，以免因無法適應或適應困難而影響學習的效果。由於智能障礙者對於學過的概念或技能比一般兒童更易遺忘，因此教師要運用過度學習（over learning）的原則，多讓他反覆練習，以增進學生對學習結果的保留與遷移；同時在一節課中也不要提供太多種的事務讓兒童學習，以免產生混淆，教師應在學生熟悉舊教材後，再提供新的教材。

5.多採分散學習的方式，少用集中練習方法。教學時不要同時提出太多的概念，以造成學生學習的困擾。

6.激發兒童學習的動機，鼓勵兒童作更大的努力。智能障礙兒童在未學習前，常有預期失敗的心理，因此常逃避學習，或降低期望。教師在安排教學情境時，就應讓智能障礙兒童有成功的經驗，使其對學習活動產生興趣，進而有更高的學習意願。

7.安排有利的學習情境，使兒童的興趣和注意力能夠集中於教材學習上。教師安排教學流程時，要注重教材、教法的變化，以免學生對學習感到枯燥、缺乏興趣與意願。教學活動設計要注重系統化，循序漸進，由淺入深，由基本的、必要的先開始，然後慢慢進入複雜的、困難的教材；此外教師應採取個別化的教學活動設計，以因應每個學生不同的能力與成就水準（洪榮照，民91）。

### ✎ 在教材安排上

重視功能性課程（functional curriculum）的實施，亦即安排學生的學習內容以生活實用為最重要，舉凡周遭容易遇到的事務，亟需解決的問題等都應勤加教導，務必學會，諸如對交通號誌紅綠燈的辨識、簡單實用語詞的教導，都應細心指導，又如購物技能（用錢概念），生活必備技能（如坐車、購票、使用公廁、簡單書信、記得電話住址、會寫名字、會打電話等）都應加以系統完整指導。

教材的選擇務必由淺而深、由易而難，多重視具體及半具體教材，以加深學生的學習印象。至於現有的各科「習作」，則可依學生程度酌予減少，不宜要求全部完成，以免增加學生的挫折感。對於單元內容應予簡化，隨時了解學生的學習狀況，且應找出更多的個別指導時間，多給學生鼓勵指導。

### ✎ 在教學策略上

由於智能不足兒童無法像同年齡的兒童一樣，迅速的學習，他們缺乏歸納統整的能力，如無老師精心教導，常無法主動學會一些知識與技能，因此對於智能障礙者的教學，必須有系統依序設計進行的。在環境設計上，應予以提供無障礙之環境。在教材分析上運用工作分析法詳加分析以適合個別化需要並利教學活動之進行。問題行為的處理，可應用行為改變技術的原理原則。

1. 提供無障礙的學習環境：在教材學習上，因智能障礙者的學習能力差異極大，教師要設計個別化的教育方案，充分掌握其學習狀況，因應其個別需要。有些人可能誤認為智能障礙者骯髒、像疾病一樣會傳染、無法學習等，身為教師就應該協助導正這些錯誤觀念。在社會環境上，對於智能障礙者應予以充分的尊重與接納，應體認智障者也和正常人一樣也有一些基本的社會需求，有些表現可能更優於正常人，如工作認真、執著、盡

職、守規矩等。

2.工作分析法的運用：學習遲緩者並不代表沒有學習能力，但對於複雜的技能或教材的學習，則須予以分解成更簡單、更細小、更容易學習的、更適合學習者之需要的分項技能（subskill），然後將這些分項技能採逐一漸進的方式教給學生，最後學生終於學會了此項技能或教材，教學目的因而達成。這種將技能或教材加以細分的方法，稱為「工作分析法」（task analysis approach），教導一項技能對普通兒童也許只需三個步驟，但教導智障者也許需要十個步驟才能學會，例如教導學習自己打電話的技能、一般兒童只要教他如何投幣、辨識接通與否的聲音、教導電話用語等幾個技能即可，但對於智能障礙者就需要將上述各個技能再細分為更多個分項技能，然後逐步依學習能力加以教導，此即為工作分析法。

3.行為改變技術方法的運用：行為改變技術是採用行為心理學、實驗心理學的原理原則而發展出來的一套客觀、有系統的處理技術，對於許多問題行為的處理，已能獲得臨床上的實證效果。一般常用的如不同的增強作用：包括正增強、負增強、分化增強等。懲罰方法：包括消弱、隔離、反應代價等技術。

智能障礙兒童並不需要憐憫、同情甚或接濟。級任教師應充分了解其身心特徵，施予最需要、最恰當的教育，才是對他們最大的幫助。

### 作業活動

1. 討論如何幫助安置在普通班內智能障礙兒童的身心適應。
2. 在您任教的班級內有一名智能較低兒童，經常受到同學欺負，應如何幫助他？

# 肆

## 級任教師對於資賦優異學生的教學與輔導

資賦優異學生過去我們通稱為「天才兒童」，表面上常令人覺得此類學生「得天獨厚」、「不學自能」，事實則不然，所謂的資優，並非「不學而能」，或「自己有能力學習」的代名詞，在其成長過程中仍須老師加以啟迪開導，方能有一番作為。綜觀過去歷史，資優兒童之史蹟如「孔融讓梨」、「甘羅拜相」、「曹沖秤象」、「司馬光打破水缸救了同伴」等此都顯示「小時了了」，經過一番教導後「長大亦佳」的寫照；然而也有「小時了了，大未必佳。」之典故，誠如王安石「殤仲永」一文，充分說明小時縱使有優異的天分，但未能接受教育，恐怕再優異的人仍然免不了長大後仍為泛泛之徒，無所作為。資優者須接受教育，古有明訓，身為教師在「得天下英才而教之」固然為一樂也，但若未能善盡教導啟迪職責，只怕有負國家社會所託，對人類社會亦將是一大損失。以美國而言，Kirk和 Gallagher（1994）指出有 15%至 20%的資優生從未達到他們智力測驗結果所預測的成就水準，教師應該隨時注意身邊可能隨時會有資優兒童的出現，教學上更應謹慎面對，竭盡心力，為作育國家社會之英才而努力。

美國於西元一九七二年聯邦教育署定義之資賦優異和特殊才能兒童包括：一般能力、特殊學業性向、創造或生產性思考、領導能力、視覺和表演藝術、心理動作能力等六大項。阮如里（Renzulli）採用較為彈性的方法定義資優，他認為資優應該是三種特質的交集：中等以上的智力、創造力和工作的動機等，此意涵為資優學生除了本身的智力資質優異外，仍要具備良好的創造力和學習的動機。因此「資優」的概念，已不是指單純的高智商學生。

由於傳統資優班的經營，大致都將資優學生的學習與普通班學生徹底分開上課、壁壘分明，各行其事，此種隔離對學生產生不良影響，因此自

民國八十年來，教育部規定各國小的資優班經營採用分散式經營，打破傳統集中式的教學。規定資優班學生在某些學科或時段必須返回原屬普通班上課，增加與一般兒童接觸之機會。

　　以近年來各級政府花在資優兒童與身心障礙班的經費比較，可見資優兒童受到重視的程度遠不及身心障礙兒童，但這並不代表資優兒童的教育可以荒廢。

## 一、資優學生者的學習特徵

　　過去有人認為「天才早逝」、「資優者體弱多病」的不正確概念，經研究發現資優學生的身體狀況並不比一般兒童差，根據Clark（1992）綜合各家的研究舉出資優生有以下的特質：

### ✎ 認知方面

　　語言與思考方面比同年齡兒童成熟，閱讀與理解方面較早發展（有些資優生在三、四歲時，已能閱讀），知識豐富，且有不尋常的記憶；具有高度的好奇心，及多樣的興趣；語言發展能力較佳；具有創意的觀念與解決問題的方法；有高度的理解力。

### ✎ 情意方面的特質

　　高度的自我覺察並且有與眾不同的感受，較具有理想主義與正義感，對他人的期待與感受較為敏感；具有幽默感，具有高度的道德判斷水準，對自我與他人有高度的期許；內在制握與滿足的早期發展；有較強烈的自我實現意圖。

## 二、加速制與充實制的教學

　　由於資優兒童在類別及程度上差異極大，要設計一套固定的教學課程

模式仍有困難，常被探討的制度包括「加速制」與「充實制」兩種，此兩種制度，各有利弊，茲配合現況及級任教師做法上，扼要說明如下：

### ✐ 加速制

1. 提早入學：面對降低入學年齡之兒童，任教師要注意他的自理能力及社會能力的發展。除了學業上的適應外，應注意其同儕關係、一般生活的適應及是否具備生活自理能力。因此級任教師針對提早入學資優生的教學與輔導上應注意下列事項：

   • 各項基本能力的深入了解。由於參與甄選的學生只能提供智力及適應力的評量，其餘能力則泰半未加以注意，如動作技能的協調、生活自理能力等，級任教師均應充分了解學生的狀況，適時予以輔導。

   • 注意與同儕間的互動關係。有些資優兒童從小在父母小心翼翼的呵護下，成為家中的寶貝，易養成予取予求的惡習，此反應方式在同儕間並不受歡迎，提早入學者年齡原本較小，在團體中是否能適應，也值得教師的關切，畢竟人際適應對提早入學兒童來說僅是抽象的評定而已。

   • 學習習慣導正與培養。由於生理的成熟度較一般正常入學孩子為低，因此部分提早入學之兒童，常帶有些不良的學習習慣，諸如邊讀書邊玩，邊寫功課邊吃東西的幼稚習慣，級任教師應給予隨時糾正。

   • 生活適應能力的教導。提早入學者在班上年齡最小，有些體力動作可能不及一般正常入學之兒童，生活習慣可能仍保留在較為幼稚的階段，如不會自己穿衣服、需要大人督促餵食等，在幼稚園中可能是個佼佼者，但到普通班後，也許動作技能跟不上別人，較難適應群體生活，這些現象都要有一段較長的過渡階段，教師應予協助，不要讓他處處受到挫折，影響日後的學習興致。

2. 跳級：即讓資優生跳過某一學年的課程而升級。級任教師面對班級

跳級學生的教學與輔導上應該注意：

- 關心兒童各科的能力：由於跳級的鑑定並未常涵蓋所有學科，通過鑑定的學生也未必每個科目都跟上班上同學的進度，因此老師必須注意其他科目的實質能力。

- 勿使跳級後的學習成為壓力：跳級學生可能同年齡兒童的佼佼者，但在新學年中未必如此，老師不宜對跳級生妄加壓力，造成學生過重的心理負擔。

- 多培養自主學習的能力：小學教材與課程的設計精神於適合一般兒童的學習，資優學生很容易因課程內容不具挑戰性，缺乏學習意願，造成學生被動的學習習慣，教師應引導學生自主化的學習，訓練主動求取新知，運用學習資源的能力。

- 注意社會情緒的發展：跳級生新到班級，對於同儕間自然感到陌生，教師應隨時注意學生的社會情緒發展，適時的教導社交技能。

### ✎　充實制

充實制主要是提供資優生較為寬廣的學習機會，以增進其能力。在課程設計，應重視課程內容、歷程、結果等方面的調整。在內容上應著重於廣泛的主題與問題，以引導學生從各種不同的角度來研究問題，讓學生有綜合性的學習經驗，加強學生的自我導引研究，鼓勵新的觀點與作品，尤其在教學上應重視引導學生的善用其認知與能力，使其有更好的學習成果。

### 三、級任教師面對資優生的教學與輔導原則

由於現存資優班的經營設置，未如身心障礙般的受到重視，且資源與經費有限，現實條件無法將每位資優學生安置在資優班受教，因此普通班中仍有許多資優兒童，普通班教師面對能力優異的學童，在教學上應注意下列事項：

### ✎ 資優生只是某些能力（或領域）的資優，非全部資優

有些教師對資質優異學生的期許過高，認定資優者各方面均優異，因此常見老師說：「資優生數學這麼好，音樂怎麼如此糟糕，可見不用心。」其實上資優生或許只有某些領域較為擅長，其餘領域或許與一般兒童無異。因此家長及教師不宜有全面資優過高的期望，造成學生無謂的壓力。

### ✎ 不要過度追求完美或趕時髦

有些資優生的人格特質是追求完美主義，對事物要求好中要更好，因此對於部分的瑕疵，耿耿於懷，如果父母或老師也是抱著如此態度，則幾乎處處未符理想。教師應培養學生能容忍自己的缺失，不要處處追求第一，否則期望越高，失望也跟著越大，也不要認為資優生什麼都要學，此種做法徒增壓力，效果經常適得其反。

### ✎ 了解資優生的個別差異

並非所有的資優生都具有相同的能力特質，即使兩位學生的 IQ 得分相同，但彼此間仍有相當大的差異。

### ✎ 資優生的才華能力並非與生俱來，仍須接受指導善加學習

教師不應假設資優生不需指導就能自主學習。教導資優生應重視學習方法、學習過程與獨立研究能力的培養。教學的內容不應該是一些零碎的、缺乏組織活動。

有些教師，惟恐學生學得不夠多，不斷的增加學習的份量，最好能將百科全書裡的知識全部記牢，因此在教學上疲於奔命。有許多家長也會抱怨老師教得內容過少，不敷學生需要。其實學問本無止盡，今日所學也許明日就已落伍，老師重要的是教學生如何具備獨立學習，培養獨立研究的

能力。

在教學內容上，應引入一些較為抽象複雜的觀念或原理，使內容較一般課程廣泛且具深度。

在教學過程上，加強基礎性的技能的學習，並指導具有創造性、思考性、解決問題以及邏輯性的研究技能。

### ✎ 培養全人教育，兼顧情意發展

陶冶性情，讓教育掌握到情意學習的重要性是不容忽視。部分資優生恃才傲物，自大、自滿、自傲，頗值得注意。

### ✎ 多鼓勵，少責難；多啟發，少強記

強調啟發思考，注重學習探究過程，養成主動學習習慣。多給予鼓勵，少批評，以提升其學習意願。

### ✎ 尊重個性，保持彈性

老師應尊重學生的獨特創意，並聆聽學生學習過程的敘述，教學上保持適當的彈性，對於才賦較佳兒童，應調整其學習方式與作業內容。

### ✎ 激發學生學習潛能

人的潛能經常是不可限量的，老師不要處處代替學生思考，不要預設立場，應善於引導激發潛能，並善於運用社會資源，培養主動思考，解決問題的能力。

《禮記・學記篇》有云：「古之教者有四失，或失之多、或失之寡、或失之易、或失之止。」教導資優學生，不在於給他多少材料，而是在於教他方法。不是被動的等待老師的傳授，而是主動的、積極的去挖掘知識的寶藏。時下有許多教師整天忙著為學生尋找上課教材與學習材料等，學生卻反而成為被動的吸收者，此做法確實值得商榷。

╭─ ✿作業活動 ─────────────────────────╮

1. 班級內如有一名數學資優兒童，在教學前已都學會，您是任課老師，應如何
   處理？
2. 假如您是三年級導師，班上來了一名跳級生（即從一年級直升三年級），請
   為他規劃一份學習計畫？

╰──────────────────────────────────╯

## 伍 級任教師面對班級內學習障礙兒童的輔導

教學中有些學生看起來智能正常，可是某些科目的學習卻是相當辛苦，經過智能的評估，並未發現有任何問題，可是在某些學習上，卻持續的犯相同的錯誤，在生理方面，也沒有出現任何感官上的缺陷或身體上的殘缺，但在學業表現上卻是班上的劣等生，在排除感官、智能缺陷及情緒障礙因素的可能性後，此類兒童常被歸為「學習障礙（Learning Disabilities，簡稱為「LD」）。其可能特徵包括：注意力無法集中，讀、寫、算方面的特殊學習問題等，因此造成許多教師教學上的困擾。

### 一、學習障礙的定義

什麼特徵的兒童是學習障礙兒童？依據教育部民國八十一年把學習障礙界定為：「學習障礙是指在聽、說、讀、寫、算等能力的習得與運用上顯著的困難者。學習障礙可伴隨其他的障礙，如感覺障礙、智能不足、情緒困擾；或由環境因素所引起，如文化刺激不足、教學不當所產生的障礙，但不是由前述狀況所引起的直接結果。學習障礙通常包括發展性的學習障礙與學業性的學習障礙，前者如注意力缺陷、知覺缺陷、視動協調能力缺陷和注意力缺陷等；後者如閱讀能力障礙、書寫能力障礙和數學能力

障礙等。」

民國八十七年又指出：「學習障礙統稱因神經心理功能異常，而顯現出注意、記憶、理解、推理、表達、知覺或知覺動作協調等能力有顯著問題，以致在聽、說、讀、寫、算等學習上有顯著困難……」（教育部，民87）。

學習障礙學生由於沒有明顯的生理與智能缺陷特徵，所以有許多孩子被安置在普通班學習，至於他們所表現的成績不理想問題，老師常以當事人不用功為由，懲罰學生。由於學習障礙是一個相當異質的團體，通常學習障礙者的要件是放在智能評估與實際學業成就的差距而決定，此種現象必須持續一段時間。因此老師在描述學生能力時，也應指出是何種特徵，而非廣泛的稱之為學習障礙，否則教學上很難適度切入問題。

學習障礙的成因可能包括：腦傷、輕微腦功能失常、生化失衡、遺傳、環境因素等。Kirk 與 Gallagher（1994）則認為內在神經生理因素是學習障礙的主因，外在環境則為學習障礙的促發因素。

在分類上，Kirk 與 Gallagher（1994）將學習障礙分為「發展性學習障礙」（developmental learning disabilities）與「學業性學習障礙（academic learning disabilities）」兩類，發展性學習障礙常為學業性學習障礙的原因，發展性障礙包括：思考障礙、語言障礙、注意力障礙、記憶力障礙、知覺與知動障礙等。學業性障礙則表現在：數學障礙、寫字障礙、書寫表達障礙、閱讀障礙等方面。

## 二、學習障礙者的特徵

### ✎ 特殊學業問題

學習障礙學生常發生在讀、寫、算方面的問題，諸如：閱讀時常無法理解或無法回憶課文內容、找不到讀到哪裡；寫字方面上下左右顛倒而不自知；在數字問題上，無法分類、配對、數詞無法理解，分數、百分比、

小數、度量觀念很差，到了中學階段仍然對於加減法借位概念及四則運算問題常常犯錯。

### ✎ 知覺與知覺動作協調問題

具有此類特徵的孩子的障礙可能會出現在視覺、聽覺、觸覺、運動覺方面的問題，例如可能無法模仿寫字、上下左右顛倒、無法區別類似音的單字及其代表的意義。可能出現走路笨拙、上下樓梯容易跌倒、平衡感較差、投球或接球困難；無法做精細動作，如剪東西、拉拉鍊、扣鈕釦等動作方面的問題。

### ✎ 記憶與認知問題

可能由於特定大腦神經功能的缺失，在記憶力表現上顯得比一般兒童困難，認知能力方面也不如一般兒童。

### ✎ 注意力與活動過多問題

兒童因注意力缺陷問題導致活動過多，無法專心參與學習，不專心常常是學習障礙的最普遍特徵，導致學業成就不佳，過動問題常受責難。

### ✎ 其他問題

學習障礙者的其他特徵如人際技巧、動機信念、社會情緒等常出現困擾。

## 三、學習障礙的教學方法

目前有許多學習障礙者由於在外表上沒有明顯的障礙特徵，因此易被安排在普通班學習，級任教師應注重補救教學之實施，至於補救教學的方法大致可分為幾方面（周台傑，民82；胡永崇，民85；許天威，民78）：

### ✎ 基本歷程的能力訓練

此種教學是針對學習歷程中的知覺、注意、記憶、心理語言能力、知動協調能力等加以教學或訓練，如凱柏（Kephart）的知覺動作理論（perceptual-motor theory）、愛瑞斯（Ayres）的感覺統合理論（sensory integration theory）等，強調加強練習兒童缺陷的領域，但最近的學者較少學者主張此種方式。Lerner（1989）認為基本能力訓練無法取代學科教學，訓練效果難以直接類化到其他學科。

### ✎ 多種感官方式（Multisensory Approaches）

是強調藉由訊息輸入管道的多元化，以增進學習效果。提供各種不同的感官管道以供學習者練習，增進學習效果，例如傳統上我們在教學上比較習慣運用視覺及聽覺管道學習，多重感官取向強調可以再配合觸覺、運動覺等，例如教孩子「蘋果」的概念，除了教他看看「蘋果」這兩個字（視覺）、再讓他聽「蘋果」這個音、然後讓他自己唸（聽覺）、再讓他嚐嚐蘋果的味道（嗅覺、味覺）、讓他摸摸蘋果的感覺（觸覺）、再讓他寫「蘋果」這兩個字。充分的運用各主感官管道學習，以增加學習的效果。

### ✎ 直接教學

強調教學概念的分析，而非強調學習者的特徵，教學時重點放在教材上，將教材組織細密連續，學生表現嚴密監控，教學者將學習課程以較簡單的認知型態呈現，在學習過程中讓每一位學生精熟每一階段，利用範例多加複習。

### ✎ 後設認知能力訓練（metacognitive ability training）

主要的目的是針對學習者的學習策略、自我監控、歸因信念等加以指導。

### ✎ 行為改變技術

是指採用行為學派所提供的行為改變原理，如運用增強、消弱、懲罰、環境控制、相互抑制、工作分析、飽足法、減敏法等原理訓練學生。

## 四、一般教師面對學習障礙者教學注意事項

學習障礙者出現於普通班的比率甚高，級任教師對其學習行為有正確的認知。某些無法集中注意力者，應了解可能係生理因素所起，不宜一味加以懲處，上課無法專心者，不宜全歸咎於學習習慣不良所致。教學上應注意下列事項（許天威，民78）：

### ✎ 教學空間的布置

教學空間不宜過大，室內布置應力求簡潔，避免學童分心，教師的穿著應簡樸，避免學生眼花撩亂。

### ✎ 教學時間的掌握

一次教學時間不宜過度冗長，了解學生的注意力持續時間，以做適度分割。

### ✎ 變化教學方式，提供多元化的刺激管道

教師應充分分析教材性質與難度，了解學生的學習特性，掌握學生的優缺點及其學習準備度，加以運用與補救。注意教材的組織，是否難易適中，循序漸進。運用過度學習使學生學得更為牢靠。在教學用語上用字遣詞、表情、說話速度等都應適當的控制，老師對待學生的態度也應和諧溫馨。多變化教學方式，以提升效果。

### ✎ 指導有效的學習策略

如後設認知策略、自我教導、自我監控、自我增強等方法的運用。

### ✎ 與資源班教師保持密切聯繫

許多學習障礙者被安置於資源班，級任教師要隨時了解學生學習動態，多鼓勵，少責難；多練習，多指導，並與資源班老師保持聯繫，了解學生學習狀況。

## 五、注意力缺陷過動症兒童的教學與輔導

活潑好動是是兒童的天性，但是如果動得太過分，無法由自己的意志力所控制，此即是異常。在教學過程裡，過動的孩子通常很容易引起老師的注意，因為他們經常在教室中製造各種問題，諸如隨意走動、玩弄東西、侵擾同學、愛講話、不專心上課。雖屢加以制止，但輔導效果不大，隨即故態復萌，造成教學上諸多困擾，此類生通稱為「注意力缺陷過動症（Attention Deficit Hyperac-tivities Disorder）簡稱 ADHD，或逕稱為「過動兒」。這類兒童在學前父母雖能感受到異於一般兒童，但總覺得活動量大並不是什麼壞事，甚至誤認為是活潑好動，只要長大成熟些或稍加教養，自然不成問題，因此未獲積極重視。有許多注意力缺陷過動症兒童在家中常令父母及兄弟們頭痛，到學校後也常干擾老師上課，不受同儕歡迎，他們常受到排擠，缺乏溫暖與接納環境，所以生活並不快樂。過動兒並不是單純的指活動量過多的小孩，而是指不當的活動量過多，且無法由本身的意志加以控制而言。在處理方式上除了透過藥物控制以外，其他的訓練也可幫助孩子控制行為。

### ✎ 注意力缺過動症的特徵

由於過動的問題常與注意力有關，注意力（attention）的向度包括注意廣度、專注（focus）與選擇性注意三種。注意力缺陷過動症的評量通常分為三大部分，分別為：

1. 不適當的活動過多，通稱為「過度好動」（hyperactivity）。

2. 在正常的情境下，無法持續注意有關的刺激，通稱為「分心」（distractibility）。

3. 習慣性的或趨向於對於外在刺激迅速反應，毫不加以思索，通稱為「衝動」（impulsivity）。

除了採用量表評量之外，另可採用同儕提名方式、直接觀察記錄方式（Kauffman, 1997）。

至於注意力缺陷過動症的出現率有多少，則與診斷分類所訂的標準有關，早期粗略誇張的估計，ADHD 的出現率約為 20%，依據單一的診斷標準估計，則出現率在 1% 至 7% 之間（Hinshaw, 1994），宋維村（民71）則指出大約是 5% 左右。另臺北市婦幼醫院則推估約為 10% 左右。由於採用的標準不一，因此推估的結果也不見得一致，惟可確定的是在周遭環境中常遇見此類兒童。

注意力缺陷過動症兒童常伴隨一些學習及人際方面的問題。在學科表現上較正常兒童差，甚至落後一或一個學年以上。在行為上，常出現反社會行為，打架、說謊、不聽話等，從文獻上顯示犯罪率較高，進入機構的機會也較大。社會適應差，常換工作。在神經及生理發展上，ADHD 兒童常出現精細動作協調不良、知覺和概念形成障礙、語言溝通障礙。在情緒方面，也會出現憂鬱、焦慮、情緒不穩健等現象（王華沛，民78；宋維村，民71）。

### ✎ 給任教師對於 ADHD 的處理

對於注意力缺陷過動症兒童治療處理取向，著重於增加專心行為、減少干擾情境，指導控制適當行為，進一步教導學生改善社交技巧，減少焦慮、憂鬱，增加學業成就。

近年來對此類兒童的病理研究發現，藉由藥物治療有效的改變分心狀態，但對於社交能力及學業成就，卻無法隨之改變。且藥物處理後，殘存的副作用，對學生本身的健康也有不良的影響，造成過度依賴藥物。但許多父母為了減少困擾，給孩子過量的藥物，忽略了其他方法所能解決的問題，造成另一種藥物濫用的危機。因此教育處理與心理治療，常為處理此類兒童重要一環。級任教師在教學輔導上應有下列幾點認識與做法：

1. 藥物治療雖有立竿見影之效果，但非唯一的處理方式：在使用藥物後也會有些副作用呈現，例如使用Ritalin會有無法睡眠、焦慮、反胃、食慾不振、體重減輕、抑制身高現象出現（Kauffman, 1997；王華沛，民78）。

至於用藥方面，宋維村（民71）提出幾項原則，包括學齡前不用藥，青春期間把興奮劑停掉，用藥前要有明確的目標，了解藥物的作用與副作用及其長期效果，藥物治療是所有治療的一部分，應配合其他方面的處理，因此我們在教育、訓練上應可再予以配合。

2. 學習情境的控制與安排：易於分心過動的孩子，座位安排上，應避開走廊窗邊、學習環境單純化，減少環境中不必要的刺激或干擾，最好坐在老師隨時可以掌控的地方，也不要因其行為而影響班上其他學生之學習，並鼓勵其他學生消弱其分心過動。安排高度結構化的教室學習環境，可有效減少並控制分心行為。教室規則應清楚、一致，使孩童有具體標準，便於遵循。學習環境的安排上，也應注意儘量靠近老師，以便就近督促，找些正常兒童在其附近，以發揮同儕影響力並作為良好示範。避免不必要的刺激過多，諸如教室布置得琳瑯滿目，老師穿著過於花俏，飾物過多等都是不必要的刺激，只會增加學生學習的分心行為。此外也不要讓學

生坐在窗戶旁邊、走廊邊，或有太多干擾的刺激附近皆不宜，教室的空間也不宜過大，提高教學材料的刺激價值，結構嚴謹的學校課程等。

3. 講究教學技巧：教師在教學技巧也應注意，眼睛隨時注意每個兒童的表現，下達指令須清楚明確，且避免過於複雜，必須重複說明時要以平常心相待，保持冷靜頭腦，徹底了解學生，充分發揮愛心與耐心，即使進步緩慢，也要永不放棄，採漸進方式輔導兒童，在目標行為逐漸建立後，慢慢褪除各項協助，使其自立自主。

此外，對於過動學生異常行為出現時，要及時處理，隨時提醒教室規則，監督學生各項表現，善於運用獎懲，不予以過多的責難與批評，處理事務要顧及孩子的自尊心，避免公開場合提醒孩子用藥，以免孩子有不當的標記，鼓勵同儕接納，同儕間合作學習，指導學生參與社交活動，提供非競賽性的活動，避免孩子形成太大的壓力。行政配合上，也應考慮學生的特質與需求，不宜一味要求一致，經費及房舍許可時，降低班級人數，減輕教師負擔，以提升教學品質。

4. 運用行為治療以改善其學習的專注性：行為治療是運用增強與消弱原理，來幫助某種適當行為的不良行為的消除。

5. 採用認知策略訓練：認知策略的技術包括自我觀察（self-observation）、自我記錄（self-recording）、自我監控（self-monitoring）、自我增強（self-reinforcement）、自我懲罰（self-punishment）等。諸如：自我監控個案是否增加專注時間於工作行為、從事學業活動行為，到最後是否能祛除外在酬賞與誘因，自動建立良好的行為。一種有效的認知行為處理策略為「自我教導訓練（self-instructional training）」，此策略是假定透過外顯語言的教導，漸漸可成為內在語言的一部分，進而自動影響當事人的行為。透過適當內在語言的教導，來改善個案分心、過動、衝動的行為，此種論點在許多實證文獻上，已獲得相當程度的肯定。至於其訓練過程，可歸納為五個步驟：

- 認知示範：成人一邊示範，一邊說出自我教導語言，供兒童學習。
  例如：做數學練習，成人一邊說明演算步驟，一邊示範給孩子觀摩。

- 外顯的外在引導：兒童在示範者的語言引導之下，做出與示範者相同工作的行為。意即由成人指揮，孩子跟著做動作。
- 外顯的自我引導：當事人一邊進行工作，一邊大聲說出自我教導語言，漸漸養成以語言引導行為的習慣。
- 逐漸去除外顯的自我引導：此階段是兒童一邊進行工作，一邊低聲說著自我教導語言。
- 內隱的自我引導：此為最後階段，兒童一邊進行工作，一邊以聽不見的內隱自我語言，進行自我引導。此時內在語言以變成一種反應習慣，它會支配著一個人的情緒與行為。

至於訓練兒童的內在語言方法，初期可採用放聲思考方法練習建立內在語言，在面對問題情境時，學習者必須學會一套思考步驟，這些步驟包括：

- 問題的定義（problem definition）：例如「我必須做什麼？」、「這個問題要我做什麼？這是一個加法的問題，我要算出問題的答案。」
- 集中問題和反應引導：例如「小心，畫下這條線」、「計算時要從個位先加起，個位加個位，十位加十位」、「我要小心的計算，慢慢來，不要慌，不要忙，我一定可以算出答案的。」
- 自我增強；例如「好，我做得很好」、「終於算出來了，給自己鼓勵、鼓勵」、「真不簡單，我還是很有能力的。」
- 自我評價因應技巧和改正錯誤：「我做得很好，再檢查一遍是否有錯？」「我犯了一項錯誤，還好我立即改正過來。」

至於自我教導訓練的實證研究，許多學者曾驗證過採用自我教導方法訓練衝動型兒童，結果發現後測時，實驗組在「配對圖形測驗」上顯著的增加了做決定的時間，並減少錯誤題數，顯然對衝動行為有所幫助（洪榮照，民82）。

6.社會技巧訓練：注意力缺陷過動症兒童在團體生活上，常與正常兒童的互動不同，例如他們對痛苦的感受異於常人，很多動作自以為在玩耍，可是其他孩子可能認定為具有攻擊性，因此在社會生活及團體中常會

碰到不受歡迎或被拒絕的情況，依據Government（1990）估計有50%至60%的ADHD兒童曾經有過被社會拒絕和同儕拒絕的經驗。因此在教育上我們不能放棄他的同儕生涯，也應導正其攻擊和自我中心的行為，設計課程要教導溝通技巧、社交技能，使其能適應環境社會。

Government（1990）曾經提出訓練 ADHD 兒童的社會技能包括四大部分，分別是進入社會情境、會談技巧、處理衝突和解決問題、生氣控制等。

7. 其他：其他處理方式又如採用生理回饋、鬆弛訓練、飲食控制等方法，對於 ADHD 也都有具體的成效（Kauffman, 1997）。

作業活動

1. 身為普通班級教師針對閱讀學習障礙學生的教學，應注意哪些事項？
2. 過動孩子在上課時經常干擾教學，教師在班上應如何處理？

## 陸　結　語

### 一、教育、醫療、社政的結合

回歸主流、正常化、反機構化等運動一直是特殊教育多年來爭議的話題，我們非常期盼特殊兒童能夠享有正常兒童般的生活，但也希望他們能接受最佳品質的教育，特殊兒童的身心發展固然受到教育訓練的深遠影響，然而醫療復健對特殊學生的生理障礙方面，尤其不可或缺，因此醫療衛生機構的聯繫與診療成為特殊兒童的重要相關服務項目之一，教師應深切認識並給予學生應有的行政協助。如何取得障礙手冊獲得應有的權益，也是教師應給予提醒協助之處，總之對於特殊兒童教育、醫療、社政等應

密切結合，才能保障其獲得取佳利益。

## 二、重視障礙者父母的親職教育

　　家有殘障兒，對父母來說是一項重大的負擔，照顧殘障兒是父母的責任也是國家社會的責任。教師應指導父母如何配合學校教育，管教子女。並隨時與障礙兒童的父母保持聯繫給予精神上的支持，使兒童在成長的路途更為順利。

# 參考書目

王文科（民91）。特殊教育導論。臺北：心理出版社。

宋維村（民71）。注意力不足過動症候群：綜論。中華精神醫學會刊，第8卷，第
1期，12-21頁。

胡永崇（民83）。學習障礙者之教育。載於王文科主編特殊教育導論。93-137頁。
臺北：心理出版社。

洪榮照（民82）。認知行為學派的學習理論。載於李永吟（民82）主編學習輔導。
臺北市：心理出版社。

洪榮照（民91）。智能障礙者之教育。載於王文科主編特殊教育導論。50-107頁。
臺北：心理出版社。

洪榮照（民85）。注意力缺陷過動症的認識與輔導。載於特殊教育論文集，臺中
師範學院特殊教育中心。

周台傑（民82）。學習障礙。載於特教園丁社主編特殊者教育通論。119-158頁。
臺北：五南圖書出版公司。

林美和（民81）。智能不足研究。臺北：師大書苑。

教育部（民87）。身心障礙及資賦優異學生鑑定原則鑑定基準。

許天威（民78）。學習障礙者之教育。臺北：五南圖書出版公司。

董媛卿（民83）。補救教學——資源教室的運作。臺北：五南圖書出版公司。

Barkley, R. A. (1990)：*Attention deficit hyperactivity disorder: a handbook for diagnosis and treatment*. New York: A Division of Guilford Publications Inc.

Clark, B. (1992). *Growing up gifted: Developing the potential of children at home and at school (4th ed.)*. NY: Macmillian Publishing Company.

Cleland, C. C. (1978). *Mental retardation*. Engleood Cliffs, New Jersey: Prentice-Hall.

Guevrement, D. (1990). Social skills and peer relationship training. In R. A. Barkley, (1990). *At-*

*tenlion deficit hyperactivitydisonder: a handbook for diagnosis and treatment*. New York: A Division of Guitford Publications. Inc.

Hallahan, D.P.& Kauffman, J.M. (1991). *Exceptional children: introduction to special education.* Englewood Chiffs. N.J.: Prentices Hall.

Heward. W. L. & Orlansky, M. D. (1992). *Exceptional children (4th ed)*. New York: Macmillan Publishing.

Kauffman, J. M. (1997). *Characteristics of emotional and behavioral disorders of children and youth (6th)*. New York: Merrill.

Kirk, S. A. & Gallagher, J. J (1994). *Educating exceptional children*. Boston: Houghton Mifflin.

Wyne, M. D. & O connor, P. D. (1979). *Exceptional children: a developmental view*. Lexington, Mas: D. C. heath & Co.

# 第12章
## 學校行政實務處理

楊銀興

　　學校是一個組織，因此一如其他的機關，必須設置各個部門，分科辦事。各部門就其職掌，推動各項業務；部門之間，彼此溝通聯繫，協調合作，如此學校行政才能順暢運作，達成學校教育的目標。依國民教育法及施行細則的規定，國民小學依學校規模的大小，分設教導、總務二處或教務、訓導、總務三處及輔導室等，各處之下再分組辦事。雖然因學校規模大小，組織體系繁簡有異，惟各項業務的辦理，並未有所不同。因此，底下即按教務、訓導、總務、輔導等四個部分，分別加以介紹。在介紹時，由於各處室業務相當冗雜，況且有些業務必須擔任主任或組長職務，才有承辦之機會。實習教師初出校門，所承擔兼辦的皆是第一線的工作。因此底下介紹各處室業務內容時，即以教師所可能兼辦的業務為重點，依處室逐項介紹，期使同學們在校即有了解、練習或實作的機會，以豐富各項行政工作經驗，以便將來實際任教之後，及早進入狀況，減少初任教師時之徬徨與挫折。至於需要以主任、組長之身分做協調、聯繫的業務或做決策的，則略去不談，留待畢業後，累積數年任教經驗，在教學及行政工作皆有相當歷練之後，再找機會鑽研。

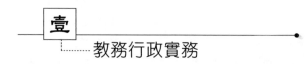

## 壹　教務行政實務

　　教務行政工作與教學成效的關係至深且鉅，不論學校規模的大小，都需要教務行政的推動，才能達成教學目標，因此教務行政可說是學校行政的核心。關於教務行政的工作範圍，主要有編排日課表、學籍管理、教學進度的編排、學藝競賽、圖書與教具的管理、成績的考查等項目。茲就各項目的具體內容及做法，敘述如下：

## 一、編排日課表

日課表是全校師生教學作息的依據，編好日課表，才能使師生作息有序，各項教學及活動也才能順暢進行，如此方能提升學習的成效。日課表的種類，分為：班級日課表，掛於各教室入口處，供該班學生使用，表上註明該班級上課科目名稱、節數、上課時間、地點及任課教師等資料。專科教室日課表，即各專科教室使用的上課時間表，懸掛於各專門教室門口，表上註明上課班級、時間及擔任教學教師姓名。教師日課表：各任課教師，每人一份。全校總日課表，係將全校各班日課表彙總而成，通常揭示於教務處。

上述四項日課表，班級日課表係由級任教師自行編排，其餘三項則由教學組負責統一編排。班級日課表編排的原則如下：

1. 上午宜排學科，下午宜多排藝能科。

2. 注重練習的科目，應分布排列。

3. 用腦及用力的科目，宜互相調劑。

4. 需用細小肌肉課程，不宜排在大肌肉活動科目之後，例如體育課後，不宜排寫字課。

5. 午餐前後不排劇烈活動科目。

6. 美勞、自然科學、作文等科目宜連續排列。

7. 除了前項6科目外，同一性質的科目，不宜連續排列，以免兒童厭煩。

8. 下列課程宜先排定：

- 科任教師科目及使用特別教室科目，由教學組先排定後，通知級任教師。

- 連排二節的科目。

- 固定時段上課的科目，如週（班）會、社團活動等。

## 二、學籍的記錄

　　學籍為學生名籍，是學校管理學生的主要依據。兒童入學後，註冊組應依照兒童入學先後或錄取名次，編定各兒童學籍號數，簡稱「學號」。學籍號碼經編定後，自入學至畢業，各該生永用此學號，不得變更。如有休學、轉學或退學者，應保留其學號，不得頂補他人。學籍紀錄表（見表12-1）及學號於一年級入學後由註冊組發給各班級任教師，級任教師於調查學生基本資料後，填入於學籍紀錄表，表中項目包括個人基本資料、入學、轉學、休學情形、學業成績考查紀錄及勤惰等資料。各欄資料，教師應視學生實際情形，隨時予以訂正記錄。以後該生各年級的各欄資料，則由該生的級任教師負責填載記錄，學生學籍資料、學校應永久保存。轉出或退學、休學之學生，應將原學籍紀錄表抽出，按年度、年級分別裝訂儲存。

## 三、編訂教學進度

　　學期開始，各科教學應由任課教師審度教材的內容、份量，依照教務行事曆所規定的實際上課週數，平均分配在各週當中。編訂進度表，應注意下列事項：

　　1.編進度時，應考慮實際上課時間，須扣除考試、國定假日、重大活動（如校慶、運動會、校外教學等）。

　　2.學科部分以教科書為依據，藝能科則應視學校設備予以彈性分配。

　　3.同一年級任教同一學科教師應互相聯繫，共商決定，以求進度一致。

　　4.教材內容及份量，應做妥善安排，使每一次定期考查的範圍約略相等。

　　5.進度表應於開學兩週內完成，複寫兩份，一份送教務處，一份教師自存，備供教學及督導之依據。

✧ 表 12-1　○○國民小學學生學籍紀錄表

| 姓　　名 | | 性　別 | | 入學時學校 | | |
|---|---|---|---|---|---|---|
| 出生年月日 | 年　　　月　　　日 | | | 入學年月 | 民國　　年　　月 | |

| 異動記錄 | 日　　期 | 轉入校名 | 學　　號 | 日　　期 | 轉入校名 | 學　　號 |
|---|---|---|---|---|---|---|
| | | | | | | |
| | | | | | | |

身份證統一編號：□□□□□□□□□□　　　　**成績考查紀錄**　　　　成績以百分法記之

| 成績　領域　年級　學年度 | 一（　學年度） | | 二（　學年度） | | 三（　學年度） | | 四（　學年度） | | 五（　學年度） | | 六（　學年度） | |
|---|---|---|---|---|---|---|---|---|---|---|---|---|
| | 上 | 下 | 上 | 下 | 上 | 下 | 上 | 下 | 上 | 下 | 上 | 下 |
| 本 國 語 文 | | | | | | | | | | | | |
| 鄉 土 語 言 | | | | | | | | | | | | |
| 平　　　　均 | | | | | | | | | | | | |
| 數　　　　學 | | | | | | | | | | | | |
| 生活課程　社　　會 | | | | | | | | | | | | |
| 生活課程　自然與生活科技 | | | | | | | | | | | | |
| 生活課程　藝 術 與 人 文 | | | | | | | | | | | | |
| 健 康 與 體 育 | | | | | | | | | | | | |
| 綜 合 活 動 | | | | | | | | | | | | |
| 學 習 領 域 成 績 | | | | | | | | | | | | |
| 日 常 生 活 表 現 | | | | | | | | | | | | |
| 應 出 席 日 數 | | | | | | | | | | | | |
| 缺席日數　事假日數 | | | | | | | | | | | | |
| 缺席日數　病假日數 | | | | | | | | | | | | |
| 缺席日數　曠課日數 | | | | | | | | | | | | |
| 缺席日數　其他假別 | | | | | | | | | | | | |
| 導 師 簽 章 | | | | | | | | | | | | |

| 畢業成績 | 語文 | 百分制 | 五等第 | 數學 | 百分制 | 五等第 | 社會 | 百分制 | 五等第 | 自然與生活科技 | 百分制 | 五等第 | 藝術與人文 | 百分制 | 五等第 | 健康與體育 | 百分制 | 五等第 | 綜合活動 | 百分制 | 五等第 | □準予畢業 □發給修業證明 | 導師簽章 |
|---|---|---|---|---|---|---|---|---|---|---|---|---|---|---|---|---|---|---|---|---|---|---|---|
| | | | | | | | | | | | | | | | | | | | | | | | |

| 備註 | 甲：90分—100分　乙：80分—89分　丙：70分—79分　丁：60分—69分　戊：未滿60分 |
|---|---|

### 四、舉辦學藝競賽

學藝競賽可以使學習活動富有刺激與變化，並可藉此激發學生，競爭向上的心理，統整其學習經驗，有助於培養學生創造、思考與發表能力；同時，從競賽過程中，可以養成學生互助合作、團結一致爭取榮譽的團隊精神，並能發掘具有特殊才藝的學生，善加培植，充分發揮其專長。

學藝競賽辦理時，應該大多數學生都能參與，使有才華的學生都能一展所長，競賽的次數及種類除配合節慶外，更應與正常教學配合，不宜為了學藝競賽而干擾或挪用正常教學時間。為擴大參與，可先舉行班內競賽，所產生的代表，再參與全校性的競賽；此外，演講、朗讀、合唱、跳繩等比賽，可派學生前往聆聽或觀摩學習。書畫、作文類的作品，在辦理完畢後應予公布展示，以收觀摩之效。目前國民小學較常辦理的學藝競賽，約有下列項目：字音字形、朗讀、演講、作文、書法、查字典、硬筆字、合唱、繪畫及拔河、跳繩、踢毽子等各類運動競技。

### 五、圖書管理

目前國民小學除了少數大型學校有編列幹事一人，協助做圖書管理的工作之外，絕大部分學校由教師兼辦。圖書管理的工作，可分為圖書選購、登錄編目、典藏及借閱等，茲分項說明如下：

#### ✎ 圖書選購

除配合課程需要外，應兼顧教師教學參考及學生閱讀程度與興趣。因此，選購時可徵詢教職員及學生意見，也可由各處室代表、教師代表、學生代表組成小組負責圖書之選購。此外，選購之圖書類別及數量宜有適當的比例分配。

### ✎ 登錄編目

圖書購入後,即應按順序予以登錄、編號,編目方式可參照「國民學校圖書暫行分類法」予以分類編號,目前電腦科技進步,已有專業編目軟體問世,學校可視需要加以採購,以協助做編目的工作。分類編號後,即製備書標書明分類號碼並貼於書背,以利借閱。

### ✎ 典 藏

圖書編目完畢後,應依分類及書號排列,放置架上,最好能每類一櫥、每目一格。置放時,須考慮勿被日光直曬,或受潮、被蟲蛀。書架不宜過高,方便兒童取閱。

### ✎ 借 閱

圖書應使能充分流通,提供師生使用,才能發揮應有的功能。因此,應訂定圖書資料借閱使用規則,規定圖書室開放時間、借書手續、借書數量、時限及遺失賠償規定等。學校教職員工欲借閱圖書,均須按照規定辦理。此外,教師教學參考用之教學指引,於每學期開學時,即應發給各任課教師,在學期結束時再向各任課教師收回。至於兒童讀物方面,考慮各班時間,原則上每班每週可安排一節至圖書室閱讀;另外,也可採圖書巡迴箱的方式,將兒童讀物分別裝箱送至各班輪流閱讀。

## 六、教具管理

教具係作為輔助教學之用,透過教具的操作使用,可增進兒童對教學內容的吸收與了解。由於各年級均有數個學科,每一學科皆會有或多或少的教具,彙集起來,全校教具的數量及種類相當的龐雜,若不進行有效的管理,可能會凌亂不堪,使用起來會極其不便,甚至降低教師使用的意

願。各校教具管理的方式,除專科教室由各該科任教師負責管理外,大部分是分配給各學年,由各學年中的某一位師兼辦。有關管理的要點如下:

　　1.自然、美勞、音樂、社會等科,若有專科教室,則放置於專科教室中;體育科用器材,放置體育器材室。

　　2.其餘各科若數量足夠,則每班一套放置於教室教具櫥中。若教具數量不足,則採集中放置方式,小型學校集中於一間,中、大型學校,若教室數夠,則宜採分年段或年級分別設置一間。

　　3.教具購入後,應分類、編號、登記、列入財產後、再分配保管。

　　4.教具室應製作教具目錄,並標示教具存放位置。

　　5.應設置借用及歸還登記簿。

　　6.應定期檢查損壞及消耗情形,以便即時補充。

　　7.每天應將教具整理一遍,放置整齊,此項工作,可請負責打掃班級的學生來做。

## 七、學生成績的評量與處理

　　教師教學成效及學生學習的結果如何,須加以考查,才能了解,經由成績考查的結果,可作為改進教材教法及補救教學的依據。所以成績評量是手段,改進教學才是目的。成績考查包括定期評量與平時評量,定期評量通常一個學期舉辦三次,每次相隔時間約一個半月左右,平時評量則以教師在課堂舉行的隨堂測驗為主。在成績評量的方式,教育部於民國九十年八月一日頒布「國民中小學學生成績評量準則」,其中第六條規定:「成績評量應依各學習領域內容及活動性質,採取筆試、口試、表演、製作、作業、報告、資料蒐集整理、鑑賞、晤談、實踐等適當之多元評量方式,並得視實際需要,參酌學生自評、同儕互評辦理之。」

　　在紙筆測驗方面,隨堂測驗由任課教師命題,定期考查原則上由教同一學年的各任課教師輪流命題,題目命完後,交由教務處統一印製。

1. 命題應注意的原則如下：

- 命題的取材，應均勻的分布於各單元中。
- 所命的題目，應是教材中的重要部分，避免零碎事實的記憶。
- 命題的層次，應考慮在知識、理解、應用、分析、綜合等各層次都要有適當比率的題目。
- 題目用詞要簡明扼要，題意要清楚明確。
- 各試題間要彼此獨立，不可在不同題目間互相關聯。
- 試題之中不可有暗示的線索。
- 試題文句要重新組織，不可直接抄錄課文。

2. 成績評量後的處理要點如下：

- 考完後應即時依據標準答案評閱試卷。
- 評閱完畢後應將各生成績登錄於教師手冊中，俾作為期末整理學期成績的依據。
- 將考卷發還給學生，使能了解錯誤所在。若發現全班一致的缺失，提出共同討論訂正；個別錯誤，則予個別指導。如發現全班成績普遍低落，則應檢討原因，改進教材法，以資補救。
- 對於成績表現優異者，應予以鼓勵，使能繼續保持。
- 試卷評閱後，交由學生帶回給家長簽章，讓家長了解其子女在校學習情形。


## 八、學生入學、轉學、休學、復學

有關新生的入學，各地戶政事務所於每年五、六月間，會造具「適齡兒童入學通知單」交村里幹事送至各兒童家中，另造「適齡兒童入學清冊」給學校，適齡兒童於規定時間必須向指定之學校辦理報到入學手續。學校負責辦理報到之教師必須核對「學童入學通知單」、戶口名簿、家長身分證等，尤其要核對該童是否已滿六足歲，各項資料無誤後，才可接受新生報到，並登錄新生資料於「學齡兒童卡片」及「新生報到名單」上。

同時並應通知新生開學註冊日期及教室位置。報到結束後，若發現清冊上有未報到之學童，則學校必須派員至戶政事務所複查，核對戶籍資料，把遷出學區或死亡的學齡兒童刪除，若有漏列之學齡兒童亦需補列。核對後返校清理學區內未就讀本校之學齡兒童名冊，然後做個別訪問，把已在校就讀的（可能係去年提早入學）或已就讀他校的刪除，其餘的除勸導其入學外，應填寫失學學齡兒童調查表呈報教育局。

學生常由於家庭地址遷移，須辦理轉出、轉入；另外學生因故未克上學，亦得辦理休學，俟休學原因消失，再到學校辦理復學手續。上述轉學、休學、復學，為使學生學籍及各項記錄互銜接，須按規定辦理手續，茲將各項辦理要點列述如下。

### ✎ 轉　出

1. 家長提出戶籍遷移證明向級任教師申請。
2. 級任教師核對遷出資料轉送註冊組。
3. 根據資料登錄於轉出登記表上。
4. 填寫轉學證明書並影印三份。
5. 檢附轉學證明書（含本學期之成績單）、學籍紀錄表，送請教務主任用印。
6. 發給轉學證明書及學籍紀錄表（影印一份永久保存原校）交學生家長攜往新學校報到。
7. 學生輔導資料紀錄表郵寄轉入學校輔導室或密封交由學生家長密收攜帶至轉入學校。
8. 新就讀學校寄還一份轉學證明銷案。

### ✎ 轉　入

1. 家長提出戶籍證明文件向註冊組申請。
2. 註冊組核對戶口名簿、轉學證明書、學籍紀錄表、學生轉導資料紀

錄表等表件。

3. 根據資料登記於「學生轉入登記表」上。

4. 編學號，並酌予編入學年中學生人數較少的班級。

5. 學生將轉學證明書及學籍紀錄表交級任教師。

6. 級任教師將轉學證明書交回註冊組，完成轉入手續，並將一份轉學證明書用印後寄還原就讀學校。

## ✐ 休　學

1. 家長填寫休學申請書（應經家長簽章）。

2. 級任教師填寫休學證明書並同學籍紀錄表提交教務主任核定。

3. 註冊組登記並保存有關證件。

4. 發給休學證明書予家長，俾供日後申請復學之用。

## ✐ 復　學

1. 家長提出休學證明書向註冊組申請復學。

2. 註冊組核對戶口名簿、休學證明書無誤後予以登記。

3. 抽出學籍紀錄表（仍用原學號）編班上課。

### ✿ 作業活動

1. 試以國民小學四年級為例，編一份班級日課表。

2. 試以國民小學五年級上學期之國語課，擬訂一份整學期之教學進度表。

3. 試擬一份校內演講比賽辦法。

4. 試用五冊圖書，演練圖書之登記、分類、編目的手續。

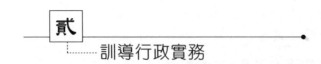

## 貳 訓導行政實務

　　學民小學的訓導工作，主要在養成學生良好的行為習慣和高尚的品德，是一種動態的工作，因此必須全校教職員工，大家齊心協力，才能做好訓導的工作。訓導工作包括德育、群育和體育的實施，智育和美育的輔導，對國民小學的教育有莫大的影響。訓導工作中比較具體的實施項目且與教師有直接關係的，約有下列數項，茲分述如下。

### 一、始業指導

　　始業指導指新生剛入學或舊生剛開學之際，為了使學生能迅速的適應環境，學校所安排的有系統、有計畫的特別指導活動。

　　始業指導在一年級新生方面，包括認識環境、認識師長、校規指導、遊戲器材安全指導等。舊生方面，則包括環境整理、儀容檢查及指導、編排座次表及升降旗隊形、選舉幹部、說明新學期該注意事項等。

　　前述項目，實施要點及方法說明如下。

#### ✎ 認識環境

　　由一年級各班級任教師率領，繞行校園一週，指導學生認識學校及教室位置、廁所、禮堂、圖書館、合作室、保健室、運動場等。

#### ✎ 認識師長

　　小型學校教師人數少，可利用朝會時間由校長向全體學生逐一介紹。大型學校班級及教師人數多，可單獨安排一年級學生，由校長介紹行政人員及相關教師。

### 校規指導

一年級新生對學校作息（上、下學；上、下課等）及生活規定等都不甚了解，級任教師應詳細解說，並隨機予以指導。

### 遊戲器材安全指導

由級任教師帶領參觀遊戲器材，介紹正確的使用方法及應該注意的安全事項，避免不當使用造成危險或損失。

### 環境整理

按照學校所分配的清潔打掃區域，請領打掃工具，分配班上每位同學負責的範圍及各區負責督導的同學，做徹底的清掃。

### 儀容檢查及指導

由級任教師向學生說明服裝穿著及外表儀容的有關規定，原則上須整齊、清潔、端莊、大方。

### 編排座次表及升降旗隊形

座位及降旗隊形原則上按身高的高矮次序排列，不過座位編排，尚須考慮學生視力或聽力情況酌予調整。

### 選舉幹部

選舉幹部之前，級任教師須先向學生說明自治幹部的組織，各股幹部的職掌，以便讓學生思考合適的人選，選舉方式中、高年級可由學生自行選舉，低年級則由級任教師就有領導能力的學生中指派。

### ✎ 說明新學期應該注意的事項

新學期開始，教師可把自己對學生的期許向學生做說明。新學期應注意的事項，新課程的學習方法，都應向學生做解說，使學生能策勵自己，妥為規劃自己未來一學期的學習。

## 二、導護工作

導護即指導保護學生的工作，其工作項目包括學生生活的指導、秩序的維護、環境衛生的督導、交通、運動、遊戲安全的指導，偶發事件的處理及團體集合的指揮等。

導護工作的編組，一般分為總導護、路口導護及校內巡查等。總導護負責推行各週中心德目及生活規範的實踐與反省；早晨、午睡及課間巡視校園，維護校內秩序，團體集合的整理、指揮，環境衛生工作的督導；偶發事件的處理等。路口導護負責各路口崗位學生上、下學交通安全的維護，並輪流記載導護日誌。校內巡查負責在早晨、午休及課間巡視校園，做整潔秩序的評分，並指導學生遊戲的安全事項。

導護工作全校教師皆有擔任的義務，通常在每週五下午交接，在移交會議上，應檢討本週導護所發生的問題，並提供改進建議，供下週導護參考。每組輪值一週，依次各組循環。輪值導護教師每天上午必須在七點左右（或比上班時間提早三十分鐘）到校或分赴各路口執勤。下午則需要俟全部學生皆安全通過路口及巡視校園環境完畢後始可結束一天的工作。

## 三、環境衛生整潔工作

全校環境衛生工作，有賴全體教職員工及學生共同努力，方能保持整潔。學期一開始，衛生組即應將全校劃分成若干區域，分配給各班打掃，並分發掃地工具。各班接獲分配打掃區域，級任教師做下列的處理：

1.將本班負責區域平均分配給每位學生，每人負責打掃一部分，各區域負責人員名單公布於布告欄。

2.將本班負責區域劃分成幾個小單位，各單位找一位同學負責督導。

3.分配工作力求勞逸均衡，每人負擔工作要約略相等。

4.清潔用具用油漆編上編號、班級，最好使用者姓名亦寫上，如此清潔工具即不會丟掉，使用者也會比較愛惜。

5.除請負責督導同學在場督導外，教師亦應巡視督導，對做得好的同學予以勉勵。打掃不乾淨的，責令改善。

6.平時即應養成學生不亂丟果皮紙屑的習慣。

## 四、學生平安保險

學生就學期間得選擇參加學生團體平安保險，若已參加學保，在就學期間因疾病或遭遇外來的突發意外傷害，以致身故、殘廢或需要住院治療者，可申請醫療保險給付。

學生團體平安保險費用目前由各縣市直接公開招標（將來亦可能採各縣市聯合招標），由得標之保險公司承保，故每生每年所繳保費會有所變動，不過仍維持政府補助三分之一，學生家長自行負擔三分之二方式，每學年分上、下兩學期繳納，目前學生每學期約須繳交二百元左右，經核定之清寒學生及原住民學生可免繳。

參加學保之學生若遭逢疾病住院或變故，級任教師必須輔導學生或家長填寫保險金申請書、證明文件（診斷證明書）、住院醫療費用收據等，於事故發生後兩年內向保險公司申請給付。若逾時，則申請給付權利自動消失。各項給付，所需文件如表12-2所列。

✧ 表 12-2　各項理賠給付所需申請文件

| 申請項<br>所需文件 | 醫療保險金 | 殘癈保險金 | 失蹤保險金 | 身故保險金 |
|---|---|---|---|---|
| 理賠申請書 | ✓ | ✓ | ✓ | ✓ |
| 醫療診斷書 | ✓ | | | |
| 醫療費用收據 | ✓ | | | |
| 殘癈診斷書 | | ✓ | | |
| 死亡診斷書或<br>相驗屍體證明書 | | | | ✓ |
| 除戶戶籍謄本 | | | | ✓ |
| 失蹤證明文件<br>（含戶籍登記資料） | | | ✓ | |
| 受益人戶籍謄本 | | ✓ | ✓ | ✓ |
| 承　諾　書 | | | ✓ | |

## 五、營養午餐工作

由於社會型態改變，小家庭增加，父母又忙於工作，因此政府為減輕家庭負擔及照顧國小學童，減少學童中午返家用餐，來往奔波，造成交通

安全的顧慮，所以撥款補助很多國小，購置廚房設備，開始辦理營養午餐。學校開辦營養午餐，除校長、主任負責督導工作外，通常找一位教師或職員，兼辦營養午餐工作，稱之為執行秘書，執行秘書負責督導廚工燒煮飯菜；並負責伙食之採買，午餐帳務之管理，職責相當繁重。午餐菜色有的學校由執行祕書開列，有的學校則由各學年教師輪流開列。菜色除注重營養均衡外，尚應注意口味變化、新鮮、衛生等原則。

營養午餐工作，級任教師除負責餐費的收取外，主要在指導學生用餐，指導要點如下：

1. 遵守用餐禮儀，要細嚼慢嚥。
2. 營養要均衡，不可偏食。
3. 珍惜物力，菜餚不可浪費。
4. 保持桌面、地板整潔，不可菜餚、飯粒滿地掉落。
5. 取菜時，注意衛生，不可唾沫橫飛。
6. 用餐完畢、座位附近及餐具要做適當清理，方便洗碗機清洗。

## 六、學生儲蓄事宜

為養成學生節儉的習慣，學校與郵局配合，每個月辦理一次學生儲蓄工作。級任教師平時即應向學生宣導正確用錢的觀念，該用則用，當省則省，把多餘的零用錢節省下來，養成學生節約儲蓄的良好習慣。教師收取學生存款時，須同時將存款金額填寫於學生存款簿中，並將全班存款學生的帳號、存款金額另填寫於郵局存款單，填妥後送學校總負責承辦存款教師手中，由其彙整後送郵局，然後在學生存款簿上蓋章，最後將存款簿發還學生，完成辦理的手續。

## 七、各項運動競賽

各學校為了激勵學生團結合作的精神，鍛鍊強健的體魄，以及增進各項運動技巧的能力，每學年通常會舉辦各項運動技能競賽，較常舉辦的項

目，包括運動會、各種球類比賽、拔河比賽、單項田徑比賽和趣味競賽等。各項運動競賽，體育組應在事前擬妥比賽辦法，舉凡競賽目的、任務編組、人員分配、各班如何組隊、比賽方式、應注意事項等，均應詳細規劃，辦法擬定經校長核定後公布讓各班周知，讓各班及早準備，積極練習。

　　各班級任教師在選拔學生參與各項運動競賽、賽前準備及競賽時，應注意下列原則：

　　1.各項競賽依其性質，儘量讓每位同學皆有參與之機會。

　　2.各項競賽技能之養成應重視平時之訓練，並與學校之相關課程，如體育、團體活動等密切結合。

　　3.賽前練習，應儘量利用體育、團體活動、唱遊、課間活動等時間；必要時得利用作業指導時間。切勿占用太多正課時間，本末倒置。

　　4.競賽期間，輔導學生要有良好之運動道德與精神，切關遵守競賽規則，並要有勝不驕、敗不餒的精神。

　　5.賽前應鼓舞學生的精神、士氣，勉勵其為個人及班級爭光。賽畢時，亦應給予適當的心理輔導，尤其是失敗時，更應勉勵其不要氣餒，以平常心看待勝負，以免因比賽輸了，造成學生太大的心理挫折。

　　6.比賽結束，對表現良好之選手要給予鼓勵表揚。

## 作業活動

1. 擬訂一份新生入學始業訓練的課程計畫表。
2. 蒐集兩所國民小學的導護及團體活動實施辦法，並加以研讀。
3. 以一個班級的清掃區域為例，模擬分配班上每一位學生之打掃責任區，並指定督導之幹部。
4. 至開辦營養午餐之國民小學參觀，觀察營養午餐實際運作情形，並撰寫一千二百字之心得報告。

## 總務行政實務

　　總務工作是學校的後勤工作，其主要的任務在支援學校各處室的行政作業及教師的教學。任何部門的工作或教師的教學，都必須在總務處的密切配合之下，才有順利推動的可能，故總務工作的成效，對校務的影響至深且鉅。總務的工作既細且雜，需要十足的耐心，又須細心與用心，才能做好。

　　目前小學，限於職員的編制少，大部分的業務，還是須由教師兼辦；此種情形，尤以中、小型學校為甚。底下即分項敘述教師在學校中可能兼辦之業務。

### 一、財產之登記、保管與報廢

　　財產之管理依「財物標準分類」之規定，凡使用之土地、土地改良物，房屋建築及設備及價值在一定金額以上，且使用年限在兩年以上之機器、設備、交通運輸設備及什項設備皆屬財產。其登記、保管及報廢事宜，說明如下。

#### ✐ 財產登記

　　學校財產可因購置、營造、撥入、孳生或其他原因而有增置之事實。財產增置後，驗收完畢，應填具財產增加單，此為財產之登記。財產登記包括財產要分類編號、製作財產目錄並製作財產卡，財產卡應一物一卡，且應依財產編目之順序，予以排列保管。財產完成登記之後，應定期造具財產增減表向上級機關報備。土地及建築物等不動產，於取得或撥入後，應於規定時間內，向當地主管機關辦理產權登記，變更時亦同。

### ✎ 財產保管

財產經分類編號後，應貼訂標籤。然後分由經管處室負責保管使用，使用人除應妥善保管外，並應隨時查對實際使用狀況。每一會計年度，應盤點一次，並做盤點記錄。

### ✎ 財產報廢

財產已逾規定使用年限即可辦理報廢，財產報廢除應依有關程序由上級機關核准外，並須依變賣、利用、轉讓、交換及銷毀等方式處理。此外，財產若因災害、竊盜，不可抗力或其他意外事故而致毀損或遺失時，則必須循有關程序報審計機關核准後始能解除保管責任，並依規定程序辦理報廢。財產報廢後應造具財產增減表報請上級機關備查。

## 二、物品之申請、採購及使用

凡不屬財產或設備用具稱為物品，物品包括消耗性物品及非消耗性物品。消耗性物品係指經使用後即失去原有效能或價值之物品，如紙張、粉筆等文具。非消耗物品則為質料較堅固，不易損耗且使用年限在二年以下者，如器皿、窗廉等什項用品。

各使用單位或教師欲請購物品，須先填具請購單（見表 12-3），詳填物品之品名，數量、用途、估價、預算科目，請購人姓名，經單位主管、總務、會計蓋章，並陳請校長核准後，始得購買。學校採購物品，以由事務組集中採購為原則，購置時應依「機關營繕工程及購置定製變賣財物稽察條例」，視情況依規定採議價、比價或招標等方式辦理，一切手續，均須依照法定程序辦理。購買物品應索取統一發票或收據，註明購買日期及蓋用店戳。購買單據之核銷手續與申購時同。事物組對於學校經常需用之物品應訂定最低存量標準，如有不足，應隨時補充之。

✧ 表 12-3　物品請購單

| ○○國民小學物品請購單 | | | | | | 民國　年　月　日 | | |
|---|---|---|---|---|---|---|---|---|
| 品　名 | 詳細規格 | 用　途 | 單　位 | 數　量 | 單　價 | 總　價 | 預算科目 | |
| | | | | | | | | |
| | | | | | | | | |
| | | | | | | | | |
| | | | | | | | | |
| | | | | | | | | |
| | | | | | | | | |
| 校　　長 | 會計主任 | 總務主任 | 事務組 | | 請購單位主管 | | 請購人 | |

各項物品購回後，應由指派驗收人員會同保管人員，辦理驗收。驗收後之物品，交由保管人員保管（若為非消耗品，其保管方式與財產保管相同），擬領用物品之教職員，須填具領物憑單（如表 12-4），經核准後，向保管人員按照領物手續領取。

✧ 表 12-4　領物憑單

| ○○國民小學領物憑單 | | | | 民國　年　月　日 |
|---|---|---|---|---|
| 物 品 名 稱 | 用　　　途 | 單　　　位 | 數　　　量 | 備　　　註 |
| | | | | |
| 校　　長 | 總務主任 | 事務組 | 請購單位主管 | 請領人 |

## 三、文書處理

學校與上級機關、其他機關學校、家長、社區或一般民眾的往來、聯繫及協調，均需要借助文書，國民小學經常使用的公文書有「函」、「簽」、「公告」、「通知」、「通報」等。學校一般文書處理的程序如下。

### 收文處理

收到來文後，除密件及親啟文件陳請校長拆閱處理外，一般文件應行拆封編號登記，拆封應核對並清點公文名稱數量及附件是否相符。收文登記時，應在來文下方加蓋收文戳記，註明收文日期及登記字號，並登錄於公文登記簿。登記完成，即按來文性質、內容分文給各處室承辦的人員或教師。送文時並在公文登記簿之「收件人」欄內，請各業務主辦人簽收。

### 文件簽辦

各處室承辦人員於收到公文後，視文內容簽註辦理意見，送請處室主任及校長批示，簽辦時須按公文處理時限規定辦理。

### 文稿擬定

來文須回覆或主動發文，皆須先行擬稿。擬稿時，須用擬稿紙，注意公文格式，文字要簡明，層次清楚，措詞恰當，注意公文體貌。承辦人擬完稿，須送請處室主管及校長核判後，始可發文。

### 發文處理

文書組於收到判行之文稿後，即可進行繕打、校對、用印及簽署作業，完成編號登記之後即可封發，之前應再次檢查附件是否齊全，封套與文件是否配對正確，發文年月日及字號是否填入等，檢查無誤後，即可寄

送。

## 四、檔案處理

學校對各種文書，應將之歸檔保管，以備調閱及查考。檔案管理作業，包括點收、分類編案、編製目錄、保管、檢調、清理等程序。

### ✎ 點　收

點收文件應注意本文及附件是否齊全，公文處理程序是否完備。歸檔以件為單位，按其登記文號順序依次裝訂，附件亦應隨文整理，如附件過大，得加註原件文號另行存放。

### ✎ 分類編案

歸檔文件應類、綱、目三級或類、綱二級分類（如表 12-5），也可由各校自訂，經校長核定後實施。分類時順便建立檔名及檔案號碼，以便於日後了解檔案性質及調閱。檔案號碼應自左到右，編於相關文件首頁之左上角，如係西文，則編於右下角。

### ✎ 編製目錄

編製檔案目錄，以便於查閱參考。

### ✎ 保　管

檔案應裝訂成冊，以一年一次為原則。裝訂後置放於文卷夾或卷宗殼中（如表 12-6），同類文件放同一夾內，上附標籤，註明分類號數及件數。學校亦應購置檔案櫥，以供放置整理後之卷宗夾（殼）。保存處所應注意防火、防水、防蟲、防盜。經裝訂之檔案，應每月抽查一次，以防損壞。

✧ 表 12-5　檔案分類法

| 類　號 | 1 | 2 | 3 | 4 | 5 |
|---|---|---|---|---|---|
| 類　別 | 總　類 | 教　務 | 訓　導 | 總　務 | 研　究 |
| 綱<br>別<br>及<br>綱<br>號 | 0　總　綱 | 總　綱 | 總　綱 | 總　綱 | 總　綱 |
| | 1　規　章 | 註　冊 | 生活指導 | 文　書 | 研　究 |
| | 2　人　事 | 課　務 | 自治活動 | 主　計 | 實　驗 |
| | 3　計　畫 | 成績測驗 | 課外活動 | 出　納 | 出　版 |
| | 4　集　會 | 學藝活動 | 社區活動 | 庶　務 | 教　材 |
| | 5　交　際 | 圖　書 | 康樂活動 | 保　管 | 教　具 |
| | 6 | 社　教 | 保健衛生 | 修　建 | 資　料 |
| | 7 | 補充教材 | 家庭聯絡 | 福　利 | 輔　導 |
| | 8 | 升學就業 | 獎　懲 | 合　作 | |
| | 9　其　他 | 其　他 | 其　他 | 其　他 | 其　他 |
| 歸<br>檔<br>號<br>數<br>舉<br>例 | 1.0－1…<br>1.1－1…<br>1.2－1…<br>1.3－1…<br>1.4－1…<br>1.5－1… | 2.0－1…<br>2.1－1…<br>2.2－1…<br>2.3－1…<br>2.4－1…<br>2.5－1…<br>2.6－1…<br>2.7－1…<br>2.8－1…<br>2.9－1… | 3.0－1…<br>3.1－1…<br>3.2－1…<br>3.3－1…<br>3.4－1…<br>3.5－1…<br>3.6－1…<br>3.7－1…<br>3.8－1…<br>3.9－1… | 4.0－1…<br>4.1－1…<br>4.2－1…<br>4.3－1…<br>4.4－1…<br>4.5－1…<br>4.6－1…<br>4.7－1…<br>4.8－1…<br>4.9－1… | 5.0－1…<br>5.1－1…<br>5.2－1…<br>5.3－1…<br>5.4－1…<br>5.5－1…<br>5.6－1…<br>5.7－1… |
| 備　考 | | | | | |

### ✧ 表 12-6　文書卷宗格式

（正面）

| 中華民國　　　年　　　月　　　日<br>止　起 | 文書卷宗 | 類綱目<br>卷　第<br>至　自<br>第　第<br>號　號 |
| --- | --- | --- |

表頭：○○國民小學

（裡面）

| 20 | 19 | | 3 | 2 | 1 | | 案件目錄 |
| --- | --- | --- | --- | --- | --- | --- | --- |
| | | | | | | 件　次 | |
| | | | | | | 收發文號 | |
| | | | | | | 機關 | |
| | | | | | | 檔號 | |
| | | | | | | 主旨 | |
| | | | | | | 備註 | |

### ✎ 檢　調

相關人員或單位須調閱檔案，應填具申請單，經主管核准後始能調出。一單僅能調閱一案，借閱期間以十五天為限。

### ✎ 清　理

檔案分永久保存與定期保存兩種。保存期限屆滿之檔案，應逐案檢出，每年造具銷毀清冊，分送原主辦單位審核，再簽請校長核准後銷毀之。

## 五、出納管理

學校出納組依法辦理有關現金、票據及有價證券之收付、移轉、存款及帳表之登記、編製等事項。

### ✎ 出納之職責

出納人員之經管事項，與現金及學校帳目有關，從事出納業務之人員，應負下列職責：

1. 辦理有關現金、票據、有價證券之收付、移轉、登記及財產契據之存管時，均應根據會計憑證辦理。

2. 應參酌實際需要，在各級金庫主管機關核定額定零用金限額內，簽奉核准後，提領定額現金，備作零星事項之支付。

3. 對經管之現金、票據、有價證券、契約等不得挪用或作借支。

4. 收納各種收入，除法令另有規定者外，應一律使用統一收據，並置收據紀錄卡，及時通知會計單位，編製會計憑證入帳。

5. 符合額定零用金動支事項及款項之支出，應根據文件憑證，在額定零用金內支付之。

6. 收到應付款單據後，應恪遵公款支付時限，辦理支付事項，不得拖延。

7. 收納之各種款項及有價證券，應依規定於當日或次日解繳公庫（最長不得逾五日）。

### ✎ 簿籍、報表與盤點

1. 出納組應置備之簿籍種類有：①現金出納備查簿；②零用金備查簿；③存庫保管備查簿；④其他備查簿。

2. 經管出納業務，應隨時登入有關備查簿，並按日統計清楚，以免帳目混淆。

3. 根據現金出納備查簿，應分別編製現金日報表、旬報表及月報表，連同公庫對帳單及存款分析表，送會計單位核對及校長核章。

4. 票據及有價證券，應根據存庫保管備查簿，於每月終了後，編製存庫保管月報表，送會計單位核對，併同會計報告轉報。

5. 對於存管之現金、票據、有價證券及統一收據等，應作定期與不定期之盤點。

### ✎ 現金、公庫、代收款之收繳與簽發

1. **各種代收款之收繳**：依據事務管理規則之規定，各種代收款之收據程序如下：決定收費項目及金額→印製收費三聯單→填發收費通知單→級任收費→轉繳出納→存入公庫→解繳有關單位。

2. **零用金保管與支用**：零用金之支付，出納應根據有關文件、憑證，在符合額定零用金事項及款額下，始可支付。零用金保管及支用程序如下：簽製零用金支票→會計單位→校長蓋章→提領零用金→支付零用金（符合額定零用金動支事項）→出納登記於零用金備查簿→月底結報。

3. **發放員工薪津**：有關員工薪資發放的作業流程如下：繕造印領清冊→總務主任會章→人事會章→會計會章→校長核定→簽製付款憑單→劃帳發薪→辦理核銷。

會章時，人事必須切實查對代課人員代課日數及員工應領項目，是否

無誤；而會計必須詳核金額是否無誤。每年教職員工考績核定下來後，須變更薪級，變更後第一個月份之薪津清冊最為重要，應仔細核對。

4. **簽發金庫支票**：簽製支票前，必須詳核憑證之日期、金額及受款人，公庫支票簽發作業流程如下：會計依據合法之原始憑證造具代傳票或支出傳票（原始憑證合於記帳之需要者，可代替記帳傳票，免製傳票）→出納簽製支票後登帳簽章→會計審核簽章→校長核章。

---

### ❀ 作業活動

1. 試擬一份公文，函報縣政府說明學校欲辦理社區與學校聯合運動會，需要經費補助。
2. 若接獲縣府來函，批示應做好防颱準備工作，請以公文承辦人身分，簽擬辦理意見。
3. 若學校購回儲物鐵櫃十個，請以承辦人身分，實際演練財產之登記、分類編號、製作財產目錄、財產卡及造具財產增減表等。
4. 試填物品申購單，並由同學分別擔任校長、主任、會計等，演練全部辦理流程。
5. 至國民小學觀出納業務之全部辦理程序。

---

## 肆
### 輔導行政實務

國民小學輔導活動的目的在協助兒童認識自己，適應環境，使其由自我成長而達群性發展；並經由對兒童能力、性向、興趣與人格特質的了解，能充分激發兒童的潛能與創造力；此外，並應協助兒童養成良好生活習慣及正確學習態度，以促進其人格的正常發展。目前國民小學輔導活動之內容，包括生活輔導與學習輔導，採個別輔導及團體輔導的方式實施。有關輔導活動的實施，八十五學年度開始實施的新課程標準，從三年級以

上每週列有一節的輔導活動，將有固定時間實施輔導工作；除此之外，其他各科亦應與輔導活動密切聯繫與配合，在必要時，隨時可對學生進行輔導，不一定限定在輔導活動課程的時間。因此，學校每一位教師皆應嫻熟輔導與諮商的理論及技巧，每一位教師皆應參與輔導學生的工作。

級任教師除了應實際擔負輔導工作外，須參與之輔導行政工作，茲分下列數項加以敘述。

## 一、輔導資料的建立

學生資料的建立，乃是實施輔導工作的第一步。新生註冊入學及以後每一新學年開學時，資料組即應分發學生基本資料複印本給各班級任教師，由級任教師轉發給班上每一位同學，由學生攜回給家長填寫後繳回給級任教師。級任教師收回後，將學生基本資料填寫於學生輔導紀錄表上（見表 12-7），表上項目包括姓名、年籍、異動紀錄、本人概況、家庭狀況、學習狀況、生活適應、成績考查紀錄、測驗紀錄、重要輔導紀錄、畢業等各欄。輔導資料紀錄表應由級任教師逐年填寫，平時存放級任教師處，隨時補正資料並登錄之，期末則由資料組查核。對於輔導資料的建立，除了前述基本資料由家長填寫繳回後填入外，平時教師可利用晤談、觀察、訪問、調查、問卷、測量、自傳等方式蒐集資料，再將所得結果填入輔導資料紀錄表中。

✧ 表 12-7　國民小學學生輔導資料紀錄表

| 姓　　　名 | | 性　別　男　女 | | 異動記錄 | 學號 | |
|---|---|---|---|---|---|---|
| 入　　學<br>年　　月 | 民國　　　　年　　　　月 | | | | | |
| 入　學　時<br>學　校　名　稱 | | 學號 | | | | |
| 畢　　業<br>年　　月 | 民國　　　　年　　　月　　　日 | | | | | |

<table>
<tr><td rowspan="6">一、本人概況</td><td>1.身分證統一編號</td><td colspan="5">☐☐☐☐☐☐☐☐☐☐</td></tr>
<tr><td>2.出生</td><td colspan="5">籍貫　　省縣市市　出生地　省縣市市　生日　民國　年　月　日</td></tr>
<tr><td>3.血型</td><td colspan="5">☐1. A　2. ☐B　3. ☐O　4. ☐AB　5. ☐其他</td></tr>
<tr><td rowspan="2">4.家庭住址</td><td colspan="4">1.<br>2.<br>3.<br>4.</td><td>電話</td></tr>
<tr><td colspan="5"></td></tr>
<tr><td>5.學前教育</td><td colspan="5">☐1.曾進幼稚園____年　☐2.未曾進幼稚園</td></tr>
</table>

| 一、本人概況 | | |
|---|---|---|

**二、家庭狀況**

| 6.直系血親 | 父___（存、歿）（ 年生）父___（存、歿）（ 年生）父___（存、歿）（ 年生）<br>母___（存、歿）（ 年生）祖母___（存、歿）（ 年生）曾祖母___（存、歿）（ 年生） |
|---|---|

| 7.父母親教育程度 | 父 ☐ ☐ 　 ☐ ☐ 　 ☐ 　 ☐ ☐ ☐ ☐<br>1.不識字 2.識字（未就學）3.小學 4.初中（職）5.高中（職）6.專科 7.學士 8.碩士 9.博士<br>母 ☐ ☐ 　 ☐ ☐ 　 ☐ 　 ☐ ☐ ☐ ☐ |
|---|---|

| 8.家長 | 稱謂 | 姓名 | 職業 | 工作機構 | 職稱 | 電話 | 備註 |
|---|---|---|---|---|---|---|---|
| | 父 | | | | | | 生、繼、養 |
| | 母 | | | | | | 生、繼、養 |
| | | | | | | | |

| 9.監護人 | 姓名_____性別_____關係_____通訊處_____電話_____ |
|---|---|

| 10.兄弟姊妹（按出生序填寫）學生本人排行第____ | 稱謂 | 姓名 | 畢（肄）業學校 | 出生年次 | 備註 | 稱謂 | 姓名 | 畢（肄）業學校 | 出生年次 | 備註 |
|---|---|---|---|---|---|---|---|---|---|---|
| | | | | | | | | | | |
| | | | | | | | | | | |
| | | | | | | | | | | |

| | | | 一年 | 二年 | 三年 | 四年 | 五年 | 六年 |
|---|---|---|---|---|---|---|---|---|
| 二、家庭狀況 | 11.父母關係 | 1.同住　2.分住　3.分居　4.離婚　5.其他＿＿＿ | | | | | | |
| | 12.家庭氣氛 | 1.很和諧　2.和諧　3.普通　4.不和諧　5.很不和諧 | | | | | | |
| | 13.父母管教方式 | 1.民主式　2.權威式　3.放任式　4.其他＿＿＿　父：　母： | | | | | | |
| | 14.居住環境 | 1.住宅區　2.商業區　3.混合（住、商、工）　4.軍眷區　5.農村　6.漁村　7.工礦區　8.山地　9.其他＿＿＿ | | | | | | |
| | 15.本人住宿 | 1.住在家裡（學區內）　2.住在家裡（學區外）　3.寄居親友家　4.其他 | | | | | | |
| | 16.經濟狀況 | 1.富裕　2.小康　3.普通　4.清寒　5.貧困 | | | | | | |
| 三、學習狀況 | 17.最喜歡的科目（至多選三項） | 1.生活與倫理　2.健康教育　3.國語　4.數學　5.自然科學 | | | | | | |
| | 18.最感困難的科目 | 1.社會　2.唱遊　3.音樂　4.體育　5.美勞　6.團體活動 | | | | | | |
| | 19.特殊才能（至多選三項） | 1.無　2.球類　3.田徑　4.游泳　5.國術　6.美術　7.樂器演奏（　）　8.歌唱　9.工藝　10.家事　11.演說　12.寫作　13.舞蹈　14.戲劇　15.書法　16.珠算　17.領導　18.其他 | | | | | | |
| | 20.休閒興趣（至多選三項） | 1.電視電影　2.閱讀　3.登山　4.露營　5.旅行交遊　6.划船游泳　7.釣魚　8.武術　9.樂器演奏　10.歌唱　11.舞蹈　12.繪畫　13.集郵　14.打球　15.編織　16.下棋　17.養小動物　18.其他 | | | | | | |

| | 21.擔任校內或班內職務 | 一年 | 1.<br>2. | 二年 | 1.<br>2. | 三年 | 1.<br>2. | 四年 | 1.<br>2. | 五年 | 1.<br>2. | 六年 | 1.<br>2. |
|---|---|---|---|---|---|---|---|---|---|---|---|---|---|

| | | | 一年 | 二年 | 三年 | 四年 | 五年 | 六年 |
|---|---|---|---|---|---|---|---|---|
| 四、生活適應 | 22.生活習慣 | 1.整齊　2.髒亂　3.勤勞　4.懶惰　5.節儉　6.浪費　7.作息有規律　8.作息無規律 | | | | | | |
| | 23.人際關係 | 1.和氣　2.好爭吵　3.合群　4.自我中心　5.活潑　6.冷漠　7.信賴他人　8.多疑善妒 | | | | | | |
| | 24.外向行為 | 1.領導力強　2.欺負同學　3.健談　4.常講粗話　5.慷慨　6.好遊蕩　7.熱心公務　8.愛唱反調 | | | | | | |

| | | | | | | | | | |
|---|---|---|---|---|---|---|---|---|---|
| 25.內向行為 | 1. 謹慎　2. 畏縮　　　3. 文靜　　4. 過分沈默<br>5. 自信　6. 過分依賴　7. 情緒穩定　8. 偏愛或偏惡某些功課 | | | | | | | | |
| 26.學習行為 | 1. 專心　　2.分心　　　3. 積極努力　4. 被動馬虎<br>5. 有恆心　6. 半途而廢　7. 深思好問　8. 偏愛或偏惡某功課 | | | | | | | | |
| 27.不良習慣 | 1. 無　　　　2. 愛發怪聲　　3. 吃　4. 作弄他人<br>5. 吃拇指咬指甲　6. 沈迷不良書刊　7. 吸煙　8. 吸毒 | | | | | | | | |
| 28.焦慮症狀（由過<br>度焦慮引起） | 1. 無　　2. 坐立不安　3. 表情緊張　4. 不停玩弄東西<br>5. 發抖　6. 肚子痛　7. 胸痛　8. 頭痛 | | | | | | | | |

| 項目 \ 等第 \ 學期 | 一上 | 一下 | 二上 | 二下 | 三上 | 三下 | 四上 | 四下 | 五上 | 五下 | 六上 | 六下 | 畢業成績 |
|---|---|---|---|---|---|---|---|---|---|---|---|---|---|
| 德　　育 | | | | | | | | | | | | | |
| 智　　育 | | | | | | | | | | | | | |
| 體　　育 | | | | | | | | | | | | | |
| 群　　育 | | | | | | | | | | | | | |
| 美　　育 | | | | | | | | | | | | | |

五、成績考查記錄

| 測　驗　名　稱 | 測　驗　日　期 | 原　始　分　數 | 常　模　樣　本 | 智　　商 | 標　準　分　數 | 百　分　等　級 | 解　　釋 |
|---|---|---|---|---|---|---|---|
| | | | | | | | |
| | | | | | | | |
| | | | | | | | |
| | | | | | | | |

六、測驗記錄

| 輔導重點 | 1. 了解學生所處社區之生活環境及其與家人之相處情形。<br>2. 了解學生放學後之作息內容與交友範圍。<br>3. 了解家人對學生之期望與平日督導情形。<br>4. 特殊事件及優良表現。<br>5. 其他特殊事件之有效處（如學生無故曠課缺席當日聯繫情形）。 |
|---|---|

| | 年　級 | 日　期 | | | 對象 | 輔　導　內　容　要　點 | 記錄者 |
|---|---|---|---|---|---|---|---|
| | | 年 | 月 | 日 | | | |
| 七、重要輔導記錄 | | | | | | | |
| | | | | | | | |
| | | | | | | | |
| | | | | | | | |
| | | | | | | | |
| | | | | | | | |
| | | | | | | | |
| | | | | | | | |
| | | | | | | | |
| | | | | | | | |
| | | | | | | | |
| 八、畢業 | ____年____月 1.畢業後入（　　　國中）<br>　　　　　　 2.其他_____ | | | | | | |

## 二、輔導資料的保管與移轉

　　學生輔導資料表，在學期中應由級任教師負責保管，保管時應注意資料之保密，若學生資料有所變更，即應隨時加以補正。對學生若有重要輔導時，應將輔導內容要點記載於表中。學生若轉學到他校時，級任教師必須將該生之輔導資料紀錄表抽出並密封以郵寄方式寄達該生轉入學校之輔導室或密封後委由家長連同轉學證明書、學籍紀錄卡等攜往轉入學校（此種方法儘量少用，以防學生或家長因好奇而中途拆閱，招致不良後果）。再由該校輔導室轉交級任教師保管並記錄之。

### 三、實施各項心理測驗

　　心理測驗的結果是學校實施輔導工作的重要參考，透過測驗的結果，可以了解學生的智力、性向、興趣、能力等，以便對學生提供適當的輔導措施，使學生的潛能得以充分的發揮，並能增加學生對自我的了解，增進其良好的生活適應及學習的態度與方法。

　　學校要舉行心理測驗，事前應有一套完整的心理測驗計畫，舉凡測驗的目的；何時舉行何種測驗；測驗時應注意哪些事項；如何計分，測驗結果如何解釋；如何運用測驗結果等，均應妥為規劃。正式測驗之前，應舉辦講習會，前述各項皆應向擔任施測的級任教師詳細說明，使級任教師知所遵循，方不致使測驗結果產生偏差。

### 四、家庭訪視工作

　　現代社會趨向多元化，環境日益複雜，學生父母也都忙於上班賺錢，老師若要進一步去了解學生及家長，就有必要進行訪視家庭的工作。學校輔導室應訂定家庭訪視實施要點，規定級任教師每學期訪視的次數及時間。

　　教師在做家庭訪視時，應注意下列要點：

　1. 事先約定好時間。

　2. 態度要和藹親切。

　3. 伺機說明自己的教學理念及學校教育的方針。

　4. 事先準備好談話主題，內容可包括：

　‧在校的學習狀況。

　‧在校的行為表現。

　‧父母對子女的教養態度和期望。

　‧在家的生活習慣和態度。

　‧教師及父母應配合的事項。

5.談及學生問題要優缺點兼顧。

6.避免探聽學生家庭內的私密事項。

7.不要批評其他的學生或家長。

8.因家庭訪視的時間有限，因此除非情況特殊，否則訪問時間不要太長，以免影響訪問下一位學生的機會。

---

## 作業活動

1.試擬一份全校之心理測驗實施計畫。

2.試擬一份家庭訪視之具體訪問主題。

# 參考書目

王靜珠（民 63）。國民小學行政。臺中：臺中師專。

主計月報社（民 79）。主計法規輯要。臺北：主計月報社。

石佳福（民 81）。國小訓導行政。臺北：五南圖書出版公司。

吳金香（民 79）。國小教務行政。臺北：五南圖書出版公司。

胡坤璸（民 85）。國小輔導行政與實務。臺北：五南圖書出版公司。

郭生玉（民 79）。心理與教育測驗。中和：精華書局。

教育部（民 84）。國民小學行政實務用冊。臺北：教育部。

教育部中教司（民 84）。師資培育法及相關法規選輯。臺北：教育部。

國立編譯館（民 73）。國民小學行政。臺北：正中書局。

國立編譯館（民 75）。教育實習。臺北：正中書局。

馮觀富（民 80）。輔導行政。臺北：心理出版社。

熊智銳（民 86）。國民小學總務行政。臺北：五南圖書出版公司。

臺中師範學院（民 79）。人事服務手冊。臺中：臺中師範學校。

趙起陽（民 78）。國小教育實習。臺北：五南圖書出版公司。

鄭玉疊、郭慶發（民 83）。班級經營。臺北：心理出版社。

蔡保田（民 77）。學校行政。高雄：復文圖書出版社。

謝文全、林新發、張德銳、張明輝（民 84）。教育行政學。臺北：空中大學。

## 教師的壓力、耗竭與心理需求

郭玉霞

　　假使你是一位準教師，你是否問過自己為什麼想從事這項專業？當然，答案可能是多元的，想像中教育英才的成就感、想追求以前教過你的老師的典範、和學生相處的樂趣……等等。

　　例如有一位小學老師在札記中寫著：

> 　　小良今天對我說：「老師如果你乖乖的，我們就聽你的話；如果你壞壞的，我們就不聽你的話。」我差點為他天真的童言童語笑倒在地。這是小朋友對我的觀察，只不過跟我設定的方向相反，應該是小朋友不乖，我才會壞壞吧！不過不管應該如何，今天我一想到這句話，就捨不得發脾氣，我很難允許自己對這麼可愛的小蘿蔔頭生氣。更何況是學生心中會變成魔鬼的壞老師。

　　另一位資深的小學老師寫到：

> 　　曾經，在教導之後而孩子滿心歡喜的告訴我「老師，我會綁鞋帶了」、「老師，我會自己疊棉被了」、「老師，我會……」、「老師，我會……」，心中的喜悅及成就感真是無法言喻！

　　但是你可能不知道當老師並不總像想像中風光，總是在發號施令，也有許多的壓力、挫折，長期下來如果壓力無法紓解，可能產生耗竭（burn-out）的現象，例如逐漸對工作不滿意、開始厭惡去上班，或以公式化、不在乎的方式來從事工作，或對學生有敵意，教學成為一件痛苦的事。你在求學的過程中，也一定遇到過這類的老師。

　　有一位小學老師在札記中寫著：

> 　　當自己的教育熱忱，被無聊、可笑、毫不實際的政策，及死愛面子、不知相互體諒的家長，還有頑劣、投機、少部分見縫就鑽的壞份子，傷害得千瘡百孔時，「愛心」，請告訴我，如何說服自己堅持身為老師的神聖使命？

　　這些老師一開始教學就是這樣嗎？相信不是。教學是一件耗費心力的工作，加上社會變遷，家長對老師的要求增加、學生來自破碎家庭的比率增加、教育政策變革的速率增加，這些都造成老師的壓力，而這些壓力似乎與日俱增。老師需要一些策略來紓緩這些壓力，更應了解在這些壓力背後的心理需求，當這些心理需求無法滿足時，這些壓力就像壓死駱駝的最後一根稻草，將老師逼入絕境，老師只能麻木自己以對。

　　老師們學了心理學來了解學生的心理，以利於教學，但很少將這些心理學上的認知應用在自己身上。教師的心理層面的需求，不論在職前教育階段或在職教育階段都受到忽視。我們要求教師成為學生的楷模，如「經師」、「人師」，而忘記了老師也是平凡人，有自己的心理需求，我們不能只要求老師奉獻，而不給予他們適當的支持、回饋。如不讓他們滿足部分的心理需求，這些老師會因長期壓力，而產生耗竭的現象；屆時，要扭轉這種現象會是件非常困難的事，師生均會是最大的受害者。

　　有鑑於此，筆者將在本章內介紹教師的壓力、耗竭，其背後的心理需求及因應的策略，讓準教師對此領域有概念，並及早做心理準備。

## 壹　教師的壓力來源

　　心理學家Adler曾說：「我們不是被事實影響，而是被對事實的註釋所影響。」這個觀點與理性情緒心理學的觀點相同，即某一事件引起某種情緒，但真正影響情緒之類型與程度的，卻是我們對事件的解釋與信念，因此，此三者的順序是：事件→事件的解釋與信念→情緒（武自珍譯，民86）。Gold 與 Roth（1993）提出的壓力模式亦持類似的觀點，他們認為事件本身是中性的，本身並不必然產生壓力反應，是我們對事件的知覺與評價，讓我們產生壓力。例如一般新任老師通常會被校方要求進行教學觀摩，而多數教師均將教學觀摩視為一大威脅，怕教不好，被同事、長官評

價為能力低，因此產生壓力的反應，導致教師感覺在生理、情緒及心智狀態都產生改變。教學觀摩一定是壓力製造者或壓力源（stressor）嗎？不一定。一位教師寫到：

> 今天舉行國語科教學觀摩，情況跟設想一樣，很多狀況發生，甚至比平常更混亂。
>
> 原本以為自己會在乎這樣的結果，甚至會覺得挫折，不過我卻發現我不僅不在意得失，反而慶幸有這些情況的產生，誰不會有「意外」的時候呢？在眾人面前去處理這些意外，反而是訓練自己應變能力的機會，所以我在這場活動中實在是收穫很多。

改變你的想法即改變了壓力源，這是一個例子。

什麼是壓力？Gold與Roth（1993）將壓力定義為：是個人心智、情緒、生理三方面不均衡的狀態。由個人對情境的知覺產生，而帶來生理、情緒的反應，情緒可以是正向的或負向的，端賴個人對事件的解釋。這個定義中有三重點：

1. 壓力是由個人選擇的心智、認知過程而引起。
2. 壓力受到我們所經驗到的情緒所影響。
3. 它會影響到我們的身體狀況。

Gold與Roth並將壓力分成兩類，一類與工作有關，例如工作負擔、學生的問題行為、行政人員的要求等等；另一類與個人有關，例如健康、人際關係、生活條件等，但這兩類壓力會相互影響。

教師在工作上的壓力來源有哪些呢？讓我們來看一些例子，有一位小學老師在札記中寫著：

> 執教鞭八個年頭，也在高年級的教學領域中待了八年，擁有許多教學設計、班級經營的實務經驗，但今年卻彷彿重新來過似的，得將一切經驗歸零，我開始像個新手不斷摸索，因為我將成為一年級的級任老師。
>
> 暑假中的返校日，知道自己將成為一年級的級任老師，心中的忐忑

無以言喻。過去每一年都會擔心教到一年級，總覺得哪麼小的孩子要怎麼跟他溝通比較好，我說的話他聽的懂嗎？所以當我被告知將接一年級時，我便知道：這將是一段極為艱辛，而且充滿挑戰的路。

開學的第一天，就在迎接新生、跟家長說明學校概況、安撫新生情緒的生澀忙亂中度過。接下來的日子，情況並沒有好轉太多，問題接踵而至。　〔例一〕

另一位老師在聊天中提到：

教了一年級以後，我逐漸對學生的一些行為要求不再哪麼嚴格，因為我即使氣得半死，小朋友接收到的僅是老師生氣了，為這件事生氣，但是他不會明白我為什麼會生氣。逐漸地處理事情的模式改變了，這其中有一個相當大的因素，因為我教一年級，即使學生犯錯，同事們也會覺得一年級嘛，難免會犯錯，甚至有時還會覺得有趣，沒有了來自教室外的眼光，我自在多了。但是六年級好像就不一樣了，學生犯錯，我覺得好像是我犯錯，學生被規勸，我覺得好像在罵我，所以其實有時壓力是來自同仁之間，並不是來自學生，但是誰規定六年級學生不能犯錯呢？　〔例二〕

一位老師在談到試辦九年一貫新課程時談到：

在課程的推動上其實我覺得說，一開始的時候我們都覺得很有壓力喔！有壓力的原因是因為自己在這一方面認識不是很清楚，因為不了解、不懂，就會產生壓力，其實我們是覺得說壓力並不是從校長這邊來的，其實都是自己給自己的壓力，會有壓力是因為自己並不是很清楚知道自己在做什麼？或者是要做什麼？會比較容易產生放棄的念頭，如果校長又緊盯在後頭，你沒有辦法避免去面對這個問題的時候，比較容易產生疑惑，就會比較反感。　〔例三〕

在一位校長與老師的談話中，老師談到：

校長好意在觀察我們，觀察我們的一些行為喔！當然校長都不帶入一些情緒性的批評，或者是說一些話語，……嗯……不論是自己的長官也好，或者是自己同事也好，我們都很在乎校長，在乎的過程裡面，我們就會去在乎你對我們的觀感，雖然只是說你看到的，你可能不帶入任何情緒，但是誰不想把最好的那一面留給你，所以不要把那種……就是說那種小毛病啊ㄏㄡ，其實可以說我是無意的，但是我可能就是發了脾氣啦、或是言詞不當啦、行為不當啦，那可能你沒有看到啦！可是我們就會在意說ㄟ你有沒有看到，ㄟ你會不會在意。〔例四〕

另一位老師在札記中寫著：

十來年的教學經驗，「教學」已不再是讓人恐懼的事，不過教學的壓力從來沒有移除過。尤其是換個新環境或是接了新的班級，甚至於新的學期的輪替，心中或多或少有著壓力的存在。壓力來自於新環境的陌生、新班級的適應問題、新學期開始的挑戰……，雖然壓力與挑戰是痛苦的，卻也不失為讓自己往上提升的動力。〔例五〕

從以上的例子中，我們看到了部分的老師工作壓力來源，包括：校長、同事、學生、新換環境、換年級、換班級、新政策（如新課程），上面例子中沒提到的還有家長的要求、教師角色的模糊、工作負擔、趕課的壓力等等。這些壓力可能引起個人方面之身體狀況、與家人相處、生活條件等方面的壓力。

面對這些壓力，我們有不同的因應機制（coping mechanism），而這些機制通常是從孩提開始，透過家庭中重要他人的示範，讓我們在無形中學到的，但我們很少分析這些因應機制對我們而言是否有益健康。Gold 與 Roth（1993）認為有益於健康的因應機制，例如：尋找別人的支持與協助、堅強的精神信念、個人心理治療或團體心理治療、健康的飲食與運動習慣、客觀且有洞識的自我覺知（self-awareness）、在工作與休閒之間保

持均衡、用問題解決的態度來面對困難等等。無益於健康的機制，例如：拒絕（如拒絕任何可能引起壓力的事件）、退縮（從人群中退縮、害怕被別人評為能力不足）、各種上癮症（酗酒、過度工作、過度花費、過度飲食等）、轉移（如將怒氣發洩在別人身上）等。無益於健康的機制傾向於逃避壓力、不面對壓力，然而壓力不會因此消失。

在上列的這些機制中，有哪些是你最常用的？如果你經常用無益健康的機制，壓力不會改變或消失，則因此有調整或改變機制的必要。改變並不容易，但是改變最終會帶來對你較健康的結果，像〔例五〕中所說的，讓壓力成為讓自己往上提升的動力。

另外一種面對壓力的方法是改變你對情境的不當知覺或信念。首先，你必須找出你的信念，並覺知這些信念如何影響你。Ellis（理性情緒行為治療法的發起人）與 Lange（李璞良譯，民85）經研究，找出人們常因此壓迫自己的十個不當信念：

1. 過度擔心別人對自己的想法與看法。
2. 對失敗的過度恐懼。
3. 對挫折的容忍度太低。
4. 誘責他人（把過錯推到別人頭上）。
5. 不切實際的憂慮（事前）。
6. 期待最佳的解決方式。
7. 逃避問題（例如：我不論怎麼做都會沒有用）。
8. 置身事外。
9. 找理由辯護自己的不當感覺或行為。
10. 以為事件或人是干擾我的真正原因（例如：壞的人和事物是不應該存在的，如果不幸存在的話，就一定會嚴重地干擾我）。

以〔例一〕的老師為例，她每年都擔心教到一年級，這可能是一種事前不切實際的憂慮，是一種想像，這種信念只會讓她面對困境時更加沮喪。她可以把這個不適當的信念改為「我是對如何教一年級沒有概念，但是沒關係，我可以邊教邊學，說不定可在其中找到不同的樂趣。」以〔例

二〕的老師為例，她教六年級時，學生被別的老師罵，她的感覺像是她被罵，因此而有壓力，但這可能來自「過度擔心別人對自己的看法」的不當信念。在這份信念的背後可能的另一個信念是「別人一旦批評我，就會使我成為能力不足的人。」她可以把這個不適當的信念改成為「或許別人的批評會使我顯得有些能力不足，但即使這是真的，就代表我在其他方面也一樣不行嗎？我必須把每件事都做對嗎？如果無法辦到，且別人又把失敗的責任指向我時，我一定得憤怒或沮喪嗎？我可以把它視為促使我向上提升的動力。」

在改變信念的同時，也要改變行為。當你表現出新行為時，記得給自己掌聲，讓改變持續下去。經常寫札記，記下你須改變的信念與行為，也記下新的信念與行為，以提醒自己經常練習（Gold & Roth, 1993）。

**作業活動**

　　每天記下當天所感受到的壓力事件，再對照本節中所提到的十個不當信念，檢視一下這些事件的背後是否存在著這些不當信念，如果是不當信念，可依照本節的例子將這些信念改成新的信念，並改變因之而起的行為，且時時提醒自己。

## 貳　教師的耗竭

「耗竭」這個心理名詞被正式的提出是在西元一九七四年臨床心理學家 H. Freudenberger 所發表的一篇文章。耗竭的現象是這位心理學家本身的體驗，他定義耗竭是一種症候群，包括精力枯竭、忽略本身需要的一種模式、認同或奉獻於某種活動、工作太久及太密集、感覺壓力來自於自己、同事，及為當事人（Clients）做太多。他發現助人的專業人員（helping professionals，例如諮商師、社工人員、教師等），為了要有所成就，通常付出相當高的代價（Gold & Roth, 1993）。

在 Freudenberger 之後，許多學者對「耗竭」這個詞提出自己的定義，但總不外乎與個人體力耗盡、無助、無希望、生氣、不滿、沮喪、隔離及期望幻滅（disillusion）的感覺有關。耗竭是當一個人長期處在壓力之下，而沒有得到外來有助益的支持所產生的結果。從Freudenberger的觀點來看，那些對自己要求嚴苛的人容易產生耗竭的現象。他們不論自己做了多少，總覺得不夠，完成的每一件事都還有改進的空間，他們無法接受自己，也害怕其他人無法接受他們。他們賣力地工作通常超過體力的負荷，但總是對自己不滿意（Gold & Roth, 1993）。

有哪些原因會造成教師的耗竭？以下是筆者在教師的札記中找到有「耗竭」徵候的一些例子：

> 同事在聊天中談到我：「像○○這樣不斷燃燒發光的方式，一定會減少發光的時間。」對我而言，「有心做一件事，一定要全力以赴，否則無法向自己交代。」是我的價值觀，無法改變。雖然同學、同事、甚至校長、家長，都會提醒我不要太累了，但是我仍舊無法讓自己的標準打折扣，所以只能不斷做下去。若是要問我發光的時間不會因此而減少嗎？我只能回答：「未來的事我不知道，至少我一路走來都是用這種態度在做事，並沒有改變。」我不能用未來可能如何，來當作自己鬆懈的藉口。　〔例六〕
>
> 或許是自己付出得多了，難免會希望學生用相同的心力來回報，所以當學生作業沒有交、交代的工作沒做好，都可能讓我盛怒。漸漸地有一、二個學生會因為作業缺交，擔心挨罵，而編一些謊言來騙我，於是作業缺交、說謊變成了我和學生最大的衝突點。其實回想自己的求學過程，也不是沒有做過這一些事，但是當角色改變，我卻不斷地為這些事傷腦筋。　〔例七〕

　　　帶過這樣一個班級：有對任何學習都不感興趣的學生；有成績優異
卻常開黃腔的學生；更多的是家庭不健全的學生，而大部分的學生則是
深深懷念以前的級任導師，所以對我有些排斥。帶這樣的班級，就好像
拔河一樣，非常的疲累。師生之間的關係，實在不該像拔河，總有輸的
一方，如何創造雙贏的局面呢？許多的付出，學生沒給我正向的回饋，
不愛讀書的依然故我，懷念過去的依舊沈浸過往，開闢個「心裡想說的
話」園地，寫上最多的竟然是「○○老師，希望你再回來教我們」，唉！
真令人沮喪又傷心啊！　　　　　　　　　　　　　　　　　　〔例八〕


　　　夜深了，我似乎可以卸下堅強的面具，因為我的情緒即將瀕臨崩潰
的邊緣，感覺積壓已久眼淚即將潰堤，真的希望有個人能夠告訴我，為
什麼這世間會有生死？
　　　其實我明明就很不快樂，其實我明明就好傷心，其實我明明就沒有
心情來上課，可是現實告訴我，我必須拋下自己的情緒，必須負起該我
的責任，所以每天我都將自己最真實的情感放進心中，用笑臉掩飾我的
悲傷，可是我真的很難過。　　　　　　　　　　　　　　　　〔例九〕

　　以上是四位不同的小學老師的例子。第六個例子類似 Freudenberger 提
到的對自己要求嚴苛的人。第七個例子是當老師付出很多而從學生處得不
到適當的回報時，極易產生老師的盛怒與師生衝突，惡性循環，老師感受
到失望、無助、生氣。第八個例子是一位老師必須和前任老師競爭學生的
認同，老師的感覺是「非常的疲累」，許多的付出，沒有得到學生正向的
回饋，結果是沮喪又傷心。從第九個例子，我們看到了一般人或老師對教
師角色的認定，老師必須是「人師」、「經師」，凡事都要做學生的楷
模，因此用笑臉掩飾悲傷，掛上「堅強」的面具，下班後，卸下面具，情
緒即將瀕臨崩潰的邊緣。這些耗竭的現象若沒有得到適當的紓解，則老師
們極可能無法再承受任何壓力，可能以退縮、不再付出、麻木自己的感情
以對，師生雙方均受其害。

　　Gold（1984）以四百六十二位小學及國中老師為樣本，進行教師耗竭的研究，並找出導致教師耗竭的因素如下：

　　1. **缺少社會性支持**：社會性支持包含傾聽（不給予建議或判斷）、專業人員的支持、情緒的支持（有人站在你這邊，且欣賞你所做的）、社會現實的分享。其中以傾聽與情緒的支持最能減緩耗竭的現象。

　　2. **人口統計學方面的因素**：不同的研究均顯示——耗竭較易發生在男性教師身上，國內學者李坤崇（民85）針對國小教師進行研究，亦發現國小女教師的心理需求困擾顯著低於男教師。可能原因是男性教師人數較少，較難找到男性契合的夥伴，任教較高年級者及任教於郊區學校者亦較易發生耗竭的現象。任教較高年級者經常遇到學生的管教問題，讓他們覺得回報少，對工作亦較不滿意。任教郊區者較少得到家長的支持，也導致他們失去努力的勇氣。此外，單身的教師亦有較高的耗竭比率。他們較少得到家人的支持，而花在工作上的時間也比別人多，但回報與付出不成比例時，他們經驗到期望幻滅、孤獨、不滿意。

　　3. **學生的暴力、教室內的管教與控制**：對許多老師而言，嘗試控制搗亂、刁難的學生一直是個問題。對於這方面感覺困難重重的老師，較易產生耗竭的現象。

　　4. **自我概念（self-concept）**：研究證實，在有壓力的工作中，有較高的自我概念的教師會抗拒壓力，且較能維持成就感。李坤崇（民85）的研究也顯示：國小教師的自我概念與各項心理需求困擾均具顯著負相關。當教師期望幻滅、失去勇氣時，會影響到他們的自我價值與歸屬感，他們質疑自己為什麼要成為教師，也懷疑自己能做什麼，這些又直接影響到他們的自我概念。

　　5. **行政壓力**：耗竭與行政人員缺少對教師的支持、缺少對教師有關的問題的關注、缺少參與式管理有關。美國流行的諺語：「校長對待老師的方式就是老師對待學生的方式。」當校長對教師只有要求而沒有支持、鼓勵時，老師對待學生也是如此，因為老師會瀕臨耗竭。

　　6. **難處的家長**：許多教師提到家長對教師的支持太少會成為學校的問

題。特別是目前學生家庭的問題增多，老師的困擾也增多，老師如果再得不到家長的支持與配合，易導致耗竭。另一類的家長是高社經地位的家長，他們會批判老師並用言詞羞辱，導致老師的失望、幻滅。

7. **教師角色的衝突與模糊**：當不恰當的、不相容的、不一致的要求放到教師身上時，教師會感到自己角色的衝突。當班級間要比賽月考成績時，教師們不能用他們認為較適合但更較花時間的教學方法來教學生，因為有進度的壓力。當學校辦太多的活動時，老師成為辦事員而無法顧及教學。這些都是角色衝突。角色模糊是指老師對於自己的責任、權力，及其如何執行缺乏清晰、一致的訊息時，感到角色模糊。例如學生若來自問題家庭，老師對於學生到底應負責到什麼程度？角色的衝突與模糊會導致個人的壓力，影響對工作的滿意度。

8. **隔離**（isolation）：這是老師們特有的問題。老師們大部分的工作時間都與未成年人相處，很少有與其他成人交流的機會，如此導致他們與一般成人社會的隔離。隨隔離而來的感覺是孤獨，如果再遇到行政人員、家長的不支持，老師會感到極端的失望，以及憤怒。

從上面的因素而導致耗竭是一個漸進的過程，大致如下所述（Gold & Roth, 1993）：

1. 挫折感及負面的感覺（如生氣）產生，由此導致對工作的不滿意。
2. 這些負面的感覺指出了個人的需要未被滿足，開始了一種「沒有希望」的感覺。
3. 出現了身體上的疾病，及一種「漠不關心（apathy）」的感覺。
4. 退縮及反個性化（depersonalization）（註一）。
5. 不再關心他人，也不關心自己。
6. 期望幻滅，耗竭現象產生。

到了第六個步驟，教師或許選擇離開，若不離開，則這份工作對他們而言已無意義，只是「當一天和尚撞一天鐘」。在這漸進的過程中，Gold 與 Roth（1993）認為最重要的因素是未滿足的需要（unmet needs）及未被實現的期望。他們將老師們的心理需要分成三類：情緒─生理需要、心理─

社會需要、個人一心智需要，筆者將於下節做詳細說明。而所稱的「未被實現的期望」指的是老師們進入教書這一行時，心裡已存有對教學工作的理想與抱負，這些期望在教書工作中逐漸落空。為克服這些負面的感覺與情緒，老師們首先需要確認自己的需要，並想辦法用健康的方式來滿足它們，則這些負面的感覺或情緒將會逐漸削弱，工作不再是壓力，教師們可以重拾以往的信心以對。因此，以下筆者將介紹教師的三類心理需求。

**作業活動**

　　回顧本節中所提到耗竭的定義，你有耗竭的傾向嗎？在導致耗竭漸進過程中，你有類似的感覺嗎？若有，請仔細閱讀下節的心理需求並做練習。

## 參
### 教師的三類心理需求

　　在心理學領域中，提出需求類別的主要心理學家有E. Fromm. H. Murray以及 A. Maslow。Fromm 提出的六類需求包括關係、超越、歸屬、自我定位、參考架構、刺激與被激勵的需求。Murray則提出自主、成就、親和、理解等二十八種需求。Maslow提出需求階層論，低層的需求滿足之後，上一層的需求才會出現，他所提出的七種需求由低到高分別是生理、安全、隸屬和愛、尊重、知與理解、美、與自我實現（黃堅厚，民88）。

　　Gold 與 Roth（1993）則是融合了以上各家的學說，經實際驗證，提出了三大類的需求，這三類心理需求分別是：情緒一生理需求（Emotional-Physical Needs）、心理一社會需求（Psycho-Social Needs）以及個人一心智需求（Personal-Intellectual Needs）。

## 一、情緒—生理需求

我們每天會經歷喜怒哀樂的情緒，但多數人都不知道我們如何讓自己的情緒影響個人生活或工作。人們對感覺或情緒的反應，通常來自小時候模仿家中重要他人的反應，如生氣時罵人、甩門或摔東西，但很少人對自己的反應做分析，因此人們要覺知自己情緒反應的行為模式有些困難。假如這些行為模式是負面的，帶來破壞性的結果，則導致當事人事後後悔，並喪失自信。很多人不知道情緒所扮演的重要角色之一，就是指出我們有未滿足的需求必須處理，否則會有嚴重的後果。

有一位小學老師在訪談中提到自己的經驗：

我印象很深刻就是有一次，中午我們要陪學生吃飯，那一次中午吃飯我好像晚一點到，結果發現他們很吵。我想已經教這麼久了，應該知道吃飯的時候應該要安靜一點吃飯，然後，至少說你們在做一些先前工作應該比較安靜，比較有秩序一點。結果我就覺得很吵，那我就覺得，當下就覺得很氣呀！我就想說，要給他們一些警惕這樣。所以我就對他們很凶，並且斥責他們。然後後來我還甚至「砰」的一聲就把門關上，然後說：「我不吃了！」就走了。

在這個事件中，這位教師不能接受學生在吃飯前，老師不在時吵鬧，這好像顯示他管教的失敗，他無法接受這項失敗，因此生氣、罵人、甩門。這件事的背後所顯示的未被滿足的需要可能是自我接受，接受自己也有失敗的時候。

Gold 與 Roth（1993）列出教師的情緒—生理需求如下，筆者以問題的型式來呈現其內容：

1. **安全感**：你的人際關係是有回報的嗎？是安穩的嗎？（不會被任意拋棄）

2. **平靜**：你感覺到內在的平靜嗎？

3. 自我接受：你接受自己的本來面貌嗎？（原本的自己）

4. 自信：你覺得別人的批評都無法傷害你嗎？

5. 自尊：你能重視自己的價值，因而接納自己、喜歡自己嗎？

6. 體能：你有足夠的體力來處理每天須處理的事嗎？

7. 穩重：在緊急事件發生時，你都能自制地做反應嗎？

8. 人身安全：你的生活環境安全嗎？

9. 健康：你有健康的身體嗎？

10. 體重適當：你滿意你的體重嗎？

　　對於上列問題，如果你有否定的答案，則可能顯示該項是你未被滿足的需求（註二）。例如：如果你不能肯定你自己的價值，則表示你的「自尊」的需求未被滿足。在確認了你的需求之後，第二步要做的是知道這些情緒—生理需求如何影響你的工作或生活，方法是列出一張清單，記下每天的壓力來源、你的感覺及行為反應，幾天之後，你就能了解自己的情緒反應行為。表 13-1 是一位老師的例子。

✧ 表 13-1　壓力來源、感覺與反應的清單

| 時間 | 工作壓力來源 | 感覺 | 行為反應 |
|------|------------|------|---------|
| 週一 | 干擾的學生 | 生氣、挫折 | 吼叫、摔書 |
| 週二 | 學校報告要交 | 生氣、厭惡 | 開夜車到半夜三點，甩門 |
| 週三 | 學生在操場打架 | 生氣、挫折 | 怒責學生 |
| 週四 | 校長探視 | 害怕、不滿 | 說話速度太快、忘了部分的上課內容 |
| 週五 | 學生的集合太慢 | 憤怒、挫折 | 怒責學生，取消他們的下課時間 |

　　這位老師從這張清單上發現自己居然這麼容易生氣，而對生氣的行為反應都是破壞性的。從上面十個問題中，他發現自己缺乏自信。我們也可

由上表中看到他經常感到挫折,由此可看出一些負面感覺的背後確實有一些未滿足的需要。

情緒的需求與生理的健康與否有密切的關係。許多生理疾病源自情緒的沮喪,情緒的需求會引起生理的變化,因此掌控制情緒成為重要的課題。Gold 與 Roth(1993)提出一項公式可以幫助人掌控情緒,這個公式是:且慢下來→覺知你的感覺→以有目的、正向的行為來反應。筆者看過一位老師所寫的經驗,她也是經常在教室中為學生的事而生氣、怒罵,她覺知自己的情緒,於是在講桌前放了一張彌勒佛笑嘻嘻的圖片,每當學生的表現引起她憤怒的情緒時,她即看了圖片一眼,隨即深呼吸一口,笑了一下,用較緩和的方式處理了學生的問題。這種方式與上述的公式極類似。

上述的方式雖有助益,但是並未集中在問題的來源。我們未滿足的需求會透過不同方式,讓我們知道生活中有些領域須被處理,而方式之一即透過感覺。當我們忽視了這些需求,我們會感覺更多的壓力。這些需求不會自動離開,它們需要被確認、滿足。

## 二、心理—社會需求

對教師工作而言,一個重要的領域是與其他同事互動,相互支持的需求。如前面所說的,教師一整天幾乎所有時間都是和未成年人相處,而與其他成年人隔絕,因此經常會經驗到孤獨、疏離的感覺,當這些感覺未被覺知、處理,沮喪、無助感會產生,結果教師在教室中的正向行為減少、工作的樂趣也相對地減少,持續下去的話,教師會產生耗竭的現象,教師們須覺知自己的心理—社會需求。

人類的天性當中,就有想要與人分享興趣、才能的需求,特別是和有相同理想、價值觀的人。這類的分享增加了我們生命中的意義與重要性。我們需要藉著付出與接受來讓自己成長與成熟,在我們成長過程中能有其他人的回饋是非常重要的。教師經常經驗有壓力的情境,如前面所說的,換學校、年級、班級等等,在這些情境中,老師們需要社會的支持與心理

的支持。但教師們在這種情境中，經常未開口尋求支持，如在一次訪談中，一位教師提到：

> 　　那在尋求支援的部分，我其實除了我的札記之外，我也沒有跟同事提到這件事，因為你也不知道跟誰談，而且去說……我也覺得不太好，我沒有試著去尋求支援啦！所以……大概大部分都是靠自己吧！靠自己去調適、花比較多一點時間。

教師的孤獨可以從上例中看到。

Gold 與 Roth（1993）提出一系列教師的心理—社會需求如下：

1. 歸屬感：你在學校中感覺到歸屬感嗎？

2. 自我了解：你身旁有人可以與你分享深層的情緒，由此你對你的問題可以有所洞察嗎？

3. 心理舒適（Psychological Comfort）：當你和一些支持你的人討論問題時，你感覺舒服嗎？

4. 自制：你在需要自我控制時，能自我控制嗎？

5. 接受：在你的工作領域，你感覺被其他人接受嗎？

6. 成功：在你的教學中，你感覺到成功嗎？

7. 信心：你常常感覺有信心嗎？

8. 親密：你有親密的朋友嗎？

9. 同理心：目前在你生活中，你至少有一個可以同理你的人嗎？

10. 熟悉：你和人會面並和他們熟識嗎？

11. 親近的關係：目前在你生活中，你有滿意的、親近的人際關係嗎？

12. 同事的情誼（collegiality）：你覺得學校中已發展了很濃的同事情誼嗎？

13. 情緒支持：你從人際關係中得到足夠的情緒支持嗎？

14. 互動：你和人們互動嗎？

15. 友誼：你在工作上有較親近的夥伴嗎？

16. 愛：目前你至少有一種親近的愛的關係嗎？（如父母—子女，男—

女朋友，夫妻，兄弟姊妹等）

17.安全感：你和學校的人相處有安全感嗎？

如果你在上列的問題中，有否定的答案，則表示該項目可能是你未能滿足的需求。如何能滿足這些需求呢？方法之一是形成由教師組成的支持團體，這些支持團體必須小心的規劃，領導的成員必須受過訓練，他們所提供的支持須是協助性的而不是告訴當事人該如何做。支持團體給你的回饋可以讓你了解自己，也可以協助你澄清處境。由此，你可以了解有哪些新的因應機制可以滿足你在這方面的需求。另一種方法是走出教室，和關懷、能提供支持而不是建議的人交往。一對一的支持和團體的支持都是必要且有助益的（Gold & Roth, 1993），在後面筆者將再做詳細的說明。

心理－社會需求與前面提到的情緒－生理需求有密切的關係。當我們的社會需求不能得到滿足時，我們的情緒受到影響，負面的感覺開始，我們否定自己、失去自信，而壓力持續的話，我們開始沮喪、高度焦慮、引起身體的病症，影響到生理的需求。為自己負責是非常重要的，你可以改變你對壓力源的知覺（Gold & Roth, 1993）。

## 三、個人－心智需求

在需求的心理學領域中，最被忽視的是個人－心智的需求。這個需求不被滿足的原因之一是多數的教育者不知道在他們的教學生涯中，保持心理活躍（mentally active）的重要性（Gold & Roth, 1993）。

在剛開始教學時，教師會對各項事物感到新奇，一旦由此帶來的興奮感消失，這些初任教師會遇到許多人所稱的「現實震撼」（Reality Shock），這個震撼的一部分是他們開始知道，教學不再是所認為的有刺激、有回報的經驗。上課、改作業、搗亂的學生、憤怒的家長、各種報表等等成為教師感覺到有回報的障礙，這些障礙讓他們心理麻木。教師，就像一般的專業人員，需要有創造及刺激自己心智的機會，要做到這樣，則教師必須知道這些心智的需求是什麼。Gold 與 Roth（1993）列出教師的個人－心智需

求共十六項，這十六項類似 Maslow 提出的知與理解、美的需求，茲分述如下：

1. 發現：你會自己去發現新事物嗎？

2. 心智能力的充分發揮：你發現自己的心智能力充分發揮了嗎？

3. 心智方面的興奮：教學提供給你所需的心智興奮嗎？

4. 新奇：你能在工作中找到新奇，且在教學中經常使用它嗎？

5. 創新的技巧：你在教學中發展新的技巧嗎？

6. 鼓勵：你鼓勵其他老師指正你上的課，而且發現這樣會激勵你嗎？

7. 心智的滿足：你的工作經常讓你心智方面感到滿足嗎？

8. 探索：有很多機會讓你探索事物嗎？

9. 心智的刺激：你發現教學經常讓你在心智上有所刺激嗎？

10. 創意：你經常想出新點子用在教學上嗎？

11. 新的想法：你每週都抽出足夠的時間來想出新的點子用在教學工作上嗎？

12. 美感的經驗：你認為自己是個享受美感經驗的人嗎？

13. 心智的挑戰：你享受心智的挑戰並在工作中找挑戰嗎？

14. 批判思考：你發現自己經常使用批判思考的技巧來滿足自己心智方面的好奇心嗎？

15. 正向思考：你發現自己經常是一個正向的思考者嗎？

16. 自我分析：你運用自我分析的歷程來讓自己保持興趣盎然及成長嗎？

　　如果你在上述的問題中，有否定的答案，則表示該領域可能是你未滿足的需求。在知道、確認這些需求之後，第二步是下定決心做改變。我們當中有很多人在玩「受害者的遊戲」（victim game）而不自知（Gold & Roth, 1993），例如有些人來自破碎家庭或貧困的家庭，他們會認為自己所以如此（很多需求都未能滿足），都是因為別人或貧困所造成的，他們是「受害者」。但即使如此，你也可以不必成為受害者，等別人來救你，你可以改變情況或是讓別人幫助你使你產生改變，重要的是要下定決心，事情也不會像想像中的難。以下是一位老師在札記中所寫的：

今天和同事一起散步，談到對生活的感動，我想起前幾天散步上山的路上，碰巧看見枝頭上剛展翅的大冠鳩，離我那麼的近，我們佇足欣賞，直到牠歇息在另一個枝頭。在我卸下一天的工作情緒後遇上了牠，輕鬆的氣氛、寧靜的心情，讓這一件原只是大自然中平凡的事，帶給我如此的滿足與感動。

體驗生活保有最真誠的感動，教育不夠溫暖，因為太多人為了生存已經忘記自己對自然的悸動，忘記自己最真實的情感，這又如何能帶領孩子體驗內心的感動呢？

老師們如果失去心智方面的感動、刺激，如何讓他們的學生覺得心智方面的學習是一件喜悅、刺激的事？個人─心智的需求若得到滿足，則可以增加對生活的熱情與興奮，化解生活中的無聊與沈悶。

另一位老師提到：

某一節數學課，帶學生在操場玩彈花片的遊戲〈第五單元分與合〉，小朋友很開心。隔天，我說來上數學課，小朋友竟然歡呼的說：「耶！要上數學了。」那一剎那，我突然覺得自己頭上有光環，因為我讓他們那麼快樂。

很多老師進入教學的工作，都是嚮往上述的情境，由此，讓自己得到心智方面的報酬。然而進入教學幾個月之後，工作的負擔讓自己只是麻木地做反應，工作不再吸引人。教學這項工作的一項基本需求，就是來自於心智方面的滿足。老師們在教學時處理的是概念、想法、知識，當他們用不同的心智方式來讓學生了解這些時，他們運用了心智方面的刺激、創意，讓心智方面的能力得以發揮，自己也得到很大的滿足，就如同上述的例子中所說的。

老師們要維持這種工作上的心智活力，則必須留意自己在本身興趣、嗜好方面的心智活力。通常老師們為自己的工作所束縛而沒有時間來追求自己的興趣，整天工作而沒有留下給自己的時間終會帶來壓力、不滿，一

旦學生出了事，自己更不知「所為何來」。Gold 與 Roth（1993）的建議是保持工作上和個人方面心智需求的均衡，兩者都需要顧及，如此才不會導致在工作上的停滯（stagnation）。換句話說，教師是個人，本身即扮演多重角色，而「教師」只是其中之一，若教師在生活中將全付心力放在扮演「教師」這個角色上，忽略了扮演「個人」的角色，終會導致身心的不平衡。如一位教師在札記中所說的：

> 面對學生時，我是一個老師，有我應扮演的角色；面對父母時，我是一個孩子，有我應扮演的角色；開會面對你時，我是一個部屬，有我應遵循的法則；面對快樂的朋友時，我是一個快樂的人，分享著對方的喜悅；面對一個悲傷的朋友時，我是一個忠實的聽眾，傾聽著他的哀傷……。
>
> 或許這樣的生活在別人眼中，我是為別人活著，但是除去了這些，我存在的價值剩什麼？每天我們做著許多事，跟別人在互動著，是為什麼？名嗎？利嗎？

教師是個「人」，而不是他所扮演的角色，因此有「個人」的需求，和教師角色不一定相關，他必須尋找個人存在的價值，進一步地自我實現。Gold 及 Roth（1993）並未提到自我實現的需求，然而筆者同意 Maslow 的看法，認為自我實現的需求是最高層次的需求，這是個人潛能與能力的極致和理想狀態，是自發的、自然的、以及愉悅的表達自己的本性。依據 Maslow 對真實個人的研究，發現自我實現者具有下列特徵（黃堅厚，民 88）：

1. 他們對於現實有正確、完全的知覺。
2. 他們比較能悅納自己、他人和一般自然界現象。
3. 他們的行為有自發性、單純而自然。
4. 他們傾向於注意問題，而不太注意自己。
5. 他們具有脫俗的品質和獨處的需要。
6. 他們具自主性，因此傾向於不依賴他們的環境和文化。
7. 他們對於生活中的事物能保持歷久彌新的欣賞態度。
8. 他們不時會有巔峰經驗。

9. 他們會向整個人類認同。

10. 他們會接受民主的價值。

11. 他們只和少數人建立了深厚的人際關係。

12. 他們有很強的倫理觀念。

13. 他們具有很完美而不傷人的幽默感。

14. 他們具有創造性。

15. 他們能抵擋文化潮流的感染。

這些特徵吸引你嗎？你想朝這方面發展嗎？筆者認為個人的存在，最終還是要向自我實現的目標邁進，這是最終的需求。

雖然上面三類需求是分開討論、說明，但是這三類需求之間是相互關聯的，例如：如果你心智方面的需求未得到滿足，則會影響到你的情緒，也許因為你的情緒不好影響到你的社交活動，如此帶來惡性循環。覺知你的需求並用適當的策略來滿足這些需求，會讓你有個快樂的工作及人生。以下筆者將介紹三種策略來處理未被滿足的需求。

作業活動

　　請仿照本節所列的壓力來源、感覺與行為反應清單，將你這星期的壓力來源、感覺與行為反應列出來，再檢視你本身的「情緒─生理」、「心理─社會」、與「個人─心智」需求，有哪些是你未滿足的需求，其可能導致你的行為反應？

### 肆 三類因應策略

Gold 與 Roth（1993）提出三類因應策略來處理未被滿足的需求，由此也可以減輕個人的壓力：

## 一、個人的洞識策略（Individual Insight Strategy）

這個策略是要讓你知道你現在是用哪些因應機制？這些機制中有哪些是產生不良的影響而需要改變的？換言之，這個策略是要幫助你對你的問題、情境產生洞識。然而人們通常是在生活中遇到危機，舊的因應機制不管用了，才會尋求協助，也才有改變的勇氣。一旦你有了改變的勇氣，你就可以開始使用個人的洞識來幫助你。有七個重要步驟可幫助你獲得個人的洞識：

1. 從前述有關需求的問答中，確認、覺知什麼是你未滿足的需求。
2. 列出你的感覺與行為，來認知你如何受到這些需求的影響（如表13-1）。
3. 確認會誘發你舊的反應（感覺與行為）的人、事、物。
4. 了解你的舊的防衛機制，以及為什麼上述的人、事、物會誘發你的這些防衛機制。
5. 由此了解你現在如何應付問題，列出你想做的改變。
6. 決定新的因應機制來滿足你個人的需求。
7. 選擇有激勵作用的酬賞，讓你維持勇氣並繼續前進。

對上述的七個步驟之進行需有耐性，改變需要花時間，且須經常地練習。每天記下今天所做的小改變，寫下你的成功，每週再回顧你的進展，給自己酬賞，讓你維持前進的動機。

## 二、人際的支持策略（Interpersonal Support Strategy）

從心理健康的理論或實務來看，假如你要達到適度的心理健康，則來自他人的支持是不可或缺的一部分。支持可分為兩類：一對一及團體的支持。一對一的支持是較親近的；人際的支持策略指的是一對一的支持，這類的支持是正向的、個別化的，有訊息為依據的支持，能在改變的過程中幫助你。這方面的幫助有三種功能：

1. 幫助你較完全地揭露自己，表達較隱私的關注，能面對真正的問題

來發展因應策略。

2. 幫助你處理、掌握、認識你的行為及感覺。

3. 維持改變。

要進行人際支持策略的第一步，就是要找到支持的人，可在工作方面、生活方面均各找一位。適當的支持者需有一些特質，例如：真誠、值得信任、正向的、鼓勵的，是好的聽眾、有效的溝通者，能提供沒有判斷、沒有評價的回饋。除了這些特質之外，你選的支持你的人必須是你和他相處自在、能自由地表達親密的感覺、願意和他分享祕密的人。

第二個步驟是發展協議，事先訂定彼此的角色，相互關係的界限。要注意的是這是一種「協助」的關係，而非「個人的」關係，後者是一種依賴、情緒的依附。你自己本身也必須具備溝通的能力、內省的能力。

支持者在你改變的過程中，須認真傾聽、適時表達同理心，共同和你討論、給你適時的回饋，如此才能協助你度過改變的歷程。

### 三、有指引的團體互動策略（Guided Group Interaction Strategy）

這類的策略與上述策略不同，是一種團體的互動。一個團體要能運作成功，需有一些條件，例如：

1. **團體的凝聚力**：團體成員須重視這個團體，願意為團體的成長、未來，來共同努力。

2. **訊息的分享**：團體成員願意分享問題、提供洞見、肯定與支持。

3. **「希望」的提供**：希望是「改變」最重要的成分。團體成員均希望團體的運作能協助他們解決困擾、得到支持。

4. **關懷、模仿、宣洩**：團體成員間真誠的關懷提供了成員一個正向的成長環境。部分成員之健康、成熟的特質，提供其他成員模仿的對象。在支持的環境中，成員們會較願意宣洩深擾的情緒，這樣對於個人的心理健康是很有助益的。

5. **認同**：團體成員對於團體需有高度的認同，不論改變的過程如何困

難，成員均須留在團體內，維持團體的運作。

　　團體中人際的互動可以協助成員了解自己、接受自己與別人、發展溝通技巧與同理心、得到新的因應技巧、學習「非判斷」的態度、學習給予及接受支持等等。但這類團體要發揮這些功能，團體領導者扮演一個非常重要的角色。領導者必須創造一個讓成員參與的環境、啟動成員間的互動，並且讓這些互動有效地進行。此外，領導者與每一個團體成員發展的關係必須是一致、正向的；領導者必須持有關注、接納、同理、真誠的態度。這裡還需要強調的是支持團體不是治療團體，領導者不是扮演治療者的角色，而是扮演團體協助者的角色，協助團體發展好的氣氛、有效的互動。

　　在處理未被滿足的需求部分，團體成員可以先回答前述三類需求的相關問題，了解自己的需求，並從其他團體成員得到回饋。當你開始學習新的因應技巧，團體的支持可以幫助你得到洞識並鼓勵你持續下去。透過團體的支持，在個人的心理—社會需求方面得到的助益可能最多，個人要感覺被接受、被了解、安全等等，都可透過團體內的互動來滿足。在個人—心智需求方面，透過團體互動，可發現新的想法，對個人的成長感到興奮、分享批判思考等，都可以滿足個人的心智需求。

　　以上三種策略各有各的特色、優點，你可以選擇三者都用，讓這些策略互補，提供你最大的助益。

#### 作業活動

1. 請遵循本節中所述獲得個人洞識的七個步驟，來改變你自己的不當因應策略。
2. 找到支持你的人或團體，並在固定時間、地點與他們互動。

# 伍 結 語

教學工作是一項耗費心力、體力與腦力的工作，物質報酬不是很高，但協助學生健全的學習與成長所得的心理回報，卻也是其他工作所無法比擬的。由於體認到自己工作的重要性，不知不覺地老師帶給自己很大的壓力，而這些壓力如果沒有適當的紓解，則會讓自己進入耗竭的狀態，體會不到工作的樂趣，只感到心力交瘁。

教學中只有壓力嗎？當然不是。教學中偶而也會發生一些趣事，如一位老師所說的：

> 那時候教六年級，有一天下午上課，大部分的學生都沒有注意在聽我說什麼，我先訓斥學生一頓，然後請其中一個同學站起來，因為他一節課都很專注的看著我，我稱讚他一番，並請他告訴大家我剛剛的上課內容，只見他忽然滿臉通紅，支支吾吾的說不出話來，後來被我逼急了，竟說出：「我看著你，覺得你嘴巴一張一合的很有趣，看著看著就忘記聽你在說什麼了。」結果當然可想而知了，全班笑成一團，連我都忍不住笑岔了氣，一時間也忘記要說什麼比較好。

筆者想，教學中也一定有像上述那樣的趣事發生，讓大家笑翻了，這就是參與「人」的工作時帶來的快樂之一。

面對壓力的情境，我們通常以我們熟悉的方式反應，而熟悉的方式不一定是適合、健康的方式。我們也通常忘了我們還有其他的選擇，例如改變自己、改變自己的信念、改變自己的行為，讓自己成長、成熟。Gold及Roth（1993）提出一個「改變自己」的四步驟模式：

1. 學習覺知：學習覺知你的感覺以及你如何對這些感覺反應。

2. 理解：理解到這些感覺傳達了哪些是你未滿足的需求，你可以確認並滿足這些需求。

3. 練習改變：改變你對感覺所做的負面的行為，做出正面的行為。

4. 得到控制：控制你的負面反應，以正面的方式來滿足你的需求。

改變的過程通常是緩慢而痛苦的，但改變的結果會讓人過得更健康，更有意義。在這整個過程中，覺知（awareness）是很重要的，為達到覺知我們必須誠實地面對自己，也讓別人誠實地給予回饋，如此才能發現真正的問題。而之後，我們要為自己的人生負責，沒有人應該或是可以為我們的人生負責。覺知、誠實、負責，是人要活得身心健康的三大重要基石。我們對自己的人生有許多選擇，重要的是我們自己要做出選擇，你選擇過怎樣的人生呢？

## 註　釋

註一：依據張氏心理學辭典（民78），反個性化或自我感喪失（depersonali-zation disorder）指的是當個人遇到生活困境時，忽然喪失自我存在感。有時遭到別人辱罵時，不表現憤怒，反而冷漠麻木，好像被罵的不是他自己。其形成多係遭遇挫折過多，長期在無助、無奈情況下，以麻木的方式適應困境成為習慣的結果。

註二：了解需求的方法有許多種，如自陳量表，使用主題統覺測驗、或對語言、行為的分析、觀察等等。如讀者有興趣，可自行參閱黃堅厚（民88）所著的人格心理學。

# 參考書目

李坤崇（民85）。國小教師心理需求困擾與因應策略之關係和理論模式驗證研究。
　　國立政治大學教育研究所博士論文（未出版）。

張春興（民78）。張氏心理學辭典。臺北：東華書局。

黃堅厚（民88）。人格心理學。臺北：心理出版社。

Dryden, W.（民86）。理性情緒心理學入門（武自珍譯）。臺北：心理出版社。

Ellis, A. & Lange, A.（民85）。告別壓力（李璞良譯）。臺北：博覽圖書有限公司。

Gold, Y.（1984）The factorial validity of the Maslach Burnout Inventory in a sample of Califor-
　　nia elementary and junior high school classroom teachers, *Educational and Psychological
　　Measurement, 44,* pp.1009-1016.

Gold, Y. & Roth, R. A. (1993). *Teachers managing stress and preventing burnout : The profes-
　　sional health solution.* PA: The Falmer Press.

謹向提供札記、訪談逐字稿的教師致最誠摯的謝意！

# 教師維護健全身心之道

陳啟明

　　除了家庭以外，孩子們其他的時間幾乎都在學校。因此，教師可說是父母之外影響孩子成長最重要的人物。既然教師是學生的重要他人，也是學生學習與認同的楷模，教師的身心狀況是否健全也就顯得格外重要。

　　身為一位教師，每天必須面對繁瑣的教學工作——包括課前的準備、教學與班級管理，還有永遠改不完的各科作業。此外，他每天還必須和學生、同事以及家長們相處。長久下來，難免有時會感到疲憊、焦慮與挫折。然而，如何才能一直保持最佳的身心狀態與活力來從事教育活動，成為每位教師必須學習的課題，這也是本章所要探討的內容。由於「健全的心靈，寓於健全的身體。」本章首先談到「教師身體健康之道」。其次，教師遭遇的挫折大都出於欠缺良好的人際關係與溝通能力，所以在第二部分將談到「人際關係與溝通」。最後，再談到教師如何藉由「休閒活動」來抒解身心的緊張與壓力，以恢復教學的活力。

## 壹　教師身體健康之道

　　良好的身體是一切事業的基礎。根據美國教育學者艾思比（D. Aspy）的研究發現，身體健康的教師能給予學生比較多的回應、關懷的微笑與眼神的接觸，也較能傾聽學生表達的內容，而且更接納學生的想法。該研究還發現，健康的身體是教師維持良好師生關係的必要條件（Rogers, 1983, pp. 214-215）。

　　然而，教師如何才能維持健康的身體呢？以下分別從「飲食與睡眠」、「發聲與護嗓」、與「一般養身」等方面來談身體健康之道。

## 一、「飲食與睡眠」之道

### ✐ 飲食方面

人們為了維生，每天都必須飲食。然而，許多的疾病也都和飲食有關。因此，掌握正確的飲食之道，將有助於確保教師的身體健康。根據有關飲食保健的書籍（郭申元，民83；周兆祥，民83；嫡嫡瑪杜瑞，民83；嚴梅貞譯，民85），可歸納出以下幾個要點：

1. 早餐吃得飽，午餐吃得好，晚餐吃得少：早餐是一天當中最重要的一餐，務必要吃得營養些。理想的早餐，不妨包含燕麥、低脂食品、水果或果汁等食物。午餐需要吸取較多的熱量，但也不可吃得過飽。因為吃得太飽，會帶來疲勞。晚餐最好少吃一些，而且要吃清淡些。晚餐吃得過多，非但不易消化，容易增加體重，也有礙健康、且妨害睡眠。

2. 吃飯要細嚼慢嚥：唾液具有抗癌的效果，只要與食物接觸三十秒鐘，就能充分發揮作用。如果每口飯菜能細嚼三十次，就能根除食物中存在的致癌物質。

3. 以放鬆的坐姿用餐：站著或蹲著吃飯，會嚴重妨礙食物的吸收。因此用餐時，應採輕鬆的坐姿。

4. 專心吃飯：在用餐時讀書看報、看電視、談公事或動腦思考事情，都會導致消化不良和其他腸胃道的疾病，有損身體的健康。此外，在吃飯時談笑逗鬧，食物容易嗆入氣管，造成生命危險。因此，吃飯也和做其他事一樣，需要專心才行。

5. 在平靜愉悅的心情下進食：吃飯時，如果爭吵動怒，心跳會加快，血壓也會升高，消化系統受到影響，進而罹患心臟病。因此，最好能在輕鬆愉快的氣氛下用餐。而且進餐時，避免談論不愉快或可能引起爭論的事情。如果環境許可，也可播放柔和的音樂，但音量不宜過大。若一時情緒欠佳，沒有食慾，最好延遲用餐時間。不妨閉目安頓情緒，等到心情平靜

後再進食。靜靜地體會食物的味道，身心將會感到喜悅、舒適與滿足。

6. **飯後不宜喝過量茶水**：剛吃過飯，胃裡裝滿了食物，正在分泌胃液。大量茶水入胃，會沖淡胃液，影響消化。同時也增加胃的負擔，增加腹壓，對心臟不利。此外，飯後飲濃茶不但容易引起失眠，也會妨礙蛋白質的吸收與消化，相當不利健康。

7. **多吃蔬果與高纖食品**：現代一般人營養過剩，常導致肥胖以及各種文明疾病。健康的飲食方式，主張「多吃蔬菜，少吃肉」、「多吃水果，少吃糖」、「多喝開水，少喝飲料」、「多吃五穀雜糧，少吃白米飯」與「多吃糙米、全麥胚芽，少吃精製食品」。此外，也應避免食用過多的調味料（鹽、糖、辣椒）。人造調味劑（如味精、糖精）對身體有害無益，尤其要避免使用。

8. **避免吃過量、過雜的食物**：每餐吃七分飽，是養生的金科玉律。吃得過量、過飽，都是慢性自殺。即使是水果，也不能吃得過量。此外，每餐吃的食物種類也不可過雜，因為種類越多，需要分泌愈多愈複雜的胃液來處理，消化吸收也愈麻煩。因此，每餐不吃超過四種蔬菜，而且一次不吃超過三種水果。當今有許多餐廳以「吃到飽」為號召，常誘使顧客吃得過飽、過雜，實在有害身體健康。

9. **注意進食的順序與原則**：凡是容易消化的食物要先吃，最難消化的要留到最後才吃。生菜沙拉要先吃，然後才吃其他熟食。同樣的，飯後不宜立刻吃水果，要隔一小時才吃。西瓜、香瓜、哈密瓜都是容易消化的食物，絕不可與其他食物一起吃，也不可在飯前、飯後食用，只能在各餐之間單獨吃。然而它的榨汁若與其他果菜汁混合，則沒有問題。同樣的，飯後不宜立刻吃甜點，需間隔一段時間再吃。

酸性水果（橘子、番茄、鳳梨）與甜性水果（香蕉、柿子、榴槤）不宜一起食用。蛋白質（豆類、核桃、開心果、松子、芝麻、肉類、海鮮、奶類製品等）與澱粉質（米飯、麵條、麵包、小米、蓮藕、馬鈴薯、芋頭等）也不可一起食用。原因是蛋白質需要「酸性」的消化液來分解，而澱粉質則需要「鹼性」的消化液來分解。同時食用，會使得消化液酸鹼中

和，導致消化不良。不過，豆類和米飯同時吃，卻沒有大問題。

　　此外，消化器官也需要休息，所以要避免吃零食的習慣。

　　10. 飯前洗臉洗手，飯後休息養神：吃飯前，用水將臉和手清洗乾淨，不但可以確保衛生，也可讓身心感到舒適。飯後至少休息（如聽音樂、散步、閉目養神等）三十分鐘，可讓消化系統全心運作。

### ✎ 睡眠方面

　　人的一生，約有三分之一的時間在睡眠中度過的。睡眠，是全身休息的最佳方式。充足而且深沈的睡眠，最容易解除疲勞和重新獲得體力，使人們醒後倍感精神舒暢。教師如何才能獲致良好的睡眠呢？茲歸納整理出以下幾個要點，供作參考（莊淑旂，民 80；郭申元，民 83）：

　　1. 早睡早起：教師若要保持身體健康，每天最好在晚上十點之前（最晚不超過十二點）就寢，而早上最好在五點（最遲不超過六點）。因為午夜十二時，正好是一天的分界點，此時大地萬物都歸於寧靜，最適宜人們進入夢鄉。而清晨時分，正是萬物甦醒的時刻，到處充滿著覺醒的朝氣，最適合人們起床活動筋骨，享受鳥語花香，迎接一天的到來。

　　2. 睡眠不宜過長或不足：一般睡眠所需時間平均為六到八小時。睡眠不足，無法消除前日的疲勞；睡眠過久，卻又會導致無精打采、精神委靡。因此，睡眠時間過長或不足，都有礙健康。不過，如果有良好的睡眠習慣，而且又能完全進入深沈的熟睡中，睡眠所需時間可能只要四、五小時就足夠了。

　　3. 飯後不宜立即睡覺：吃飽就睡，是健康的大忌。午飯後立刻睡覺，是不好的。尤其趴在桌上睡覺，更是有礙健康。晚上就寢前三小時內，不可再吃東西。換言之，為了身體健康，應摒除吃宵夜的習慣。睡前喝濃茶、咖啡，會嚴重妨礙睡眠，所以也應避免。

　　4. 使用合適的寢具：在枕頭的選用上，以茶葉、綠豆殼製作的枕頭較佳，比起木棉、泡棉的材質，更具有安定神經的作用。枕頭內使用的茶葉

必須是新鮮的，而非已被泡用後晾乾的茶葉。茶葉枕的效用，大約可持續半年。

在床墊方面，絕對要避免選用軟床，而要用稍硬的床墊。原因是長期使用軟床，容易導致腰酸背痛與腸胃不適。最理想的床墊是，在榻榻米上加一層棉的墊被。

就寢時，應穿著柔軟、寬鬆的睡衣，而避免緊身的衣物。同時，整個頭部與脖子都應該完全靠在枕頭上，切忌只枕了頭部，而讓頸部懸空。如此，才能獲得舒適的睡眠，並可預防罹患腦部的疾病。

5. 睡眠的禁忌：在睡眠方面，還有以下八大禁忌：

- 不仰睡（睡姿最好採側臥）。
- 不進食（睡前不吃食物）。
- 不張口（閉口比較衛生、也可避免打鼾）。
- 不當風（對著風扇、冷氣睡覺，容易傷風感冒）。
- 不掩面（棉被蒙頭睡覺有窒息的危險）。
- 不對燈（對著燈光就寢，睡眠不易安穩）。
- 不面鏡（睡覺對著鏡子，夜裡做夢容易被嚇到）。
- 不煩憂（睡前要讓心情平靜，才不會失眠、做惡夢）。

## 二、「發聲與護嗓」之道

在教學時，教師們必須長時間使用喉嚨與聲帶。擁有良好的嗓子，是老師從事教學工作最大的本錢。有些教師因為發聲的方式不當，或經常對學生大聲吼叫，導致聲音沙啞、喉嚨聲帶發炎生病，嚴重影響往後的教學。因此，每位教師必須學會如何發聲與保護嗓子的方法。

### ✎ 發聲方面

人必須呼吸才能生存。正確的呼吸可以獲得大量的氧氣，使精神活力充沛、容光煥發、身心協調，更可使負面情緒得以釋放，使人充滿幹勁、

自信與毅力。此外，呼吸也是發聲的基本要素，正確的呼吸不但可以避免發聲器官受到傷害，更可以使聲音宏亮動聽（徐美芬，1990）。基於上述的理由，老師在學習如何發聲時，必須先練習呼吸。

1. 練習腹式呼吸：教師在教學時若要聲音宏亮，就必須採用腹式發聲的方法。基本上，教師必須先學會腹式（丹田）呼吸。它的做法是——呼氣時，肚子就像洩氣球般縮進去；而吸氣時，肚子就像氣球般鼓起來。這種呼吸方式，可以使發聲更輕鬆、更動聽。學會腹式呼吸之後，再進一步練習用肚（橫隔膜）發聲。這種腹式呼吸與發聲方法，使得喉音自然減少，也可避免因不當使用喉嚨所導致的聲帶疾病。

練習腹式呼吸的要訣，在於必須將注意力放在「呼（吐）氣」之上，同時要在腹部（丹田）用力。教師可以每天用十分鐘練習「長呼法」或「三呼一吸法」（詳見「作業活動」），來強化腹部呼吸的力量。

2. 正確的身體姿勢：正確的姿勢，有助於正確的呼吸與發聲。良好的姿勢是，頭擺正、收下顎，胸挺起、背直立，絕不縮胸駝背；兩肩放鬆，不因呼吸而變得高聳或拉緊；從頭頂到尾椎骨，成一直線。

3. 放鬆喉嚨聲帶：正確的發聲方式，是腹部用力，而喉嚨放鬆。錯誤的方式，剛好相反。

### ✎ 護嗓方面

根據王淑俐（民78）的分析歸納，教師可遵循下列方式來保護嗓子：

1. 充分的休息：足夠的睡眠，對於保養喉嚨聲帶是必要的。上課時，教師在連續說話二、三十分鐘之後，務以要讓聲帶休息幾分鐘（可以讓學生發言或練習習作）。

2. 適度的保養：平時常吃些楊桃、金橘、梨等水果，中藥的澎大海、柚子皮、宋陳等，或泡蜂蜜服用。喉痛或聲啞時，可泡羅漢果湯汁來喝。在課堂上，最好準備溫開水隨時潤喉。長時間使用喉嚨時，最忌諱喝冰的飲料。平時，不妨經常用鹽水漱口，並且避免食用刺激性強（如太冷、太

熱或太辣）的食物或飲料。感冒著涼、咳嗽或喉嚨不適時，應立即到醫院
（耳鼻喉科或嗓音專科）診治。同時，要避免乾咳。

　　3.改進說話的速度、聲調與音量：教師上課時說話的速度可以變慢
些，一方面可以減輕聲帶的負擔，另方面也讓學生有機會可以邊聽邊想。
同時，教師可以用平時說話的音量上課，而不需刻意提高聲調，如此可使
喉嚨保持自然的狀態。說悄悄話或大聲說話，最容易傷害喉嚨。若教室周
遭的環境吵雜，可利用小型麥克風輔助。教師和學生比大聲，是最不明智
的做法。吼久了，不但聲帶會受到傷害，學生也會變得充耳不聞。最好的
方式是讓學生學會輕聲細語，使教學能夠在安靜中進行。

　　4.調整教學的方式：平時多向有經驗的教師請教，或研讀有關的教育
書籍，儘早建立良好的師生關係與班級常規，就不必對學生生氣怒斥或大
聲吼叫了。如果採取師生互動的方式，多讓學生發表與討論，那麼不但能
使學生熱烈的參與學習，教師也可減少說話的時間，而喉嚨得到適當的休
息。

　　此外，保持愉悅的心情，避免發脾氣。不抽煙，以免煙對呼吸道產生
危害。少喝酒，因為喝酒使人興奮，而說話說個不停。也都是保護嗓子的
要點。

## 三、一般養身之道

　　除了上述「飲食與睡眠」、「發聲與護嗓」等兩方面的健康之道外，
還有其他一般的養身之道，分別扼要敘述如後（莊淑旂，民80；郭申元，
民83）：

### ✎ 預防癌症的方法

　　癌症是現代人最大的健康殺手。根據研究發現、「長期的偏食、錯誤
的生活習慣、沒有完全消除當日的疲勞」是導致罹患癌症的原因。因此，
維持均衡的飲食、規律的作息、正確的生活習慣，以及充分消除疲勞，是

預防罹患癌症的方法。

### ✎ 徹底消除當天的疲勞

三餐進食之前，以及晚上就寢之前，都需要先將疲勞消除。一般說來，用水洗臉與沐浴是消除疲勞的最佳方法。若能在飯前稍做休息，再用清水洗臉洗手，那麼用餐時心情一定清爽愉悅。同樣地，若能藉著洗澡與簡易的按摩把當天的疲勞徹底清除，也有助於獲致甜美的睡眠。

關於洗澡也需要注意一些禁忌，例如飯後、酒後不可入浴，洗澡水不宜太熱，洗澡時間不宜超過二十分鐘，感冒發燒、腹瀉時禁止入浴等。

### ✎ 養成每天運動的習慣

「養身在動，養心在靜。」是保持身心健康的要訣。

教師每天早起做體操、打太極拳、散步、慢跑，並利用下課時間做擴胸、轉動脖子、扭動腰部等伸長筋骨的活動，在工作閒暇時做自己喜歡的運動（如打球、游泳等），還有平時多走路、少乘車，多爬樓梯、少搭電梯，都可以使身體永保健康。

運動的時候，要帶著好玩、愉悅的心情進行，而不宜帶著勉強、不愉快的心情，如此才能使運動最大的功效。

### ✎ 保持良好的姿勢

教師在教學工作上，需要長時間的站立。良好的站姿，有助於確保教師的身體健康。其做法是背挺直、收下顎、頸伸直、挺胸膛、展雙肩、收小腹、全身放鬆。

綜合上述要點，我們不難發現——若要保持身體健康，需要多管齊下。唯有身體健康，老師們才能擁有充沛的活力，來幫助學生快樂的成長。

### 作業活動

1. 請檢視自己的身體健康情形，並記錄自己的身體狀況與教學工作表現之間的關係。然後，找出因應之道。

2. 反省自己的飲食行為，是否有偏食、營養不均衡的情形？或是有一些錯誤、不當的飲食習慣？

3. 請檢視自己的呼吸方式是否正確？發聲方式是否良好？說話的速度是否太快？聲調是否過高或過低？是否為聲帶沙啞感到困擾？平時用什麼方式保護自己的嗓子？

4. 請練習「長呼法」或「三呼一吸法」（約需十分鐘）。「長呼法」，乃是在呼吸時，將每次吐氣的時間拉長到三、四十秒以上（開始時，二十秒即可），把氣吐盡後，再做自然吸氣。必須配合腹部用力，重複練習十次。
「三呼一吸」的做法是，前兩次的呼氣要短而且強有力，第三次的呼氣要儘量拉長到二、三十秒；把氣吐盡後，再自然吸氣。必須配合腹部用力，重複練習十次。

5. 自己的作息是否正常、規律？請把自己每天的作息情形記錄下來，連續記錄一週，然後再作檢討改進。

6. 自己是否經常感到疲倦？當身心感到疲憊時，如何處理？

7. 請檢視自己的站姿與坐姿是否正確？脊椎與骨骼是否正常？

8. 自己最常做哪些運動或健身活動？是否持之以恆、天天都做？

## 貳
## 教師的人際關係與溝通

在生活中，我們絕大部分的時間都必須跟別人相處與溝通。政府與民間需要溝通，主管與部屬需要溝通，父母與子女需要溝通，老師與學生之間也需要溝通。良好的溝通，可以消除歧見與誤會，也可以減少衝突與仇恨，更可以增進人際之間的和諧與親密。在本單元，首先將介紹助人成長的人際關係要件，其次探討有效的人際溝通技巧，最後談到師生之間的溝通要領。

## 一、助人成長的人際關係要件

根據心理學家羅傑斯（Carl Rogers）的研究發現，健全的人際關係具有以下三大要件（林彥好等譯，民83；陳啟明，民85），而這種關係對於人的成長最有幫助。由於教師從事的是助人成長的專業工作，因此有必要了解這些關係要件。

### ✎ 真誠

在關係中，人們應忠於自己的感覺，不去否認自己的感覺，也不必隱藏真實的情感。只有當雙方都真實、誠摯地表達各自的語言與感受時，彼此的關係才會加深。換言之，在師生關係中老師對學生的所作所為，是出自真心、表裡一致的，而且是值得學生信任的。

### ✎ 無條件的正向關懷

人們接納對方，而不附加任何條件。他們不會說：「如果你做某事，我就會喜歡你。」無條件的接納，意味著對方身上所有的特質（不論好的或壞的），也就是說老師要將每個學生視為具有獨特思想、情感與經驗的個體。

### ✎ 同理的了解

人際之間的關係，通常會經由彼此能夠了解對方的感受而變得更加密切。同理心（empathy）指的是，能夠藉著傾聽而充分了解對方訴說些什麼與感受到什麼。只有經由了解學生的情緒與體驗，老師才能協助學生成長。藉著同理的了解，可以讓學生感受到老師對他的關心。

綜合上述要件可以發現，教師若能以身作則、表裡一致，能夠充分信任與尊重學生，對學生給予無條件的正向關懷，而且又能傾聽學生做到同

理的了解，那麼對於學生的人格成長將有極大幫助。同樣地，在其他的人際關係裡，如果別人能夠具備上述的關係要件，也會帶給我們很好的成長幫助。

## 二、有效的人際溝通技巧

在這個重視溝通的時代裡，教師不但和學生需要溝通，教師和家長之間也需要溝通。此外，教師和同事之間、還有和校長主任之間，也都需要溝通。以下六項具體做法（楊極東，民75）或許可以提供給教師們參考。

### ✎　容忍別人不同的觀點或意見

每個人的生活經驗不同，彼此的主觀見解也互異，因此與人交往溝通的時候，不管別人的觀點或意見多麼荒謬，我們都要加以容忍，先去傾聽並了解他所做的一切，而不要一開始就給予拒絕或評斷，甚或嚴厲斥責。唯有能夠包容不同的見解，才能使溝通繼續運作下去。

### ✎　語意要明確，表達要清楚

不管自己有多好的觀點，若要讓對方接受，最重要的就是語意表達了。說話是一種技術，更是一門藝術。語意不明與表達不當，通常是人們爭吵的導火線。因此，學會坦誠的說出自己的感受，並能清楚的表達自己的看法，將有助於相互的了解。

### ✎　給予適切的反應

在與人溝通時，要懂得善用口語和肢體動作給予對方適切的反應，以引導對方做更多的陳述。例如，「噢！那後來呢？」、「嗯！您說得有趣極了。」等口語，或是「點頭」、「講話時的坐姿」、「眼神」的動作，都有助於引發更深一層的談話。特別需要注意的是，當別人說話的時候一

定要讓對方把話說完，切忌隨意打岔。如果需要反應，最好等到對方講話告一段落，再問對方「對不起！你剛才所說的意思是不是……？」請他做個澄清。

### ✎ 如果有爭端，不要語帶諷刺或辱罵對方

在溝通時如果產生爭端，切忌在口頭或肢體語言上做出諷刺、侮辱對方的表現，因為這樣會導致溝通的中斷。

### ✎ 爭議時，論事不論人

彼此發生爭議時，要針對當下的事情進行討論，不要藉機翻舊帳，或扯到其他的話題上。

### ✎ 勸人改變態度或作法時，最好提供具體可行的建議

想要勸人改變態度或作法，最好不要先批評對方，而要同理了解對方的感受，並給予具體適切的協助，而不是只給予批評指責。罵人容易，連三歲小孩子都會，但勸人做一些改變卻很困難，那是一門藝術。給予別人嚴厲的批評指責，通常到最後只是毀了那個人，要不就是製造出一個充滿仇恨的人、一個否定自己、也否定別人的人。給予別人具體可行的善意建議，才能幫助那個人成長改變。

## 三、師生之間的溝通要領

在師生之間的溝通上，王以仁（民79，民81）提出增進教師溝通能力的五個要領：

### ✎ 教師應適當地表達對學生的關愛

教師對於學生的態度如果是出自真誠，平時就會主動積極地關懷學

生。每天早上進到教室，教師可以用「眼神」去關愛全班每個學生，讓他們感到老師真的注意到自己了。然後，教師可以走到某個學生面前，對他說：「我發現你精神不太好，是不是沒吃早飯？」或是走到另一個學生的前面說：「我看你嘰嘰喳喳、跑來跑去的，告訴我到底什麼事情讓你那麼興奮，好嗎？」平時，教師只要藉著關愛的眼神、動作，以及跟學生做家常的對話，就可以讓學生感受到老師對他是多麼的關心了。

### ✎ 口語表達應言詞精簡、思路清晰且比喻要恰當

通常學生最怕老師講個不停，喋喋不休，沒完沒了。因此，教師對學生說話時，應儘可能地「言簡意賅」。而且思考方式要合乎邏輯，前後要能保持連貫一致。必要時也可以舉例說明，以增進其說服力。不過，舉例時要考慮其適切性，以免弄巧成拙、適得其反。

### ✎ 積極的傾聽與適切的回應

教師應該多聽少說、先聽後說，藉由傾聽表示對學生的關注。當學生說話時，不輕易插嘴，也不無緣無故的打斷他的談話。否則極易引起反感，導致談話中斷。傾聽並不表示老師只聽不說就可以了，老師還需要讓學生知道自己正在專心的聽他說話，藉此表示對他的尊重、接納與關懷。所以當老師在傾聽學生說話時，應加上適當的回應。例如，點頭、微笑、用眼睛注視等，讓學生知道你已經了解他所表達的意思；或是加上一些口語的回饋，如「嗯！」、「對！我能體會」等。

### ✎ 設身處地的去了解學生

教師應該經常換個角度，站在學生的立場來看事情，藉以了解學生的真實感受。教師若能考慮到個人的尊嚴，也樂於見到他人被當眾誇獎，將能應用「揚善於公堂，規過於私室」的原則，來處理學生的問題。

### ✎ 保密與承諾的適當使用

每個人都有屬於自己的祕密，也希望別人尊重其隱私。在深入的師生溝通過程中，難免會談到一些與學生隱私有關的問題，老師此時可以提出承諾會為學生保密，以消除學生的不安全感。保密是師生溝通中，教師應該遵守的基本原則。為了保護學生，使學生免於受到傷害，教師要對學生所說的內容加以保密。

無論如何，在師生間的溝通行動中，教師應該採取主動、積極的態度與作為，使學生藉著與老師互動的過程，對老師真誠的關懷與信任有所回應，同時也學習到老師在表達與傾聽上的溝通技巧，如此將能達到師生間良好的雙向溝通。

### 作業活動

1. 兩人一組，進行「傾聽」的練習。首先，甲對乙說一段自己的感想，當乙傾聽甲所說的內容後，再將自己所理解的情形說給甲聽。最後，再由甲來確認乙是否充分了解甲的想法。上述活動結束後，兩人角色互換，由乙說感想給甲聽，再由甲說出自己的理解給乙聽。如有充裕時間，可重新更換組員，再進行練習。
2. 找幾個同學表演一段衝突的過程，然後全班共同討論解決的方法。
3. 觀察同學之間（平時在教室或宿舍內）的溝通情形，並寫下心得。
4. 每天睡前，反省自己當天與別人相處與溝通的情形，並寫下心得。（我的人緣好嗎？我和學生相處得如何？我和學生家長的溝通良好嗎？我和同事的相處又如何呢？我怎樣和別人溝通？）
5. 運用隨身錄音機將自己的言談內容錄下來，並做檢討改進。

## 教師的休閒生活

　　人們在工作之餘，可以藉著休閒活動宣洩平日累積的緊張與不安，使身心趨於平靜與和諧。同樣的，教師平日在繁重的教學工作之餘，需要有適當的休閒活動，使其身心得到充分的休息與滋養。如此，才能永保充沛的活力與飽滿的精神，來教育我們的下一代。

### 一、休閒活動的種類

　　「休閒活動」，是人們在日常生活中運用餘暇時間從事的活動，目的在鬆弛平日所累積的壓力與緊張，進而恢復原有的活力與精神。以下分別從休閒的「目的」、「時間」與「性質」等範圍，逐項介紹休閒活動的種類。

#### ✎ 依「目的」分類

　　根據美國輔導學者瓊斯（A. J. Jones）的看法，休閒活動若以「目的」來區分，可分成以下四種（劉焜輝，民71）：

　　1.逃避性的休閒活動：為逃避日常工作而從事的休閒活動，例如閱讀課外書籍、運動、看電視電影、打牌等。

　　2.鑑賞性的休閒活動：指可以充實人生的休閒活動，例如觀賞表演、參觀美展、學習技能等。

3. 創造性的休閒活動：指自己去創造生產的休閒活動，例如作曲、著作、繪畫、陶藝、雕刻、縫紉等。

4. 服務性的休閒活動：以服務為目的的休閒活動，例如擔任義工、參與社區服務等。

### ✐ 依「時間」分類

如果以休閒的「時間」來做區分，休閒活動可分成四類（姚榮齡，民75）：

1. 片刻休閒：在家居或工作場所，運用短暫零碎時間所做的休閒活動。例如伸懶腰、韻律操、散步等。

2. 日常休閒：在生活圈內進行的休閒活動。例如看電影、公園散步、釣魚、烤肉、聚餐、品茗聊天等。

3. 週末休閒：遠離生活圈的休閒活動。例如野外露營、登山、參觀名勝古蹟、旅遊國家公園等。

4. 長假休閒：指耗時兩天以上的休閒活動，只能在連續假期或寒暑假進行。例如國內環島旅遊、赴大陸觀光、到國外度假等。

### ✐ 依「性質」分類

如果以休閒的「性質」來做區分，休閒活動又可以分成以下四類（陳瑩樺，民74）：

1. 知識性的休閒活動：以知識為主的休閒活動，可以再分成以下兩種：

- 閱讀書籍報刊：一個能夠享受讀書樂趣的人，將懂得獨處的藝術，並進而獲致心靈內在的寧靜。人們閱讀書報，有時為了進修或充實專業知識，例如教師研讀教育專著、研究報告、教育期刊等；有時只是為了消遣或打發時間，例如看散文、小說、旅遊報導、雜誌等。

- 參加藝文活動：藉著參觀各種展覽、表演、比賽以及聽演講等，享受美的感受。

2. 健康性的休閒活動：藉著閒暇時間，做一些有助健康的活動。例如進行各種球類運動、跑步、登山、健行、游泳等。或是進行有氧舞蹈、體操、國術（外丹功、太極拳）、瑜珈、跳繩、伸展活動等，使筋骨靈活、身心舒暢。

3. 嗜好性的休閒活動：人們如果擁有嗜好，一生都不會有寂寞難耐的日子。

- 戶外類：例如郊遊踏青、野營、旅行、登山、賞鳥、觀海、垂釣等。
- 技藝類：例如繪畫、書法、攝影、插花、編織、電腦、吹奏樂器、剪紙、雕刻、陶藝、中國結、烹飪、縫紉、學習外語等。
- 嗜好類：蒐集收藏品（郵票、古董等）、種植、園藝、欣賞音樂、剪貼、下棋、寫作、品茗、聊天、寫日記、交筆友、看國劇、做禮拜等。

4. 服務性的休閒活動：參與各種社會服務與義務工作，藉由助人行為來表達關懷與愛，在休閒中感受為善的喜悅。

## 二、教師如何安排休閒生活

大多的教師都知道休閒生活的重要，卻苦於不知如何安排，以致無法享受美好的休閒生活。以下，分別從「觀念」與「做法」，兩方面來探討教師如何安排休閒生活。

首先，在觀念上，教師應該建立正確的「工作休閒觀」——工作時工作，休閒時休閒。某些教師教學認真賣力，下班後還把學生的作業帶回家批改，真的做到不眠不休的地步。他們幾乎完全沒有自己的休閒生活，難怪長期下來會感到身心疲憊與倦怠。其實，教師比較妥當的做法——最好做到「在校期間，全力以赴，『當日事，當日畢』；下班後，撥出充裕的時間享受休閒生活。」當然這並不表示，教師下班後就可以不顧學生，或不理會學生家長的電話。重點在於，教師在下班後必須為自己安排休閒活動，或培養某些興趣嗜好，使身心得到充分的放鬆。

其次，在做法上，教師可以參考下列的建議，安排自己的休閒生活。

1. 根據自己的興趣與需求，選出合適的休閒活動項目。一般若以休閒的「時間」而言，適合教師的活動大致如下：(1)清晨活動：公園散步、慢跑、晨泳、做早操、太極拳、外丹功等。(2)課間活動：伸展身體、伸懶腰、體操、打桌球、網球等。(3)下班後活動：運動、園藝、品茗、閱讀、聽音樂、看電視、聽演講、看表演、睡前禪坐等。(4)週末活動：登山、郊遊、看展覽、跟朋友品茶、聊天等。此外，在寒暑假也可以安排國內、外的旅遊活動。教師在選擇休閒活動時，應顧及自己的興趣與意願，切勿隨波逐流。選定的項目不宜過多，同時也要配合自己的生活步調與經濟條件，才能夠享受休閒生活。

2. 找同事、朋友共同從事休閒活動，例如一起打桌球、聽演講、慢跑等，彼此可分享心得與樂趣、也比較容易持之以恆。

3. 積極參與學校舉辦的自強活動，可增進同事之間的情感，也可為忙碌的教學工作做短暫的休息。

4. 休閒活動可以有更大的彈性與變化，不宜太公式化，以免變成負擔。

5. 從事休閒活動，必須說做就做，切勿考慮過多，以免一事無成。

6. 除了單獨的個人活動外，教師也可進行家庭的休閒活動。此外，教師還可藉著全家進行戶外郊遊或烤肉活動時，邀請班上的學生與家長共同參與。透過非正式的活動，將可增進親子、師生與親師間的溝通與感情交流。

## ✿ 作業活動

1. 請寫出你平時常做的休閒方式，並按次數的多寡排列，然後做一番檢討與調整。
2. 請回顧假期裡常做的休閒活動？自己是否感到滿意？
3. 請找出最適合自己、最能讓自己身心放鬆的休閒方式。
4. 請和自己的同學或同事分享彼此的休閒經驗與心得感想。
5. 請對未來兩年內的寒暑假，做一番休閒的規劃。

國家圖書館出版品預行編目資料

教育實習／賴清標主編.
--二版.--臺北市：五南, 2002 [民91]
面；　公分
參考書目：面
ISBN 978-957-11-3062-0（平裝）
1.實習教育
523.3　　　　　　　　　　91012049

1ILO

# 教育實習

| | |
|---|---|
| 主　　　編 | 賴清標(393) |
| 發 行 人 | 楊榮川 |
| 總 編 輯 | 王翠華 |
| 主　　　編 | 陳念祖 |

出 版 者 — 五南圖書出版股份有限公司

地　　　址：106台北市大安區和平東路二段339號4樓

電　　　話：(02)2705-5066　傳　　　真：(02)2706-6100

網　　　址：http://www.wunan.com.tw

電子郵件：wunan@wunan.com.tw

劃撥帳號：01068953

戶　　　名：五南圖書出版股份有限公司

台中市駐區辦公室/台中市中區中山路6號

電　　　話：(04)2223-0891　傳　　　真：(04)2223-3549

高雄市駐區辦公室/高雄市新興區中山一路290號

電　　　話：(07)2358-702　傳　　　真：(07)2350-236

法律顧問　林勝安律師事務所　林勝安律師

出版日期　1997年10月初版一刷
　　　　　2001年11月初版六刷
　　　　　2002年11月二版一刷
　　　　　2014年 2月二版六刷

定　　　價　新臺幣620元

※版權所有·欲利用本書全部或部分內容，必須徵求本公司同意※